평화 연결하기

분단의 자리에서 공간·기억·관계를 잇다

평화 연결하기

분단의 자리에서 공간·기억·관계를 잇다

초판 1쇄 발행 2025년 12월 18일

엮은이 한양대학교 통일교육 선도대학 사업단
지은이 모춘흥·홍용표·강혁민·김새미·김현준·박재인
이상원·임희수·차승주·천자현·한미애·허지영
펴낸이 윤관백
펴낸곳 선인
등록 제5-77호(1998.11.4)
주소 서울시 양천구 남부순환로 48길 1, 1층
전화 02)718-6252/6257 **팩스** 02)718-6253
이메일 suninbook@naver.com

ISBN 979-11-7606-002-8 93340
값 24,000원

이 저서는 2024년 통일부 '통일교육 선도대학 지정·육성' 사업과 2023년 대한민국 교육부와 한국연구재단의 공동연구지원사업(NRF-2023S1A5A2A03085570)의 지원을 받아 수행된 연구임.

평화 연결하기

분단의 자리에서 공간·기억·관계를 잇다

한양대학교 통일교육 선도대학 사업단 편
모춘흥·홍용표·강혁민·김새미·김현준·박재인
이상원·임희수·차승주·천자현·한미애·허지영 저

선인

목차

| 제3부 |

관계와 실천

| 서문 |

평화의 연결을 통한 지속가능한 평화 모색

모춘흥·홍용표

광복 80년과 분단 80년이 겹치는 2025년, 국내외적으로 평화보다는 군사적 긴장과 갈등이 심화되었다. 많은 사람들의 기대와 염원에도 불구하고, 2025년은 화해와 평화의 전환점을 만든 해가 아니라 상호 불신과 미움의 해로 기억될 것이다. 그러나 역설적이게도 전쟁과 갈등의 그림자가 짙게 드리운 2025년은 오히려 절실하게 평화를 갈망하고, 염원한 해이기도 했다.

물론 평화는 단지 기대나 염원만으로 성취될 수 없다. 사전적으로 평화가 '전쟁, 분쟁 또는 일체의 갈등이 없는 상태'로 정의되지만, 인류가 평화를 꿈꾸고 만들어온 과정은 언제나 갈등과 미움이 공존하는 현실 위에서 이루어져 왔다.

이러한 문제의식은 평화를 정적(靜的) 상태나 일시적 조건으로 이해하기보다, 인간의 지속적인 노력과 상호작용을 통해 형성되는 관계적 과정으로 바라보게 만든다. 평화는 결코 특정 시대나 공간으로 분절하거나 고정할 수 없으며, 인간의 삶 전반을 관통하는 동적(動的) 경험으로 이해해야 한다.

이 책이 '평화연결(peace-connecting)'이라는 새로운 개념에 주목하는 이유가 바로 여기에 있다. 분절된 평화 개념, 이분법적 사고, 단절된 역사 인식으로는 오늘날의 복잡한 갈등을 극복할 수 없다. 평화는 다양한 차원과 유형—큰 평화와 작은 평화, 구조적 평화와 일상적 평화, 국가 간 평화와 지역사회 평화—가 서로 연결될 때 비로소 지속성과 설득력을 갖게 된다.

1. 인간 중심의 평화와 평화연결

갈등은 인간의 의미와 인식의 세상에서 탄생하고, 끊임없는 인간의 상호작용에 의해 계속해서 변화한다. 따라서 지속가능한 평화구축 역시 다양한 역할 및 행위들로 구성된 과정의 연속으로 이루어진다. 이에 이 글은 지속가능한 평화는 결과가 아니라 과정이며, 각 구성 요소들이 국내외적 상황 변화에 따라 끊임없이 갈등의 복합적 양상으로 회귀하며 순환한다고 본다. 다시 말해 지속가능한 평화는 특정한 시대와 공간으로 분절되거나 구획될 수 없는 인간적 문제이다. 이러한 맥락에서 인간의 삶과 일상적 차원에서 평화 문제에 접근한 인간안보 및 평화문화 개념은 평화연결과 많은 측면에서 문제의식을 공유한다.

주지하듯, 인간안보 개념은 안보의 영역을 정치와 군사 외에도 경제, 사회, 환경 등 비군사적 영역으로까지 확장하고 공포와 결핍으로부터 인간을 해방시키고자 하는 취지에서 등장했다. 냉전이 끝나고 인간의 기본

권리 보장이 세계의 안정과 평화에 필수적이라고 여김으로써 안보의 관심 대상을 국가에서 인간 개개인으로 전환시킨 것이다. 그러나 인간안보 개념은 범위가 너무 넓고 모호하다는 측면과 더불어 특정 인간에게 위협을 가하는 가해자와 그 위협의 대상인 피해자를 구별하지 않는다는 점, 그리고 평화를 위해 개인의 안보를 얼마나 희생해야 하는지에 대한 물음에 명확한 답을 하지 못한다(정승철 2019, 46-53).

오늘날 국제질서의 주요 특징은 대립과 갈등을 유발하는 가해자와 피해자가 명확하지 않으며, 인간의 통제범위를 넘어서는 위기의 발생 가능성이 상존하고 있다. 이런 측면에서 보면 그간 인간안보 개념의 학문적 공헌을 인정하면서 동시에 인간안보 개념으로 설명하지 못하는 갈등 해결과 평화 성취의 주요 조건을 만들고, 실행하며, 유지하는 방법 등에 주목한 연구가 시급히 이뤄져야 한다. 또한 인간이 머리를 맞대고 해결해야 하는 폭력에 대한 논의는 끝이 없으며, 인간을 위협하는 구조적 폭력의 범위가 매우 넓고 새로운 안보위협이 계속적으로 나타나고 있다. 이에 평화는 폭력을 중단하고 갈등을 해결하는 데서 머무는 것이 아닌, 비폭력을 시작하는 것이다. 유엔과 유네스코가 평화문화를 강조하는 것도 비슷한 맥락이라고 할 수 있다.

평화문화는 구조적 폭력의 문제에 초점을 맞춘 평화연구의 접근법을 수용하고 한 걸음 더 나아가 인간의 행위 양식 변화를 통해 폭력과 전쟁문화를 제거하는 프로그램을 제안했다는 점에서 평화의 실천에 관한 의미 있는 시도로 평가할 수 있다(홍용표 2018, 24). 다만 분쟁과 갈등에서 벗어나 평화를 성취하기 위해서는 개개인과 사회 차원에서부터 평화와 협력의 가치를 확산하는 데 필요한 연결고리가 있어야 한다. 이런 맥락에서 유네스코는 "인간의 마음속에 평화의 방벽"을 세우자는 이념 아래 지역, 국가, 대륙 및 국제적 차원에서 제정되는 모든 정책에 '문화 간 화해

(rapprochement of culture)'의 개념이 반영될 수 있도록 노력을 기울이고 있다(UNESCO 2018, 50–52). 유네스코가 문화 간 화해에 주목하는 이유는 분쟁과 갈등은 필연적으로 증오와 폭력을 낳으며, 이러한 요소들은 분쟁 당사자들의 생활양식에 내면화되기 때문이다. 이런 상황에서 분쟁 당사국 간의 갈등을 해소하기 위해서는 문화 간 화해가 선결돼야 하며, 그 과정에서 당사자들 간의 미움이 해소되고 인간 존엄성을 회복할 수 있다.

이와 같은 평화 개념은 평화 연구 스펙트럼의 확장과 평화 증진을 위해 필요한 다양한 대안을 제시했다는 평가를 받고 있다. 그러나 그 개념이 너무 광범할 뿐만 아니라 추상적이어서 현실에 적용하기 어렵다는 비판 역시 받고 있다(홍용표 2021, 41). 특히 한국적 맥락에서의 평화를 연구하거나 평화를 추구한다고 해서 평화 그 자체와 더불어 분쟁의 중요성을 경시하지 말아야 한다. 이와 관련하여 데이비드 버래시(David P. Barash)와 찰스 웨벨(Charles P. Webel)은 평화와 분쟁 연구가 분쟁의 종식을 지향하지 않는 것은 평화 실천가들이 유한자원으로 이뤄진 세계에서의 대결이나 경쟁, 그리고 불완전한 인간행동이 말끔히 제거되기를 기대하지 않는 것과 같다고 설명한다(David P. Barash and Charles P. Webel 저, 송승종·유재현 역 2018, 19). 따라서 인간안보와 평화문화에서 제시된 평화 개념을 그대로 한반도 현실에 적용하기는 어렵다.

최근 인간의 발전과 자유라는 화두를 중심으로 평화 문제를 논의하고 있는 것과 마찬가지로, 이제는 한국에서의 평화 논의도 분단이 한반도 구성원의 평화적인 삶에 위협이 될 수 있는 사안들을 정책적 목표로 다룰 필요가 있다(홍용표 2021, 42). 또한 기존의 한반도 평화 논의가 주로 평화구축을 위한 정치적, 사회적, 경제적, 문화적 조건에 초점을 맞췄다면, 이미 존재하는 '평화들'을 '발굴(finding)'하고 '연결(connecting)'하는 데에도 집중할 필요가 있다. 이를 위해서는 기존의 평화구축을 위해 시도되었던 노력들이 적대적 관계에서 비롯되는 오해, 증오, 혐오 등에서 벗어나 정의, 사과, 감정, 용서 등으로 이어지게 되는 데 어떠한 영향과 한계가 있었는지를 면밀하게 분석할 필요가 있다.

그렇다면 지속가능한 평화 구축에 있어서 평화연결이 갖는 학문적, 정책적 함의는 무엇일까? 이에 대한 답을 찾기 위해서는 지속가능한 평화가 인간적 삶과 연결된 인간중심의 평화라는 점에 천착할 필요가 있다. 평화는 복잡다단한 정치 현실 속에서 만들어지며, 인간과 문화, 다양한 평화 실천들이 서로 연결될 때 오래 유지될 수 있는 것이다. 말하자면 지속가능한 평화는 갈등과 적대적 관계에서 벗어나려는 문화적 토대 확립과 이를 통한 새로운 평화비전의 수립과 건설적 평화담론의 형성, 화해를 통한 신뢰조성, 공동번영, 분쟁재발 방지 등 다방면의 평화효과, 화해를 이루기 위한 협력이 공감과 공생의 실천 기회를 제공하는 등 단절적 과정이 아닌 연결을 통해서 달성될 수 있다.

평화연결의 시각에서 보면, 평화를 위한 인간의 노력은 오랜 역사 속에, 그리고 지구촌 곳곳에 존재해 왔음을 알 수 있다. 그중에는 주목받은 평화들도 있지만 고립되거나 파편화되어 관심을 받지 못한 평화들도 있었다. 오래 지속된 평화들도 있지만 그렇지 않은 경우도 많았다. 이런 사례들을 찾아내고, 그 성공 및 실패 요인을 구별하여, 내구성이 있는 평화의 경험들을 시공간적으로 연결하려는 시도가 바로 평화연결의 문제의식이다.

2. 평화연결과 한반도의 지속가능한 평화

평화의 연결 개념은 한반도의 지속가능한 평화구축의 문제에도 적극 활용할 수 있다. 이는 지속가능한 평화구축의 문제는 제도적 합의에 따른 결과뿐만 아니라 일상 세계의 인식 변화를 포함하는 과정까지를 포함하기 때문이다. 이와 관련하여 존 폴 레더라크(John Paul Lederach)는 평화구축을 "다양한 역할, 기능, 그리고 행위라는 구성 요소를 가지고 있으며, 이런 구성 요소는 함께 갈등의 역할 관계를 좀 더 평화적인 관계라는 목표로 이동시키면서, 지속가능한 전환의 가능성"을 만들어가는 것이라고 정의했다(John Paul Lederach 저, 김동진 역 2012, 100-109).

평화연결의 문제의식에서 보면, 기존의 한반도 평화 논의는 평화의 본질적인 의미에 대한 분석보다는 평화구축에 있어서 특정 역할과 기능이라고 볼 수 있는 분단 관리 및 극복 문제와 통일문제에 집중됐음을 알 수 있다. 물론 한반도에서 평화는 당연히 통일문제와 분리해서 생각할 수 없다. 한반도 평화는 가장 근본적인 구조적 폭력의 원인이면서 반평화의 근원이 되는 분단 극복을 통해서 달성될 수 있기 때문이다. 이에 한국적 맥락에서 보면, 평화와 통일은 동전의 양면이라고 할 수 있다(조정아 외 2019, 14; 모춘흥 2022, 302).

그러나 분단 현실의 특수성은 한국에서 평화담론과 평화정책의 폭을 제약해 왔다. 다양한 평화들을 인정하고 연결하려 하기보다는 각자의 기준에 따라 은 평화와 나쁜 평화로 나누려는 경향이 강했다. '전쟁이냐 평화냐'라는 이분법적 논리, 안보를 이야기하면 평화의 발목을 잡는다고 비난하는 배타적 인식, 소극적 평화는 하루빨리 극복되어야 할 상황으로 간주하는 단순 논리 등이 대표적인 사례이다(홍용표 2021, 37-40).

물론 전쟁과 평화는 대립적인 개념이다. 그렇다고 전쟁과 평화가 양립 불가능한 것은 아니다. 평화연구의 대가 볼딩(Boulding)은 전쟁과 평화가 이분법적으로 대칭되는 상태가 아니라 서로 교차하는 여러 단계 또는 상황이라고 설명한다. 기온의 변화에 따라 물이 얼음이 되고 얼음이 녹아 다시 물이 되듯이 전쟁과 평화도 순환한다는 것이다(Boulding 1978). 전쟁 아니면 평화라는 단순 논리에 빠질 경우, 전쟁에 대한 불안감이 지나치게 높아지거나 평화에 대한 기대감이 과도하게 커질 수 있다. 예를 들어 평화의 중요성을 부각하기 위해 전쟁의 위험성을 필요 이상 강조하면 전쟁에 대한 우려가 오히려 깊어지는 부작용이 나타날 수 있다.

전쟁과 같은 물리적 폭력이 없는 상태인 소극적 평화와 구조적 폭력이 없는 상태를 말하는 적극적 평화 논의 역시 어느 한쪽을 선택해야 하는 문제가 아니다. 이 개념을 처음 제안한 갈퉁(Galtung)도 소극적 평화의 필요성을 인정하였다(Galtung 1969). 한마디로 소극적 평화와 적극적 평화는 서로 '연결'되어 있다. 장기적으로는 인간에 대한 모든 폭력을 제거하고 고통을 치유하려는 적극적 평화를 지향해야 한다. 그러나 소극적 평화의 중요성을 부정해서는 안 된다. 현실에서 가장 먼저 그리고 직접 다가오는 폭력은 물리적 폭력인 경우가 많다. 따라서 우선 소극적 평화가 지켜져야 상대적으로 적극적인 평화도 확보될 가능성이 크다. 나아가 적극적인 평화가 이루어지면 그만큼 물리적·직접적 폭력의 피해는 줄어들 것이다.

이런 맥락에서 한반도 평화를 위한 정책을 추진하는 과정에서도 이분법적 접근에서 벗어나 안보와 평화, 그리고 소극적 평화와 적극적 평화를 연결하려는 노력이 필요하다. 같은 맥락에서 그동안 유지해 온 소극적 평화의 유용성도 간과되어서는 안 된다. 예를 들어 한반도 평화체제에 대해 논의할 때, 근본적으는 정전체제를 평화체제로 전환해야 하지만, 정전체제 아래에서 유지되어 온 소극적 평화의 중요성도 인정해야 한다. 정전협정 체결 이후 한반도에는 비록 불안했지만 평화가 유지되었고, 한국은 경제발전과 민주화를 이룩했다. 그리고 이러한 평화와 발전은 튼튼한 안보체계가 유지되었기에 가능했다. 소극적 평화와 적극적 평화, 안보와 평화는 서로 다른 뜻을 지니고 있지만, 동전의 양면과 같이 함께 존재하는 것이다. 따라서 우리 주변에 존재했던 평화들(비록 불안정했지만)과 현재 및 미래의 평화들을 연결할 필요가 있다.

한반도 평화를 위한 다양한 행위자들의 노력을 인정하고 연결하는 일도 중요하며, 민간단체와 같은 비정부 행위자들의 역할도 효율적으로 연계시킬 필요가 있다. 이는 평화의 주체를 로컬의 행위자로 상정하고 이들의 사회문화적 정체성, 호혜와 연대의 경험을 통해 갈등을 관리하고 비폭력적 공존을 모색하는 로컬평화를 실현하는 데에는 민간의 역할이 중요하기 때문이다. 또한 평화를 위한 토착민(로컬)의 노력을 시공간적으로 이어줄 필요가 있다. 일상적 평화의 관점에서 보면, 오랜 세월을 거쳐 전쟁과 평화를 경험해 온 접경지역 주민들의 삶의 이야기는 평화를 위한 토착민(로컬)의 노력이기 때문이다.

이에 더해, 기존의 주목받지 못했던 평화들을 발굴하고 그것들이 갖는 의미를 재조명해보는 작업이 매우 중요하다. 분단이 낳은 이산을 넘어 평화로 나아갈 수 있는 길을 보여준 이산가족 문제가 대표적인 사례다. 이와 관련하여 1983년 〈KBS 특별 생방송, 이산가족을 찾습니다〉 프로그램이 갖는 의미를 생각해보면, 이 프로그램이 장기간 생방송으로 진행되면서 한동안 묻혀있었던 이산가족 문제가 국민적 관심으로 등장하게 됐다는 것을 알 수 있다. 이 방송 이후 고조된 이산가족에 대한 관심은 1985년 북한 대표단의 KBS 방문과 최초 남북 이산가족 상봉으로 연결됐음을 확인할 수 있다(김문조 1985, 155). 지금의 북한이탈주민들과 마찬가지로 실향민들도 남쪽으로 내려온 초기에는 '빨갱이'로 오해받고 편견과 차별에 시달렸지만 〈이산가족을 찾습니다〉 방송을 계기로 이들의 문제가 공론의 장에서 다뤄졌으며, 그로 인해 분단체제가 야기한 대립과 갈등에도 불구하고 실향민과의 공생이 가능해졌다. 말하자면 실향민의 아픔을 '그들'만의 문제가 아니라 '우리'의 문제로 인식하게 된 것이다(홍용표·모춘흥 2019, 338-339). 이런 맥락에서 40여 년 전의 실향민의 아픔에 빛을 비춘 사례는 분단이 인간의 존엄성을 훼손하고, 문화적 차원의 분단 트라우마에서 벗어날 수 있는 계기로 작용했다.

이상에서 살펴본 평화의 연결에 기초하여 지속가능한 평화구축에 다가가려는 시도는 다양한 평화구축 행위를 갈등의 광범위한 진행 속에 위치시켜, 다양한 역할과 기능, 그리고 행위들 간의 역학관계를 좀 더 평화적인 관계로 전환시키는 일련의 과정으로 이해할 수 있다.

3. 평화 연결: 복잡다단한 과제를 다루는 세심한 조율

평화 연결의 문제의식에 기초하여, 이 책은 어떻게 하면 분단이 장기화되고 있는 한반도에서 평화를 만들고, 오랫동안 지속할 수 있을지를 이론적, 실천적으로 고민하고 나름의 답을 제시하는 것이다. 기존의 한반도 평화 연구와 실천들이 주로 새로운 평화 구축을 위한 조건과 제도를 만드는 데 주목했다면, 이 책은 기존 한반도 평화구상과 노력들의 주요 조건들과 추진 원칙들을 현 상황에 맞게 연결시켜보고 성찰적인 분석을 시도했다.

물론 평화 연결이라는 개념을 가지고 지속가능한 평화의 조건을 제시하고, 이를 한반도의 상황에 맞게 적용하는 것이 쉬운 일은 아니었다. 책을 기획하고 집필해 나가는 과정에서 필자들은 한편으로 기존 평화 개념들의 학문적, 실천적 의의를 긍정하면서, 다른 한편으로 평화 연결이라는 새로운 개념이 지닌 장점을 부각하고자 치열하게 고민하고 토론했다. 그 결과, 필자들은 한반도 평화를 갈망하고, 실천하는 데 있어서 분단이라는 맥락을 상수로 놓고, 이를 '공간', '기억', '관계'라는 세 가지 키워드를 연결하는 것이 필요하다는 결론을 내리고, 『평화 연결하기 – 분단의 자리에서 공간·기억·관계를 잇다』를 책 제목으로 정했다. 따라서 이 책은 서로 다른 평화를 주제로 한 글들이 수록되어 있지만, 이를 '공간', '기억', '관계'의 의미를 잇는 방식으로 체계화했다.

이 책은 3부로 나뉘어 총 10장으로 구성되어 있다. 제1부는 평화 연결에 있어서 공간과 일상의 관계를 다루고 있다. 1장은 최근 평화학에서 주목받고 있는 분쟁과 평화를 이해하는 데 있어 공간이 갖는 의미에 주목하여, 한반도 분단 극복을 위한 공간적 평화의 가능성과 과제를 모색하고자 했다. 2장은 평화에 대한 고전적 문제로서 정치적 존재의 문제에 주목하는 가운데, 인간의 일상 정치 현실 속 평화 추구의 문제를 논하고 있다. 3장은 한반도 평화교육의 새로운 인간상으로 '호모 후마니타스'를 제안하고, 호모 후마니타스 양성을 위한 교육 내용과 교육 방법을 소개하고 있다.

제2부는 평화 연결에 있어서 정서와 기억의 관계를 다루고 있다. 4장은 유럽연합(EU) 문화정책과 콜롬비아 국제 커뮤니티 영화제(ICFF) 사례를 가지고, 평화정책이 문화정책과 어떻게 연계되고 구체화되는지를 살펴봤다. 5장은 남북 간 갈등 해결 과정에서 사법적 접근의 한계를 검토하고, 대안적 해결 시도 및 회복적 정의의 적용 가능성을 모색했다. 6장은 한반도 평화를 논하는 데 있어서 탈북민의 삶의 현주소와 그들의 목소리를 경청하는 것이 갖는 의미에 대해 논하고 있다.

제3부는 평화 연결에 있어서 관계와 실천의 문제를 다루고 있다. 7장은 '경합적 평화(agonistic peace)' 개념을 대북인식에 기초한 진영갈등이라는 국내 정치적 갈등 및 남북관계에 적용하는 가운데, 한반도에서 경합적 평화가 실현 가능한지를 모색하고자 했다. 8장은 '평화'라는 키워드가 포함된 역대 대통령들의 연설문을 대상으로 텍스트 마이닝을 활용하여 평화 담론의 핵심 어휘와 구조를 파악하고자 했다. 9장은 존재론적 안보(ontological security)와 평화불안(peace anxiety)의 이론적 개념을 토대로 대한민국 보수 진영의 내러티브를 고찰하고, 이를 토대로 남남갈등을 넘어 한

반도에서 다양한 정체성의 집단이 공존하는 지속가능한 평화에의 함의를 논하고 있다. 10장은 군사적 긴장과 역사적 기억이 중첩된 한반도의 새로운 평화 전략을 모색하기 위한 작업으로서 문화적 정체성과 상호의존성에 기반한 평화 구축의 대안적 모델인 프랑코포니국제기구(OIF) 사례를 살펴봤다.

4. 평화 연결을 위한 다학제적 연결

이상에서 살펴본 바와 같이, 이 책은 '평화 연결'이라는 새로운 렌즈를 통해 한반도의 지속가능한 평화에 다가가는 데 필요한 이론적, 실천적 함의를 다각적으로 담아내고자 노력했다. 이 책에 담긴 각각의 글들은 기존 한반도 평화담론과 실천이 한계에 부닥칠 수밖에 없는 원인이나 상황을 이해하고, 그러한 제약을 극복하는 데 참고할 수 있는 실천적 함의를 제시할 수 있을 것으로 보인다. 또한 이 책은 정치학, 평화학, 북한학, 교육학, 문학, 지역학 등 다양한 학문 분야에서 한반도 평화문제를 치열하게 고민해오고 있는 학자들이 모여 만들어낸 결과물이다. 따라서 이 책이 대학을 비롯한 여러 현장에서 (한반도) 평화를 주제로 연구하고 가르치는 선생님들과 학생들에게 유용한 교과서이자 연구서가 되기를 바란다. 아울러 이 책을 계기로 한반도 평화 연구의 스펙트럼이 보다 확대되고, 더 나아가 다양한 평화 담론과 정책 대안이 나오기를 기대해 본다. 물론 이 단 한 권이 평화 연결의 개념과 실천적 유용성을 구체화하는 데 한계가 없지 않지만, 필자들은 한반도의 지속가능한 평화를 만들어 가는데 필요한 과제들을 차분히 짚어보고자 했다.

마지막으로 2025년은 한 해는 유난히도 빨리 지나간 것 같다. 열두 명의 저자들은『평화 연결하기 - 분단의 자리에서 공간·기억·관계를 잇다』에 매달려 치열하게 토론하고 구슬땀을 흘렸지만, 한 해를 마무리하기 전에 결실인 이 책을 발간한 것을 큰 보람으로 여기고자 한다. 이 책의 집필 과정에는 많은 분들의 지원과 도움이 있었다. 먼저 이 책은 통일부 국립평화통일민주교육원과 한국연구재단의 재정적 지원으로 발간될 수 있었다. 그리고 이 책의 기획에서부터 출판에 이르기까지 필자들과 함께 땀 흘려준 한양대학교 평화연구소 연구보조원들에게 필자들을 대표하여 감사의 말씀을 드린다. 또한 출판을 맡아주신 도서출판 선인의 윤관백 대표, 김민정 선생을 비롯한 관계자 여러분께도 감사의 마음을 전한다. 무엇보다 이 책의 집필 의도에 흔쾌히 동참하여 치열한 1년을 함께 보낸 강혁민 교수, 김새미 박사, 김현준 박사, 박재인 박사, 이상원 교수, 임희수 박사, 차승주 박사, 천자현 교수, 한미애 박사, 허지영 박사께 깊은 감사를 드린다.

참고문헌

김문조. 1985. “이산가족연구 I: 가족이산의 현실과 가족재결합운동의 효과 분석을 중심으로.” 『아세아연구』 제28집 1호.

모춘흥. 2022. “MZ세대를 위한 정치교육으로서의 통일교육.” 박선형 외. 『정치교육론: 이론과 실천 및 과제』. 서울: 학지사.

정승철. 2019. “안보화, 인간안보, 그리고 한국: 한국인들이 일상에서 느끼는 위협에 대한 경험적 연구.” 『문화와 정치』 제6권 제3호.

조정아 외. 2019. 『평화교육의 실태와 쟁점: 통일교육과의 접점을 중심으로』. 서울: 통일연구원.

홍용표. 2018. “평화문화와 지속가능한 평화: 한국에서의 의미와 과제.” 『문화와 정치』 제5권 제3호.

홍용표. 2021. “한반도 평화와 대한민국의 평화 정책.” 최대석 외. 『한반도, 평화를 말하다: 튼튼한 평화를 위한 대한민국의 평화정책』. 서울: 21세기북스.

홍용표·모춘흥. 2019. “탈북민에 대한 ‘환대’ 가능성 탐색.” 『통일인문학』 제78집.

Boulding, Kenneth E. 1978. Stable Peace. Austin: University of Texas Press.

David P. Barash, Charles P. Webel 저. 송승종·유재현 역. 『전쟁과 평화』 서울: 명인문화사.

Galtung, Johan. 1969. “Violence, Peace, and Peace Research.” Journal of Peace Research 6(3).

Lederach, John Paul 저. 김동진 역. 2012. 『평화는 어떻게 만들어지는가』. 서울: 후마니타스.

UNESCO. 2018. Long Walk of Peace: Towards a Culture of Prevention. Paris: UNESCO.

제1부

공간과 일상

| 1장 |

분단 극복을 위한 공간적 평화의 모색

강혁민

1. 들어가는 말

시공간을 초월하여 발생하는 분쟁이나 평화는 없다. 러시아-우크라이나 전쟁, 인도-파키스탄 분쟁, 이스라엘-팔레스타인 분쟁, 그리고 한반도의 분단은 우리가 살아가는 지구촌 사회가 얼마나 폭력적인가라는 감각을 넘어 매우 구체적인 분쟁의 현장에 대한 관심을 불러일으킨다. 이러한 지리적 상상력은 우리로 하여금 현장 감각을 느끼게 한다. 사실 꽤 당연한 말이지만, 분쟁과 평화는 반드시 그것이 발생하고 구성된 구체적인 공간이라는 조건 위에서만 파악될 수 있다.

안타깝게도 그동안 '공간'은 분쟁과 평화를 이해하는 데 있어 꽤 주변적 범주에 머물러 왔다. 특히 평화형성을 논할 때, 학자들은 그 행위주체로서 인간의 행위만을 분석의 단위로 주목했다. 평화를 구축한다는 것은 분쟁의 근원적 이유를 발견해 이를 비폭력적으로 전환시켜 어떠한 개인이나 집단도 더 이상 이전의 분쟁으로 인해 차별받거나 희생되지 않고 평화롭게 공존할 수 있도록 하는 것을 의미한다. 이를 위해서는 정치적 제도를 수정하거나 집단 간의 신뢰성을 높여 사회적으로 안정한 상태를 곧, 사회적 평화를 촉진시켜야 한다. 이 과제는 단연코 인간의 인식과 행위의 평화적 전환이라는 과제를 암시한다. 이처럼 인간중심적 접근은 인류 역사 속에서 수많은 평화적 전환이 인간의 결단과 합의에 기반해 이루어졌다는 점에서 충분히 타당하다. 그러나 평화가 인간 행위에 의한 변혁적 과제만 뜻하는 동안, 평화의 의미는 경직되었으며 폭력에 노출된 비인간적 주체들은 인간 주체의 객체적 단계에 머물거나 배제되었다. 폭력이 미치는 영향은 다층적일진대, 평화연구의 관심은 이제껏 인간 중심적 사고에서 크게 벗어나지 못했다. 비판적 목소리는 비교적 늦게 터져 나왔다. 하지만 이러한 목소리도 탈인간의 관점이 주는 다양함과 급진성으로부터 파생됐다기보다는 기존의 인간중심적 평화가 이제는 한계에 다다랐다는 인식에 이르렀기 때문이었다. 따라서 평화형성에 대한 새로운 시선은 그동안 주목받지 못하거나 부차적인 단계에 머물렀던 주체들과 관련이 있다. 동물, 식물, 장소와 같은 비인간 주체(non-human subjects)와 신인류로 불리는 포스트휴먼 주체(post-human subjects)의 행위와 주체성에 대한 담론[1]이 활성화되면서, 평화의 주요 측면이 인간 행위를 결정짓는 제도 너머의 역량과

---

1 최근의 평화학은 평화구축을 위한 디지털화와 생성형AI에 적극적으로 주목한다. 그럼에도 불구하고 필자가 공간과 평화의 관계를 고찰하려는 이유는 포스트-휴먼주체들도 공간성으로부터 결코 분리될 수 없기 때문이다. 인간과 포스트-휴먼주체들 사이의 담론적 전환은 여전히 행위주체의 전환일 뿐 공간이라는 근본적 조건이 변환된 것을 아니기 때문이다. 인간과 포스트-휴먼은 모두 특정한 시공간 위에 발생하는 것이다. 소위 디지털 평화구축(digital peacebuilding)에 관한 논의들도 디지털 공간이라는 새로운 개념의 공간에 정위되어 있다. 따라서 공간에 대한 논의는 행위주체의 다양한 양상을 포괄하며 또 그것과 깊게 만난다.

동인에 관심을 두기 시작했다.

이 글은 이러한 새로운 관점 중에서도 ‘장소’ 또는 ‘공간’이라는 비인간 주체와 평화의 관계성에 주목한다. 이를 위해 필자가 제기하는 몇 가지 질문들은 다음과 같다. 공간이 평화에 기여한다는 것은 무엇을 의미하는가? 비인간 주체인 공간이 어떻게 평화의 능동적 행위자로 간주될 수 있는가? 공간이 평화의 근원적 조건이라면, 공간 안에 존재하는 인간의 행위는 폐기되어야 하는가? 필자는 이 질문들을 바탕으로 최근 평화학에서 주목받고 있는 ‘공간적 평화’ 개념을 고찰한 후, 한반도의 평화, 특히 분단 극복을 위한 공간적 평화의 가능성과 과제를 모색하고자 한다.

2. 개념적 고찰: 평화의 공간적 전환

공간적 평화(Spatial Peace)를 고찰하기 위한 첫 번째 단추는 ‘공간’이 함의하는 바가 무엇인지, 그리고 그것이 어떻게 평화의 분석 단위가 될 수 있는지에 대한 이해에 있다. 이를 위해서는 공간을 과학적 분석대상으로 삼고 있는 간학문적인 고찰이 진행되어야 하지만 이 지면에서 그것을 다 논할 수는 없다. 다만 공간 개념이 평화와 연결되는 지점들에 있어 특히 중요한 학자들, 대표적으로 에드워드 소자, 앙리 르페브르, 미셸 푸코가 제안한 공간적 사유를 중심으로 공간적 평화에 대한 기초적인 의미를 가늠할 필요는 있다.

1) 공간적 전환(The Spatial Turn)

이 개념을 사유함에 있어 가장 먼저 살펴보아야 할 이론가는 에드워드 소자(Edward Soja)다. 소자는 지리학자로서 공간을 물리적인 차원에서 사회적인 차원으로 재해석할 것을 요청한 학자였다. 그는 『포스트모던 지리학(Postmodern Geopraphies)』을 통해 기존의 사회이론이 주목한 시간성과 역사성의 한계를 지적한 후, 공간성이 갖는 특유한 관점과 가능성을 설파했다(Soja 1989). 포스트모더니즘 관점에 입각하여 소자는 공간이라는 것은 단순히 인간현상과 사회현상의 주변적 차원이 아니라 사회적 관계가 구성되고 재창조되는 핵심 장(field)로서 역할을 한다고 주장했다. 어떤 공간에 있는 주체들은 단순히 그 공간에 우연히 놓여진 것이 아니며 그 공간을 통해 존재하고 그것을 통해 사회적, 정치적, 문화적 의미를 발견한다고 보았다. 이 과정에서 그는 프랑스 사회학자 앙리 르페브르(Henry Lefebvre)가 주장한 사회적 관계의 공간성에 주목했다. 르페브르에 따르면, 모든 관계는 공간적 차원의 상호작용에 기반하며 공간은 단순히 사회적인 것의 결과물이 아니라 사회적인 것을 구성한다(Lefebvre 1991). 모든 사회적 작용, 관계, 의미, 규칙들은 그것이 행해지는 공간으로부터 자유로울 수 없으며, 다시 공간은 그러한 사회적 규칙들에 영향을 미친다(Giddens 1984). 즉, 개인, 집단, 국가라는 모든 단위의 사회적 구성물은 본질적으로 공간이라는 태생적인 조건 위에서 그 특질을 발현하며 또 영향을 받는다. 더 나아가, 공간의 사회적 성격은 행위주체들이 공간을 차지 또는 공유하는 방식과 관련이 있다. 이를 더 상세화하기 위해 소자는 공간을 세 단계로 분류했다(Soja 1996). 1차적 공간(First space)은 보통 지리학에서 주목하는 물리적 공간을 의미하며 2차적 공간(Second space)은 상징적이고 인식론적인 공간으로서 어떠한 이미지, 담론, 표상 등이 만들어지고 그것을 통해 사회현상이 발생되는 것을 지칭한다. 마지막으로 3차적 공간(Thirds pace)은 앞의 두 공간적 요소를 결합한 정치적 공간으로서 이 공간은 사회현상이 어떻게 재현되고 소비되는지, 그리고 그것이 어떻게 정치적 관점에서 발전되는지 주목하는 개념이다. 그리고 소자는 이러한 공간은 실질적으로 모든 인간 주체들이 그들의 일상을 살아가면서 체험하는 경험적 공간(lived space)으로서 억압과 저항의 공간임을 역설했다. 이로써 사회이론의 새로운 관점인 공간적 전환을 주장하게 된 것이다. 그로써 소자는 공간을 물리적 조건으로만 해석한 전통적 사회이론으로부터 해방시켜 공간에 내재된 억압적 구조와 폭력의 현상을 객관적 분석 대상으로 독립시켰다.

공간의 정치적 속성은 미셸 푸코(Michel Foucalt)에게서 엿볼 수 있다. 푸코는 공간에 대한 체계적인 이론을 마련하지는 않았지만 그의 저서들 속에서 권력을 공간의 관점에서 이해했다(Foucalt 2024). 푸코에 따르면 권력은 필시 어떤 장, 위치, 지역, 또는 영토가 갖는 고유의 특성과 필연적으로 관계맺으며 공간은 권력의 생산기지의 역할을 한다(Foucault 1967; 1986). 그의 권력 개념은 거칠게 말해(계보학이라는 특유의 논증방식으로부터 추론될 수 있지만) 특정한 장소들(예를 들어 감옥과 같은 제도적 공간)에서 생산되고 작동하는 다양한 메커니즘을 반영하며, 이러한 메커니즘 사회정치적 관계망 속에서 얽히면서 일종의 지배 형태로 드러난다는 점을 보여준다. 이는 곧 권력과 공간은 불가분의 관계에 놓여 있으며, 그 자체가 본질적으로 정치적 관계임을 시사한다. 여기서 '정치적인 것(the political)'은 서로 다른 개인이나 집단이 상호인식을 통해 경쟁하고 그 경쟁이 지속될 수 있는 사회적 환경을 뜻한다(Mouffe 2020; 2009). 예를 들어, 샹탈 무페(Chantal Mouffe)는 정치적인 것의 의미를 경합적인 다원성(agonistic pluralism)으로 제안했는데, 그의 정치적인 사유는 어떤 사회와 국가에도 보편적이거나 천편일률적인 정치적 관계는 가능하지 않기 때문에 사회는 언제나 다원적이면서 동시에 경쟁적인 공존을 띨 수밖에 없다고 강조한다(Mouffe 2009). 흥미로운 것은 무페의 정치이론에도 공간에 대한 철학적 고찰이 반영되어 있다. 공간에 대한 사유 없이 다원적 공존이나 정치적 경쟁은 불가능하기 때문이다. 그리고 이러한 정치적 사유는 다시 푸코의 권력과 공간의 관계를 상기시킨다. 이로 미루어 볼 때, 공간의 사회적 구성이란 그 공간 안에 존재하는 다원적 개인과 집단들의 정치적 속성, 즉 서로 경쟁적으로 관계 맺으며 그 관계를 통해 다시 공간을 구성하는 것을 뜻한다. 그렇기에, 공간은 사회적이면서 정치적인 것이다. 어떠한 사회적 조건과 정치적 영향 없이 존재하는 공간은 물리적 장소에 지나지 않으며, 그 장소마저도 언제나 새로운 공간으로 재구성되고 재탄생 될 가능성을 갖는다(Massey 1994).

2) 공간적 평화(Spatial Peace)

그렇다면, 이들이 사유한 공간성은 어떻게 평화와 만나는가? 공간적 평화 개념을 주도하는 학자들은 공간과 평화의 관계가 다층적으로 얽혀 있다고 보며, 공간을 평화 분석의 틀 안에 포함시킴으로써 기존 접근으로는 포착하기 어려운 분쟁의 양상과 평화의 잠재성을 드러낼 수 있다고 주장한다(Souza 2024; Björkdahl 2023). 전통적인 분쟁 및 평화 연구는 주로 역사적, 정치적, 사회적, 문화적 요인에 주목해 왔으나, 공간적 접근은 분쟁과 평화가 실현되는 장소의 물리적, 상징적 조건과 그 속에서 작동하는 행위자 간의 관계성에 주목함으로써, 공간이 매개하는 갈등과 평화의 복합성을 보다 정교하게 분석할 수 있게 한다. 사회이론의 전통적 관점에서 공간적 전환으로 확장된 것과 동일하게 평화에 대한 연구도 공간에 대한 적극적인 인식을 통해 연구되고 있는 것이다.

평화와 분쟁을 공간화한다는 것은 무엇을 뜻하는가? 첫째, 평화와 분쟁이 발생하는 지역적 특성을 고려한다는 것이다. 전쟁은 어디에서 발생했는지, 전쟁이 지역사회에 가져온 파급효과는 무엇인지, 평화가 지속 가능하기 위한 지역적 조건은 무엇인지 등에 대한 세밀한 공간적 조건을 따져 묻는 것이다. 실제로 많은 평화연구가 이러한 지역적 특성 또는 로컬에 대한 연구를 수행해왔으며 소위 로컬평화(localized peace) 개념이 이러한 관점을 제공하고 있다. 로컬평화의 핵심 주장은 분쟁이 발생한 지역 또는 로컬이 갖는 고유한 문화적 특성과 공간적 성격, 그리고 분쟁 해결의 전략을 반영하지 않고는 지속 가능한 평화가 불가능할 뿐만 아니라 정의롭지도 않다는 것이다(강혁민 2022b). 여기에서 로컬은 다층적 의미를 지니는데, 한편으로는 공간적 차원이면서 다른 한편으로는 행위주체를 통해 이해될 수 있는 역량이라고 할 수 있다. 각설하면, 공간적 평화는 특정한 지역에서 발생하는 분쟁과 이를 해결하려는 로컬화된 접근과 상호연결되어 있으므로, 구체적인 지역과 로컬리티는 곧 분쟁과 평화의 공간적 조건에 해당한다. 이러한 이해를 바탕으로 분쟁과 평화 데이터를 수집하는 주요 연구기관들은 이미 분쟁의 지역적 분포에 대한 방대한 정보를 축적하는 중이며 이를 통해 특정 공간에서 분쟁이 발생하는 구조적 조건과 그 공간이 지닌 공통적 특징 및 차이점을 시각화하고 있다. 특히, 분쟁 매핑(mapping) 및 디지털화는 국경, 분쟁 지역, 분단 공간, 평화의 섬과 같은 지리적 요소를 시각화함으로써 분석가들로 하여금 보다 입체적인 공간 감각을 확보한다(Macaspac and Moore 2021).

둘째, 공간이 분쟁과 평화를 구성하는 행위자들의 정체성을 형성하고 실천에 영향을 주는 매개로 작용한다는 것이다. 공간이 인간 행위의 객체가 아닌 그것을 조성하고 사회적 관계를 결정짓는 주요 요소라면, 이는 인간의 행위가, 소자가 말한, '이차적 공간'의 역학과 맞닿아 있음을 알 수 있다. 소자가 주장하듯이 이차적 공간에서는 주체들이 공간에 대한 심상적 표현, 담론 형성, 이데올로기적 재현을 하게 되는데, 이는 인간의 사고, 언어, 예술, 문화 등으로 발전되기도 한다. 이러한 공간에서 개인과 집단은 상징적으로 재현된 정체성을 형성하게 되며 한편으로는 자기 인식이나 공동체 인식을 발전시키고 다른 한편으로는 타자 인식을 형성한다. 이때, 공간에서 형성된 언어, 담론, 정체성이 분쟁의 실마리가 되며 또 분쟁을 고질적으로 만들어 가는 수단으로 경우도 있다. 예를 들어, 북아일랜드의 데리(Derry)에 위치한 보그사이드 거리(the Bogside)는 북아일랜드 유혈갈등을 재현하는 역사적 장소다. 보그사이드에서는 가톨릭계 주민들과 개신교계 주민들이 서로 경계하며 서로의 다른 기억과 표상을 통해 자기들의 피해자성을 재생산해 낸다. 북아일랜드가 시도하는 통합교육들이 활발히 진행하여 어린 세대들의 편견을 줄이고 정체성을 평화적으로 전환시키려는 노력이 있음에도 불구하고 '보그사이드'라는 상징적 공간에서 개인들은 과거의 폭력과 살인, 범죄, 복수 등을 기억하게 된다. 따라서 공간의 평화적 전환은 분쟁의 상징물, 언어, 서사를 보다 평화적으로 재구성하려는 지속적인 노력을 요구한다.

〈그림 1〉 데리의 보그사이드 거리 (출처: 위키미디어 커먼즈)

셋째, 공간이 평화에 관한 지식과 담론의 형성과 재구성에 적극적으로 작용한다는 점을 인식하는 것이다. 전통적으로 평화는 어떻게 구성되었나? 누가 평화라는 담론과 실천을 주도했는가? 이미 널리 논의된 바, 평화의 가치와 실천은 종종 엘리트 집단의 편의와 권력을 강화하는 수단으로 활용되어 왔다. 이 과정에서 평화는 사회적 불평등과 배제를 재생산하는 담론적 장치로 기능했으며, 일상적이고 지역적인 차원의 목소리와 실천은 주변화되어 왔다(Richmond 2011). 그러나 분쟁이나 평화가 발생하는 장소는 사실상 주변화되었던 사회적 주체들, 즉 개인이나 집단, 그리고 시민사회의 역량에 크게 좌우되며 이들의 가치와 연대가 평화를 지속 가능하게 하는 중요한 핵심동력이 된다. 이들에게 평화란 구체적인 공간 속에서 이루어지는 일상적 실천, 만남, 그리고 교류를 통해 확산되므로, 공간적 평화는 이러한 보이지 않았던 주체들의 공간적 행위가 평화를 가능하게 하는 원동력으로 작용한다는 점을 강조한다(Björkdahl and Buckley-Zistel 2022b). 이는 평화에 대한 지식 또는 담론을 아래로부터 얻어내자는 보다 해방적인 요청이다.

마지막으로, 공간의 평화적 전환은 공간들 사이의 연결성과 밀접하게 관련되어 있다. 앞선 논의들은 공간이 어떻게 사회적이며 정치적으로 사유될 수 있는지를 통해, 그것이 평화와 분쟁에 결정적인 역할을 수행함을 조명하였다. 그러나 이러한 논의는 대체로 특정한 공간을 단절적이고 고정된 실체로 상정하는 경향이 있다. 하지만 공간은 단일하거나 고정된 성격을 지니기보다, 복합적이고 다층적인 특성을 띤다(Massey 1994). 공간의 복합성이란, 인간의 시간성과 물리적 조건 속에서 구획되어 인식되지만, 실제로 공간은 결코 인간의 사유방식처럼 분절적이거나 폐쇄된 것이 아니라는 점을 뜻한다. 공간은 서로 연결되어 있으며 시간성을 가로지르는 장으로 존재한다. 또한, 공간은 '평화'와 '분쟁'이라는 이분법적 구도에 완전히 환원되지 않는다. 어떤 공간은 분쟁에, 또 어떤 공간은 평화에 더 기여할 수 있지만, 이는 공간 그 자체의 속성이기보다는 그 공간을 사용하는 주체들의 관계 형성 방식과 사회적 실천에 따라 달라진다. 결국, 공간은 평화이든 분쟁이든 단절된 실체가 아니라 하나의 연결된 장이며, 그것이 발현하는 성격은 주체들의 사용 방식과 관계망의 구성에 따라 형성된다.

그러므로 공간의 평화적 전환은 개별 공간들을 고립된 단위가 아닌 연결된 관계망으로 인식하고, 그 속에서 분쟁의 상징, 기억, 서사, 담론을 평화적으로 재구성하는 시도이다. 그리고 평화는 공간을 둘러싼 정치적 실천을 통해 구체화되며 물질적이고 상징적인 재구성을 수반한다. 이로써 공간은 인간 행위의 배경적 조건을 넘어 그것을 구성하고 확장하는 능동적 주체로 전환된다.

3. 공간적 평화에 대한 세 가지 관점: 일상, 기억, 경합

이제 필자는 최근의 평화학 연구들이 어떻게 공간을 활용하여 평화연구를 수행하는지에 주목한다. 공간적 평화 연구의 대표적인 학자인 아니카 비요크달(Annika Björkdahl)은 분쟁 공간을 평화 공간으로 전환하기 위한 장치로 재현의 문제에 집중한다. 공간의 흔적이 없는 분쟁이나 평화는 없으므로 어떻게 공간을 평화적으로 전환시킬 수 있는지가 지속 가능한 평화의 조건에 주요한 요소가 되기 때문이다. 공간은 물질성을 갖지만 동시에 상징과 경합적 쟁투의 장소다. 미셸 푸코의 논의를 적극적으로 받아들이면서 공간에서의 권력 다툼을 인정하고 권력이 생성되는 공간의 재배열 및 재배치, 상징의 다원성을 통해 보다 평화로운 공간으로의 전환을 추구할 수 있다. 이러한 인식을 바탕으로 비요크달과 카플러는 공간이 평화를 위한 '행위의 장(field of action)'이자 '지식 생산의 경합지점'이라는 점을 강조한다(Björkdahl and Kappler 2017). 이들은 공간이 단지 평화가 펼쳐지는 장소가 아니라, 정치, 기억, 감정, 일상적 실천이 교차하는 장소로서의 적극적 특성을 지닌다고 본다. 따라서 이들은 공간이 평화와 분석적으로 연결되는 지점들을 물질성(materiality), 공간의 정치성(politics), 공간의 상징성과 의미(symbolism), 공간에서의 실천(practices)이라는 네 단계로 나누어 이해하였다(Björkdahl and Buckley-Zistel 2022b). 이 문헌들은 평화가 오로지 제도나 시간의 흐름 속에서만 이해될 수 없으며, 공간의 구성과 재구성, 상징과 권력, 실천과 경계 속에서 구체적으로 발생하는 복합적 현상이라는 점을 강조하고 있다. 그리고 이들은 평화가 어떤 공간에서 발생하느냐는 질문을 넘어 평화가 공간적으로 어떻게 구성될 수 있으며 그 안에 공존하는 주체들의 행위가 어떤 방식으로 전개되는지에 주목한다. 이와 같은 문헌들을 보다 구체적으로 살피면, 일상적 행위, 평화는 기억의 재구성, 정치적 경합성이라는 세분화된 영역으로 확장되고 있다.

1) 공간과 일상성

공간적 평화는 제도나 상징적 담론을 통해 추상적으로 규정되기보다는, 일상적 실천의 프리즘을 통해 구체화한다. 평화의 주체는 조약이나 기념비와 같은 제도적 장치 안에 고정된 존재가 아니라, 일상 속에서 반복적으로 수행되는 행위를 통해 구성되고 지속되기 때문이다. 일상은 사람들이 특정한 공간을 어떻게 이동하고 점유하며, 그 속에서 타인과 어떤 방식으로 상호작용하는지를 보여주는 실천의 축적이다(Mac Ginty 2021). 이러한 실천은 공간에 대한 감정, 기억, 관계를 구성하며, 궁극적으로 평화의 조건을 만들어내거나 해체하는 핵심적인 장이 된다. 일상적 평화(everyday peace) 논의가 제안하는 일상성과 평화의 일상적 재현은 주체들의 공간적 존재방식 또는 행위방식과 깊이 관계된다. 따라서 일상적 평화는 사실상 누가 어떻게 특정한 공간에서 일상적으로 상호작용하는지에 대한 고찰이라고 할 수 있다. 이러한 관점에서 인사, 공동 식사, 아이들의 놀이, 상호 방문과 같은 일상의 미시적 상호작용들이 갈등 이후 사회에서 평화의 감각을 재형성하는 데 결정적인 역할을 할 수 있다(Björkdahl and Kappler 2017).

2) 공간적 기억의 재구성

공간은 분쟁과 관련된 기억을 재구성하는 데 핵심적인 매개물로 작용한다. 공간이 배제된 기억은 실질적으로 성립하기 어렵다. 알박스(Maurich Halbwachs)에 따르면, 기억은 본질적으로 사회적으로 구성되는 현상이며, 이러한 구성된 기억은 특정한 장소의 영향을 받기도 하고, 반대로 그 장소를 재구성하기도 한다(Halbwach 1992). 기억은 공간 안에 존재하는 다양한 상징물을 통해 보존되며, 사회 구성원은 이러한 상징물에 반응하며 기억을 강화하거나 잊히도록 만든다. 이와 같은 기억은 단순한 개인적 차원의 것을 넘어 집합적이고 정치적 성격을 띤다. 집합적이고 정치적인 성격을 띠게 된다. 특정 장소가 불러일으키는 기억—예컨대 국경, 분단선, 전쟁의 흔적과 같은 공간들—은 단순히 객관적으로 주어지는 과거의 재현이 아니라, 기억의 주체들에 의해 지속적으로 재생산되고 해석되는 '기억된 공간(remembered space)'으로 변형된다. 따라서 공간의 평화적 전환은 곧 이러한 공간에 깃든 기억들을 어떻게 평화적으로 재해석하고, 새로운 서사로 전환해 낼 수 있는가의 문제와 직결된다(Björkdahl and Buckley-Zistel 2022a). 나아가 공간적 기억을 평화적 서사로 재현(represent)하는 작업은 단지 과거를 회고하는 행위에 그치지 않고, 공동체가 미래 지향적 평화의 기초를 구축하는 하나의 실천이 된다(Suoza 2024). 이러한 맥락에서 공간은 기억의 저장소이자, 평화의 담론이 전개되는 정치적 무대로 기능한다.

3) 공간과 정치적 경합

주지하듯, 공간적 평화는 지리적 배경이나 제도적 결과로 환원될 수 없는 정치적 구성물이며, 이 공간 안에서 정치성은 결정적인 역할을 수행한다. 공간은 특정한 권력관계에 의해 생산되는데, 누구를 포함하고 배제할 것인지, 어떤 기억과 서사를 재현할 것인지에 따라 평화의 구조와 내용이 달라진다(Lefebvre 1991; Björkdahl & Kappler 2017). 특히 평화가 실현되는 공간은 정체성, 감정, 기억, 제도적 질서가 교차하며 경합하는 장소로서, 그 자체가 평화의 가능성과 한계를 담지한 정치적 장(場)이다. 평화 공간은 특정한 실천과 상징을 통해 질서를 제도화할 수 있지만, 동시에 기존의 갈등을 은폐하거나 재생산 할 수도 있으므로 그 구성과 운영은 항상 정치적이다. 남북한 비무장지대(DMZ)처럼 평화와 군사적 긴장이 공존하는 공간은 이러한 정치성을 선명히 보여준다. 결국, 공간적 평화에서의 정치성은 평화를 정태적 결과로 보지 않고, 끊임없이 협상되고 구성되어야 할 실천적·역동적 과정으로 이해하게 하며, 이는 경합적 민주주의 이론과도 맞닿아 있다. 경합은 서로 다른 다수의 기억과 정체성, 그리고 서사가 서로 공존할 수 있도록 정치적 쟁투를 주장하며, 이때 공간은 경합의 대상이 된다(강혁민 2022a).

4. 분단 공간의 평화적 전환

한반도 평화는 한반도라는 지정학적 공간에서 벌어지는 평화적 과정과 결과를 의미한다. 당연한 말이겠지만 한반도 공간에 대한 깊은 이해 없이 한반도의 평화를 논하는 것은 허무하다. 한반도의 공간적 특징은 '분단'이라는 경험적 현실로 압축되어 있다. 분단은 한반도를 물리적으로 가르는 지리적 경계이자 남북한에 존재하는 주민들의 정치, 사회, 심리, 문화, 종교적 갈라짐을 뜻할 것이다. 여기에서 분단이 남북한 주민들의 물리적 공간의 단절만을 뜻하지 않음은 매우 자명해졌다(김성경 2020). 하나의 공간적 실체로서 분단은 가시적이고 비가시적인 양 측면에서 한반도에 거주하는 시민적 주체들의 정치적 이념부터 생활세계까지 부정적 영향을 끼치며 그로 인한 갖가지 부작용들을 동반한다. 본 글에서 필자는 분단에 대한 그동안의 논의를 재차 반복하지는 않겠지만, 반드시 짚고 넘어가야 할 것은 분단은 공간적 실체로서 한반도의 비평화를 배태하고 지속적으로 재생산해내는 근원적 조건이라는 점이다. 따라서 한반도의 평화를 모색하기 위해서 우리는 필히 폭력적 공간으로서의 분단을 전환하는 노력이 선행되어야 한다. 필자는 이제 분단 공간의 평화적 전환을 개념화한 후, 그 가능성과 방향을 모색하고자 한다.

그렇다면 한반도의 분단을 평화적 공간으로 전환한다는 것은 무엇을 뜻하는가? 그것은 거칠게 말해 분단이 촉발시킨 폭력구조의 공간성을 포착하고 그것을 비폭력적 공간 질서로 재구성하는 것을 지칭할 것이다. 분단은 단지 군사적 경계나 정치적 충돌의 결과를 넘어서, 남북한 주민들의 정체성, 신념, 문화, 그리고 삶의 방식 전반을 구분 짓는 상징적 경계로 기능해 왔다. 분단 공간 안에서 주민들은 감시와 통제, 배제와 적대, 침묵과 망각이라는 다양한 형태의 폭력에 직간접적으로 노출되어 왔다(김병로·서보혁 2010). 이는 단지 국가 간의 대립을 넘어, 일상적 삶의 차원에서까지 내면화된 경직된 이분법적 사고와 태도로 이어진다. 이러한 조건 속에서 사람들은 지속적으로 '적대적 타자'를 구성하고, 상호 간의 신뢰와 공존 가능성을 약화시킨다(김동춘 2013; 박영균 2010). 이념적 이분법과 실천의 경직성은 주민들의 정치적·공간적 현실을 규정해 왔으며, 분단은 그러한 현실을 재생산하는 구조로서 기능해 왔다(김동춘 1997).[2] 결국, 분단의 평화적 공간으로의 전환이 의미하는 바는 주민들을 배제와 적대적 태도로 안내하는 폭력적 공간을 포용과 대화, 상호 인정을 가능케 하는 공간으로 재구성하는 실천적 시도를 의미한다.

안타깝게도 분단을 평화적 공간으로 재구성하는 실천적 시도는 간단하지 않다. '평화적'이라는 광의의 개념이 공간의 재구성이라는 다소 실질적인 요구에 응답해야 하기 때문이다. 그렇다면 '평화적'이라 함은 무엇인가?[3] 이 질문에 우리는 결코 평화에 대한 본질주의의 덫에 빠져서는 안 된다. 본질주의자들에게 평화와 평화적인 것은 고정된 이상이자 초역사적이고 초문화적인 성질을 갖는다. 이들에게 평화는 자유주의자들의 규범적 이상주의나 갈등회피적인 성격을 갖는다. 그러나 필자가 이미 논한 바처럼, 평화가 오랫동안 자유주의의 전유물로 여겨져 왔다(강혁민 2022b). 자유주의자들에게 평화는 반드시 달성해야 할 어떤 이상적인 상태이며 갈등은 무질서와 비이성적 결과이므로 그것을 극복하는 것이 민주정치에 핵심 가치라고 여겨진다. 이를 기반으로 한 자유주의 평화는 안타깝게도 지난 20세기 역사 속에서 하나의 헤게모니로 자리 잡았으며, 이에 근거하여 대부분의 분쟁국가들에 자유주의적 평화 즉, 인권, 법치, 시장경제, 민주주의라는 만병통치약이 되어 버렸다(Richmond 2011). 이 과정에서 평화는 자

2 여기서 주목해야 할 점은 분단이 비단 남북한 사이의 갈라짐만을 의미하지는 않는다는 것이다. 분단은 오히려 남한과 북한 주민들 사이의 구별과 배제, 적대를 더 적극적으로 생산해 냈다. 남한과 북한 모두 분단적 체제에 의거한 이념적 학살, 사회적 살인을 저질렀으며, 이는 분단국이라는 국가형태에서 발생한 사회정치적 폭력이라고 할 수 있다.

3 필자를 포함한 여러 학자는 이미 평화에 대한 다층적 의미에 대하여 논한 바 있다. 서보혁·강혁민, 『평화개념연구』, 모시는사람들, 2022, 이찬수. 평화와 평화들: 평화다원주의와 평화인문학. 서울: 모시는사람들 2016 참조. 이 글에서 평화는 결코 정태적이거나 선험적인 또는 본질적인 의미를 지니지 않는다. 평화개념은 다원적이며 역동적이다. 평화개념이 다원적이라는 것은 평화의 얼굴과 양태, 그리고 그것을 지향하는 각기 다른 방법론을 적극적으로 인식하는 것이다. 평화 개념의 다원성은 결코 평화 상대주의와 같지 않다. 평화의 여러 개념은 본질주의적 평화 개념이 얼마나 전근대적인 사고방식이며, 사실 그것은 어떠한 것도 성취할 수 없는 의미라고 할 수 있다.

유주의를 수호하는 일부 서구권 국가들의 국가운영 방식으로 재현되는 본질주의적 가치로 변모하게 되고, 이것은 오히려 비서구권 국가들에 폭력적인 기제로 작동하게 된다. 자유주의 평화는 그리하여 승자의 평화라는 비판을 받게 되는데, 이를 극복하고자 비판평화학자들은 평화를 행위자들의 억압에 대한 저항적인, 해방적인, 경합적인 과정과 그 결과로 묘사하게 된다(Richmond 2011).

이 논의가 평화의 공간적 전환에 중요한 이유는 분단의 공간에서 발생하는 여러 가지 비평화적 현상들이 결코 비문화적이거나 비정치적이며, 비주체적인 평화로 귀결될 수 없음을 강조하기 때문이다. 승자의 평화가 각각의 맥락을 넘어서는 평화형성의 보편적 해법을 주장한다면, 공간적 평화는 분단이라는 경험적 현실이 주민들에게 어떠한 영향을 주었는지, 그리고 그들은 어떠한 방식으로 평화를 구현하고자 하는지에 관한 세밀한 공존방식을 요청한다. 이제 필자는 아래의 두 사례를 통해 공간적 평화의 가능성을 논하고자 한다.

1) 접경지역: 분단과 평화의 공존방식

분단이 가장 직접적으로 우리의 경험에 와닿는 공간은 접경지역이다. 2023년 개정된 「접경지역 지원 특별법」에 따르면 접경지역이란 1953년 7월 27일 체결된 「군사정전에 관한 협정」에 따라 설치된 비무장지대 또는 해상의 북방한계선과 잇닿아 있는 시·군과 「군사기지 및 군사시설 보호법」 제2조 제7호에 따른 민간인통제선 이남(以南)의 지역 중 민간인통제선과의 거리 및 지리적 여건 등을 기준으로 하여 대통령령으로 정하는 시·군을 말한다.[4] 이 정의에서 알 수 있듯이 접경지역은 분단의 직접적 결과이자 특정한 지

4 https://www.law.go.kr/법령/접경지역지원특별법(검색일 2025.7.2)

억에 걸쳐 존재하는 임연한 현실이다. 그런가 하면 접경지역은 천혜의 자연환경을 가지고 있으며 특히, DMZ가 갖는 생태학적 의미는 매우 크다. 최근에는 DMZ 접경지역으로의 관광학적 연구도 크게 늘어 평화관광 또는 다크투어리즘 등의 비즈니스적 관심도도 높다. 홍미영·양정임의 연구는 접경지역에 대한 장소성, 특히 장소애착이나 충성도의 측면을 구성하는 몇 가지 중요한 사실을 밝혀냈다(홍미영·양정임 2024). 이들은 접경지역에 대한 일반인들의 관심이 물리적인 요소, 인적 요소, 활동적 요소라는 세 측면에서 고찰할 필요가 있으며 접경지역이라는 공간에 대한 애착성은 생태·자연환경적 가치, 역사문화적 가치, 평화적 가치, 경제적 가치라는 네 가지 차원으로 형성된다고 밝혔다. 또한 회귀분석 결과, 접경지역에 대한 분단적 인식과 평화적 가치가 가장 높은 상관관계가 있음을 보였는데, 이는 접경지역이 그 자체로는 분단의 상징으로 받아들여지지만 사람들의 인식 속에서 이 공간은 평화적인 가치를 실현할 수 있는 새로운 공간이 되어야 함을 역설하고 있다.

어떻게 그렇게 될 수 있을까? 물론 접경지대의 평화적 전환에 관한 논의가 이미 다수 진행되어 그 함의가 적지 않다(장용운 2005; 김종현 2022; 김지나·조경진 2019). 접경지역을 평화의 상징과 기억으로 완전히 전환시키거나 생태적인 지역으로, 또는 평화관광을 통한 지역주민들의 거주환경 변화 등이 그것들이다. 그러나 평화적 관점에서 더 강조되어야 할 점은 접경지역은 분단을 아픔을 살아낸 주민들의 생활세계이고 그들의 공간적 삶이 결코 잊히거나 부정되어서는 안 된다는 점이다. 접경지역 주민들의 삶의 공간은 그 자체로 보존되어야 한다. 극복되어야 할 것은 분단이 배태하는 부정적 관습이지 그들의 생활세계는 아니기 때문이다. 또한 접경지역 자체의 관광도시화를 통해 지역경제를 제고하는 방안은 다소 시장중심적 접근으로서 로컬의 일상과 그들의 행위의 장이 훼손되지 않는지 함께 논의되어야 한다. 평화경제의 측면에서도 로컬의 일상성을 무시한 채 평화적 가치를 추구할 수는 없기 때문이다. 접경지대의 생활세계가 평화적으로 보존되기 위해서는 접경지역 주민들의 일상에 대한 면밀한 관찰 및 참여, 행위방식을 연구함으로써 그들이 스스로 주체가 되어 분단의 아픔을 딛고 살아갈 수 있는 환경을 조성하는 것이 더 중요할 것이다.

둘째, 접경지역은 분단의 상징과 평화의 상징으로서 그 기능과 역할이 서로 공존하고 둘 사이의 긴장성이 보존되어야 한다는 점이다. 접경지역의 평화지대화의 노력들은 대부분 분단을 의미하는 상징물이나 기념물 등을 어떻게든 평화적인 것으로 변형하려고 노력한다. 접경지대에 즐비하게 들어선 전쟁과 분단의 상징들이 불편하게 평화전망대와 같은 평화적 장소에 들어서 있다. 필자의 관점으로는 그러한 이질적인 상징들과 공간들은 함께 기억되고 공존할 필요가 있는 평화의 매개체다. 분단 그 자체는 주민들에게 아픔의 역사지만 그것을 애써 부정하거나 그 역사를 망각할 수도 없다. 분단의 아픔을 제대로 기억하기 위해서는 오히려 그러한 조형물들과 공간들이 교육의 현장으로 활용되어야 하며, 조형물 그 자체가 주는 의미보다 공간에 들어와 있는 주체들의 다양한 해석과 토론이 가능할 수 있는 민주적 공간으로 활용되어야 한다.

2) 보훈의 공간과 폭력의 공간 사이의 경쟁적 기억

분단은 접경지역에 국한되지 않는다. 인간경험의 총체로서 분단 공간은 사실상 한반도 전역이다. 분단은 한반도 전역에서 경직된 타자성을 통해 직간접적 폭력의 문화를 생산했다. 대표적인 것이 바로 국가에 의한 폭력이다. 분단의 구조 속에서 국가는 경직된 이원론에 의거한 폭력을 제도화했으며 국가이념에서 벗어난 시민들을 향해 주저함 없이 폭력을 주도하고 수행했다(김동춘 2006). 경직된 이원론에 입각하여 국가는 국가에 충성하는 국민과 그렇지 않은 국민을 구별하고 규정했다(최태육 2015). 타자로 규정된 국민은 처단의 대상이 되었다. 마치 일제 식민시기 '불량선인'들을 규정하고 그들의 탄압했던 것처럼 말이다. 그리하여 사실상의 분단체제가 형성된 해방정국부터 한반도는 제주에서 철원에 이르기까지 일상화된 내전 상태였다(김동춘 2013).

그런가 하면, 국가를 위해 전쟁에 참여하고 희생된 자들은 국가유공자 또는 보훈대상자의 자격을 얻었다. 나라를 위해 희생한 노고를 치하하여 그 유족까지 보상했다.[5] 그러나, 국가에 의해 희생된 자들은 기억되지 않았다(강혁민 2021). 그들은 보훈의 가장자리로 내몰렸다. 같은 동네 이웃 사촌 간에 보훈대상자와 국가폭력 희생자가 서로 공존했지만 기억되는 것은 국가를 위해 희생된 국민뿐이었다. 사실상 국가폭력 희생자들은 비국민이었다(이동진 2014).

안타깝게도 국민과 비국민을 기억하는 공간은 서로 단절되어 있다. 대전의 현충원과 대전의 산내 골령골이 좋은 예다. 대전은 한국전쟁 시기 대표적인 민간인 학살이 자행된 곳으로서 대전형무소에 국민보도연맹원, 인민군 부역혐의자 등 정치·사상범으로 분류된 약 수백명의 수감자들이 산내 골령골에서 1차, 2차, 3차에 걸쳐 학살되었다(진실·화해를위한과거사정리위원회 2024, 399-400). 학살은 한국전쟁 발발직후인 1950년 7월 1일부터 시작되었으며, 치안국으로부터 재소자 처리에 대한 명령을 하달받은 지역 CIC, 헌병대, 경찰들에 의해 희생되었다. 다른 한편, 대전 유성구에 있는 국립현충원에는 전쟁 당시 민간인 학살을 지휘했던 대표적인 군인들의 묘지가 안장되어 있다. 대표적으로 백선엽과 김창룡의 묘가 그것이다. 국국가를 위해 전쟁에 참여하고 국민을 사상범으로 규정해 학살을 자행한 자

---

5 『국가보훈 기본법』에 따르면, 국가보훈 대상자란 희생·공헌자와 그 유족 또는 가족으로서 국가보훈관계 법령의 적용대상자가 되어 예우 및 지원을 받는 사람을 뜻한다.

들의 기억 공간은, 겹겹이 매몰된 국가폭력 희생자들의 잊힌 공간과 극명히 대비된다.

강화도의 교동도도 마찬가지다. 강화도 교동은 1·4 후퇴 당시 황해도 연백 등지에서 피난을 온 북쪽 주민들이 정착하여 살아가는 실향민 마을이다. 전쟁 동안 교동은 북한의 근거리 지역으로 주민들 사이의 왕래가 잦았다. 교동의 비극은 1·4 후퇴 이후, 부역협의자와 월북한 가족들, 또는 지방좌익에게 발생했다. 인천상륙작전 이후 서울이 재수복되면서 약 1천 명 이상의 민간인이 미방첩대(CIC), 치안대에 의해 희생당했다. 이 과정에서 치안대는 소년병들을 이용해 좌익들을 발본색원하였다. 교동이라는 아주 작은 섬에서 발생한 국가폭력은 독단적 기억의 장이다. 교동지역 곳곳에는 전쟁 당시 치안대 사무실로 사용되던 내무서와 분주소 등이 보존되어 있으며, 소년병들의 기념탑과 을지타이어 여단 충혼비 등은 잘 보존되어 있다. 그러나 그들에 의해 희생된 민간인들의 죽음은 전혀 기억되지 않는다. 특히 을지타이거 여단 충혼비 바로 앞에는 분단철책선이 있는데 그곳이 바로 민간이 희생되어 버려진 장소이기도 하다.

대전과 강화도에서 발생한 폭력의 사건은 전쟁과 분단의 비극적 결과다. 이를 평화적으로 전환하기 위해서는 경쟁적 기억이 실현되어야 한다. 경쟁적 기억은 기념을 통해 기억되던 이들과 장소를 넘어 기억되지 않던 이들과 장소를 더 적극적으로 발굴하고 기념하자는 주장이다. 국가를 위해 봉사한 국민과 그들에 의해 희생된 비국민들을 모두 국민으로 기억해야 할 사회적 의무를 지우자는 것이다. 그것이 바로 분단과 전쟁, 폭력의 장소를 평화적 장소로 기억하는 방식일 것이다.

5. 나가는 말

한반도의 분단은 단지 물리적 경계나 제도적 단절을 넘어서, 우리의 정체성과 기억, 일상적 삶에까지 깊이 스며든 복합적이고 구조적인 폭력의 공간 질서이다. 이 글은 이러한 분단의 공간을 단순한 배경이 아닌 평화가 구성되고 실천되는 능동적 장(場)으로 이해하고, 그것을 '공간적 평화(spatial peace)'라는 새로운 분석 틀 속에서 재사유하고자 하였다. 공간적 평화는 평화형성에 있어 제도적 전환이나 정치적 합의만으로는 설명될 수 없는, 보다 심층적인 공간의 의미론적·정치적 전환을 요구한다. 그것은 분단이 낳은 상징과 경계, 배제의 서사를 해체하고, 경쟁적인 기억과 다양한 정체성의 공존을 가능케 하는 새로운 장소 만들기(place-making)의 과정이다. 이 과정은 공간을 단지 "있는 그대로의" 물리적 장소로 보지 않고, 기억·서사·권력·감정이 얽힌 복합적인 실천의 장으로 전환시키는 작업이다. 특히 접경지역, 국가폭력의 현장, 또는 상징적 장소들은 단순히 과거를 담고 있는 장소가 아니라, 미래의 평화를 실험할 수 있는 정치적 공간으로 기능할 수 있다. 이 공간들은 잊히거나 미화되어야 할 대상이 아니라, 경합적 기억과 민주적 상호작용의 무대로서 다시 구성될 필요가 있다. 이러한 공간의 전환은 또한 평화의 주체에 대한 확장을 요구한다. 평화는 더이상 엘리트 중심의 제도적 담론에만 머무르지 않으며, 시민들의 일상, 주변화된 공동체, 그리고 로컬의 공간적 실천 속에서 형성된다. 공간적 평화는 바로 이처럼 아래로부터 실천되고, 구성되며, 재해석되는 평화의 다원성과 역동성을 담아낸다. 결국 공간적 평화는 단절과 배제를 넘어서는 공존과 상호인정의 실천적 공간을 지향한다. 이는 한반도의 분단을 해체하고, 평화를 구체적이고 물리적인 방식으로 상상하고 구현하는 새로운 시도이며, 평화 담론의 공간적 전환을 통해 우리가 마주한 분단의 현실에 더 정교하고 실천적인 응답을 제시하는 과정이다. 한반도 평화의 미래는, 바로 이처럼 공간을 통한 평화의 재구성을 통해 더욱 다층적이고 지속 가능한 방향으로 확장될 수 있을 것이다.

참고문헌

| 국문 |

강혁민. 2021. “보훈의 뒤안길: 국가폭력 희생자의 관점에서 보는 평화적 보훈에 대하여.” 『보훈, 평화로의 길』. 이찬수 외 엮음. 서울: 모시는사람들.

______. 2022a. “경합적 평화론의 한반도 평화구축에의 함의: 경합적 다원주의를 중심으로.” 『담론201』 제25집 1호, 79-111.

______. 2022b. “로컬평화의 전망과 한계.” 『문화와 정치』 제9집 3호, 35-67.

김동춘. 1997. 『분단과 한국사회』. 서울: 역사비평사.

______. 2006. 『전쟁과 사회』. 서울: 돌베개.

______. 2013. “분단이 한국의 국가폭력: 일상화된 내전 상태에서의 ‘타자’에 대한 폭력행사.” 『민주사회와 정책연구』 23호, 110-141.

김병로, 서보혁. 2015. 『분단폭력: 한반도 군사화와 평화학적 성찰』. 서울: 아카넷.

김성경. 2020. 『갈라진 마음들』. 서울: 창비.

김종현. 2022. “강원도 접경지역이 평화지역으로 가기 위한 새로운 지평과 지속가능발전.” 『한국콘텐츠학회논문지』 제22집 6호, 638-651.

김지나, 조경진. 2019. “DMZ 접경지역 평화관광을 통한 지역 자원 활용의 특성 변화: 철원을 중심으로.” 『한국도시지리학회지』 제2집 3호, 97-117.

미셸 푸코 저, 이상길 역. 2024. 『권력과 공간』. 서울: 문학과지성사.

박영균. 2010. “분단의 아비투스에 관한 철학적 성찰.” 『시대와 철학』 제21집 3호, 369-412.

서보혁, 강혁민 엮음. 2022. 『평화개념연구』. 서울: 모시는사람들.

이동진. 2014. “국민과 비국민의 경계: 피학살자유족회사건을 중심으로.” 『사회와 역사』 101호, 141-182.

이찬수. 2016. 『평화와 평화들: 평화다원주의와 평화인문학』. 서울: 모시는사람들.

장용운. 2005. 『접경지역 평화지대론』. 서울: 연경문화사.

진실·화해를 위한 과거사정리위원회. 2024. 『2024년 하반기 조사보고서』 제14권.

최태육. 2015. "남북분단과 6·25전쟁 시기(1945-1953) 민간인 집단희생과 한국기독교의 관계연구." 목원대학교 박사 학위 논문.

| 영문 |

Björkdahl, Annika. 2023. "Spatializing Peace and Peacebuilding." In *Making Geographies of Peace and Conflict*. London: Routledge.

Björkdahl, Annika and Buckley-Zistel, Susanne. 2022a. "Introducing Space for Peace."*Journal of Intervention and Statebuilding* 16(5): 536-544.

__________. 2022b. "Space for Peace: A Research Agenda." *Journal of Intervention and Statebuilding* 16(5): 659-676.

Björkdahl, Annika and Kappler, Stefanie. 2017. *Peacebuilding and Spatial Transformation*. London: Routledge.

Foucault, Michel. 1986. "Of Other Spaces: Utopias and Heterotopias." In Leach, Neil (ed.) *Rethinking Architecture: A Reader in Cultural History*. London: Routledge.

Giddens, Anthony. 1984. *The Constitution of Society: Outline of the Theory of Structuration*. Berkeley: University of California Press.

Halbwachs, Maurice. 1992. *On Collective Memory*. Chicago: University of Chicago Press.

Lefebvre, Henri. 1991. *The Production of Space*. Translated by Donald Nicholson-Smith. Oxford: Blackwell.

Macaspac, Nerve V. and Moore, Adam. 2021. "Peace Geographies and the Spatial Turn in Peace and Conflict Studies: Integrating Parallel Conversations Through Spatial Practices." *Geography Compass* 16(2): 1-13.

Mac Ginty, Roger. 2021. *Everyday Peace: How So-called Ordinary People Disrupt Violent Conflict*. New York: Oxford University Press.

Massey, Doreen. 1994. *Space, Place and Gender*. Minneapolis: University of Minnesota Press.

Mouffe, Chantal. 2009. *The Democratic Paradox*. London: Verso.

Mouffe, Chantal. 2020. *The Return of the Political*. London: Verso.

Richmond, Oliver P. 2011. *A Postliberal Peace*. New York: Routledge.

Richmond, Oliber P., and Mac Ginty, Roger. 2013. "The Local Turn in Peacebuilding: a critical agenda for peace." *Third World Quarterly* 34(5): 763-783.

Soja, Edward. 1989. *Postmodern Geographies: The Reassertion of Space in Critical Social Theory*. London: Verso.

Soja, Edward, 1996. *Thirdspace: Journeys to Los Angeles and Other Real-and-Imagined Places*. Blackwell Publishers

Souza, Matheus. 2024. "The Spatial Turn in Peace and Conflict Studies: Contributions, Limitations, and Opportunities for Research on Space-Time Heterogeneity." *Space and Polity* 28(1): 81-102.

| 2장 |

일상의 정치 현실 속 평화의 추구

: 플라톤의 『법률』 1권에 담긴 정치적 존재의 문제*

이상원

1. 서론: 평화에 대한 고전적 문제 제기의 필요성

본 연구의 목적은 플라톤의 대화록 『법률』 1권에 나타난 구체적 대화의 흐름에 주목하여 평화에 대한 논의와 이를 둘러싼 정치적 존재의 문제를 검토하는 것이다.[1] 이 글은 『법률』의 초반부에 나타난 플라톤의 평화 개념은 전쟁상태와 대비된 이상향이 아니라, 일상의 정치 현실 속에서 지속 가

* 이 연구는 『윤리연구』 제149호(2025)에 게재된 논문의 내용을 수정 및 보완한 것입니다.

1 본 연구는 플라톤 『법률』 1권에서 제시된 평화의 개념과 이를 둘러싼 텍스트적 맥락을 이해하기 위한 것이 주목적이다. 따라서 본문의 논의 전개에 있어서 『법률』 대화록 전반에 관한 확장된 해석과 플라톤 철학에 관한 일반화된 규정을 시도하는 것이 아님을 미리 밝히고자 한다. 다만 이 글이 플라톤의 『법률』 1권에 대한 밀착 독해를 통한 분석을 시도하는 데 필요한 경우에 『법률』의 다른 부분과 『국가』 등 다른 대화록들에 담긴 중요한 연관 개념 및 이론적 논의들을 다룬 기존 연구들을 참고 및 인용할 것이다.

능한 삶의 실존적 구성원리로서 평화를 제시하고 있다고 주장한다. 플라톤 사상에 나타난 평화의 문제를 분석한 기존 연구들은 주로 전쟁에 대한 논의에 담긴 평화의 의미를 추출하는 데 집중한다. 특히 이들은 플라톤의 평화 이론을 도출할 때『국가』를 중심으로 한 정치적 대화록에서 다루어지는 이상적인 정치공동체와 정체 수호자의 도덕성 문제를 중시하는 경향이 있다(Arnopoulos 1997; Ianne 2016). 이와 다른 방향의 연구들은 대화록에 나타난 수호자들의 군사적 훈련을 강조하면서 내전의 극복이나 타국과의 적대적인 관계에서 승리하기 위한 안보적 요소들에 초점을 두는 모습도 보인다(Ostwald 1996; Baracchi 2002; Mallet 2017). 그러나 이러한 접근들은 플라톤 대화록을 이해하는 데 있어서 다양한 대화자들이 수행하고 있는 드라마적 상황과 맥락을 충분히 고려하지 못한 채 일부 내용만을 부각시킨 한계가 있다(Blitz 2010, 3-5; 박성우 2015, 264f; Bartels 2017, 14, 204). 나아가 이들은 플라톤의『법률』에서 정체의 구성원리로서 제시되는 평화(eirēnē)의 개념이 어떻게 현실적 차원에서 정치적 삶의 토대로 해석될 수 있는지에 관한 분석에서 한계를 보인다(Syse 2002; Benitez 2019).

대화록으로서『법률』이라는 텍스트에 담긴 플라톤의 사유는 아테네 이방인(Athenian Stranger)을 중심으로 또 다른 등장인물인 크레타인 클레이니아스(Kleinias) 그리고 스파르타인 메길로스(Megillus) 세 명의 등장인물이 구성하는 드라마적 상황 속에서 펼쳐진다. 이때『법률』의 초반부에 대화를 이끄는 주요 등장인물인 아테네 이방인이 정체의 목적으로서 평화를 제시한 맥락은 단순히 전쟁상태에 대한 이분법적 대비의 차원에서 초월적 정의나 미덕의 이념을 지향하기 위한 것이 아니다.『법률』에서 논의되는 평화는 정치공동체 내/외부의 적대 상태를 무조건적으로 비판하면서 내전이나 국가 간 전쟁 등 극단적인 충돌과 분열의 상황을 제거할 수 있다고 순진하게 믿는 이상주의적 기획으로 선불리 규정될 수 없다. 서로 다른 정치적 의견을 가진 클레이니아스 그리고 메길로스와의 역동적 상호작용 속에서 대화를 이끄는 아테네 이방인은 폭력과 적대 상태의 항상성을 인정하면서도, 정치적 존재가 삶 속에서 궁극적으로 지향해야 할 실제적인 목표로서 평화에 접근한다. 따라서 『법률』 1권 대화의 드라마적 맥락과 흐름에서 조망한 평화(eirēnē)의 의미는 단순히 초월적이거나 신성한 상태가 아닌, 일상에서 지속 가능한 최선의 정체를 지향하기 위한 인간적 존재 방식으로 이해될 수 있다(cf. Morrow 1993, 11-12). 이러한 정치적 삶으로서의 평화의 개념은 『법률』에서 아테네 이방인이 제시하는 평화로운 공존 방식의 사례로서 제시되는 음주 향연(symposium)에서 나타나는 쾌락과 욕망의 자율적 통제 그리고 일상적 친교와 우정(philia)의 실천적 함의를 통해서 더욱 풍부히 드러난다(Shorey 1914, 359-360; Stalley 1983, 42; 장지원 2011, 102; 강유선 2024, 4-5).

플라톤의 『법률』은 정치체에 필요한 다양한 법제도의 구성원리와 구체적 원칙들을 논하는 방대한 내용을 담고 있는 텍스트로서 총 10권으로 구성되어 있다. 그중에서도 특히 1권은 대화록 전체의 기본 방향을 제시하고 있으며, 특히 정치공동체의 존재 의미로서 평화 개념에 대한 명확한 강조 속에서 인간 본성의 법제도적 규율 문제를 다룬다. 『법률』 초반부에 대화자들의 상호작용을 통해 드러나는 정체의 필연적 목적으로서 평화에 대한 지향은 단순히 추상적 이념형의 제시가 아니라 실존의 구체적 방식에 대한 현실적 문제 제기다. 고전철학적 관점에서 인간의 존재는 단순히 보편적 개인으로서의 개별자가 아니라, 특정한 정치공동체 속에서 서로 다른 의견을 가진 존재들과 자연적으로 공존하고 충돌하면서 공공선(common good)의 본성(nature)에 대해서 질문할 수밖에 없는 필연적 문제 상황 속에 있다(Strauss 1978, 14-16; Blitz 2010, 23-25). 따라서 『법률』에서 평화에 접근하는 방식은 인간의 본성과 존재에 대한 논의를 통해, 개별적 인간의 영혼에서부터 개인들 간, 국가 간의 관계에 이르기까지 정치적 존재에 상존하는 경합과 적대 현상에 관한 현실적 직시를 시도한다(cf. Trimçev 2024, 1212). 나아가 실존적 문제의 직시는 일상에서 지속되는 공존의 문제를 어떻게 하면 정치적 삶 속에서 달성가능한 최선의 방식으로 극복해 나갈 것인지에 관한 실천적 질문을 가능하게 한다. 이러한 현실적 문제의식은 특히 『법률』의 대화가 단순한 전쟁대비를 넘어 평화시 음주 향연과 같은 인간의 쾌락과 욕망의 자연스러운 표출을 적절히 통제하기 위한 일상적 법제도의 구성원리에 접근하는 데서도 드러난다(cf. 박수인 2018, 32). 따라서 『법률』 텍스트의 초반부의 평화를 둘러싼 논의를 밀착 독해하면서 대화자들의 상호작용을 중심으로 제기되는 논의의 흐름을 촘촘히 연결하며 분석하는 작업은 정치적 삶으로서 평화가 담고 있는 인간 존재의 실제적 가능성을 이해하는 데 많은 도움을 줄 것이다.

2. 본론

1) 『법률』 대화록의 드라마적 배경

플라톤의 『법률』 제1권은 법적 토대의 신성성에 대한 세 명의 대화자들 간의 질문으로 시작한다. 대화록의 등장인물들은 각기 아테네, 스파르타, 크레타의 시민들로서 서로 다른 나라에 속한 이방인(xenos; stranger)들이다. 대화참여자인 크레타 출신의 클레이니아스와 스파르타(라케다이몬) 출신의 메길로스는 대화의 시작에서 이름과 자신의 개인적 배경을 밝히지만, 대화의 주도자인 아테네 이방인(Athenian Stranger)만은 자신의 이름뿐만 아니라 개인적인 부분을 끝까지 밝히지 않은 채 대화가 전개된다. 이러한 드라마적 배경에서 우선 주목할 점은 대화의 참여자들이 서로 다른 정체 속 삶의 방식에 익숙한 타자들이며, 언제든 정체와 법률의 본성에 대한 논의 과정에서 논쟁과 충돌의 가능성을 내포하고 있다는 점이다(cf. Meyer 2015, 4-5). 특히 대화주도자인 아테네인은 자신에 관해 그 어떤 정보도 제공하지 않은 채 대화를 주도한다는 점에서, 이렇게 주요 등장인물을 설정한 플라톤의 의도에 대한 여러 가지 해석이 가능하다. 플라톤이 대화주도자를 모호하게 설정한 것은 아테네인이 가지는 보편적 함의를 강조하기 위한 것인가? 아니면 이방인으로서 속성을 극대화하기 위한 장치인가? 이에 대한 답은 쉽지 않으나, 우리는 적어도 특정한 역사적 특수성을 대화의 주도자에 고정적으로 부과하지 않은 작가로서 플라톤의 열린 의도를 조금이나마 엿볼 수 있다. 따라서 우리가 『법률』을 보다 신중하게 접근하고자 한다면, 아테네 이방인을 플라톤 자신, 소크라테스 혹은 다른 어떤 역사적 존재로 섣불리 규정하는 것은 해석상 한계를 노출할 수 있다(Morrow 1993, 74 f.; Meyer 2015, 3; Altman 2010, 244; cf. Strauss 1977, 2). 이렇듯 『법률』은 그 초반부에 아테네 이방인이 가진 정체성에 대해서 다양한 해석의 가능성을 부과함으로써, 이후 펼쳐지는 드라마적 상황에 대해 독자들로 하여금 입체적 접근의 필요성을 제기한다.[2]

대화의 첫 시작에서 아테네 이방인은 묻는다. 정치공동체에서 모든 사람들이 믿고 따르는 법률을 만드는 궁극적인 주체는 결국 신인가 아님 인

---

2 본 연구는 이러한 드라마적 기본 설정이 대화록의 해석에 있어서 중요함을 인지하고, 등장인물로서 아테네 이방인의 언급을 저자인 플라톤의 관점과 단순히 등치시키는 관점을 피하고자 한다. 따라서 이 글이 접근법은 『법률』 대화록 1권에 관한 보다 신중한 해석을 위해서는 각 대화자가 상호작용하는 드라마 전체의 맥락을 가능한 한 섬세하게 고려해야 한다고 본다(Strauss, 1978; Morrow, 1993; 박성우, 2015; 김용민, 2018). 특히 이러한 접근법은 본 연구가 초점을 두는 『법률』 초반부에 대한 분석에서 더욱 중요하다. 대화록의 시작 부분에 대화의 드라마적 배경이 제시되고, 대화자들이 적극 상호작용을 하는 모습이 담겨 있어 추후 이어질 내용에 대한 해석의 중요한 단서들이 제시되기 때문이다. 다만 『법률』의 중후반부는 아테네 이방인의 독백이 대부분의 내용을 구성하여 등장인물과의 상호작용이 상대적으로 적은 비중을 차지하고 있다. 그럼에도 불구하고, 중후반부까지 지속적으로 이어지는 대화록의 전반적인 분위기와 내용의 흐름을 이해하기 위해서는 초반부의 드라마적 흐름을 이해하는 것이 중요하다고 볼 수 있다.

간인가? 아테네인의 질문에 대해 클레이니아스는 법의 근원은 신이라고 답한다(624a).[3] 인간을 다스리기 위한 법은 정의로워야 하고, 결국 가장 정의로운 존재는 불완전한 인간이 아니라 완전한 존재로서 신이기 때문이다. 이에 덧붙여 클레이니아스는 크레타인들은 제우스(Zeus) 신, 스파르타와 아테네인들은 아폴로(Apollo) 신을 각각 법적 정의의 근원으로 믿고 있다는 사실을 언급하고, 스파르타 출신 메길로스도 이에 동조한다(624a). 그러나 아테네 이방인은 크레타인들이 믿는 제우스에 대한 신화는 예전부터 그리스 문명에 강력한 영향을 준 시인 호메로스의『오디세이』에서 나온 고대의 서사에 근거하고 있음을 언급한다(*Odyssey* XIX, 178-179). 호메로스의 시에 따르면 미노스(Minos)가 그의 아버지 제우스를 9년마다 만나서 신탁에 따라 크레타 정체를 위한 법률들을 만들었고, 이후 미노스의 동생 라다만티스(Radamanthus)가 크레타의 법적인 일들을 올바르게 규율했다(624b). 이러한 아테네인의 언급은 크레타를 포함해 특정 정치공동체가 소위 신이라고 믿는 것이 사실상 인간이 만들어 낸 신화적 가공물일 수 있음을 우회적으로 지적한 것이라고 볼 수 있다(Blitz 2010, 92). 그러나 아테네 이방인은 이 주제를 더 직설적으로 파고들면서 다른 정치체가 믿는 신화에 대해 근본적인 의문을 제기하지 않는다. 오히려 아테네인은 클레이니아스와 메길로스가 불편하지 않게 이들 모두가 화려한 명성을 가진 신성한 존재들이 만든 법규범과 습관에 따라 길러진 사람들이라고 칭송한다(625a; Laks 2022, 17-18). 그리고 다함께 크레타의 신화가 전해 내려오는 제우스의 동굴 속 신전으로 향하는 길에 정체(politeia)와 법률(nomos)에 관해 논하자고 권유한다.[4] 그들이 있는 크노소스에서 제우스의 동굴에 이르는 길은 아주 길고

3 플라톤『법률(*Laws*)』텍스트 인용은 일반적 용례에 따라 스테파누스 번호(Stephanus pagination)를 따른다. 플라톤 원전의 번역은 팽글(Pangle)의 영역본(1988)을 중심으로 하되, 보다 정밀한 독해가 필요한 경우 그리스어 원전을 참고하여 인용하였음을 밝힌다.

4 고대 그리스의 고전적 사유에서 법(nomos) 의미는 단순한 실정법이 아니라 특정 정체

중간에 쉬어갈 만한 곳들도 있으니, 나이 든 사람들끼리 여유 있게 이야기하며 시간 보내기 좋다는 것이다. 이에 클레이니아스도 그들이 가는 길에 사이프러스 나무들이 높고 아름답게 자란 숲과 초원이 펼쳐져 있음을 상기하면서 찌는 듯한 더위에도 중간중간 쉬면서 갈 수 있을 것이라며 맞장구를 친다(625b).

이러한 『법률』의 드라마적 배경은 철학함(philosophizing)이 가능한 상황에 관한 실천적 의미를 내포한다. 정체와 법에 대한 깊은 대화와 철학적 논의는 즉각적인 답을 찾고 성급히 결정을 내려야 하는 바쁜 도시의 삶 혹은 전쟁의 와중에 시도할 수 있는 것이 아니다. 철학적 대화는 긴 시간 동안의 여유와 휴식 속에서 그리고 자연이 제공하는 평화로운 분위기 속에서 천천히 숙성되고 무르익는 사유의 경험을 통해 수행될 필요가 있다(Laks 2022, 16-17; cf. Strauss 1978, 125). 그리고 이러한 대화의 실천은 단순히 자신의 주장만을 열정적으로 표현하고자 하는 혈기왕성한 젊은이들 혹은 논리적이고 기술적인 지식으로 무장한 전문가들이 쉽게 할 수 있는 것이 아니다. 정치적인 것을 둘러싼 성숙한 대화의 상호작용은 긴 세월 동안 정치체와 법률에 대한 많은 현실적 경험과 함께, 세속의 한계를 넘어선 신성성에 열린 사유와 경건함을 지닌 사람들이 긴 호흡을 가지고 제대로 논할 수 있다(Strauss 1977, 3-4). 더군다나 등장인물들은 동일한 정체의 관습에 묶여있는 것이 아니라, 서로의 타자성에 열려있는 이방인들로서 의견의 차이를 수용하며 서로 간의 얘기를 북돋울 수 있다. 나아가 이 철학적 여정의 계기에는 서로 경청할 준비가 되어 있는 세 명의 이방인이 특정한 공간에서 우연히 만나게 된 좋은 인연이 포함된다(cf. 장지원 2019, 309).

(politeia; regime)에서 형성되어온 삶의 방식에 기초한 다양한 법규범 및 사회적 관습을 포괄하는 함의를 갖는다(cf. Meyer 2015, 2-3).

2) 전쟁의 현실과 평화의 허상에 대한 대화자들의 문제 제기

클레이니아스, 메길로스, 아테네 이방인 세 사람은 마침내 제우스의 신성한 동굴로 길을 떠나고, 아테네 이방인의 질문과 함께 정체와 법에 대한 진지한 대화가 본격적으로 시작된다. 아테네인은 클레이니아스에게 왜 크레타의 법은 시민들에게 공동식사(syssitia)와 체육훈련(gymnasia) 그리고 무기(hoplon) 사용에 대해 강제하고 있는지 묻는다(625c; Morrow 1993, 28). 클레이니아스는 이에 대한 답변은 누구나 쉽게 답할 수 있는 것이라 단언한다. 그에 따르면 크레타의 법과 제도적 관행들은 모두 외곽 지역의 방어와 전쟁 대비를 위해 존재하는 것이다. 크레타의 외곽은 테살리(Thessaly) 지역처럼 평평하지 않아서, 크레타인들은 외적과의 전투 시 말타기보다는 달리기에 의존할 수밖에 없다. 땅이 고르지 않은 크레타 지역에서 달리기 위해서는 가벼운 활과 화살 등 무겁지 않은 무기들이 필수적이다(625d). 또한 크레타의 입법자는 모든 시민이 항시 군사 작전 준비와 방어 태세를 유지하기 위해서 함께 식사하도록 제도화했다(Meyer 2015, 81; cf. Aristotle, *Politics*, bk.2 ch.9 [1271a f.]; Plato, *Repulbic*, 416e). 그러나 클레이니아스는 지금은 많은 사람이 이러한 법제도의 중대한 의미에 대해 잘 깨닫지 못하고 있다고 통탄한다. 그에 따르면 인간은 생의 대부분의 시기에 정치공동체(polis; city)들 간의 끊임없는 갈등과 충돌을 경험하고 살아간다(625e).[5] 지속적으로 발생하는 전쟁 속에서 도시의 방어를 위해서는 공동식사와 함께 경비대에 속한 시민들 간에 명령과 복종의 질서 있는 편제가 요구된다. 전쟁 대비를 위한 삶의 방식은 필연적으로 전쟁이 없을 때에도 유지되어야 한다.

5 본고에서 "polis"에 관한 번역은 인간 존재가 최선의 공존 방식을 위해 자연적으로 구성하는 권위에 기반한 공동체라는 철학적 의미에서 "정치공동체"라는 용어를 주로 쓴다. 그러나 문맥에 따라 특정한 경계 내에서 다양한 개인들이 모여 문명화된 삶의 방식과 복합적 문화를 구성하고 있는 도시적 삶의 의미가 부각될 때는 "도시"라는 용어도 번갈아서 사용할 수 있음을 밝혀둔다(Strauss 1978, 31).

클레이니아스의 전쟁중심적 관점에서 결국 대부분의 사람들이 말하는 소위 평화(eirēnē) 라는 것은 실존하는 것이 아니라 단지 이름이나 말에 불과하다. 그는 사실상 모든 인간적 삶에 자연적으로 존재하는 것은 평화가 아니라 정치공동체들 간의 아직 선포되지 않은 잠재적인 전쟁 상태임을 제시한다(626a; Bartels 2017, 79; cf. Hobbes 1994, 76-78). 이에 따라 크레타의 모든 공적이고 사적인 관습들(nomima)은 전쟁의 관점에서 수립되었고, 이러한 법규범에 기초하여 크레타의 삶의 방식이 형성되어 왔다(Morrow 1993, 21). 클레이니아스의 관점에서 정치공동체가 전쟁에서 이기지 못한다면 시민들이 가진 일상적 소유물과 법률, 기타 관습들은 아무 존재 가치가 없다. 전쟁에서 패한 자들이 지닌 모든 좋은 것들은 결국 승리자의 소유가 되기 때문이다(626b). 그러나 이를 경청하던 아테네 이방인은 클레이니아스에게 전쟁중심의 존재관을 더욱 명료하게 설명해달라고 요청한다. 그에 따르면 크레타의 전쟁중심주의는 정체의 안전보장 이면에 정치적 존재에 내포된 상호관계성을 특정한 방식으로 규정하고 있다. 즉 아테네인에게 클레이니아스의 시각은 달리 표현하면 정치공동체와 그 내부 질서는 오직 다른 도시들을 패배시키기 위한 방식으로만 존재하는 것처럼 들린다는 것이다(Meyer 2015, 82-83). 클레이니아스는 별 의심 없이 이러한 해석에 동의한다. 잠자코 침묵하면서 둘의 얘기를 듣고만 있던 메길로스 또한 스파르타인의 시각에서도 별다른 말을 덧붙이기 어렵다고 고백한다(626c; Morrow 1993, 32).

아테네 이방인은 다른 두 대화자에게 재차 질문을 제기하며 전쟁중심주의에 담긴 보다 깊은 문제에 대한 접근을 시도한다. 그는 인간적 삶의 방식이 오직 타자와의 투쟁에서 승리를 쟁취하기 위해 구성된다는 시각은 단지 정치공동체들 사이에서만 관련된 것인지, 아니면 정치공동체 내부에도 적용되는 것인지 질문한다. 그의 질문에 클레이니아스는 물론 적용된다고 답한다(626c). 크레타인은 잠재적 전쟁상태를 상정하는 국제정치적인 원리가 결국 국내정치적 차원에서도 보편적으로 적용된다는 점을 인정한 것이다(Arnopoulos 1997, 150). 아테네 이방인의 질문과 접근 방식은 다양한 층위의 집단 속에서 살아갈 수밖에 없는 실존의 다차원성을 파고드는 철학적 대화의 치밀한 방식을 드러낸다. 정체(politeia; regime)는 단지 외부적 관계의 차원뿐만 아니라 내부적 차원에서도 인간 존재의 기본적 삶의 방식을 규율한다(Blitz 2010, 83-87; Strauss 1978, 31). 즉 전쟁중심적 시각이 정체의 근본적 구성원리에 반영되고 있다면, 이는 그 구성원들의 삶의 원칙과 방향성에 중대한 영향을 주고 있음을 의미한다. 아테네 이방인의 계속되는 질문은 결국 전쟁을 둘러싼 정치적 시각이 외부와 내부를 아우르며 가정과 가정, 개인과 개인 사이에서도 다차원적으로 적용될 수밖에 없음을 드러낸다(Arisotole, *Politics*, bk.1, ch.2). 그리고 이러한 정치윤리적 통찰은 마침내 자아와 자아 사이의 관계, 즉 인간의 내면을 구성하고 있는 영혼의 정신적 요소들 간의 관계에 대한 질문에 이른다(626d).

이제 아테네인은 크레타와 스파르타의 법규범적 시각에 따르면 결국 인간 존재가 그 자신마저도 패배시켜야 하는 하나의 적으로 여기고 있다는 존재의 모습에 다다름을 지적한다. 이에 클레이니아스는 아테네 이방인의 접근 방식에 감탄하며, 그의 언급이 자신의 설파한 관점의 근원을 올바르게 파고들고 있다고 칭송한다. 크레타인의 시각에 따르면 결국 인간 존재는 "공적으로는 서로에게 적이요, 사적으로는 그 자신의 적이다"(626e). 나아가 클레이니아스는 모든 승리 중에 가장 우선가는 최고의 승리는 결국 자기 자신에 대한 승리이며, 스스로와의 전쟁에서 패배하는 것은 가장 부끄러운 일임을 주장한다(Meyer 2015, 86). 아테네인의 접근법을 반영한 클레이니아스의 주장이 드러내는 진실은 결국 그가 정치체와 법의 본질에 접근할 때 자아와 영혼의 깊숙한 차원까지 전쟁의 논리를 적용시키고 있다는 사실이다(Trimçev 2024, 1207). 즉 그가 바라본 진리는 인간은 존재의 심층에서부터 스스로에 대항하고 있다는 실존적 상황이며, 이러한 정치적 긴장성이 개인과 집단들의 관계에 이르기까지 필연적으로 확장되고 있다는 것이다.

3) 전쟁중심주의에 대한 아테네 이방인의 비판

클레이니아스의 의견을 잠자코 듣고 있던 아테네 이방인은 인간 존재에 관한 근원적 결론에서부터 다시 거슬러 가면서 새로운 문제 제기를 시도한다(Laks 2022, 64-65). 그렇다면 각 개인이 그 내면에서부터 자신에 비해 우월하거나 열등하다고 여기는 관점은 가정, 이웃, 그리고 도시의 서로 다른 차원들을 관통하는 존재의 보편적 원리가 될 수 있는가? 클레이니아스가 묘사한 인간적 공존의 모습에 따르면 전쟁에서 승리하는 존재는 패배하는 존재에 비해 우월하며, 패배한 존재는 승리한 자에 비해 열등한 위치에 있다(627a). 전쟁 중심의 존재론은 결국 국제관계에서 영혼에 이르기까지 존재의 모든 차원을 승리와 패배의 관계로 규정한다(Bartels 2017, 80). 클레이니아스는 이러한 논리적 구도에 대해 재차 긍정하면서 우열 관계의 의미는 단지 도시들 간의 관계에 국한되는 것은 아니라고 말한다. 공동체 내부의 구성원 중 더 나은 사람들이 더 못한 사람들에 비해 우위에 서고 승리자가 된 도시는 결국 그 스스로에 대해 우월하다고 할 수 있으며, 그러한 승리에 대해 칭송받을 만하다는 것이다(627a; Meyer 2015, 87).

이에 대해 아테네인은 클레이니아스의 견해를 즉각적으로 반박하기보다는 그의 견해를 이해하고자 시도하면서 조심스레 질문을 이어간다(627b). 그렇다면 같은 도시 속에서 나고 자란 시민 중에서도 다수의 부정한 세력이 소수의 정의로운 사람들을 지배하고 노예로 삼는다면, 그 정치공동체는 자신보다 열등해지고 나빠졌다고 할 수 있는 것인가? 이에 대해 클레이니아스는 질문의 의도를 온전히 파악하지 못하지만 대략 내용은 맞는 것 같다고 수긍한다(627c). 여기서 그가 어려움을 느끼는 것은 아테네 이방인이 대화의 흐름을 단순히 우열 관계에 대한 논의에서 정의(justice)와 좋음(good)의 더 깊은 철학적 논의로 이끌고자 하는 의도가 숨겨 있기 때문이다(cf. Bartels 2017, 80). 즉 그의 질문은 단지 정치공동체에서 다수가 쓰는 말(sēma; ordinary speech)의 그럴싸함(euschēmosynē; seemliness)을 추구하는 것이 아니라, 과연 무엇이 법의 자연적 옳음을 구성하는지를 탐색하고자 한다(627d). 이러한 대화의 방향성에 대해 클레이니아스와 메길로스 모두 동조한다.

대화자들의 호의적인 분위기를 이끌면서 아테네인은 자신만의 비판적 접근법을 본격적으로 전개한다. 그는 우선 쉬운 가족공동체의 예시를 든다. 만약 한 가족을 이루는 형제 중 다수가 부정의하고 소수만이 정의로운 경우, 이 공동체를 가장 잘 이끌 수 있는 최선의 길은 무엇인가?(627d-e) 그에 따르면 이 경우 가능한 다스림(archein; ruling)의 방식은 세 가지로서, 1) 형제 중 부정의한 자들을 아예 제거해버리고 정의로운 자들만이 남도록 하는 경우, 2) 선하고 더 나은 자가 다스리되, 사악하고 나쁜 자들을 없애기보다는 좋은 자들의 통치에 강제로 복종하도록 만드는 경우, 그리고 3) 가족공동체의 구성원 중 그 누구도 제거하거나 강제로 복종시키지 않고, 그들 모두에게 맞는 법을 수립하여 지속적으로 융화시키면서 우애(philia; friendship)를 보장해 주는 경우이다(Meyer 2015, 91). 아테네인은 이러한 세 가지 다스림의 방식 중에서 한쪽 세력을 강제로 제거하거나 억압하는 방향보다는, 법을 통해 분열된 구성원들 간 모두의 우애를 최대한 보장하는 세 번째 방식이 가장 탁월한 미덕(aretē; virtue)의 방향임을 제시한다(627e; Bartels 2017, 81).

클레이니아스가 이에 동의하자 아테네 이방인은 마침내 전쟁과 평화에 관한 자신의 정치적 관점을 직접적으로 드러낸다. 정치공동체에 있어서도 탁월한 입법자는 구성원들의 우애를 기반으로 최선의 공존 방향을 추구하며, 전쟁이 아닌 평화의 관점에서 법을 만들 것이다(628a). 이에 따라 아테네인은 정체에 조화(harmonia)를 가져오는 입법자는 삶의 방식을 구축하는 데 있어서 외부의 적과의 전투(polemos)에 치중하기보다는, 우선 시민들 간의 내전(stasis)을 방지하는 데 관심을 두는 사람임을 주장한다(628b; Plato, *Republic*, 470a f.). 클레이니아스가 이에 공감하자, 아테네인은 시민적 우애와 평화는 반대세력을 파괴하거나 패배시키는 방식보다는 분열된 구성원들 간의 화해(diallagē; reconciliation)를 통해 달성되는 것이 더 나은 방식이라는 점을 강조한다(628c). 이러한 대화의 과정을 통해 아테네인은 진정한 입법자는 결국 "최선(aristos; the best)"을 지향하며 법규범을 수립하는 사람이고, 이때 최선의 의미는 전쟁이나 내전이 아니라 타자를 향한 우호적인 태도(philophrosynē; friendliness)에 기초한 평화의 방향임을 보여준다(Meyer 2015, 93). 아테네 이방인의 접근법은 단지 평화중심주의를 일방적으로 내세우지 않는다. 오히려 그는 대화에서 부각된 전쟁중심적 관점의 한계를 심도 있게 검토하는 과정에서 평화가 단지 헛된 이름이나 말에 불과한 것이 아님을 자연스럽게 드러내고자 한다.

이처럼 평화의 실재성을 중시하는 아테네 이방인의 관점은 전쟁과 승리를 중시하는 클레이니아스와 메길로스의 시각을 섣불리 기각하지 않는다. 다만 그는 입법의 실천적 목표로서 "필연적인 것(anankē; necessity)"과 "최선의 것(aristos; the best)"은 신중히 구분해서 이해할 필요가 있음을 제시한다(628d). 정체가 전쟁에서 승리를 거두어야 한다는 목표만을 편협하게 강조하는 것은 최선에 대한 고려가 결여된 채 필연성만을 포착한 결과이다(Meyer 2015, 93-94). 아테네인의 최선에 대한 문제 제기는 단지 현실과 이분법적으로 분리된 이상향의 제시가 아니다. 오히려 이는 다양한 존재자들이 보여주는 필연적 충돌의 움직임이 궁극적으로 지향하는 실존적 방향성에 대한 통찰을 내포한다. 아테네인에 따르면 개인이든 집단이든 다양한 요소들로 구성된 존재는 자신의 일부에서 생긴 문제들과 끊임없이 싸워나갈 수밖에 없다. 여기서 스스로를 열등한 상태로 이끄는 나쁜 요소들을 대상으로 승리를 추구하는 것은 삶의 필수적인 과정이다. 몸이 한 부분이 나빠져서 병이 든 경우가 대표적이다. 병든 인간이 건강을 되찾고 살아남기 위해서는 자신과 필연적으로 싸워 이겨내야 한다. 하지만 아테네인은 아픈 몸이 의료 기술을 통해 치유되어 회복된 상태를 마치 육체적 존재의 궁극적 목적인 것처럼 간주하는 것은 잘못된 것임을 강조한다(628d). 최선의 상태에 대한 지향은 파멸의 위험을 겨우 벗어난 치유의 상태가 아니라, 이를 넘어서 보다 완전함을 추구하는 건강한 활동을 의미하기 때문이다(Meyer 2015, 95). 따라서 정치적 삶에서 최선의 상태는 구성원들 간의 투쟁에서 단지 우열을 가리는 것을 넘어, 이들의 조화로운 공존 속에서 모두의 평화와 행복을 추구하는 것이다. 따라서 평화의 실제적 가능성을 무시하고 오직 적과의 투쟁과 승리만을 고려하는 사람은 올바른 입법자가 되기 어렵다.

클레이니아스는 여기서 설득되기보다 진지한 자세로 놀라움(thaumazein; wonder)을 표현한다(628e). 아테네인의 주장이 맞는 것처럼 보이지만, 여전히 그에게는 크레타와 스파르타의 법규범과 관습이 전쟁을 대비하지 않는 상황을 가정하기 어렵다는 것이다. 이에 아테네인은 클레이니아스가 불편해하지 않도록 배려하면서, 중요한 것은 대화자들끼리 싸우지 않고 서로 차분한 검토(calm inquiry)를 통해 신중하게 문제에 접근하는 것이라고 제시한다(629a). 그는 여기서 아테네 출신의 스파르타 시인인 티르타이오스(Tyrtaeus)의 말을 인용한다. 이 시인은 아무리 장점을 많이 지닌 시민이라 해도 전쟁에서 최고가 아니라면 그에 대해 기억하거나 어떤 말도 남기고 싶지도 않다는 명언을 남겼다(629b; Morrow 1993, 50). 아테네 이방인은 이처럼 아테네와 스파르타의 배경을 모두 지닌 유명 시인의 전쟁에 관한 익숙한 언급을 상기시키면서, 대화자들이 그의 낯선 주장에 동요하지 않고 논의에 집중할 수 있도록 노력한다(cf. 이기백 2017, 60). 우선 아테네인은 이렇게 전쟁에 관해 누구보다 진지했던 시인의 말을 존중하는 듯하면서도, 이를 곧이곧대로 수용하기보다는 재차 검토해볼 필요가 있음을 제시한다. 비록 그 시인이 매우 빼어난 방식으로 전쟁에서 뛰어난 자를 칭송했지만, 전쟁에는 사실상 두 가지 유형이 있다는 것을 고려해야 한다. 그것은 바로 시민들 간의 내전(stasis)과 도시 외부의 사람들을 대상으로 한 전쟁(polemos)의 구분이다(629d). 이때 티르타이오스의 언급이 내전에 대한 고려 없이 오직 도시 외부의 적을 대상으로 한 전쟁만을 염두에 두고 있는 것이라면 다른 이의 말을 참고할 필요가 있다.

아테네 이방인에 따르면 시칠리아(Sikelia; Sicily) 메가라 지역 출신의 또 다른 시인인 테오그니스(Theognis)는 티르타이오스와는 다른 관점을 보여준다. 그에 따르면 전쟁의 영웅보다 더욱 뛰어난 자는 잔혹한 내전을 평정하는 데에 누구보다 더 뛰어난 실력을 보여준 사람이다(630a). 같은 공동체의 시민들끼리 죽고 죽이는 내부의 극심한 분열 상황에서 시민들 전반의 신뢰를 받을 수 있는 사람은, 단지 외적과의 전쟁에서 필요한 대담함과 용기를 넘어선 탁월함을 지녀야 한다. 즉 내전을 승리로 이끌고 도시를 다시 통합시킬 수 있는 사람은 용기 이외에도 정의(dikē; justice), 절제(sophrosynē; moderation) 그리고 실천적 지혜(phronēsis; prudence)와 같은 미덕을 총체적으로 지닌 사람이어야 한다(630b; Bartels 2017, 82). 전쟁에서는 하물며 돈으로 고용된 용병들도 죽음을 불사하고 싸우는 용맹함을 보여주긴 하지만, 이 대담성은 적을 죽이는 데만 급급하여 신중하지 못하고 오만하고 부정한 모습으로 끝나기 쉽다. 따라서 티르타이오스가 칭송한 전쟁에서의 용기는 비록 고결하고 명예로운 것이지만, 이것은 여러 미덕 중 단지 일부에 불과하다. 아테네 이방인은 이처럼 전쟁의 문제를 중시하면서 클레이니아스의 입장을 배려하고, 동시에 전쟁과 내전의 구분을 통해 전쟁중심주의의 한계에 대해 스스로 생각할 기회를 준다.

마침내 아테네인은 클레이니아스가 칭송하는 크레타의 신성한 입법자들처럼 진정으로 탁월한 사람들은 내전의 위험 속에서도 정의를 포함한 전반적인 미덕을 고려하면서 법을 수립한 존재들이 아닌지 되묻는다(630c). 이에 클레이니아스는 아테네인의 질문을 차분히 받아들이지 못하고 오히려 크레타의 입법자를 격하시켰다고 해석하면서 발끈한다. 이에 아테네 이방인은 다시금 클레이니아스를 달래면서, 자신은 스파르타와 크레타의 건립자인 리쿠르고스와 미노스가 오직 전쟁에 기초해서 두 정체의 법과 관습들을 수립했다고 말한 적은 결코 없다고 안심시킨다(630d). 대화 초반부터 크레타와 스파르타의 입법자들이 실제 전쟁만을 고려했다고 얘기한 것은 아테네인이 아니라, 정작 클레이니아스 본인과 이에 동조한 메길로스였기 때문이다. 이렇게 서로 다른 정체에 속한 대화자들의 기존 시각과 입장을 고려하면서, 아테네 이방인은 지금까지 정체와 법의 근원에 대한 대화를 시작하면서 세 사람 모두가 염두에 두었던 것은 법의 궁극적인 제정자로서 어떠한 신성한 존재였음을 상기한다(Morrow 1993, 568). 만약 그들이 칭송하는 최초의 입법자들이 진정으로 탁월한 존재들이라면 그들은 완전한 미덕을 갖춘 존재여야 한다. 즉 훌륭한 정체의 건국자들은 미덕의 특정 일부가 아니라 그 총체를 지향한 신성한 존재들이며, 후세대들보다 더 높은 수준의 법의 형태(eidos; form)을 추구한 입법자들이라는 것이다(630e; Meyer 2015, 105-106).

아테네 이방인은 그들의 대화가 단지 상황에 따라 법률을 변경, 계승 혹은 비판하는 작업이 아니라, 법률의 본성과 궁극적 토대에 대한 접근 방식임을 강조한다. 그는 클레이니아스가 법을 해석하는 데 있어서 미덕을 중시한 것은 맞지만, 이에 대한 고려가 전쟁에서의 용기와 같은 일부에 그친다면 올바른 접근 방식이 아니라고 언급한다(631a). 여기서 아테네 이방인은 올바름의 본성에 대한 질문으로 대화를 이끈다. 크레타의 법이 그리스인들 사이에서 칭송받는 이유는 단순히 전쟁에서 승리하기 때문이 아니라 그것이 올바른 법이기 때문이다. 아테네인에 따르면 여기서 "올바르다(orthos; correct)"는 것은 그것을 따르는 사람들을 "행복(eudaimonia)"하게 만드는 것과 연관된다(631b; Blitz 2010, 93). 앞선 논의에 비추어 본다면, 이 행복은 정치공동체가 법을 통해 서로 다른 시민들 간의 우애로운 공존과 평화를 보장하는 데서 비롯한다. 즉 정치 현실 속 평화는 단순한 전쟁 대비에 그치는 것이 아니라, 반드시 올바른 법을 토대로 한 좋은 삶의 방식의 지속적 추구 속에서 비로소 꽃필 수 있다. 아테네인은 행복을 보장하는 법은 "인간적인(human)" 차원과 "신성한(divine)" 차원 모두에서 "좋은 것들(agatha; good things)"을 제공한다고 주장한다(631c; Meyer 2015, 114-115). 그에 따르면 올바른 법이 제공하는 인간적인 선에는 건강, 외모, 힘 그리고 부유함 등이 있고, 신성한 선에는 지성, 절제, 정의 그리고 용기가 있다. 여기서 인간적인 선들은 더욱 완전한 형태의 신성한 선을 따라야 하며, 신성한 것들 사이에서는 지성(nous; intelligence)이 리더의 역할을 맡는다(631d).

아테네인의 이러한 선에 대한 시각은 단지 현실과 이상을 나눈 것이 아니라, 정치적 삶의 유지와 번영을 위해서 필연적으로 요청되는 탁월함의 실제적 방향을 제시한 것이다. 즉 정치적 삶에서 대부분의 인간들이 바라는 세속적인 선들은 우선적으로 중시되어야 한다. 나아가 이에 대한 추구가 시민들 사이에서 충돌로 빠지지 않고 조화롭게 이루어지기 위해서는 보다 탁월하고 신성한 존재 방식, 즉 미덕을 지향하는 삶의 양상이 법규범적으로 구축되어야 한다(Blitz 2010, 93; 지정민 2025, 158). 이때 정체의 구성원리는 우선 지성에서 부유함에 이르기까지 다양한 수준의 선이 시민들의 삶 속에서 가능하면 질서있게 배양될 수 있도록 해야 한다. 아테네인에 따르면 올바른 법은 선의 위계에 따라 시민들에게 명예(timē) 혹은 불명예(atimia)를 부여하며, 이는 결혼, 출산, 양육 등 삶의 전반적 과정에 적용된다(631e). 특히 법은 인간적 삶의 방식 형성에 있어서 무엇보다 각 개인이 가지는 고통(lupē)과 쾌락(hedonē)의 본성을 잘 살피고, 현실적 욕망(epithumia)과 기타 본능적 욕구(erōs)에 따르는 일상적 상황들을 알맞게 칭송하거나 비판할 수 있게 해야 한다(632a). 나아가 법은 각 개인이 삶 속에서 언제든 직면하게 될 수 있는 중대한 상황들, 즉 질병, 전쟁, 가난, 기타 불운에 따른 분노와 두려움 혹은 행운의 상황에 따른 안도의 감정들(pathêmata)의 발생을 잘 고려해야 한다(Meyer 2015, 117). 그리고 이러한 현실적 고려 속에서 최선의 공존을 추구하기 위해 가능하면 어떻게 행하는 것이 아름다운(kalos; noble) 것이고 그렇지 못한 것인지에 대해 알려주고 규정해야 한다(632b). 또한 입법자는 인간적인 생존을 위해 필연적 고려사항으로서 시민들의 경제적 수입과 지출이 어떠한 방식으로 이루어지는지 지켜봐야 한다. 이를 바탕으로 정체 내에서 시민들의 모인 다양한 집단들이 어떻게 자발적 혹은 비자발적으로 형성되고 해체되는지, 이 과정에서 그들이 서로에게 어떻게 행동하며 이때 정의는 지켜지고 있는지를 살펴야 한다. 마지막으로 법은 시민들이 삶의 끝으로서 죽음을 마주하는 의식으로써 어떻게 장례를 치르고 명예를 부여해야 하는지도 다루어야 한다(632c).

아테네 이방인은 이러한 삶의 모든 과정에서 법의 수호자들(phulakes; guardians)을 세워야 한다고 강조한다. 정체의 기초를 놓는 입법자는 법의 수호자들이 다양한 법적 사항들을 다룰 때 분별력 있는 지성(phronesis)과 참된 의견(doxa)에 입각해서 정의와 절제를 우선 지향하도록 하고, 부와 명예욕에 종속되지 않도록 규정할 필요가 있다(632c; cf. Morrow 1993, 208). 아테네인은 여기서 정체의 법적 토대에 관한 간략한 언급을 마무리하며 이것이 결론이라기보다, 앞으로의 대화를 위한 접근 방식의 한 예시였음을 언급한다. 그리고 그는 클레이니아스가 전쟁중심의 정체론을 설파하기 전에, 삶의 전반을 고려한 사항들이 (제우스, 아폴로, 미노스와 리쿠르구스 등) 신성하고 탁월한 존재들이 토대를 놓은 각 정체의 법률에서 발견될 수 있는지를 우선 살폈어야 했음을 지적한다. 나아가 이러한 사항들이 왜 법을 다루는 데 있어서 익숙한 사람에게는 명확하지만, 그렇지 못한 사람들에게는 불분명한 건지에 관해 검토를 제안했으면 더 좋았을 것이라고 말한다(632d). 즉 정체와 법의 참된 본질에 내포한 문제적 차원들에 대한 접근은 애초에 클레이니아스와 메길로스가 동조했던 전쟁에 대한 대비와 승리라는 단순한 목적으로 수렴될 수 없다(Stalley 1983, 36). 법에 관한 올바른 접근은 서로 다른 정체의 삶에 익숙한 세 사람의 교류와 대화처럼, 다양한 의견의 차이를 가진 존재들 간의 평화로운 공존을 뒷받침하기 위한 법제도적인 원리에 대한 신중한 고민에서 출발해야 하기 때문이다.

4) 정체의 필연적 원리로서 평화

클레이니아스는 이제 무엇을 더 논의해야 하는지 묻는다. 이에 아테네 이방인은 논의를 다시금 처음부터 시작할 필요가 있다고 얘기한다. 아테네인에게 법과 정체에 대한 본격적인 대화는 이제야 비로소 시작되는 것으로서, 앞에서의 논의는 대화참여자들의 기존의 관점을 새롭게 열린 방향으로 이끌기 위한 것이었음이 드러난다(Strauss 1977, 9). 그는 우선 크레타와 스파르타의 관점에서 중시되는 소위 용기의 미덕에 기여하는 실천(praxis)들에 대해서 재차 검토하고 난 후 이어 다른 형태의 미덕(aretē)들에 대한 논의로 나아가야 한다고 제시한다(632e). 이때 지금까지 말을 아끼고 있던 메길로스가 대화에 뛰어든다. 그는 아테네 이방인의 제안에 좋다고 답하면서도, 과연 아테네인이 어떻게 크레타 정체의 최고신(제우스)의 신봉자인 클레이니아스의 믿음을 테스트할 수 있을 것인지에 대한 의문을 표한다(633a). 『법률』의 초반 드라마적 흐름에서 메길로스의 질문 시도는 중요한 의미를 담고 있다. 지금까지 대화가 치열해짐에도 침묵을 유지하면서 듣고만 있던 스파르타인도 철학적 대화의 흐름에 마침내 자발적으로 참여하게 된 상황이 그려진다. 이는 대화의 새로운 맥락을 알리는 드라마적 표지이자, 논의가 새로운 차원의 탐색으로 나아가고 있음을 알리는 플라톤의 대화적 장치라고 볼 수 있다. 동시에 내용으로는 서로 다른 정체의 법을 지탱하는 정치·신학적 믿음에 대한 철학적 성찰이 얼마나 중대한 이슈인지를 스파르타인의 묵직한 언급을 통해 드러내는 장면이라고도 볼 수 있다(Strauss 1977, 9-10; Morrow 1993, 468-469). 아테네 이방인은 메길로스에게 자신의 질문은 단지 클레이니아스를 대상으로 한 것이 아니라, 자신을 포함해 모두가 시험에 들게 하는 것이라고 답하며 대화에의 동참을 권유한다(633a; Meyer 2015, 125).

아테네 이방인의 접근 방식은 크레타와 스파르타식 관점을 섣불리 부정하지 않고 이전 대화의 흐름으로 돌아가 그들이 지향하는 정체와 삶의 방식의 특성에 대해 보다 엄밀히 검토하는 것이다. 우선 아테네인은 전쟁의 대비를 고려한 공동식사와 체육훈련 외에 전쟁 대비를 위해 필요한 능력들을 추가로 묻는다. 이에 메길로스는 사냥 등의 다양한 훈련 과정을 언급하며 결국 고통을 견디는 인내력이 중요함을 강조한다(633b). 전사의 용기를 훈련하는 과정에서는 권투 시합을 하면서 타격의 아픔을 참거나, 겨울 추위 속에 맨발로 벌판에 나가 이불도 없이 도시의 외곽에서 자고, 무더운 여름에 맨몸으로 경기에 참여하는 등 여러 종류의 고통을 인내하는 것이 필요하다(633c; cf. Morrow 1993, 51-52). 이에 아테네인은 좋은 답변이라고 메길로스를 칭찬하면서도, 이처럼 다양한 상황들을 관통하는 용기의 본질을 어떻게 정의내릴 수 있는지를 묻는다. 용기는 단지 두려움과 고통에 대항할 뿐만 아니라 각종 기대와 아첨과 같은 데서 비롯될 수 있는 쾌락들과 싸울 때도 필요한 것이기 때문이다(633d). 인간의 영혼에서 작용하는 고통과 쾌락 모두와 연관되는 용기의 양면성을 상기시킨 아테네인의 접근에 대해 메길로스는 동의를 표한다.

아테네 이방인은 이제 용기의 두 차원에 관한 접근법을 전쟁에서의 승리와 패배에 따라 우열 관계를 설정한 기존 논의와 접목시키며 새로운 대화의 흐름을 만들어 낸다. 그는 앞서 논의를 주도한 클레이니아스에게 다시금 묻는다. 고통을 이기지 못한 사람이 결국 자신보다 열등하고 나쁜 상태에 처한 것이라면, 마찬가지로 쾌락을 이기지 못한 경우에 대해서도 동일하게 말할 수 있는가?(633e) 이에 클레이니아스는 동의하며 한발 더 나아가 고통보다 쾌락을 이기지 못한 것이 오히려 더 열등한 것이라고 답한다(634a). 인간의 진정한 용기는 고통뿐만 아니라 쾌락과의 싸움에서도 승리할 수 있어야 한다. 따라서 아테네 이방인은 크레타와 스파르타의 두 정체에서 고통과의 싸움만을 강조하는 삶의 방식은 사람들로 하여금 쾌락과의 싸움에 직면하기 어렵게 한다는 점을 지적한다(cf. Meyer 2015, 129-131). 즉 클레이니아스와 메길로스가 시민들이 고통이라는 적과 직면하고 싸울 것을 법으로 강제하여 정복할 것을 중시했다면, 아테네인은 쾌락이라는 적과의 직면도 마찬가지로 피하지 않고 이겨낼 수 있도록 법적으로 규율해야 함을 주장한다(634b). 이에 메길로스와 클레이니아스는 고통을 견디도록 훈련하는 법은 많이 알고 있지만, 쾌락을 이겨내는 것과 관련한 법률의 사례에 대해서는 무지함을 고백한다(Bartels 2017, 83). 아테네인은 이들의 무지를 비난하거나 무시하지 않고, 정체들 간 삶의 방식의 차이에 대해서 충분히 이해함을 표한다. 그리고 그들이 수행하고 있는 법의 본성에 관한 대화의 목적은 서로 비판하는 것이 아니라 결국 진실된(true) 최선의(best) 것을 추구하는 데 있음을 제시하면서 대화자들 서로가 부드럽게 대해야 함을 다시 한번 강조한다(634c; Strauss 1977, 10). 클레이니아스도 서로 분개하지 않고 경청하는 관계 속에서 대화가 진행된다면, 비록 자신들의 법이 비판받더라도 단점을 치유하는 결과로 이어질 수 있다면서 이방인에게 공감을 표한다(635b; Meyer 2015, 133-134).

아테네인은 호의적인 분위기 속에서 대화를 다시 수월하게 이어나가고자 한다. 그는 자신의 논의가 다른 관점을 부정하기 위한 것이 아니라 크레타와 스파르타의 정체와 법제도에 관한 놀라움과 당황(perplexity)의 발로임을 강조한다. 다른 도시들과 달리 오직 크레타와 스파르타의 법규범만이 시민들로 하여금 쾌락과 놀이로부터 멀어지도록 강제하는 특이성을 보인다(635c). 그러나 아테네인이 보기에 입법자들이 시민들로 하여금 어릴 적부터 체육훈련을 통해 고통과 두려움을 이겨내도록 한 것처럼, 쾌락도 마찬가지 방식으로 다루어야 그 힘에 나약하게 압도당하지 않을 수 있다. 시민들이 이러한 실천과 훈련을 게을리한다면 쾌락을 누리면서도 통제할 줄 아는 더 우월한 자들에게 굴복당할 수 있기 때문이다(635d; cf. Laks 2022, 77f.). 따라서 아테네인은 고통만 훈련한 인간의 영혼은 일부만 자유롭고 나머지는 쾌락의 노예가 되기 쉽기 때문에, 온전하게 용기 있고 자유로운 존재로 불리기 어렵다고 주장한다. 클레이니아스는 이러한 이방인의 주장이 얼핏 맞는 것 같지만 쉽게 납득 되기는 어렵다고 말하면서 재차 의심을 표한다(635e).

이러한 대화 상대방의 계속되는 의심에 직면해 아테네인은 용기 다음으로 절제(sophrosynē)의 탁월한 힘이 정체에 반영되는 경우에 대해 적극적으로 논해야 함을 제안한다. 메길로스는 이에 대해 말하기가 그렇게 쉬운 것은 아니지만, 적어도 법제도로서 공동식사와 체육훈련은 용기와 절제 모두를 위해 고안된 것 같다는 의견을 제시한다(636a). 그러나 아테네인은 보다 엄밀한 방식으로 논의를 유도하면서, 정체와 법에 관한 문제는 항상 논쟁을 피해 가기 어렵다는 점을 강조한다. 그에 따르면 정체를 둘러싼 논의가 이론과 실천 모두에서 어려운 이유는 훈련과 신체의 관계에 빗대어 얘기할 수 있다(636b). 개개인의 신체적 특성이 다른 만큼 훈련의 종류 또한 다양하며, 특정한 훈련은 신체마다 각각 다른 방식으로 해로움과 유익함을 가져다줄 수 있다. 따라서 모든 신체에 동일하게 적용될 수 있는 보편적인 훈련법을 찾기란 쉽지 않다. 크레타와 스파르타의 정체가 중시하는 체육훈련과 공동식사 제도 또한 마찬가지다. 아테네 이방인에 따르면 이는 많은 면에서 도시들에 유익함을 가져다줄 수 있지만, 시민들 간의 갈등이 증폭된 내전 상황의 경우에는 오히려 적대 세력들끼리의 접촉을 불필요하게 야기하여 역작용을 일으킬 수 있다(636b). 이러한 관점에서 아테네인은 성적 쾌락을 다루는 고대의 법률들도 다른 시각에서 고려해 볼 필요가 있음을 제안한다. 그에 따르면 남녀가 출산을 위해 결합하는 행위는 자연스러운 쾌락을 가져다주나, 동성 간의 성애가 아무런 규율 없이 오직 성적 쾌락만을 지향할 경우 자기 절제가 결여될 수 있다. 그는 사실상 크레타 정체에서 이러한 성적 관행이 확산된 것은 크레타의 법규범이 제우스 신화의 일부(the myth of Ganymede)에 기초하여 동성애를 신성한 것으로 포장한 탓도 있다고 지적한다(636d; Meyer 2015, 143; cf. Morrow 1993, 28).

아테네인은 정체와 법의 참다운 본성을 모색하기 위해서는 무엇보다 근원적 차원에서 도시와 개인들의 정서적 경향성(ēthos; disposition)에 담긴 쾌락과 고통을 섬세하게 고려해야 함을 강조한다. 그의 관점에 따르면 쾌락과 고통은 모든 인간에게 자연적으로 발생하는 것이다(Meyer 2015, 145). 따라서 행복한 삶을 영위하기 위해서는 이 두 가지 경향성을 적절한 것을 대상으로, 적절한 시간과 양만큼 발생하도록 조절할 줄 아는 능력이 필수적이다. 그리고 이러한 고통과 쾌락의 조절 원리는 도시, 개인, 그리고 모든 살아있는 동물들에게 일반적으로 적용될 수 있다(636e). 그러나 메길로스는 다시금 이러한 아테네인의 견해에 의문을 표하고, 오직 쾌락을 전적으로 멀리하는 스파르타의 방식이 인간 사이에서 발견될 수 있는 최선의 것임을 주장한다(637a; Bartels 2017, 84). 스파르타의 법은 전 지역에서 인간이 지나친 쾌락이나 오만함, 어리석음에 빠지지 않도록 철저히 금지한다. 메길로스는 특히 음주 향연은 모든 종류의 쾌락을 불러일으키는 힘을 가지고 있기에, 스파르타에서 이를 목격한 자는 누구든 즉각 강력한 처벌을 가할 수 있음을 강조한다(637b). 스파르타에서는 비록 음주의 신인 디오니소스(Dionysus)를 섬기는 신성한 축제라 해도 음주 향연이 공적으로 허용될 수 없다. 그러나 아테네인은 스파르타의 방식은 오직 참을성만이 강요되는 곳에서만 칭송받을 만한 얘기라고 하며 재차 반박한다(637c). 욕망을 인위적으로 억제하고 인내력만을 지나치게 강조하는 데 익숙지 않은 다른 정체 출신의 이방인들은 스파르타의 방식을 최선이라고 보지 않을 수 있다(Morrow 1993, 48). 그러나 여기서 아테네인은 논의의 방향이 특정 정체와 법규범의 우열성에 대한 불필요한 논쟁으로 흐르지 않도록 대화의 흐름을 부드럽게 조율하고자 한다. 즉 그는 법에 관한 대화가 서로 다른 인간적 삶의 방식을 단순히 비교평가하는 데 목적이 있는 것이 아니라, 본질적 차원에서 입법자의 악덕과 미덕이 무엇인지를 판별하는 데에 있음을 강조하며 스파르타인과의 대화를 이어나가고자 한다(637d; Strauss 1977, 11).

5) 평화로운 정체의 법제정 그리고 일상적 쾌락과 욕망의 절제 문제

아테네 이방인은 입법의 탁월한 방식에 대한 접근을 보다 구체화시키기 위해 주취(intoxication)에 대한 밀도있는 논의를 시작한다. 인간 사이에 널리 퍼진 일상적 삶의 방식의 일부로서 음주의 행태에 관한 규율 논의는 결코 사소한 주제가 아니다. 아테네인에 따르면 전쟁대비를 위한 스파르타인의 삶에서 음주는 전면적으로 금지되나 이러한 규제는 결코 보편적이지 않다. 마찬가지로 전쟁을 중시하는 스키티아인들(Scythians)과 트라시아인들(Thracians)은 남녀 모두 희석하지 않은 진한 술을 맘껏 마시며, 이러한 관행은 좋고 행복한 것이라 믿는다. 페르시아인들(Persians)도 음주 문화가 있고 스파르타에서 금지된 사치 또한 허용되지만, 다른 곳 못지않게 정치 질서를 잘 유지하고 있다(637e; Morrow 1993, 6, 36). 이러한 이방인의 언급을 듣고 있던 메길로스는 흥분하면서 그럼에도 불구하고 스파르타는 이 모든 도시들과 전쟁을 하면 무기로 물리칠 수 있다고 자신한다(638a). 그러자 아테네인은 논의의 초점이 전쟁에서 승패 역량의 여부로 흘러가지 않도록 메길로스를 적절히 반박한다. 전쟁에서의 승패가 정체의 법규범과 관습적 실천들이 훌륭한지 아닌지를 결정하는 좋은 잣대가 될 수는 없다(638b; Meyer 2015, 150). 단지 규모가 더 큰 도시가 물리적인 힘을 동원해서 사실상 더 나은 통치제도와 삶의 방식을 가지고 있는 작은 규모의 도시를 얼마든지 점령할 수 있기 때문이다. 따라서 아테네인은 전쟁에서의 승리에 관한 논의보다는 과연 어떠한 법제도가 평화를 유지하는 데 있어 더 고귀한(noble) 동시에 유리한(advantageous) 것인지의 문제에 집중하고자 한다(638c).

이를 위해 아테네인은 우선 불편한 메길로스를 달래며 토론의 방식에 있어서 즉각적으로 비난하기나 칭송하는 것은 피해야 함을 다시금 강조한다. 그는 쉽게 치즈(turous; cheese)의 예를 들며, 무엇이 좋은 음식인지에 관해 논하기 위해서는 단순한 비난과 칭송의 견해를 주고받는 방식은 좋지 않다고 제안한다. 치즈에 대한 올바른 논의의 방향은 긴 발효의 복잡한 제조공정, 즉 누구에 의해, 어떤 재료를 써서, 어떠한 환경 조건에서 만들어지는지에 대해 배우는 과정이 필요하다는 것이다(638c; Meyer 2015, 151). 따라서 아테네인의 시각에 따르면 지금까지 대화에서 음주의 법제도적 규율에 관한 논의가 이러한 과정 없이 단순히 즉각적으로 비난하거나 칭송하는 방식을 취했다면 이는 불합리한 것이다(638d). 사람들은 주로 자신들이 속한 정체의 법과 관행에만 익숙하기 때문에, 각자의 일상적 기준에 따라 타 정체의 관행을 쉽게 비난하거나 칭송한다. 이에 따라 아테네인은 서로 다른 정체의 무수한 관행들을 개별적으로 열거해 비교하기보다는, 음주향연의 규율 자체에 내포된 근원적 문제에 초점을 맞추는 방법(method)으로 법의 본성에 접근할 필요가 있음을 제시한다. 그리고 이러한 아테네 이방인의 신중한 제안에 대해 메길로스도 공감한다(638e; Bartels 2017, 84).

아테네인의 음주규율에 관한 논의는 다스리는 자(archon; ruler)의 존재 의미로부터 시작한다. 염소들을 기르는 데 있어서 목동이 부재하거나 태만한 행동으로 염소들이 마구 풀을 뜯어 먹는다면 들판은 망가질 것이다. 사람들은 염소가 좋은 소유물이 될 수 있음에도 다스림(ruling)이 결여된 상황에서 주위에 해를 준다면 염소를 나쁜 동물이라고 비난하기 쉽다(639a). 아무리 단순한 욕구에 따르는 동물이라 해도 그 존재 가치에 대한 평가에 있어서 이를 이끄는 인간적 다스림의 역할은 중요하다. 이때 좋은 다스림은 단순히 이론적 지식만 갖춘 것이 아니라, 실제 현실에 있어서 집단이나 공동체를 효과적으로 이끌 수 있어야 한다(Bartels 2017, 85). 아테네인은 이를 논증하기 위해 항해술과 군사술의 예를 든다. 만약 배를 이끄는 항해사가 실제 배멀미를 겪은 경험이 없이 단순히 항해술에 대한 교과서적 지식만을 가지고 있다면 그를 온전한 지도자라고 부르기 어려울 것이다. 군대를 다스리는 경우에도 전쟁에 대한 기술적 지식을 잘 갖출지라도 실제 전장의 위험 속에서 공포에 질려있다면 통솔자가 아닌 겁쟁이에 불과할 것이다(639b). 이러한 대화의 흐름에 동조하는 메길로스에게 아테네인은 이

제 본격적인 질문을 던진다. 좋은 지도자가 이끄는 특정한 모임에 관한 실제 경험이 부재한 사람이 이 모임 자체의 의미에 대해 비난하거나 칭송하는 것이 과연 얼마나 올바른 평가가 될 수 있을 것인가? 아테네인은 이제 다스림에 관한 논의를 음주 모임의 평가 문제에 적용시킨다(Meyer 2015, 152). 그는 우선 크레타인과 스파르타인의 경우 그들의 정체 자체가 금지하는 음주 모임과 그 규율에 대한 경험이 없는 반면, 자신은 각 도시의 많은 음주 모임들을 실제 경험했음을 강조한다. 그러나 아테네 이방인은 각 도시의 음주 모임에서 그 지도와 규율이 올바로 진행되는 경우는 많지는 않았음을 인정한다(639e). 음주규율의 실제적 어려움에 대한 그의 신중한 언급은 추후 대화에서 자신의 주장이 경험적 사실성에 기반한다는 점을 부각하여 설득력을 증대하는 효과를 갖는다.

아테네 이방인의 경험에 기초한 솔직한 언사에 클레이니아스는 메길로스와 마찬가지로 음주 향연에 관한 실제 경험이 부족함을 인정한다. 이에 아테네인은 자신의 설명에 경청할 것을 다시금 요청한다. 그에 따르면 인간 존재가 형성하는 모든 차원의 공동체 활동에 있어서 올바른 지도자의 존재는 중요한 의미를 갖는다(640a). 물론 크레타와 스파르타의 사람들은 전투에 있어서 용기 있는 지도자에 대해서는 누구보다도 잘 알고 있다. 그러나 아테네인은 지금의 대화에서 고려해야 할 다스림의 문제는 적들과 싸우는 전쟁의 상황이 아니라, 바로 평화로움 속에서 공동체의 구성원들이 우애와 선의로서 교류하는 상황임을 강조한다(640b; Strauss 1977, 14-15). 평화로운 상황에서는 시민들 간의 음주 모임은 얼마든지 자유롭게 펼쳐질 수 있으며, 이때 지나친 음주는 주취로 인한 문제 상황을 언제든 야기할 수 있다. 따라서 자유로운 음주 모임에서 나쁜 상황이 벌어지지 않기 위해서는 이에 알맞은 지도력을 갖춘 존재가 필요하다. 아테네인은 음주 모임의 지도자는 평화적인 교류와 모임에 신중하고 분별력 있게 임할 수 있는 사람으로서, 시민들 간 우정을 증진시킬 수 있는 현명한 사람이어야 한다는 점을 강조한다(640d; Meyer 2015, 154). 비록 많은 곳에서 다스림의 부재하에 음주 모임이 그릇되게 펼쳐지고 있지만, 분명 현명한 사람들의 지도 하에 펼쳐지는 음주 모임은 보다 올바른 모습을 띨 수 있다. 따라서 음주의 올바른 양상을 분별하기 어려운 사람들이 모임 자체에 대해 섣불리 비판한다면 그것은 무지(agnoia; ignorance)에서 비롯된 비난일 수밖에 없다(640e; Bartels 2017, 85-86).

클레이니아스는 이러한 아테네인의 주장에 수긍하면서도 계속 의문을 제기한다. 아무리 평화 시에 시민들 간의 우정과 연관있다 하더라도, 음주 모임의 관행이 사적 개인들과 도시에 어떠한 위대한 것들을 가져다줄 수 있을지 장담하기 어렵다. 이에 대해 아테네인은 법제도의 교육 효과에 대한 논의로 대화를 이끈다. 비록 교육(paideia; education)에 의해 한 개인의 행태를 바꾸는 데 따른 공적 효과는 미미할 수 있어도, 시민 일반에 대한 교육은 도시 전체에 커다란 유익함을 가져올 것이다(641b). 좋은 정체의 법규범 하에서 잘 교육받은 시민들은 고결하게(kalôs; nobly) 행동할 것이고, 이들의 모습은 위기 시 적과의 전투에도 반영될 것이다(Meyer 2015, 156-157). 아테네 이방인이 지향하는 시민 교육은 단지 평화의 시기뿐만 아니라 전쟁과 같은 위기 시에도 평화를 위해 노력할 줄 아는 시민들을 양성하여 승리에 기여할 수 있다. 그러나 반대로 전쟁에서 적에 대한 승리만을 강조하는 편협한 교육의 방향은 더 나은 시민 교육의 가능성을 차단할 수 있다. 전투에서 이기는 데에만 골몰한 시민들 다수가 거듭된 승리에 도취되어 오만해질 경우, 그들 영혼 내부의 악덕함이 평화로운 정치적 삶 전반에 해로움을 가져올 수 있기 때문이다(Morrow 1993, 317). 이에 따라 아테네인은 교육은 땅에서 쉽게 자라나는 것이 아닌 데 반해, 전쟁에서의 승리와 타락은 인간의 땅에서 무수히 발생해 왔으며 앞으로도 필연적으로 일어날 것이라고 경고한다(641c). 정치 현실 속에서 평화를 유지하기 위한 교육의 씨앗이 자라나기 위해서는 정체의 법제도 전반의 기획에 있어서 보다 주의 깊은 관심과 노력이 필요하다. 그러나 입법자들이 이를 게을리할 경우 인간들 사이의 폭력적 충돌과 정치공동체의 몰락은 같은 땅에서 언제든 쉽게 발생할 수 있다.

클레이니아스는 음주 모임이 시민들의 교육에 도움이 된다는 주장에 직접적인 반박을 못 하면서도, 여전히 반신반의하며 아테네 이방인에게 설명을 이어나갈 것을 요청한다. 이에 아테네인은 짧고 간명한 대화 방식에 익숙한 스파르타와 크레타 사람들과 달리 아테네인들은 길게 말하기를 좋아하기에, 자신의 이야기 또한 과하게 길어질 것에 대해 우려한다(Strauss 1977, 16). 비록 술에 취하는 것은 하나의 작은 행동 양상에 불과하지만, 이것을 자연스럽게 규율하는 데는 보다 광범위한 차원에서 영혼을 다루는 교육에 대한 충분한 논의가 필요하기 때문이다(642a). 이에 말을 아끼던 메길로스가 대화에 참여한다. 그는 비록 자신이 스파르타인이지만 어릴 적부터 아테네에 사절(proxenos; consul)로 머무르면서 아테네인들에 우호적인 성향을 가지게 되었음을 고백한다. 자신은 다른 스파르타 사람들이 아테네에 대해 비난할 때마다 변호해 왔고 아테네 방언에도 익숙하며, 아테네의 삶의 방식이 스파르타와는 다르지만 나름의 좋은 점이 있다는 것을 알고 있다고 언급한다. 메길로스는 특히 아테네인들은 인위적인 강제없이도 어떤 자연스러운 선함을 지니고 있다는 점을 상기하며, 앞으로 아테네 이방인이 이와 관련한 얘기를 길게 해도 좋다고 안심시킨다(642b-c). 클레이니아스 또한 자신의 선조가 페르시아 전쟁 전부터 아테네와 인연을 맺어왔다는 점을 강조하면서, 아테네인들에게 좋은 감정을 갖고 있다고 말하며 메길로스의 우호적인 대화 분위기 조성에 동참한다(642d; Meyer 2015, 159-161). 결국 이러한 드라마적 전개는 정체와 법, 교육의 본질에 대한 성숙한 철학적 대화가 서로 다른 존재(타자)들 간의 자발적이고 우호적인 상호작용과 평화로운 분위기 속에서 가능하다는 점을 보여준다.

6) 평화로운 정체의 시민성과 교육의 정치적 의미

서로 간의 의심과 불만이 누그러진 평화로운 대화의 흐름 속에서 아테네인은 비록 쉽지는 않겠지만 자신만의 방식으로 논의를 시도해보겠다고 제시한다. 우선 그는 교육이란 무엇이며 어떠한 힘(dynamis; power)을 가졌는지에 대해 이해할 필요가 있다고 제시한다(643b; Strauss 1977, 17). 그에 따르면 인간이 어떠한 것에 능숙해지기 위해서는 어릴 적부터 실천(praxis)해야 한다. 가벼운 놀이에서 진지한 업무에 이르기까지 어떠한 일을 잘한다는 것은 그 활동과 연관된 다양한 것들을 직접 수행하면서 긴 시간을 보내는 것을 의미한다. 따라서 교육의 첫 단계로서 아이를 양육하는 과정에서도 나중에 실제 접하게 될 일과 유사한 모형 장난감을 제공하여 다양한 도구의 활용에 익숙하게 만드는 것이 중요하다(643c). 아테네인에 따르면 이때 특히 고려할 것은 아이들이 농사, 집짓기, 목공, 군사 등 실제와 유사한 놀이를 통해 타고난 쾌락과 욕망을 적절한 상태로 이끌 줄 아는 힘을 키워나가야 한다는 점이다. 따라서 교육의 주요한 요소는 올바른 "양육(trophê; nurture)"으로서, 아이들의 영혼이 자신들이 수행해야 하는 일들에 대한 강한 애착(eros)을 형성하도록 유도하는 것이다(643d; Meyer 2015, 165). 이때 양육은 아이들이 욕망을 단지 억제하기보다 즐거운 방향으로 분출되도록 길들임을 통해 성장과정에서 직업과 관련한 활동을 온전하게 실천할 수 있도록 한다.

그러나 직업적 전문성에 관한 양육이 교육 전부를 규정하는 것은 아니다. 생계와 직업과 관련된 양육의 차원은 인간이 삶 속에서 지속적으로 경험하는 총체적 교육 과정의 일부에 불과하다. 따라서 아테네 이방인은 서로 다른 다양한 개인들을 일반적으로 '교육받은' 사람과 '교육받지 않은' 사람으로 구별하는 것은 단순히 무역이나 장사 혹은 기타 생업의 기술을 훈련받았는지 아닌지에 그치지 않는다고 제시한다(643e; 강유선 2024, 12). 특히 그에 따르면 정체와 법규범의 본질을 논의하는 현재의 대화에서 교육의 의미에는 무엇보다 미덕(aretē; excellence)에 관한 훈련이 포함된다. 여기서 미덕에 관한 교육은 단순히 개인적 수양에 그치는 것이 아니라, 정의(dikē; justice)에 기초해 다스리고 다스림을 받을 줄 아는 정치공동체의 온전한 시민을 만드는 것이다(644a). 따라서 아테네인은 자신이 말하고자 하는 교육의 본성은 정치적 맥락에 있음을 드러낸다(cf. Landauer 2022, 2016 f.; Trimçev 2024, 1214).[6] 정치공동체의 평화를 위한 지성과 정의로움에 대한 고려없이 단순히 부의 축적과 육체적 힘만 지향하는 앎은 교육의 궁극적 목표가 되기 어렵다. 물질적인 지식의 습득에 그치는 편협한 교육은 결국 경박하고 자유롭지 않은 시민을 양산하기 때문이다.

클레이니아스가 교육의 정의에 동의를 표시하자, 아테네인은 자기 스스로를 지배할 수 있는지의 여부에 따라 좋은 사람(the good)과 나쁜 사람(the bad)을 구분했던 앞선 논의를 상기시킨다. 대화 초반에서 제시된 것처럼, 좋은 사람은 스스로를 이겨내고 다스릴 줄 아는 존재이고, 나쁜 사람은 그렇게 하지 못하는 사람이다(644b; Meyer 2015, 159-160). 아테네인은 이 문제를 인간 존재가 지니는 쾌락과 고통의 차원에서 다시 접근한다. 그

6 트림체브의 최근 연구는 정치적인 목적을 위해 활용되는 음주 향연의 "비정치적인(extrapolitical)" 성격을 강조한다(Trimçev 2024). 그러나 각 정체가 가지고 있는 정치적 삶의 방식으로서 전쟁중심주의와 평화의 실존성을 대비하는『법률』1권의 전반적인 대화의 흐름 속에서 보면, 아테네 이방인이 제시한 음주 향연의 성격은 단순히 시민들의 미덕을 고양시키기 위한 비정치적인 교육 수단의 차원으로만 이해될 수 없는 정치적인 성격을 갖는다. 트림체브와 달리 랜도어의 연구는 음주 향연의 정치적 성격을 강조하고 있으나,『법률』2권의 제도적 논의에 초점을 두고 있어 이러한 음주 향연이 제시된 중요한 논의 배경으로서 1권의 대화적 맥락을 고려하지 않는 한계를 보인다(Landauer 2022).

의 비유에 따르면 쾌락(hēdonē)과 고통(lupē)은 인간 내부에서 서로 반대하는 경솔한 조언자들과 같은 것으로, 미래에 대한 의견으로서 우리가 '예상(elpis; expectation)'이라고 부르는 영혼의 능력과 연결되어 있다(Bartels 2015, 88). 이때 인간이 가진 '두려움'은 고통에 대한 예상이며, '자신감'은 쾌락에 대한 예상과 연관된다(644c). 나아가 인간 존재는 쾌락과 고통의 예상에서 비롯된 이 두 가지 경향성과 함께 무엇이 더 좋고 나쁠지에 대한 '계산(logismos; calculation)'의 능력을 지니고 있으며, 다수 개인의 합리적 계산이 도시의 일반적 의견이 될 때 이것을 '법(nomos; law)'이라 부른다(644d; Bartels 2015, 90).

클레이니아스와 메길로스 두 대화자가 복잡한 도덕심리적 논의를 따라가는데 어려움을 토로하자, 아테네인은 보다 쉬운 신화적 비유를 통해 새롭게 논의를 이어간다. 인간은 세상 속에 각자의 방식대로 살아가는 존재(zōon; living being)이면서도, 궁극적으로 자신이 알 수 없는 초월적 힘에 의해 조정당하며 살아가는 "신성한 꼭두각시(thaũma; puppet)"와도 같다(644e; Laks 2022, 68). 다만 인간이 알 수 있는 것은 각 개인의 영혼 속 정념(pathos; passion)들이 마치 꼭두각시의 움직임을 조정하는 줄(cord)처럼 역할을 하고, 이 줄들이 서로 경합하며 각 개인의 성향을 이끄는 와중에 미덕과 악덕의 행동들이 나타난다는 사실이다(644e). 아테네인에 따르면 인간이 미덕을 지닌 탁월한 존재가 되기 위해 항상 따라야 하는 줄은 아름답게 빛나지만 연약한 금색의 줄이다. 이 금빛 정념의 줄은 인간이 가진 신성한 계산의 능력을 향한 영혼의 의지를 상징하며 정치공동체의 일반적 법규범을 존재가능하게 한다. 금색줄과 분리되어 존재하는 다른 줄들은 철과 같은 거친 금속재질로 된 강한 줄들인데, 공동체 다수의 개인이 일반적으로 가진 즉각적이고 자의적인 욕구와 욕망의 움직임을 상징한다(Bobonich 2002, 264). 법규범의 토대로서 합리적 계산을 향한 선의지를 상징하는 금줄의 고결한 힘은 폭력성없이 온화하지만, 철로 된 줄들에 비해 부드럽고 약해서 경합 중에 밀려나거나 끊어지기 쉽다. 따라서 인간 존재가 영혼 속 거칠고 질긴 철제줄들과의 경합 속에서 미덕의 섬세하고 부드러운 힘을 가진 금색줄을 따르기 위해서는 항상 조력자가 필요하다(645a).

아테네인은 이제 꼭두각시의 비유를 앞선 대화에서 제시되었던 개인과 도시의 차원에서 자신과의 투쟁 및 승리의 문제와 연결시킨다(Pangle 1988, 400). 즉 개인이 스스로를 잘 지배하기 위해서는 내면 깊은 곳에서 자신을 이끄는 여러 정념의 줄들에 관한 반추를 하면서 이성의 줄이 지시하는 방향에 따를 수 있어야 한다. 도시의 경우 내부 혹은 외부 도시들과의 관계를 다스리는 데 있어서 진정한 앎을 지닌 지도자가 제시하는 이성적인 줄을 취하여, 이를 법으로 수립해서 따를 수 있도록 해야 한다(645b; Bartels 2017, 91-92). 아테네인에 따르면 꼭두각시의 비유와 이미지는 인간 존재가 지닌 미덕과 악덕의 긴장을 보다 선명하게 보여주며, 대화자들로 하여금 음주 모임을 통한 영혼의 훈련의 가진 교육적 의미에 대해 보다 쉽게 접근할 수 있도록 도움을 준다(645c; Bobonich 2002, 260). 조금 더 설명을 원하는 클레이니아스의 요청에 따라, 아테네인은 이제 음주 향연이 가지는 교육적 효과에 대해 구체적 논의를 시도한다. 음주는 인간 영혼의 쾌락과 고통 등 다양한 감정들을 더욱 격하게 만드는 동시에 감각, 기억 그리고 신중한 의견의 능력은 무력하게 한다. 결국 술을 마신 사람의 영혼은 마치 어린아이로 돌아간 것처럼 자기지배력(enkrateia; self-control)을 잃어버리게 되고, 이때 스스로의 변화를 통제하지 못하는 사람은 악한 행동을 저지르기 쉽다(645e; Meyer 2015, 189). 그러므로 아테네인은 인간이 음주와 같은 상황에 직면해서 자기지배력의 쇠퇴를 이겨내기 위한 능력을 최대한 길러야 하며, 이러한 상황 자체를 회피하는 것은 좋은 방법이 아니라는 점을 주장한다(646a).[7]

---

7 아테네 이방인은 『법률』 2권에서 공적으로 디자인된 디오니소스와 관련된 향연에 대해 묘사하면서 음주 행위와 관련된 법제도적인 규정의 필요성을 구체적으로 밝히고 있다. 여기서는 특히 청년과 성인이 된 이후 음주의 허용범위와 함께 각 연령별로 알맞은 음주행태에 대한 규율방식을 제시하고 있다(666a f.; cf. 장지원 2019; 강유선 2024).

클레이니아스는 아테네인의 주장에 호의적인 반응을 보이면서도 여전히 인간 존재가 자발적으로 주취와 같이 정신적 타락(phoulotēs; depravity)의 상황에 스스로를 밀어넣어야 한다는 관념은 낯설고 당황스럽다고 고백한다(646b). 이에 아테네인은 육체의 치유와 강화를 위해 힘들게 약을 복용하거나 운동을 하고 있는 상황에 대해서 생각해보기를 권한다. 결국 이렇게 자발적으로(hekôn; willingly) 육체를 힘들게 하는 이유는 당장은 고통 속에서 해로울 수 있지만 이러한 어려움들을 이겨낸 뒤에 그들의 육체가 성취할 수 있는 유익함이 있기 때문이다(646c; Meyer 2015, 190). 마찬가지로 음주의 경우도 당장은 영혼의 상태를 어렵게 하는 것 같아도 그것을 이겨내는 훈련을 지속적으로 한다면 스스로에 대한 정신적 통제력의 향상에 도움이 될 수 있다. 아테네인은 이에 덧붙여 적절한 음주의 수행과정은 힘든 육체적 훈련과 달리, 오히려 고통보다는 즐거움을 수반하기에 상대적으로 더 나은 훈련법이 될 수 있다고 언급한다(646d). 이에 클레이니아스가 동의하자, 아테네인은 인간에게 두 가지 반대되는 형태의 두려움이 있다는 것에 대해서도 생각해 볼 것을 권한다(646e; Bartels 2017, 93). 한가지 형태의 두려움은 외부에 존재하는 사악함이 자신에게 다가올지도 모른다는 예상에서 나오는 것이며, 또 다른 형태의 두려움은 스스로의 말과 행동이 외부에 사악하게 비칠까 우려하는 자신 내부의 수치심(aidōs; shame)과 연관된다(Strauss 1977, 19). 이 두 번째 형태의 두려움은 타인의 평가를 고려하면서 자아가 수치스러운 쾌락에 빠지는 것에 대해서 저항하는 성향을 가지고 있다(647a). 아테네인에 따르면 일반적으로 입법자는 영혼이 가지는 이러한 수치심의 본질을 외부의 존재를 향한 경외(sebō; to have awe)'이라고 부르며 가장 명예로운 것으로 평가하고, 이에 반하여 수치심을 상실한 대담함을 '경외의 부족'이라고 칭한다(647b; 박수인 2018, 17). 그는 이러한 경외와 수치심의 결여는 사적인 삶 그리고 공적인 삶 모두에 있어서 가장 큰 해악이라고 제시한다. 수치의 감정은 인간 존재를 많은 커다란 악으로부터 구해내는데, 특히 전쟁 상황에서 적들과의 싸움에서 수치스럽게 도망가지 않도록 하여 승리와 안전을 가져다줄 수 있기 때문이다.

인간이 고통의 두려움을 이겨내기 위해서는 고통스러운 상황에 익숙해지게 해야 하는 것처럼, 쾌락을 두려워하기 위해서는 쾌락 속에서 수치심을 느낄 수 있는 상황에 처하게 해야 한다. 아테네인은 이처럼 역전된 사유 방식을 통해 인간 존재가 전쟁 대비를 위해서 체육훈련을 하는 것처럼, 평화 시에는 쾌락과의 싸움에서 승리하기 위한 정신적 훈련이 필요하다고 주장한다(647c). 인간 존재는 단지 전쟁 상황에서 고통과 비겁함을 이겨내는 용기뿐만 아니라, 평화 시에 수많은 쾌락과 욕망과 투쟁하여 이겨내는 절제(sophrosynē)의 힘을 길러내야만 비로소 부끄러움없이 부정함에 빠져드는 경향으로부터 개인과 도시를 지켜낼 수 있다(647d). 아테네인에 따르면 만약 인간이 두려움을 극복하여 용기 있는 인간이 될 수 있는 약이 있다고 가정하면, 입법가는 위험이 따르는 고통스러운 훈련보다는 더욱 수월한 약의 복용을 시민들에게 권장하는 방향을 택할 것이다(648e). 이러한 관점에서 술은 일종의 영혼 훈련을 위한 약과도 같다(649a; Pangle 1988, 402-403). 시민들은 평화롭게 함께하는 음주 향연을 통해 즐겁게 우정을 나누는 동시에 음주에 의한 부정적 효과를 극복할 수 있는 자신의 능력을 시험하게 된다(Bartels 2017, 99). 지나친 음주는 인간 존재를 즉각적으로 들뜨게 만들고 허황된 희망을 불어넣어 자신의 힘과 현명함에 대해 과신하게 하며 말을 세약 없이 내뱉도록 만든다. 즉 술은 인간을 지나친 자유 속에서 두려움이 결여된 상태로 몰아가 그 어떤 행동이든 부끄러움 없이 하게 할 수 있는 힘을 지닌 약과 같다(649b; Baima 2017, 120). 이때 좋은 지도자가 이끄는 자유로운 향연 속에서 스스로를 절제하는 훈련을 거친 개인들은 평화 시에도 불명예스러운 행동을 함부로 하지 않게 된다(cf. 박수인 2018, 27-

28).[8] 즉 그들은 음주 모임의 규율과 같은 공적 제도를 통해 정치공동체가 보장하는 쾌락의 자유를 누리되, 쾌락 앞에 나약해져서 수치심을 잃고 과격한 행동을 범하기 전에 스스로의 자유를 평화롭게 통제할 수 있는 탁월한 힘(미덕)을 기를 수 있는 기회를 얻게 된다(Landauer 2022, 2016 f.; 강유선 2024, 17).

아테네인은 앞선 논의에서 인간 영혼에서 길러낼 필요가 있는 두 가지 반대되는 능력, 즉 두려움이 없이 대담한 행동할 수 있는 힘(용기) 그리고 두려움 속에서 수치스러운 행동을 삼갈 수 있는 힘(절제) 사이의 균형을 다시 한번 강조한다(649c). 우리가 지나치게 용맹스러워지고 성급하게 나서기 쉬울 때 스스로를 절제하기 위해서는, 어떤 상황에서도 대담성을 통제하기 위한 연습을 통해 반대의 성향(hexis; dispostion)과 인격(ēthos; character)을 형성해야 한다(Bartels 2017, 101–102). 아테네인은 관능적 욕망, 오만함, 배움의 부족, 소유욕 등 인간 존재가 쾌락에 쉽게 지배당할 수 있는 일상적 경험들에 대해 언급한다. 정치공동체의 삶 속에서 용기와 절제가 적절히 공존하는 영혼의 탁월한 힘을 기르도록 유도하기 위해서는 음주와 같은 즐거운 놀이를 통해 시민들에게 적절한 정신적 훈련의 기회를 제공할 필요가 있다(649d; Meyer 2015, 202). 특히 경계가 느슨한 평화 시에 쉽게 부정의를 행할 수 있는 거칠고 야만적인 영혼이 가진 위험성을 테스트하기 위해서는 개인들의 쾌락과 욕망을 강제로 억누르는 방식으로는 한계가 있다. 쾌락과 욕망에 대한 강제적 규율과 처벌은 교육 과정에서 교육 주체와 피교육자에게 많은 에너지와 비용이 드는 힘든 과정을 거칠 수밖에 없다. 이러한 관점에서 아테네 이방인은 입법자는 쾌락의 신 디오니소스(Dionysus)를 위한 신성한 축제를 법제도적으로 활용할 필요가 있다고 제

8 이때 논의되는 자유는 물론 개인적 권리로 보장된 근대적 의미의 보편적 자유라기보다는, 시민적 미덕을 강조하는 정체의 법제도하에서 형성되는 공동체적 삶의 방식과 절제에 기초한 고전적 자유를 의미한다(cf. 박수인 2018, 29 f.).

시한다(649e; cf. 장지원 2019, 306 f.). 욕망의 억압이나 쾌락의 회피보다, 개인들이 향연과 친교를 즐기는 과정에서 서로 욕망을 조절할 수 있는 영혼의 능력을 배양하는 것이 지속 가능한 평화를 위한 더욱 저렴하고 안전하며 빠른 정치적 삶의 방법(method)이기 때문이다(650a; Trimçev 2024, 1213; cf. Landauer 2022, 2017).

3. 결론: 정치적 삶으로서의 평화

플라톤『법률』1권의 말미, 지금까지의 논의에 클레이니아스가 동의하자 아테네 이방인은 자신이 지금까지 논의한 것은 결국 영혼(psychē; soul)의 본성과 습관에 대한 지식이라고 언급한다. 그리고 이러한 인간 존재의 본성에 대한 앎에 기초해 영혼에 관심을 기울이며 돌보는 기술(technē)에 있어서 가장 중대한 것이 바로 "정치적 기술(politikē; political art)"이라고 제시한다(650b; 박성우 2014, 272; 김용민 2018, 80).『법률』의 초반부에 관한 앞선 논의들에서 드러난 것처럼 결국 정체의 토대를 놓는 정치적 기술로서 입법의 실질적 지향점은 전쟁(polemos)의 대비를 넘어선 평화(eirēnē)여야 한다.『법률』이라는 방대한 대화록의 기초를 놓는 1권은 결국 인간적 존재방식의 규율로서 정체(politeia; regime) 구성원리의 핵심에 평화의 목적이 자리하고 있다는 점을 제시한다.

기존의 플라톤 해석은 플라톤의 근원적 사유 방식 자체를 평화보다는 주로 전쟁에 대비하기 위한 소위 이상적 수호자 계급의 관점에서 논하는 경우도 있었고(Baracchi 2002), 심지어는 개인을 국가에 강제적으로 종속시키는 전체주의로 비판하는 사례도 있었다(Popper 2013). 그러나『법률』의 대화는 법제도적 토대로서 모든 개별 구성원들의 조화로운 공존을 추구하는 평화의 기술이 전쟁의 능력보다 더 상위의 정치적 목적임을 명시적으로 보이고 있다. 다른 한편 플라톤의 『법률』에 대한 해석에 있어서 평화의 관점을 중시하는 학자들의 경우에도 보다 풍부한 이해의 가능성을 제시하는 데 있어서 한계를 노정한다. 우선 이들의 시각은 플라톤의 사상을 전쟁 준비를 위한 수호자 계급의 이념으로 곡해하는 것에 대해 텍스트에 근거한 비판을 시도한다. 이러한 평화중심 연구들은 기존의 부정적인 편견에 치우친 연구들에 비해 플라톤 대화록이 담은 평화의 개념에 대한 열린 해석의 가능성을 잘 보여주고 있다(Ianne 2016, 162; Benitez 2019, 9). 그러나 이들의 논의는 플라톤의 정치사상이 담은 이상주의와 현실주의 사이의 모호성을 확인하는 데 그치는 경향이 있어 아쉬움이 있다. 물론 이러한 연구들이 내포한 한계는 학자들의 오류라기보다는 『국가』를 비롯한 플라톤의 다른 정치적 텍스트들이 평화(eirēnē)에 대한 명시적 규정을 적극적으로 시도하지 않고 있는 데에서 비롯된다(Ostwald 1996, 103; Mallet 2017, 92). 따라서 플라톤의 평화에 대한 관점을 보다 깊이 있게 이해하기 위해서는 그의 평화를 둘러싼 논의가 이루어지는 대화의 전반적인 맥락을 보다 치밀하게 살펴볼 필요가 있다. 대화의 참여자들이 다양한 상호작용 속에서 보여주는 『법률』 1권의 드라마적 흐름은 평화가 단지 세속의 전쟁 상황과 대조되는 관점에서 초월적 정의나 미덕의 담론을 주장하기 위한 수사적 개념이 아님을 보여준다.[9]

고전철학의 시각에서 정치공동체의 목적은 시민들이 행복(eudaimonia)한 삶을 사는 것이다. 일상의 정치 현실에서 지속 가능한 행복을 위해서는 시민 개개인의 영혼이 온전한 미덕을 갖추고, 서로 간의 차이 속에서도 공존할 수 있는 정신적 역량을 키워나가는 것이 필수적이다. 플라톤의 『법률』 1권의 논의에 따르면 이러한 미덕의 제고는 단지 전쟁의 대비를 위한

---

9 평화의 실존성을 둘러싼 질문들은 이 글에서 다룬 『법률』뿐만 아니라, 보다 확장된 관점에서 『국가』, 『정치가』와 같은 다양한 텍스트 속에서 드러나는 평화와 관련된 철학적 논의와 개념 간의 연결성을 보다 세밀하게 파악하기 위한 후속 연구와 해석 작업을 요청한다(cf. 김용민 2018, 62).

억압적 훈련보다는, 일상 속에서 서로 다른 존재들이 필연적인 갈등과 충돌을 최소화하고 우정을 나누는 연습과 실천(praxis)을 행할 수 있는 사회적 환경을 조성하는 데서 시작된다(cf. 박수인 2018, 17; 김인곤 2014, 81-82). 이때 비로소 현실에서 언제든 벌어질 수 있는 파벌 갈등 및 내전, 나아가 서로 다른 정치체 간 전쟁 발생의 가능성을 최소화할 수 있는 정치적 삶의 토대를 구축할 수 있기 때문이다. 여기서 중요한 점은 플라톤이 크레타와 스파르타의 전쟁중심의 관점을 단순히 잘못된 것으로 기각하지 않는다는 점이다(Syse 2002, 43; Blitz 2010, 88; Benitez 2019, 9 ff.). 1권의 섬세한 대화의 흐름은 아테네 이방인이 다른 대화자들이 중시하는 전쟁 대비의 시각을 필연적인 것으로 수용하면서도, 그 현실적 한계를 신중히 짚어가면서 최선의 입법과 교육의 일상적 가능성을 공유하고 설득해나가는 정치적 소통의 과정을 보여준다.

『법률』 1권의 평화에 대한 지향은 단순히 소극적 차원에서 전쟁의 물리적 발생을 줄이거나, 적극적 차원에서 사회 내부의 구조적 충돌과 폭력의 가능성을 줄여나가는 방식을 이분법적으로 구분짓지 않는다(cf. Galtung 1969, 183). 즉 아테네 이방인, 클레이니아스 그리고 메길로스라는 서로 다른 정체 출신의 3자 간의 대화는 가끔 부딪히기도 하지만, 아테네인의 주도로 가능한 한 부드럽게 각각의 차이들을 연결시킨다(Strauss 1977, 9, 11). 나아가 이들의 대화는 필연성과 최선을 동시에 지향하는 일상의 정치적 삶을 입법을 통해 어떻게 탁월하게 구성해나갈 것인가라는 실천적 물음을 던지고 있다. 정체의 구성을 소극적 차원에서 전쟁 대비를 주목적으로 한다는 주장은 인간적 삶의 방식을 단지 싸움에만 능한 전사를 길러내는 쪽으로 편향시킬 수 있다는 점에서 필연적 한계를 보인다. 한편 사회 내부의 구조적 폭력의 가능성을 적극적으로 줄여나가기 위한 작업은 단순히 개인적 권리의 존중만을 강조하는 당위적 접근만으로는 달성하기 어렵다

(Senghaas 2004, 32-33). 욕망과 쾌락 등 다양한 정념에 의해 좌우되는 인간 존재의 근원적 문제에 대한 고려 없이 단순히 거대 담론으로서 인간애와 이성적 관용의 이념만을 개인에 요구하는 것은 실제로 달성하기 어렵기 때문이다. 따라서 소극적 차원의 안보주의와 적극적 차원의 비폭력주의의 추구가 서로 연결되기 위해서는 우선적으로 인간 본성이 지니고 있는 쾌락의 추구, 다양한 욕구와 욕망의 표출을 정치공동체의 일상에서 어떻게 스스로 다스려 나갈 것인가의 근원적 문제와 직면해야 한다. 동서고금을 막론하고 이 세상에는 인간의 지나친 욕망과 쾌락의 추구로 인한 갈등과 전쟁이 지속되어왔다. 따라서 정체 구성을 위한 정치적 기술은 인간 본성에 내재한 잠재적 갈등요소들을 강제로 제거하는 비현실적 방향을 취하기보다, 일상에서 다양한 존재자들 간의 쾌락과 욕망이 자유롭게 발현될 수 있도록 해야 한다. 즉 참된 정치적 기술은 인간의 깊은 내면적 성향이 자기파괴적 상황으로 치닫지 않도록 자유로운 법규범의 토대 위에서 스스로 조율해나갈 수 있는 일상적 방식에 대해 우선적으로 고민해야 한다(Blitz 2010, 83).

플라톤 『법률』 1권에서 정치적 기술(politikē; political art)에 대한 접근은 정체의 삶의 방식을 설정하는 데 있어서 시민적 친교와 우정의 확보라는 일상적인 평화의 요청을 중시한다. 이때 시민들 간 우애와 조화의 추구는 평화로운 법제도의 구축에 관한 정치적 고민을 인간 본성(physis; nature)의 일상적 규율에 대한 논의에서부터 시작해야 함을 보여준다. 정치적 삶으로서 평화는 단순히 전쟁중심의 안보적 시각을 넘어서, 다양한 존재들이 즐겁게 함께할 수 있는 음주 모임 등의 놀이와 유흥의 상황에서 각 개인의 영혼이 스스로를 다스릴 수 있는 능력을 자연스럽게 길러줄 수 있는 법규범적 환경의 조성을 통해 뿌리내릴 수 있다(장지원 2019, 305). 따라서 플라톤의 관점에서 평화의 추구는 국제적인 차원의 거대 담론의 평화를 갈망하기 전에, 가까운 정치공동체의 일상적 삶에서 싹틀 수 있는 작은 어울림(koinōnia; association)의 실천과 노력을 키워나가는 데서 출발해야 한다. 여기서 작은 평화의 씨앗은 시민들의 친교를 도모할 수 있는 음주 향연의 규율 사례에서도 보이듯이, 일상에서 개인들이 각자의 쾌락과 욕망을 함께 조율하며 적절하게 분출할 수 있는 현실적인 모임의 장을 확보하는 데서 꽃핀다(cf. Trimçev 2024, 1215). 평화의 추구는 단순히 각 개인의 욕망을 통제하고 인내심을 강조하는 도덕적 원칙을 인위적으로 주입하기보다는, 시민들이 각자의 즐거움을 표현하는 과정에서 서로 경합하는 욕구들을 솔직히 인정하고 개별적 차이를 수용하는 정치적 환경 속에서 실현가능하다. 이때 입법의 기술은 일상의 작은 평화의 실천(praxis)들에 주목해야 하며, 이때 우리는 비로소 사회 내의 구조적 폭력과 나아가 정체 간 갈등과 충돌의 문제를 신중히 풀어나갈 윤리적 실마리를 조금씩 발견해 나갈 수 있을 것이다.

참고문헌

| 국문 |

강유선. 2024. “덕 교육으로서의 주연 제도(symposia)의 효용: 플라톤 법률 1, 2권의 논의를 중심으로.” 『대동철학』 제106집, 1-22.

김용민. 2018. “『법률』의 정치철학적 의의: 신정정치, 전문, 영혼에 대한 논의를 중심으로.” 『정치사상연구』 24집 2호, 61-84.

김인곤. 2014. “플라톤의 법률에서 법에 의한 통치와 혼합정체: ‘혼합’의 의미를 중심으로.” 『서양고전학연구』 53집 2호, 67-90.

박성우. 2014. 『영혼 돌봄의 정치: 플라톤 정치철학의 기원과 전개』. 고양: 인간사랑.

______. 2015. “플라톤 정치철학 연구에 있어서 비(非)역사주의적 접근과 새로운 플라톤 읽기를 위한 예비 고찰.” 『한국정치연구』 제24집 제1호, 251-276.

박수인. 2018. “플라톤이 『법률』에서 받아들인 정치적 자유의 의미: 아테네 민주정의 자유 개념에서 수용한 것과 거부한 것.” 『정치사상연구』 제24집 2호, 9-35.

이기백. 2017. “플라톤의 『법률』에 나타난 입법가의 참된 수사술.” 『철학사상』 제64호, 31-65.

장지원. 2011. “플라톤의 『법률』에 나타난 절제와 시민교육.” 『교육철학연구』 제33권 제3호, 93-112.

______. 2019. “플라톤의 교육론과 디오니소스 합창단의 역할: 『법률』 1, 2권을 중심으로.” 『교육철학연구』 제41권 제4호, 299-318.

| 영문 |

Arnopoulos, Paris. 1997. “Plato and Aristotle on War and Peace.” *Philosophia: Yearbook of the Research Center for Greek Philosophy at the Academy of Athens* 27-28: 142-153.

Baima, Nicholas. 2017. "On the Value of Drunkenness in the Laws." *History of Philosophy and Logical Analysis* 20(1): 65–81.

Baracchi, Claudia. 2002. *Of Myth, Life and War in Plato's* Republic. Bloomington: Indiana University Press.

Bartels, Myrthe. 2017. *Plato's Pragmatic Project: A Reading of Plato's* Laws. Stuttgart: Franz Steiner Verlag.

Benitez, Rick. 2019. "Plato's Conception of Peace: A Preliminary Exploration." *Theoria* 66(2): 8–22.

Blitz, Mark. 2010. *Plato's Political Philosophy*. Baltimore: Johns Hopkins University Press.

Bobonich, Christopher. 2002. *Plato's Utopia Recast: His Later Ethics and Politics*. Oxford: Oxford University Press.

Galtung, Johan. 1969. "Violence, Peace, and Peace Research." *Journal of Peace Research* 6(3): 167–191.

Hobbes, Thomas. 1994. *Leviathan*. Ed. Edwin Curley. Indianapolis: Hackett Pubinshing Company.

Homer. 1945. *Odyssey*. Trans. A.T. Murray. Cambridge: Harvard University Press.

Ianne, Mino. 2016. "The Platonic Concept of Peace as a Fundamental Human Right." *Journal of Modern Science* 28(1): 155–166.

Laks, Andre. 2022. *Plato's Second Republic: An Essay on the Laws*. Princeton: Princeton University Press.

Landauer, Matthew. 2022. "Drinking Parties Correctly Ordered: Plato on Mass Participation and the Necessity of Rule." *Journal of Politics* 84(4), 2011–2022.

Mallet, Joan-Antoine. 2017. "War and Peace in Plato's Political Thought." *The Philosophical Journal of Conflict and Violence* 1(1): 87–95.

Meyer, Susan. 2015. *Plato: Laws 1 and 2*. Oxford; Oxford University Press.

Morrow, Glenn. 1960. *Plato's Cretan City*. Princeton: Priceton University Press.

Ostwald, Martin. 1996. "Peace and War in Plato and Aristotle." *Scripta Classica Israelica* 15: 102–118.

Popper, Karl. 2013. *Open Society and Its Enemies*. Princeton: Princeton University Press.

Pangle, Thomas. 1988. "Interpretive Essay." In Plato, *Laws*. Ed. Thomas Pangle. Chicago: University of Chicago Press, 375–510.

Plato. 1991. *Republic*. Trans. Allan Bloom. New York: Basic Books.

_____. 1988. *Laws*. Trans. Thomas Pangle. Chicago: Unicersity fo Chicago Press.

Senghass, Dieter. 2004. "The Civilisation of Conflict: Constructive Pacifism as a Guiding Notion for Conflict Transformation." In *Transforming Ethnopolitical Conflict: The Berghof Handbook*. Eds. Alex Austin, Martina Fischer, Norbert Ropers. Wiesbaden: VS Verlag Für Sozialwissenschaften.

Stalley, Richard. 1983. *An Introduction to Plato's* Laws. Indianapolis: Hackett Publishing.

Strauss, Leo. 1977. *The Argument and Action in Plato's* Laws. Chicago: University of Chicago Press.

_____________. 1978. *The City and Man*. Chicago: University of Chicago Press.

Syse, Henrik. 2002. "Plato: The Necessity of War, the Quest for Peace." *Journal of Military Ethics* 1(1): 36–44.

Trimcev, Eno. 2024. "Drinking Wine with Friends: Plato's Lesson for Contemporary Democratic Theory." *American Journal of Political Science* 68(4): 1205–1216.

| 3장 |

한반도 평화교육의 지향, ‘호모 후마니타스’*

차승주

1. 서론

한반도는 20세기 중반 분단과 전쟁을 겪은 이후 지금까지 80년 가까운 시간을 적대와 갈등의 구조 속에서 살고 있다. 분단체제의 장기화로 남북 주민 간 심리적·문화적 단절 역시 깊어져 평화에 대한 실질적 감수성과 공감대 형성이 점점 더 어려워지고 있는 상황이다. 한반도 평화에 대한 세대 간, 계층 간, 진영 간 인식의 격차도 기지고 있는데 특히 미래세대는 한반도 문제를 자신과 무관한 것으로 여기거나 분단과 그로 인한 지속적인 갈등 상황에 익숙해져가는 모습 또한 보이고 있다. 이는 평화에 대한 무

* 이 연구는 『문화와 정치』 제12권 제3호(2025)에 게재된 논문의 내용을 수정 및 보완한 것입니다.

관심뿐 아니라 회의론과 냉소주의를 확산시켜 남북한의 평화공존 및 지속 가능한 한반도 평화 구축을 위태롭게 하는 요인으로 작용할 수 있다. 이러한 현실에서 한반도 평화를 위한 교육, 즉 한반도 평화교육의 역할과 방향성에 대한 근본적인 성찰은 그 어느 때보다 시급하고 절실하다.

또한 21세기 글로벌 시대는 우리에게 새로운 인간상을 요구하고 있다. 국경을 초월한 연대와 협력, 다양성에 대한 이해와 존중, 지속 가능한 삶에 대한 감수성은 오늘날 교육이 지향해야 할 핵심 역량으로 자리 잡고 있다. 기후위기, 팬데믹, 난민 문제, 경제적 불평등 등 인류가 직면한 복합적 위기 상황에서 평화는 더 이상 특정 지역의 문제가 아닌 인류 공동체의 생존과 번영을 위한 필수 조건이 되었다. 이에 단지 한 국가나 민족의 문제가 아닌 인류 전체의 문제를 함께 해결해 나가는 보편적 시민의식의 함양이 그 어느 때보다 절실하게 요청되고 있다. 이러한 점에서 한반도 평화교육 역시 민족 내부의 문제를 넘어 인류 공동체의 관점에서 재정립되어야 한다. 이를 통해 남북한의 평화적 공존은 물론 세계 평화에 기여할 수 있는 인재를 양성하는 것이 한반도 평화교육의 역할과 과제가 되어야 한다.

이러한 시대적 요청에 부응하는 한반도 평화교육의 새로운 지향점으로 이 글에서는 '호모 후마니타스(Homo humánĭtas)'라는 교육적 인간상을 제시하고자 한다. '호모 후마니타스'는 인류애(humanitas)를 내면화하고 실천하는 인간, 곧 인간다운 인간, 인간의 존엄을 이해하고 이를 실현하는 삶의 주체로서의 인간상을 의미한다. 라틴어 'humánĭtas'는 인간성, 인간미, 박애, 인류애, 교양, 소양의 의미를 가지고 있으며 고대 로마의 인문주의 전통에서 교양, 인격, 인간다움의 이상을 담은 개념으로 발전해 왔다(NAVER 라틴어사전). 한편, 동양에서도 공자의 '인(仁)' 사상이나 한국의 교육이념인 '홍익인간(弘益人間)'은 모두 인간 상호 간의 존중과 배려, 사랑을 중시하는 인간관에 기초하고 있다. 이처럼 동서고금의 인류 지혜를 종합하여 구성된 '호모 후마니타스'는 인간성과 인류애를 기반으로 평화를 실현하고자 하는 교육적 목표이자 인간상이다.

'호모 후마니타스'는 현대 평화학에서 강조하는 '적극적 평화(positive peace)' 개념과도 깊은 연관을 지닌다. 요한 갈퉁(Johan Galtung)이 제시한 '적극적 평화'는 단순히 직접적 폭력이 없는 상태를 넘어 구조적 폭력과 문화적 폭력이 해소되고 사회정의가 실현된 상태를 의미한다(서보혁·강혁민 2022, 33-35). 이러한 적극적 평화의 실현을 위해서는 평화를 만들어가는 주체로서의 인간, 즉 평화 감수성과 갈등 전환 능력, 공감과 연대의 역량을 갖춘 '평화적 인간'이 필요하다. '호모 후마니타스'는 바로 이러한 평화적 인간의 이상형을 구현한 개념이다. 또한 유네스코가 지향하는 세계시민교육(Global Citizenship Education)이나 지속가능발전교육(Education for Sustainable Development) 역시 인간의 존엄, 연대, 비폭력, 문화 간 이해 등을 강조하며 평화로운 삶을 실현할 수 있는 인간상을 핵심 과제로 삼고 있다는 점에서 '호모 후마니타스'와 깊은 연관을 지닌다(추병완 외 2022, 36-46; 세계시민포럼 2021, 147-169).

현행 대한민국 「교육기본법」 제2조는 "교육은 홍익인간의 이념 아래 모든 국민으로 하여금 인격을 도야하고 자주적 생활능력과 민주시민으로서의 자질을 갖추게 함으로써 인간다운 삶을 영위하게 하고, 민주국가의 발전과 인류공영의 이상을 실현하는 데에 이바지하게 함"을 그 목적으로 규정하고 있다(국가법령정보센터 홈페이지). 또한 2022 개정 교육과정에서도 "공동체 의식을 바탕으로 다양성을 이해하고 서로 존중하며 세계와 소통하는 민주시민으로서 배려와 나눔, 협력을 실천하는 더불어 사는 사람"을 이상적인 인간상으로 제시하고 있다(교육부 2022, 5-6). 더불어 가톨릭 사회교리는 인간의 존엄과 형제애, 보편적 연대와 같은 가치를 평화의 핵심 원리로 강조하고 있다. 교황 바오로 6세는 「제4차 세계 평화의 날 담화(1971년)」를 통해 "모든 사람이 형제라는 신념을 새 세대에 교육하는 사람은 평화의 주초를 놓는 사람"이라고 선언한 바 있다(한국천주교주교회의·한국천주교중앙협의회 홈페이지).

이처럼 교육은 인간에 대한 성찰을 통해 평화를 실현하는 도구이며 그 핵심에는 인간다움의 회복과 인류애가 자리하고 있다. 이는 한반도 평화교육 역시 이러한 교육철학과의 정합성을 확보하면서 궁극적으로 인간의 내면적 성숙과 관계의 복원 등을 목표로 할 것을 요청한다. 또한 한반도 평화교육이 분단 극복의 문제를 넘어 보편적 인간 가치의 관점에서 접근되어야 함을 시사한다. 이와 같은 맥락에서 '호모 후마니타스'는 한반도 평화교육을 통해 양성하고자 하는 인간형의 이상이 될 수 있다.

이 글에서는 이러한 문제의식을 바탕으로 한반도 평화교육이 지향해야 할 새로운 교육적 패러다임으로서 '호모 후마니타스'를 고찰하고자 한다. 이를 위해 먼저 한반도 평화교육의 규범적 기초로서 '호모 후마니타스'의 의미를 살펴볼 것이다. 다음으로 '호모 후마니타스'를 양성하기 위한 한반도 평화교육의 내용과 방법을 제시하고자 한다. 이러한 논의를 통해 주로 개념 및 이론 수준에 머물러 있던 기존 평화교육 연구(정지수·김경이 2020, 65-86)를 '호모 후마니타스'라는 구체적 인간상으로 발전시키고 체계적인 교육 내용과 교수학습방법을 제시함으로써 한반도에서 지속 가능한 평화를 구현하기 위한 평화교육의 기초를 제공하는 한편, 평화공동체로 나아가는 사회적 기반을 다지는 데 미력이나마 기여하고자 한다. 궁극적으로 한반도 평화교육이 특정 이념이나 정치적 이해관계의 산물이 아닌 인간 본성에 대한 성찰과 보편적 가치에 입각한 인간화 교육(humanizing education)으로 자리매김할 수 있도록 이론적 토대를 마련하는 것이 이 글의 목적이다.

2. '호모 후마니타스': 한반도 평화교육의 새로운 인간상

1) '호모 후마니타스'의 개념과 요청 배경

한반도의 지속 가능한 평화는 단지 군사적 충돌의 부재나 정전체제의 종식, 법·제도에 의해서만 확보되는 것이 아니다. 그것은 무엇보다도 평화를 일상에서 실천할 수 있는 시민의 내면화된 역량과 성숙한 인격에 달려 있다. 그럼에도 불구하고 지금까지 한반도 평화를 위한 교육은 주로 정치·안보적 관점에서 남북한 통일과 같은 국가·사회적인 거대 담론을 중심으로 접근되었다. 반면에 사람 사이의 관계, 공감, 존엄, 책임과 같은 인간적 차원의 문제는 상대적으로 소홀히 다루어져 왔다. 그 결과 많은 사람들이 평화를 남북문제나 정치적 담론으로만 인식하거나 일상적 실천과는 동떨어진 추상적 개념으로 이해하기도 한다. 따라서 오늘날 한반도 평화교육은 '어떤 인간을 양성할 것인가'에 대한 본질적인 물음과 함께 교육의 방향을 인간화(humanization)의 관점에서 재정립할 필요가 있다.

이러한 문제의식을 바탕으로 이 글에서 제시하는 한반도 평화교육의 새로운 인간상이 바로 '호모 후마니타스(Homo humánĭtas)'이다. '호모 후마니타스'는 라틴어 'homo(인간)'와 'humánĭtas(인간성, 인류애)'를 결합하여 만든 합성어로, 문자 그대로 '인간다운 인간' 또는 '인류애를 지닌 인간'을 의미한다. 다시 말해서, '호모 후마니타스'는 인간다움(humanitas)과 인류애(humanity)를 내면화하고 이를 실천하며 살아가는 존재를 의미한다.

특히 '호모 후마니타스'는 단순한 시민적 주체를 넘어서, 인간 존재의 윤리적·정서적 성숙을 강조하며 궁극적으로는 인간화의 과정을 중심에 둔 교육적 이상을 제안한다는 점에서 통일교육이나 세계시민교육, 평화교육에서 사용되던 인간상과 구분된다. 통일교육이 전통적으로 강조해온 인간상은 '통일 의지를 지닌 민주시민'이며 평화교육은 '비폭력적 갈등 해결 능력을 갖춘 시민' 또는 '세계시민'을 지향점으로 삼았다. 반면, '호모 후마니타스'는 이러한 특성을 통합하면서도 인간다움과 인류애의 내면화를 통해 타자의 고통에 능동적으로 연대하고, 정의와 평화를 실천하는 존재라는 점에서 전인적이고 실존적인 인간상을 제시한다. 따라서 '호모 후마니타스'는 기존 통일교육 또는 평화교육이 지향했던 인간성을 포괄하면서도 그 이상을 지향하는 상위개념이자 더 나아가 이를 구체화한 실천적 인간상이다.

한편, 동양 사상에서도 이와 유사한 개념들을 찾을 수 있다. 공자의 '인(仁)'은 진정한 인간다움을 의미하며 인간과 인간 사이의 사랑과 배려, 상호존중과 도덕적 수양을 중시하는 덕목이다(김병환 2020, 38-41). 맹자의 '측은지심(惻隱之心)'은 타인의 고통을 자신의 것처럼 느끼는 공감 능력을 강조하며 이는 도덕적 행위의 출발점이 된다(이범웅 외 2025, 20-22). 한국의 전통교육이념인 '홍익인간(弘益人間)' 역시 개인의 이익을 넘어 인류 전체의 이익을 추구하는 이타적 인간상을 제시한다.

또한 '호모 후마니타스'는 유네스코의 세계시민교육이 추구하는 이상적 인간상과도 맥을 같이 한다. '호모 후마니타스'는 민족과 국경, 이념의 경계를 넘어서는 인간애(humanitas)의 구현자이며 이는 곧 세계시민교육의 핵심 가치이기도 하다. 즉, '호모 후마니타스'는 한반도의 특수한 분단 상황을 넘어 인류 보편의 문제를 함께 고민하고 해결할 수 있는 윤리적 시민, 곧 '글로벌 평화시민'의 이상형이다. 더불어 가톨릭 사회교리의 맥락에서도 '호모 후마니타스'는 평화의 핵심 조건으로 제시되는 인간 존엄과 형제애, 공동선, 보편적 연대와도 깊은 친화성을 지닌다. 이러한 점에서 '호모 후마니타스'는 인류 보편의 철학적·사상적 유산을 집약한 이상적 인간상으로서 오늘날 한반도 평화교육이 지향해야 할 핵심 개념이라 할 수 있다.

한반도라는 특수한 갈등 구조 속에서 '호모 후마니타스'가 요청되는 이유를 정리해 보면 다음과 같다. 첫째, 이 개념은 동서양의 인문학적 전통과 현대 평화학의 성과를 통합하여 보편적 호소력을 지닌다. 둘째, 한반도 분단의 특수한 상황을 인류 보편의 평화 과제와 연결시킬 수 있는 개념적 틀을 제공한다. 한반도 분단은 단지 국경의 분단이 아니라 사람과 사람, 기억과 정체성, 역사와 문화의 단절이라는 총체적 파열의 상태이다. 이 상황에서 평화는 인간관계의 회복, 상호이해와 치유의 과정을 통해 실현되어야 하며 이는 곧 평화적 인간상인 '호모 후마니타스'를 통해 가능하다. 셋째, 오늘날 한국 사회 내부에도 지역, 세대, 계층, 이념, 젠더, 이주 등의 문제로 인해 다중적 갈등이 심화되고 있다. '한반도 평화'는 더 이상 남북한의 문제만이 아니라 우리 사회 안의 폭력과 혐오, 배제와 차별을 넘어서려는 성찰과 실천의 문제이기도 하다. '호모 후마니타스'는 이러한 복합적 갈등 상황에서 타자에 대한 이해와 공감, 비폭력적 소통, 공동선 추구의 태도를 지닌 평화 시민으로서의 자질을 갖춘 인간상이다.

더 나아가 '호모 후마니타스'는 기존 통일교육과 평화교육의 다음과 같은 결핍을 보완할 수 있다. 첫째, 기존의 통일교육은 주로 통일을 달성하기 위한 수단적 관점에서 접근되어 통일 이후 함께 살아갈 인간의 내적 준비에 대해서는 상대적으로 소홀했던 측면이 있다. '호모 후마니타스' 개념은 통일을 위한 교육이 아니라 통일된 공동체에서 함께 살아갈 인간을 기르는 교육으로 방향을 전환함으로써 통일교육을 수단적 접근에서 존재론적 접근으로 전환시킬 수 있다. 둘째, 기존의 통일교육은 분단으로 인한 상처, 이념 갈등, 세대 간 인식 차이 등의 민감한 문제들을 직접적으로 다루기보다는 회피하거나 추상적으로 접근하는 경향이 있었다. '호모 후마니타스' 개념은 회복적 정의와 용서 교육을 통해 분단의 상처를 직면하고 치유하는 과정을 교육에 포함시킴으로써 기존 교육이 회피했던 갈등적 요소들을 건설적으로 다루는 방안을 제공할 수 있다. 셋째, 기존의 평화교육은 사회적·정치적 차원의 평화에 집중하면서 개인의 내면적 평화, 관계적 평화, 일상적 평화 등 개인적 차원의 평화에 상대적으로 소홀했던 측면이 있다. '호모 후마니타스' 개념은 사랑, 대화, 연대와 같은 일상적 덕목들을 평화교육의 핵심 내용으로 포함시킴으로써 일상 속에서 실천 가능한 평화의 구체적 방법들을 제시한다.

이제 한반도에서 평화를 준비하는 교육은 분단과 이념, 혐오와 무관심을 넘어서 인간다움을 회복하는 과정이어야 한다. 평화를 가르치는 것이 아니라 평화를 '살아내는' 인간을 길러내는 것, 바로 그것이 한반도 평화교육이 수행해야 할 가장 중요한 역할과 과제이며 '호모 후마니타스'는 그 여정을 이끄는 핵심 인간상이다. 그러므로 한반도 평화교육은 '호모 후마니타스'라는 새로운 인간상을 중심으로 재구성되어야 한다. '호모 후마니타스'는 한반도 평화교육이 지향해야 할 궁극적 목표이자 한반도 평화의 미래를 열어갈 주체적 존재이다. 따라서 한반도 평화교육이 지향해야 할 방향은 우리 사회 안에 더 많은 '호모 후마니타스' 즉, 인류애를 지닌 인간을 양성하는 것이다(차승주 2021, 177-178).

2) '호모 후마니타스'의 특성과 역량

오늘날 평화교육은 단순한 정보 습득이나 반전(反戰) 의식의 고취를 넘어서 평화를 능동적으로 구축할 수 있는 인간됨(humanness)의 회복과 인간 사이의 존엄한 관계 형성을 중심 과제로 삼아야 한다. 특히 분단이라는 비정상적 현실 속에서 살아온 한반도는 인간성 회복을 통한 사회 통합과 평화공존이라는 시대적 요청에 오랜 시간 직면해 왔다. 이러한 요청에 부응하는 새로운 인간상으로서 이 글에서 제안하는 '호모 후마니타스'는 단순히 평화를 선호하는 인간을 지칭하는 것이 아니라 평화의 적극적 창조자로서 인간의 존엄과 타자의 고통에 대한 감수성을 지니고 평화 구축을 위한 연대를 실천하는 존재로서의 인간을 의미한다. 즉, '호모 후마니타스'는 인류애와 인간다움의 핵심 가치를 체화할 수 있는 지적·정서적·실천적 역량을 갖춘 통합적 인간상이다.

인류애는 그리스도교에서 강조하는 이웃 사랑, 즉 형제애와 다르지 않다. 그리스도교는 하느님께 대한 사랑과 이웃에 대한 사랑이 불가분의 관계에 있다는 점을 강조한다. 따라서 이웃 사랑이나 형제애는 단순한 인간적 감정이 아니라 하느님을 사랑하는 행위로서 종교적인 성격을 띤다(차승주 2023, 116). 다시 말해서 인간은 형제적인 이웃 사랑을 실천함으로써 자기를 먼저 사랑해준 하느님의 사랑에 보답하고 인간에 대한 예수 그리스도의 사랑을 실천하는 참된 제자라는 사실도 보여주게 되는 것이다(한국가톨릭대사전 편찬 위원회 2001, 5603). 평화교육의 맥락에서 이러한 형제애는 적대와 갈등을 넘어서는 화해와 용서의 실천으로 구현된다. 교황 프란치스코는 「제47차 세계 평화의 날 담화(2014년)」를 통해 "형제애가 자유와 정의 사이에, 개인적 책임과 연대 사이에, 개인의 선익과 공동선 사이에 균형을 잡아 주기 때문"에 형제애가 사회적 평화를 낳는다고 역설했다(한국천주교주교회의·한국천주교중앙협의회 홈페이지).

불교의 자비(慈悲) 개념 역시 '호모 후마니타스'의 핵심 특성을 보여준다. 자비는 기본적으로 타인에 대한 배려, 보다 구체적으로 "타자에 대한 공감에 기반한 관심과 배려의 눈길 및 손길"을 의미한다(차승주 2023, 117). 평화교육의 관점에서 자비는 폭력의 순환을 끊고 평화를 창조하는 적극적 힘이다. 타인의 고통에 공감하면서 그의 필요와 요청에 기꺼이 임하고자 하는 마음과 실천이 곧 평화 구축의 출발점이다. 따라서 자비는 타자의 고통에 직접적으로 공감하면서 그것을 덜어주고자 하는 평화적 실천으로 구체화된다. 이러한 자비는 타자를 향한 것임과 동시에 나 자신을 향한 것이고, 세상에 존재하는 모든 것들을 향한 것이기도 하다(진교훈·박찬구 외 2020,

76-77, 82-84). 또한 자비는 적과 아군을 구분하지 않는 무차별적 연민으로서 분단 상황에서 특히 중요한 평화적 덕성이다.

그렇다면 '호모 후마니타스'가 갖추어야 할 구체적인 역량은 무엇일까? '호모 후마니타스'는 단지 추상적 이상이 아니라 실질적인 교육을 통해 형성되고 길러질 수 있는 구체적 역량을 지닌 인간상이어야 한다. 이에 '호모 후마니타스'에게 요구되는 역량을 〈그림 1〉과 같이 세 가지 범주, 즉 인지적 역량, 정의적 역량, 행동적 역량을 중심으로 제시해 보고자 한다.

〈그림 1〉 '호모 후마니타스'가 갖추어야 할 구체적 역량

'호모 후마니타스'가 갖추어야 할 첫 번째 역량은 평화, 정의, 인권 등의 보편적 가치를 인식하고 사회적 불평등, 분단, 갈등의 구조적 원인 등에 대해 비판적으로 사고하는 능력이다. 즉, 평화를 성찰하는 지적 능력이다. '호모 후마니타스'는 무엇보다 한반도의 현실, 분단과 갈등의 구조, 역사적 맥락, 인간의 존엄에 대한 통합적 인식을 갖추어야 한다. 이들에게 요구되는 인지적 역량은 단지 정보나 지식을 습득하는 것이 아니라 평화와 폭력, 갈등과 연대, 차별과 존엄이라는 개념을 비판적으로 사고하고 성찰할 수 있는 능력이다. 또한 평화와 갈등에 대한 정보를 비판적으로 분석하고 평가할 수 있는 미디어 리터러시 역시 '호모 후마니타스'에게 요구되는 중요한 인지적 역량이다. 이는 미디어를 통해 제공되는 지식과 정보에 대한 올바른 수용과 활용, 확증 편향과 필터 버블(Filter Bubble)을 가려낼 지

혜와 안목, 인지 편향을 극복하고 균형 잡힌 시각으로 세상을 조망할 수 있는 합리적 능력을 의미한다(정석환 2025, 13). 특히 분단 상황에서는 상대방에 대한 편향되고 왜곡된 정보나 선전이 많기 때문에 이를 비판적으로 성찰할 수 있는 능력이 더욱 중요하다. 이는 '호모 후마니타스'가 이성적 성찰과 숙고를 통해 평화를 구축해 나가는 존재여야 함을 의미한다.

두 번째 역량은 타자의 고통에 공감하고 연대할 수 있는 정의적(情意的) 감수성이다. 이는 '호모 후마니타스'가 단순히 지식으로 무장된 존재가 아니라 타인의 고통을 느끼고 함께 아파할 수 있는 평화적 감수성을 지닌 존재임을 강조하는 부분이다. 이 역량은 평화 구축 과정에서의 화해와 치유, 갈등 해결, 문화 간 이해를 위한 필수적 자질이기도 하다. 특히 공감 능력은 다른 사람의 감정과 경험을 자신의 것처럼 느끼고 이해할 수 있는 능력으로 이는 단순한 동정이나 연민을 넘어 상대방의 입장에서 세상을 바라보고 그들의 감정을 공유하는 깊은 수준의 이해를 의미한다. 한반도의 현실에서 이 공감 능력은 남북한 주민 간의 심리적 거리감을 극복하고 전쟁과 폭력의 상처를 기억하고 성찰하며 '우리'와 '타자' 사이의 이질감을 연대와 이해로 전환하는 데 결정적 역할을 할 수 있다. 북한 주민의 삶, 이산가족과 실향민의 아픔, 북한이탈주민과 이주민에 대한 차별과 배제, 사회 전반에 만연한 군사주의로 인한 폭력 등을 나와 무관한 문제가 아닌 공동체적 고통의 일부로 받아들일 수 있는 마음, 바로 이것이 '호모 후마니타스'가 지닌 정의적 감수성이다. '호모 후마니타스'의 정의적 역량에는 갈등 상황에서도 상대방의 인간적 존엄을 인정하고 존중할 수 있는 인권 감수성 또한 포함된다. 이는 적대적 관계에서도 상대방을 악마화하지 않고 인간으로 대할 수 있는 능력으로 평화 구축의 핵심적인 정서적 기반이다. '호모 후마니타스'는 바로 이런 사랑과 공감의 인간상이며 평화를 추구하는 인간이다.

'호모 후마니타스'의 마지막 역량은 평화를 실현하는 양심으로서의 평화적 행동 역량이다. 이는 자신이 인식한 가치와 감정적 공감을 바탕으로 평화적인 사회 변화와 갈등의 평화적 해결에 능동적으로 참여하는 태도와 기술이다. '호모 후마니타스'는 사회적 약자와 연대하고 갈등을 비폭력적으로 해결하며 공동체적 책임을 실천할 수 있는 행동적 역량을 지닌 존재이다. 보다 구체적으로 비폭력적 대화와 갈등 해결 능력, 평화 구현을 위한 참여와 실천 능력을 생각해 볼 수 있다. 먼저 비폭력적 대화와 갈등 해결 능력은 '호모 후마니타스'의 핵심적인 행동적 역량이다. 진정한 대화는 단순한 정보 교환을 넘어 상호이해와 관계 형성을 목표로 하는 소통이다. 평화교육에서 이러한 소통 능력은 특히 중요하다. 갈등 당사자들이 만났을 때 효과적으로 소통할 수 있는 능력, 갈등 상황에서 대화를 통해 해결점을 찾는 능력, 그리고 적대적 관계를 협력적 관계로 전환시키는 능력 등이 모두 필요하다. 다음으로 참여와 실천 능력은 개인적 성찰과 학습을 평화 실현을 위한 구체적 실천 활동으로 연결시키는 능력이다. 이는 이주민과 난민 지원, 평화 캠페인 참여, 국제 평화 활동 참여, 지역사회 갈등 조정 등 다양한 형태로 구현될 수 있다. 행동하고 실천하는 시민으로서의 '호모 후마니타스'는 삶의 현장에서 다양한 방식으로 평화의 주체로 참여하며 침묵하거나 방관하는 대신 사랑에 기초한 사회적 개입을 용기 있게 선택하는 존재이다. 이러한 평화적 행동 역량은 민주시민의 핵심적인 덕성이기도 하며 공동체 구성원으로서 시민들이 자기를 정립하고 행동하는 데 결정적 역할을 한다.

'호모 후마니타스'에게 요구되는 이와 같은 인지적, 정의적, 행동적 역량들은 각각 독립적으로 존재하는 것이 아니라 상호 연관되고 통합되어야 한다. '호모 후마니타스'는 이러한 역량들이 조화롭게 발달한 전인적 인간으로 인류애를 바탕으로 평화로운 세상을 만들어가는 데 기여하는 사람이다. 한반도 평화교육이 미래 세대에게 의미 있는 교육으로 남기 위해서는 인간의 본성과 존엄, 보편적 가치에 대한 통합적 교육으로 전환되어야 하며 '호모 후마니타스'는 그 전환의 핵심을 이루는 개념이라고 할 수 있다. 평화는 교육을 통해 배우는 것이 아니라 이러한 인간을 통해 살아지는 것이며 따라서 한반도 평화교육의 목표는 바로 '호모 후마니타스'를 길러내는 것이어야 한다.

3. '호모 후마니타스' 양성을 위한 교육 내용

1) 사랑: 공동체적 인간성의 회복을 위한 감성 교육

한반도의 평화는 단지 적대의 중단이나 평화협정의 체결 또는 제도적 통합이나 법의 제정으로 실현되는 것이 아니다. 교황 바오로 6세는 「제4차 세계 평화의 날 담화(1971년)」를 통해 "사랑과 평화는 서로 깊이 관련되어 있습니다. 평화는 사랑의 결과요, 참다운 사랑, 인간다운 사랑의 결과"라고 설파했다(한국천주교주교회의·한국천주교중앙협의회 홈페이지). 한반도의 평화 역시 서로를 존엄한 존재로 바라보는 인간적 관계의 회복, 즉 사랑에 기초한 감성적 전환을 통해 가능해진다. 이러한 감성적 전환은 정치적 선언이나 법·제도만으로는 이루어질 수 없다. 그것은 교육을 통해 배워야 할 마음의 기술이자 관계적 윤리로서의 사랑을 통해서 비로소 가능하다. 이때의 사랑은 특정 대상에 대한 감정적 애착이 아니라 차이를 넘어 타자를 환대하고 공동체 전체의 안녕을 추구하려는 윤리적 결단이며 이는 '호모 후마니타스'가 지닌 실존적 핵심이다.

'호모 후마니타스'가 추구하는 사랑은 그리스도교적 의미에서의 아가페

(agape)적 사랑[1], 즉 무조건적이고 보편적인 사랑으로 이해될 수 있다. 아가페는 근본적으로 그리스도 안에서 드러난 자애로운 사랑, 인간을 위한 하느님의 자비와 사랑, 하느님에 대한 인간의 사랑, 인간 상호 간의 자선과 사랑 등을 뜻한다. 더 나아가 아가페는 자기 자신보다는 상대방과 상대방의 이익을 추구하고 자기 자신이 상대방을 위해 무엇을 해주는 사랑을 의미한다(한국가톨릭대사전 편찬 위원회 2001, 5603). 아가페(agape)적 사랑은 분단과 갈등, 혐오와 배제를 반복해 온 한반도에서 타자에 대한 근본적인 인식의 전환을 요구한다. 여기에는 북한 주민을 단순히 '적'이나 '이질적 존재'로 규정하는 것이 아니라 '동등한 인간'으로 받아들이는 인식의 전환도 포함된다. 이러한 사랑은 본질적으로 관계적 감정이자 윤리적 실천이다. 따라서 사랑은 과거의 피해와 상처를 넘어 다시 관계를 열고자 하는 용기이기도 하다. 또한 사랑은 단순한 감정이 아니라 고통받는 이웃의 현실에 눈뜨고 차별과 억압에 저항하며 평화를 위한 행동으로 이끄는 정치적·사회적 윤리의 출발점이다.

오늘날 우리 사회에서 '사랑'이라는 개념은 평화교육에서 종종 간과되거나 추상적인 미덕으로만 다루어진다. 그러나 사랑은 분단과 전쟁, 이념 대립 속에서 상대방을 적대적 타자나 공포의 대상으로 규정해 온 '분단의 마음'을 뿌리째 흔들 수 있는 가장 강력한 윤리적 감정이다. 사랑은 대립을 넘어 공동의 인간성을 확인하고 관계를 재구축하게 하는 감정적 원천이며 평화 공동체를 상상하고 실천할 수 있는 바탕이 된다. 남북한 공동체가 실질적 통합과 화해를 이루기 위해서는 구성원 간의 정서적 신뢰와 상호이해, 즉 사랑의 회복이 전제되어야 한다. 사랑은 단순히 지고의 미덕이

---

1 일반적으로 하느님의 사랑을 뜻하기 위해 폭넓게 사용되어 온 아가페(agape)는 『신약성서』의 핵심 단어이다. 아가페(agape)는 하느님으로부터 오는 무조건적이며 일반적인 사랑이자 그러한 사랑의 참여이다. 이처럼 신적·은총적 사랑을 의미하는 아가페(agape)는 하느님의 사랑에 참여하는 그리스도교적 의미를 가진 사랑의 표현이다(진교훈·박찬구 외 2020, 462-464).

아니라 용기, 신앙, 희망, 용서와 같은 다른 모든 것들이 그로부터 영감을 얻고 그것으로 충만해야만 진정 가치를 얻을 수 있는 최고의 현실적 탁월함이기 때문이다(사이먼 메이 2016, 164).

'호모 후마니타스'는 바로 이러한 사랑의 역량을 지닌 인간이다. 사랑은 타자의 고통에 무감각해진 공동체를 깨우고 경계와 분열을 넘는 연대의 토대를 만들 수 있다. 북한이탈주민, 이산가족, 군 복무 중 상흔을 입은 이들, 시대를 초월한 전쟁의 기억을 안고 사는 노년층, 심지어 적대적 정권에 사는 사람들에 이르기까지 그 누구도 사랑의 대상에서 제외되어서는 안 된다. 또한 사랑은 한국 사회 내부의 난민, 이주민, 소수자, 빈곤계층, 사회적 약자에게도 적용될 수 있다. 한반도 평화교육은 이처럼 보편적 환대와 인권 감수성을 길러내는 사랑의 교육이 되어야 한다. 따라서 한반도 평화교육은 사랑을 교육 내용에 적극 포함해야 한다.

사랑은 덕으로서 교육과 훈련을 통해 키울 수 있다. 이를 위해 먼저 세상을 다른 사람의 관점에서 바라보는 훈련이 필요하다(YOUCAT재단 2016, 28). 그러므로 사랑의 교육은 우선 공감 능력을 키우는 데 집중해야 한다. 공감은 단지 타인의 감정을 이해하는 능력을 넘어서 그의 고통을 나의 문제로 받아들이고 함께 아파할 수 있는 윤리적 감수성이다. 예컨대, 북한 주민들이 겪는 고통, 북한이탈주민과 이주민의 어려움, 전쟁 및 분단 폭력 피해자의 트라우마, 군 복무 중의 불합리한 폭력, 사회적 약자와 소수자가 겪는 편견과 배제 등은 과거의 일이나 남의 일이 아니라 우리 사회에서 현재 진행 중인 우리 모두의 일이며 그에 공감할 수 있을 때 비로소 진정한 평화의 감각이 깨어날 수 있다. 이를 위해 한반도 평화교육은 구체적 사례와 체험 중심의 학습 방법을 활용할 수 있다. 예를 들어, 북한이탈주민의 증언, 전쟁 및 분단 폭력 피해자의 구술사, 이산가족 상봉 영상, DMZ 평화기행 등을 통해 타자의 이야기를 경청하고 마음으로 이해하는 장을 마련해야 한다. 이때 단순한 정보 전달이 아닌 정서적 몰입과 내면의 울림을 유도하는 체험적 접근을 하는 것이 중요하다.

연대의식은 사랑의 교육이 추구하는 또 다른 핵심 가치이다. 연대는 개인적 차원의 공감을 넘어 집단적이고 사회적 차원의 결속과 협력을 의미한다. 연대는 우리가 '서로 다른 존재'임에도 불구하고 '함께 살아가야 한다'는 깨달음에서 시작된다. 분단 상황에서 연대의식은 남북한 주민들 간의 상호의존성과 공동 운명을 자각하는 과정이기도 하다. 이는 단순히 혈연이나 민족적 동질성에 기반한 연대가 아니라 평화라는 공동의 미래를 향한 의지와 책임감에 기반한 연대로 이러한 연대의식은 평화와 상생의 토대가 될 수 있다. 평화는 결코 홀로 추구할 수 없는 가치이며 사랑은 반드시 관계 속에서 실현된다. 따라서 서로에 대한 책임, 돌봄, 배려, 연대를 아우르는 사랑은 한반도 평화교육이 가르쳐야 할 핵심 주제이다.

진정한 평화는 사랑이라는 윤리적 감정 위에서만 가능하다. 사랑은 평화를 위한 정서적 기초이며 평화교육의 시작점이자 핵심 동력이 된다. 사랑의 교육은 또한 북한에 대한 공포, 혐오, 무관심 등을 감정적으로 해소함으로써 심리적 거리감을 감소시키고, 공동체 구성원 간의 신뢰를 형성하고 연대 의식을 고양시켜 사회 통합의 기반을 구축할 수 있다. 뿐만 아니라 문화적 차이와 갈등을 포용할 수 있는 역량을 강화할 수 있다는 점에서 통일역량 함양에도 기여할 수 있다. '호모 후마니타스'는 바로 이 사랑의 감각을 지닌 인간이며 그 사랑은 더불어 사는 공동체를 재건하는 가장 실질적이고 강력한 평화의 기반이 된다. 따라서 사랑의 교육은 '호모 후마니타스'가 지향하는 통합적 인간성의 핵심축이며 평화교육의 핵심 내용이 되어야 한다.

2) 회복적 정의와 용서: 상처와 적대의 구조를 넘어서는 윤리적 성찰 교육

한반도의 분단과 한국전쟁은 오랜 시간 동안 많은 사람들에게 삶과 삶, 기억과 기억, 감정과 감정 사이의 깊은 상처를 남겼다. 그리고 그 상처는 지금도 개인과 공동체의 기억, 감정, 제도 속에 깊이 각인되어 있다. 남북의 이념적 갈등과 전쟁의 비극은 수많은 가족의 해체, 고통, 공포, 침묵, 증오를 낳았고 이는 지금도 여전히 개인과 집단의 내면에 자리 잡고 있다. 이 상처는 피해와 가해, 이념과 증오, 침묵과 왜곡의 복합적 양상으로 현재까지 이어지고 있기에 이를 치유하지 않고서는 참된 평화도 인간다운 공동체도 성립되기 어렵다. 따라서 한반도의 평화는 분단의 역사에서 비롯된 수많은 상처와 고통, 억압과 폭력의 기억을 공적 기억으로 성찰하고 이를 극복하는 과정 없이는 불가능하다.

이러한 관점에서 한반도 평화교육은 치유의 교육이 되어야 하며 이를 위해 회복적 정의(restorative justice)와 용서라는 개념을 중심에 둔 윤리적 성찰 교육을 실천해야 한다. 회복적 정의는 고통에 대한 응답이자 관계의 복원이며 공동체의 재건을 의미한다. 그것은 책임, 진실, 변화, 화해라는 가치를 중심으로 한 공동체 윤리로 단순히 처벌과 보복을 통한 정의 실현이 아닌 피해의 회복과 관계의 복원을 통한 정의 실현을 의미한다(문인철 2018, 38-52; 주윤정 2025, 223). 다시 말해서, 응보적 정의(retributive justice)가 불러오는 복수의 고리를 끊고 관계 회복과 공동체 치유를 지향하면서 새로운 대화를 시작하려는 인간적·교육적 시도이다. 이는 단지 남북 간의 관계에 국한되지 않고 한국 사회 내부의 다양한 갈등—지역, 세대, 젠더, 이념, 진영, 계층 간—을 조정하고 치유하는 데에도 적용될 수 있다.

한반도 분단 상황에서 정의와 용서의 문제는 특히 복잡하고 민감한 성격을 갖는다. 분단 과정에서 발생한 다양한 갈등과 상처, 전쟁의 참상, 이산가족의 고통, 상호 적대감 등은 모두 정의와 용서의 문제와 직결된다. 분단 상황에서 정의는 분단으로 인한 불의와 고통에 대한 올바른 인식과 책임 추궁을 의미하고, 용서는 과거의 상처와 원한을 극복하고 새로운 관계를 만들어가는 과정을 의미한다. 이 두 가치는 과거의 극복과 미래 지향적 화해를 동시에 추구하는 평화교육의 핵심 과제이기도 하다. 이러한 과제를 수행하기 위해서는 역사적 사실에 대한 객관적 인식과 함께 미래를 위한 용서와 화해의 의지가 필요하다.

따라서 회복적 정의를 위한 교육은 무엇보다 기억의 교육이어야 한다. 우리는 다음 세대에게 어떤 기억을 전승할 것인가? 전쟁과 폭력, 분단과 적대의 기억은 계속해서 반복되거나 왜곡되어 왔고 이는 미래세대의 평화적 감각을 무디게 하거나 혐오와 냉소를 재생산하는 데 기여했다. 평화교육은 이 기억을 복수와 증오의 동기로 사용하는 것이 아니라 공감과 화해, 치유의 기억으로 전환할 수 있도록 윤리적 사유를 제공해야 한다. 평화교육은 과거를 진실하게 기억하고 고통의 목소리에 귀 기울이며 상처를 공동체의 자산으로 전환할 수 있는 기억의 문화를 형성하는 작업이기도 하다. 예컨대, '한국전쟁을 어떻게 가르칠 것인가?'는 한반도 평화교육의 핵심 쟁점이자 중요한 과제이다. 이를 단순히 전투의 승패나 정치적 책임의 소재로 접근하기보다 개인의 아픔과 공동체의 회복이라는 관점에서 접근하는 것이 중요하다. 한국전쟁의 기억은 누군가에게는 국가의 영광일 수 있지만 또 다른 이에게는 가족의 상실이자 삶의 파괴이기 때문이다. 따라서 평화교육은 기억의 다성적(多聲的) 특성을 존중하고 정형화된 국가서사에서 벗어나 개별적 인간의 기억을 불러일으키고 존중할 수 있어야 한다.

용서의 교육은 이러한 기억의 작업 위에서 가능하다. 용서는 단순히 과거를 덮고 망각하는 것이 아니라 기억하면서도 새로운 미래를 선택하는 행위이다. 또한 용서는 상처의 진실을 마주한 뒤에도 관계를 다시 시작할 수 있는 인간의 위대한 능력이기도 하다. 이는 평화를 위한 고통스러운 결단이며 단지 개인적 미덕이 아니라 공동체의 정의와 화해를 위한 용기 있는 선택이기도 하다. 그런데 용서는 무조건적인 것이 아니다. 용서를 위해서는 진실, 책임, 성찰, 변화의 과정이 함께 따라야 하며 교육은 이 과정을 학습자가 경험하고 실천할 수 있도록 설계되어야 한다. 따라서 평화교육은 용서를 단지 개인적 미덕이 아닌 공동체 치유의 정치적·윤리적 행위로 교육해야 한다. 용서와 회복의 교육은 여러 방식으로 실시될 수 있다. 예를 들어, 북한이탈주민과의 대화, 이산가족 인터뷰 프로젝트, 기억의 연극 만들기, 전쟁 유적지 공동 탐방과 토론 등은 기억과 공감, 성찰과 용서를 연결하는 효과적인 교육 방법이 될 수 있다. 특히 이러한 활동이 세대 간, 지역 간, 계층 간, 성별 간, 진영 간을 아우르도록 구성된다면 평화교육은 치유와 화해의 장이 될 수 있다.

교황 요한 바오로 2세는 「제35차 세계 평화의 날 담화(2002년)」에서 "정의가 없으면 평화도 없고 용서가 없으면 정의도 없다"고 역설했다. "인간의 정의는 언제나 깨어지기 쉽고 불완전하며 개인과 집단의 이기주의와 한계에서 벗어나지 못하기 때문에 용서가 따라야 하며 용서를 통해서 완성"되어야 한다. "용서는 뒤틀린 인간관계를 근본부터 고쳐주고 다시 세워"줄 뿐만 아니라 "적대 행위의 잠정적인 중단을 훨씬 더 넘어서는 저 평화로운 질서로 이끌어주며 인간의 마음 속에 곪아 있는 상처를 밑바닥까지 치유"해주기 때문이다(한국천주교주교회의·한국천주교중앙협의회 홈페이지). 그러므로 회복적 정의와 용서는 '호모 후마니타스'가 감당해야 할 도덕적 책무이자 분열과 폭력의 기억을 미래의 평화 자산으로 전환할 수 있는 핵심 역량이다. 이처럼 '호모 후마니타스'는 단순히 관용하는 인간이 아니라 정의와 화해를 동시에 추구하며 공동체의 내적 치유에 기여하는 윤리적 실천자이다. 그들은 피해의 재현을 막기 위해 과거를 성찰하고 관계의 회복을 위해 용서를 선택하며 새로운 사회를 위해 화해의 길을 열어가는 존재이다. 따라서 한반도 평화교육은 회복적 정의와 용서를 통해 분단과 갈등의 기억을 직면하고 그 기억을 미래의 연대와 공동체 재건의 자산으로 전환하는 교육을 해야 한다. 이 두 가치의 교육을 통해 사회 구성원들은 평화공동체를 형성해 나가는 도덕적 주체로 성장할 수 있을 것이다.

3) 인권: 평화 구축의 토대로서 인권 감수성 교육

교황 요한 바오로 2세가 「제32차 세계 평화의 날 담화(1999년)」를 통해 선언한 바와 같이 "인권 존중은 참 평화의 비결"로 인권이 온전히 존중될 때 평화가 꽃필 수 있다(한국천주교주교회의·한국천주교중앙협의회 홈페이지). 평화와 인권은 불가분의 관계에 있다. 진정한 평화는 모든 인간의 존엄과 권리가 보장될 때만 가능하다. 한반도 평화교육에서 인권 교육은 단순히 권리에 대한 지식 전달을 넘어 인간 존엄에 대한 높은 감수성을 기르고 평화 구축의 필수 조건으로서 인권의 중요성을 체득하는 것을 목표로 한다. '호모 후마니타스'는 본질적으로 인권 감수성(human rights sensitivity)을 체화한 존재이며 모든 인간의 존엄을 인식하고 이를 보호하고 증진하기 위해 행동하는 평화의 주체이다. 인권 감수성은 폭력, 차별, 억압, 배제의 구조에 민감하게 반응하며 그 구조를 비판하고 전복할 수 있는 윤리적 역량으로서 한반도의 평화를 위한 교육에서 핵심적인 내용 요소가 되어야 한다.

인권에 대한 교육은 무엇보다도 그 보편성과 불가침성(universality and inalienability)에 대한 깊은 이해를 요구한다. 인권은 인간이기 때문에 갖는 천부적 권리로서 국적, 민족, 종교, 이념, 체제를 초월하여 모든 인간에게 동등하게 적용되는 보편적 가치이다(국가인권위원회 2020, 16-19). 한반도의 맥락에서 이는 남북한 주민 모두가 동등한 인간 존엄을 지닌 존재이며 체제나 이념의 차이와 무관하게 기본적 인권을 보장받아야 한다는 것을 의미한다. 또한 분단 상황에서는 인권이 국가의 통제 수단이나 정치적 선전 도구로 이용되기 쉽기 때문에 교육은 이를 보편적 관점에서 접근하고 이념의 경계를 넘어선 인권 감수성을 기르는 데 집중해야 한다. 따라서 한반도 평화교육은 학습자들이 인권의 이러한 보편성을 체득하고 분단과 갈등의 상황에서도 상대방의 인권을 존중할 수 있는 인권 감수성을 기를 수 있도록 해야 한다.

다음으로 북한 인권 문제에 대한 균형 있는 접근은 한반도 평화교육에서 특히 중요한 과제이다. 북한 주민의 참혹한 인권 현실에 침묵하거나 외면하는 태도는 인권의 보편성을 부정하는 것이며 동시에 평화의 진정성을 훼손하는 행위이다. 그러나 북한 인권 문제를 정치화하거나 체제 비판과 혼동하여 적대와 고립을 정당화하는 방식 역시 평화적 해결에 도움이 되지 않는다. 평화교육의 관점에서 북한 인권 문제는 다음과 같이 접근되어야 할 것이다. 첫째, 인권의 보편성 원칙에 따라 북한 주민들의 인권 상황을 객관적으로 이해하되 이를 체제 대결의 수단이 아닌 인간적 연대의 출발점으로 삼아야 한다. 둘째, 북한 인권 문제를 북한 주민들의 고통에 대한 공감과 연대의 관점에서 접근해야 한다. 이는 북한 주민들을 구조적 폭력의 피해자로 인식하고 그들의 인권 개선을 위해 평화적 방법을 모색하는 것을 의미한다. 셋째, 북한 인권 문제를 한반도 평화 과정과 연결하여 이해해야 한다. 지속 가능한 평화는 구조적 폭력의 해소와 인권 개선이 동반될 때 가능하며 따라서 인권 개선은 평화 구축의 필수 요소로 인식되어야 한다. 넷째, 인권 문제에 대한 일방적 비판을 넘어서 상호 성찰의 기회로 삼아야 한다. 남한사회 내부의 인권 문제들을 함께 성찰하고 인권 증진을 위한 공동의 노력을 모색하는 것이 필요하다. 한반도 평화교육은 북한 인권 문제를 고발이나 정죄가 아니라 대화와 치유의 관점에서 접근해야 한다.

또한 한반도 평화교육은 평화와 인권의 상호연관성을 명확히 가르쳐야 한다. 인권 보장은 평화의 전제 조건이자 결과이기도 하다(홍석훈 외 2020, 107-133; 서보혁 외 2024, 31-58). 진정한 평화는 다수의 평화가 아닌 모든 구성원의 평화이며 특히 사회적 약자와 소수자의 인권이 보장될 때 완성된다. 한반도 맥락에서 이는 북한이탈주민, 다문화 가족, 장애인, 성소수자, 경제적 약자 등 다양한 소수자와 약자들의 인권을 보호하고 증진하는 것을 의미한다. 평화교육은 학습자들이 이러한 소수자와 약자들의 처지를 이해하고 그들의 인권 보호를 위해 연대할 수 있는 감수성을 기르도록 해야 한다. 따라서 한반도 평화교육은 평화 구축을 위해서는 인권 증진이 필수적임을 인식하도록 해야 하며 인권을 침해하는 구조와 문화, 태도들을 비판적으로 분석하고 대안을 제시하는 활동을 포함해야 한다.

인권 교육의 구체적 내용으로는 다음과 같은 요소들이 포함되어야 한다. 첫째, 세계인권선언을 비롯한 국제 인권 규범에 대한 이해이다. 이는 인권의 보편성과 불가침성을 확인하고 인권 보호를 위한 국제적 노력을 이해하는 데 필요하다. 둘째, 일상 속 인권 감수성 기르기이다. 가족, 학교, 직장, 지역사회에서 발생할 수 있는 다양한 인권 침해 상황을 인식하고 이에 적절히 대응할 수 있는 능력을 기르는 것이다. 셋째, 인권 옹호를 위한 실천 방법 학습이다. 인권 침해 상황에서 피해자를 돕고 인권 증진을 위한 사회적 활동에 참여하는 구체적 방법을 배우는 것이다. 넷째, 평화적 갈등 해결과 인권의 관계 이해이다. 갈등 상황에서도 상대방의 인권을 존중하면서 평화적 해결책을 모색하는 방법을 학습하는 것이다.

이러한 교육을 통해 양성되는 '호모 후마니타스'는 모든 인간의 존엄을 이해하고 존중하는 인권 감수성을 체화한 평화의 주체이다. 이들은 자신의 인권뿐만 아니라 타인의 인권, 특히 약자와 소수자의 인권을 보호하고 증진하기 위해 적극적으로 행동한다. 또한 평화와 인권의 불가분적 관계를 이해하고 평화 구축 과정에서 인권 보장을 핵심 과제로 인식한다. 한반도 평화교육에서 인권 교육이 특히 중요한 이유는 분단 체제 자체가 하나의 구조적 인권 침해 상황이기 때문이다. 분단으로 인한 이산가족의 고통, 남북 주민들의 이동과 소통의 자유 제한, 상호 적대감으로 인한 심리적 폭력 등은 모두 인권 침해의 양상들이다. 평화교육은 이러한 구조적 인권 침해를 인식하고 이를 평화적으로 해결하기 위한 방안을 모색하는 과정이어야 한다. 따라서 인권 교육은 평화교육의 부차적 요소가 아니라 핵심 내용이어야 한다. 인권에 대한 감수성 없이는 진정한 평화 감수성을 기를 수 없으며 인권 보장 없이는 지속 가능한 평화를 구축할 수 없기 때문이다. 이러한 이유로 한반도 평화교육은 사랑, 회복적 정의와 용서와 함께 인권을 핵심 교육 내용으로 포함해야 하며 이를 통해 '호모 후마니타스'를 길러내야 할 것이다.

4. '호모 후마니타스' 양성을 위한 교육 방법

1) 대화 교육

오늘날 한반도는 대화의 단절 속에 놓여 있다. 남북 간의 대화도 중단되었고 정치적 담론은 진영 논리 속에 갇혀 있으며 시민사회 내부에서도 공적 담론은 혐오, 비방, 조롱의 방식으로 쉽게 전락하곤 한다. 세대 간, 계층 간, 성별 간, 종교 간 대화도 점점 더 난망한 상황이다. 더욱이 디지털 미디어 환경 속에서 대화는 축약되고 편향되며 깊은 이해보다는 빠른 반응이 강조되고 있다. 이와 같은 현실 속에서 평화교육은 대화를 가르치고 또 대화를 통해 가르쳐야 한다. 대화는 평화의 기술이며 타인을 설득하거나 통제하기 위한 기술이 아니라 타자의 존재를 존중하고 경청하며 함께 살아가는 방식을 학습하는 윤리적 실천이다.

대화는 이념, 세대, 지역, 역사적 경험의 차이를 넘어 상호이해를 증진시키고 상호 공감대를 형성하는 평화를 위한 중요한 수단이다. 우리는 오직 '대화의 삶'을 지속함으로써 도덕적 가치, 사회정의, 자유 그리고 평화를 지키고 촉진하기 위해 서로 협력할 수 있다(오스왈드 그라시아스 추기경 2018, 17-19). 한반도 평화교육에서 대화가 갖는 특별한 의미는 분단으로 인한 상호 소외와 적대감을 극복하는 치유적 기능에 있다. 분단은 물리적 분리뿐만 아니라 심리적·정신적 분리를 가져왔으며 이로 인해 남북한 주민들은 서로에 대해 편향되고 왜곡된 인식을 갖게 되었다. 대화는 이러한 왜곡된 인식을 교정하고 상대방의 실제 모습을 이해하게 하는 역할을 한다. 또한 대화는 과거의 상처와 갈등을 치유하고 미래를 향한 새로운 관계를 구축하는 기반이 된다.

효과적인 대화를 위해서는 무엇보다 경청의 기술이 필요하다. 경청은 단순히 상대방의 말을 듣는 것이 아니라 상대방의 입장과 감정, 말 속에 숨겨진 진정한 의미를 이해하려고 노력하는 적극적인 과정이다. 대화는 말하는 방식이 아니라 '듣는 방식'이다. 평화교육은 학습자가 타자의 목소리에 귀를 기울이고 그들의 삶과 언어 속에 담긴 고통과 희망을 해석하려는 감수성을 키우는 장이어야 한다. 남북한 관계에서 경청은 특히 중요한데, 왜냐하면 같은 말이라도 서로 다른 문화적 맥락에서 다르게 해석될 수 있기 때문이다. 이에 더해 상대방의 감정과 처지를 이해하고 공감하면서 소통하는 기술, 갈등 상황에서 상대방을 비난하거나 공격하지 않으면서도 자신의 입장과 요구를 명확하게 전달하는 비폭력적 소통 기술, 서로 다른 문화적 배경을 가진 사람들과 문화적 차이를 고려하며 소통하는 문화 간 소통 기술도 필요하다. 이처럼 진정한 대화는 다른 이들의 관점을 존중하는 능력을 전제로 한다(교황 프란치스코 2021, 143).

통일교육 현장에서 이미 널리 활용되고 있지만 북한이탈주민과의 직접 대화는 평화교육에서도 효과적인 방법 중 하나이다. 이들과의 대화를 통해 북한사회의 실상을 생생하게 이해하고 통일 과정에서 예상되는 다양한 문제들을 미리 체험해 볼 수 있다. 세대 간 대화 또한 평화교육에서 매우 중요한 방법이다. 분단 경험과 평화에 대한 인식이 세대별로 다르기 때문에 세대 간 대화를 통해 서로의 경험과 관점을 이해하고 통합적 인식을 형성할 수 있다. 국제적 대화와 교류도 중요한데 한반도 평화는 동북아시아 및 세계 평화와 밀접한 관련이 있기 때문이다. 특히 한반도 평화에 역사적 이해관계를 갖고 있거나 분단이나 갈등을 경험한 국가 출신 사람들과의 대화는 한반도 평화에 대한 소중한 교훈을 제공할 수 있다. 지역 기반 대화 공동체의 구축도 실천해 볼 수 있는 방법이다. 지방자치단체, 종교계, 지역 시민단체, 대학 등과 연계하여 지역사회 구성원을 위한 대화모임을 지속적으로 운영하는 것이다. 대화 주제는 지역사회의 현안부터 북한, 전쟁, 이주, 기후와 평화, 세대 간 갈등에 이르기까지 다양할 수 있고 시민들이 타인의 삶에 귀 기울이는 생활 속 대화를 체험할 수 있도록 유도하는 것이 중요하다. 마지막으로 종교 간 대화를 통해 차이와 타자를 수용하는 연습의 장을 마련하는 방법도 있다. 가톨릭, 개신교, 불교, 이슬람 등 다양한 종교 지도자와 신도들이 각 종교의 평화 사상을 나누고 한반도 평화를 위한 종교 간 협력 방안을 모색하는 과정에서 학습자는 세계시민적 감각과 '공존의 영성'을 습득할 수 있다.

이와 같은 다양한 대화 교육 방법들은 '호모 후마니타스'가 갖추어야 할 소통 능력, 공감 능력, 갈등 해결 능력을 실질적으로 기를 수 있게 한다. 대화를 통해 형성된 상호이해와 신뢰는 평화 구축의 든든한 토대가 되며 이는 한반도 평화뿐만 아니라 지역사회와 세계 평화에도 기여할 수 있을 것이다. 중요한 것은 이러한 대화가 일회성 이벤트가 아닌 지속적인 과정으로 이어져야 한다는 점이다. 정기적이고 체계적인 대화 프로그램을 통해 시민들의 대화 역량을 지속적으로 함양하고 평화 공동체의 토대를 단단히 다져나가야 할 것이다. 따라서 대화 교육은 단지 하나의 방법론이 아니라 한반도 평화교육의 기저를 이루는 원리로 작동해야 한다. 사랑과 인권, 용서와 정의, 연대와 실천 모두는 대화를 통해 구현되고 심화될 수 있기 때문이다.

2) 연대 교육

한반도의 분단 현실은 연대의 위기를 낳았다. 남과 북의 시민은 서로를 경쟁자이자 위협으로 인식하며 사회 내부에서도 이주민, 북한이탈주민, 사회적 약자에 대한 혐오와 배제가 광범위하게 존재한다. 각자도생과 생존의 논리가 공동체의식을 무디게 만들고 나눔의 윤리를 날이 갈수록 약화시키고 있다. 이에 연대성을 회복하고 강화하는 것이 시민들의 평화로운 일상을 지키기 위해서뿐만 아니라 한국 사회의 건강하고 지속적인 발전을 위해서도 무엇보다 시급한 과제가 되었다(강수택 2012, 25). '호모 후마니타스'는 타인의 상처와 폭력 앞에서 외면하지 않는 존재이다. 그렇기에 평화교육은 구조적 폭력에 맞서 함께 목소리를 내고 고통받는 이들과 함께 행동하는 도덕적 용기인 '연대'의 훈련을 교육의 중심에 두어야 한다. 타자에 대한 책임감과 연대 의식은 바로 '호모 후마니타스'의 핵심 특성이기도 하다.

연대(solidarity)는 상호 간의 동등성과 호혜성을 전제로 공동의 목표나 이익을 위해 서로 협력하고 지지하는 것을 의미한다. 또한 연대는 타인의 고통에 책임을 느끼는 윤리적 감각이다. 그렇기에 연대는 갈등과 분쟁이 가져오는 부정적 결과를 막기 위한 개인적 혹은 공적 활동을 요구하고 더 나아가 그러한 갈등과 분쟁의 발생 자체를 막는 길을 찾아내려는 성찰과 노력도 포함한다(교황 프란치스코 2019, 112-113). 교황 요한 바오로 2세는 1987년에 발표한 회칙 「사회적 관심(Sollicitudo rei socialis)」을 통해 연대를 "도덕적이며 사회적인 태도이자 '덕'"으로 규정했다. 회칙에 따르면 연대는 "'공동선'을 위해 진력하겠다는, 즉 우리는 모두에게 책임이 있기 때문에 만인과 각자의 선을 위해 진력하겠다는 굳건하고 지속적인 결단"이다. 이러한 연대는 무엇보다도 인간의 존엄성을 전제로 하기 때문에 타인이나 다른 민족 혹은 다른 국가를 우리와 동등한 사람, 조력자, 그리고 이웃으로 여기게 하는 데 도움을 준다. 그래서 요한 바오로 2세는 이 회칙에서 연대가 평화에 이르는 길이자 동시에 발전에 이르는 길이라고 주장했다(강수택 2012, 172-179). 이를 한반도 평화라는 과제에 적용시키면 연대는 한반도 평화와 동북아 평화라는 공동의 목표이자 일반적인 복지를 위해 개인·사회·국가가 함께 노력하는 것으로 이해할 수 있다.

남북한 관계에서 연대는 특별한 의미를 갖는다. 분단으로 인해 물리적으로 분리된 남북한 주민들이 정신적·정서적으로 다시 연결되는 과정이 바로 연대이다. 또한 연대는 분단으로 인해 단절된 관계를 회복하고 약자와 주변인을 돌보는 문화이다. 이러한 연대는 혈연적·민족적 연대를 넘어서 인간적·윤리적 연대로 발전해야 하며 일방적 지원이나 동정이 아닌 상호적이고 호혜적인 관계를 기반으로 모색되어야 한다. 그러므로 한반도 평화와 통일이라는 공동선을 구현하기 위해서는 국내외의 동료 시민들과 연대하여 함께 성찰하고 실천할 수 있는 기회를 가지는 것이 중요하다. 더 나아가 한반도를 넘어 세계 평화라는 인류의 공동선을 위하여 연대할 수 있는 시민적 덕성을 함양하고 교육을 통해 연대의 경험을 제공하는 것이 필요하다.

따라서 평화교육은 연대를 통해 사회 구성원들이 '함께 사는 존재'로서 자각할 수 있도록 유도해야 한다. 연대 교육은 학습자들에게 자기 중심성을 넘어 타자와 사회를 바라보는 윤리적 시야를 함양하며 향후 한반도 평화 공동체 구성에 필요한 '사회적 결속력'을 형성하는 데 핵심적 역할을 할 수 있다. 또한 연대 교육은 사회 구성원들의 연대성을 함양하여 갈등을 줄이고 통합과 결속을 강화시킴으로써 사회발전의 매우 중요한 바탕이자 원동력이 될 수 있다. 뿐만 아니라 사회 구성원들의 행복감과 삶에 대한 만족도를 향상시키는 데에도 긍정적인 영향을 미칠 수 있으며 더 나아가 정치적 민주주의와 경제의 발전에도 기여할 수 있다(강수택 2019, 250-272).

연대를 위한 교육 전략으로는 대표적으로 지역사회 기반 연대 네트워크 구축을 생각해 볼 수 있다. 연대를 지속 가능하고 체계적으로 실천하기 위해서는 지역사회를 기반으로 한 연대 네트워크를 구축하는 것이 중요하다. 시민들은 지역사회를 기반으로 '우리 동네 평화연대 시민회'와 같이 아파트 단지나 마을 단위에서 평화 관련 활동을 공동으로 추진하는 조직을 만들어 활동할 수 있다. 다음으로 종교 공동체를 기반으로 일상 속에서 연대를 실천해 볼 수도 있다. 성당, 교회, 절, 모스크 등 종교 공동체를 중심으로 '돌봄 연대'나 '나눔 연대'를 통해 일상 속 연대의 문화를 조성하는 것이다. 마지막으로 국제적 평화 연대 활동도 중요하다. '동북아 평화 시민연대'와 같이 한국·중국·일본의 시민사회가 함께 참여하여 역사 화해와 평화 구축을 위해 과거사 대화, 평화 생태 탐방, 공동 봉사활동(예: 해양 쓰레기 수거, 기후위기 대응 캠페인) 등을 통해 국경을 넘어선 연대를 실천할 수 있다.

이러한 다양한 방법의 연대 교육을 통해 '호모 후마니타스'는 개인적 성장을 넘어 사회적 연대의 실천자로 성장할 수 있다. 연대를 통해 형성된 사회적 결속력과 공동체 의식은 한반도 평화 구축의 든든한 사회적 기반이 될 것이다. 특히 지속적이고 체계적인 연대 활동을 통해 시민들은 평화를 일상 속에서 실천하는 방법을 체득하면서 평화 공동체의 주체적 구성원으로 성장할 수 있을 것이다.

3) 참여와 실천 중심 교육

'호모 후마니타스'가 단순한 관념이 되지 않기 위해서는 삶 속에서의 구체적 실천이 요구된다. '호모 후마니타스'는 단지 성찰하는 인간이 아니라 움직이는 인간이며 공동선을 위해 손발을 사용하는 인간이다. 따라서 한반도 평화교육은 참여와 실천 교육을 통해 학습자가 평화를 '알고', '느끼고', '행동'하는 삼중적 주체가 되도록 돕는 교육이어야 한다. 참여와 실천 능력은 개인적 성찰과 학습을 사회적 행동으로 연결시키는 능력이다. 평화교육은 학습자가 평화의 대상이 아니라 창조자이며 공동체 안에서의 변화 가능성을 품은 실천적 인간이라는 자각을 갖게 해야 한다. 이러한 교육을 통해 '호모 후마니타스'는 사회적 실천을 통해 세상을 변화시키려는 의지와 능력을 가지게 된다.

학습자들은 다양한 교육적·사회적 활동에의 참여와 이를 통한 직접적 체험과 실천 교육을 통해 건전한 가치관과 공동체의식, 바람직한 민주적 생활양식을 익힐 수 있다(교육부 2025, 47). 참여와 실천은 여러 형태로 나타날 수 있다. 첫째, 시민사회 활동에의 참여이다. 평화단체, 인권단체, 환경단체 등에서 활동하며 사회 변화에 기여하는 것이다. 둘째, 정치적 참여이다. 선거 참여, 정책 제안, 공청회 참석 등을 통해 민주적 의사결정 과정에 참여하는 것이다. 셋째, 문화적 실천이다. 평화 문화 확산, 다문화 이해 증진, 예술을 통한 평화 메시지 전달 등의 활동이 여기에 포함된다. 넷째, 교육적 실천이다. 자신이 습득한 지식과 역량을 다른 사람들과 나누고 평화교육을 확산시키는 것이다.

한반도 평화교육에서 활용할 수 있는 구체적인 참여와 실천 중심 교육 방법으로 다음과 같은 교육 프로그램을 생각해 볼 수 있다. 먼저, 프로젝트 기반 학습(Project-Based Learning)은 참여형 평화교육의 핵심 방법 중 하나이다. 학습자들이 실제적이고 의미 있는 평화 프로젝트를 수행하면서 지식과 기능을 습득하고 동시에 문제 해결 능력과 협력 능력을 기르는 교육 방법이다. 다음으로 지역사회와 연결된 실제적인 참여 활동을 통해 평화교육의 효과를 극대화할 수 있다. 지역사회 참여 활동은 학습자들이 배운 내용을 실제로 적용해 보고 지역사회의 변화에 기여할 수 있는 기회를 제공한다. 이를 위해 학교나 종교 공동체, 지역 시민단체가 중심이 되어 지역 내 갈등 요소나 문제를 발굴하고 평화적 방식으로 해결하는 실천 프로젝트를 추진해 볼 수 있다. 마지막으로 각자의 전문 분야와 직업적 특성을 활용한 평화 실천 활동도 생각해 볼 수 있다. 이는 더욱 효과적이고 지속 가능한 참여를 가능하게 한다. 예를 들어, '의료진 평화 봉사단'은 의사, 간호사, 의료기사 등이 참여하여 난민과 이주민 무료 진료, 평화 의료캠프, 의료진 평화교육 등을 실시할 수 있다. '교사 평화교육 실천단'을 통해 교육자들이 평화교육 교재 개발, 평화교육 방법론 연구, 평화교육 확산 등의 활동을 할 수도 있다.

덧붙여 노년층 대상 참여형 평화교육 프로그램도 한반도 평화교육의 중요한 방법으로 고려되어야 한다. 고령화 사회에서 노년층의 사회 참여는 중요한 과제이다. 평화교육을 통한 노년층의 사회 참여는 평화 구현과 노인 복지를 동시에 도모할 수 있는 효과적인 방법이다. 예를 들어, 경험이 풍부한 은퇴자나 지역 원로를 '시니어 평화 스토리텔러'로 육성하여 지역 아동센터, 경로당, 마을학교 등에 방문하여 평화 이야기, 전쟁 체험, 역사 강의 등을 진행하게 할 수 있다. 자신이 경험한 분단과 평화에 대한 생각을 글, 사진, 그림 등으로 구성하는 회고록 프로젝트도 지역 도서관이나 평생학습관과 연계하여 진행해 볼 수 있다. 노년층과 청년층이 함께 참여하는 프로젝트로 노인분들의 경험과 청년들의 기술력을 결합하여 평화 관련 콘텐츠나 프로그램을 개발하는 활동인 '세대 통합 평화 프로젝트'도 효과적인 교육 방법이 될 수 있다.

이러한 참여와 실천 중심의 교육은 학습자들이 평화를 '국가 차원의 사건'이 아닌 '삶 속에서 준비해야 할 미래'로 받아들이게 한다. 이처럼 참여와 실천을 통한 평화 역량의 강화는 '호모 후마니타스'를 기르기 위한 핵심적인 교육 방법이다. 중요한 것은 이러한 참여와 실천 활동들이 단발성 이벤트로 그치지 않고 지속적인 삶의 방식으로 자리 잡아야 한다는 점이다. 평화는 하루아침에 만들어지는 것이 아니라 일상 속에서 꾸준히 실천해야 하는 삶의 과정이다. 따라서 한반도 평화교육은 학습자들이 평화를 삶 속에 녹여내고 평화로운 공동체를 만들어가는 능동적 주체로 성장할 수 있도록 지속적으로 참여와 실천을 독려하고 지원해야 할 것이다.

5. 결론

한반도는 오늘날까지도 정전 상태에 머물고 있는 분단국가이며 대결의 기억과 증오의 감정이 정치·사회·문화의 심층에 뿌리내려 있는 복합적 갈등 공간이다. 그러나 이 땅은 동시에 수많은 평화와 연대의 실천이 축적되어 온 살아 있는 평화교육의 현장이기도 하다. 이 글에서는 이러한 맥락 속에서 한반도 평화교육이 추구해야 할 방향성과 목표를 인간 존재의 근원적 회복이라는 관점에서 조명하고자 하였으며 그 중심 개념으로 '호모 후마니타스(Homo humánĭtas)'를 제시하였다. '호모 후마니타스'는 인간의 이성적·윤리적 능력을 바탕으로 타인과의 관계 속에서 공감하고 연대하며 정의와 평화를 실현하려는 실존적 주체로 한반도 평화교육이 지향해야 할 인간상이다. 또한 이 글에서는 이러한 관점을 바탕으로 한반도 평화교육의 내용과 방법을 이론적·실천적 차원에서 탐색하였다.

지금까지의 논의를 정리해 보면 이 글은 첫째, 한반도 평화교육의 지향점을 인간 존재의 회복과 성숙으로 재정립하고자 시도하였다. 평화교육은 평화를 만들고 지켜나가는 과정에서 우리가 어떤 인간, 어떤 가치를 지향할 것인가를 묻는 방향으로 구성되어야 한다. 둘째, 인간 내면의 성숙과 관계적 윤리를 강조하는 평화교육 내용의 새로운 틀을 제시하였다. 사랑을 통한 평화적 공동체성 회복, 회복적 정의와 용서를 통한 분단 상처의 치유, 인권 감수성을 통한 평화 구축의 토대 마련이라는 3가지 핵심 내용 영역은 '호모 후마니타스'가 갖추어야 할 통합적 평화 역량을 구성한다. 셋째, 노년층을 포함한 전 세대를 대상으로 하는 평화교육의 가능성을 탐색하였다. 이는 평화교육을 특정 세대, 특정 제도 안에 가두지 않고 삶의 모든 영역에서 평화를 '나의 일상', '나와 우리 모두의 일'로 생각하고 지향할 수 있도록 하기 위한 시도이기도 하다. 넷째, 대화, 연대, 참여와 실천이라는 3가지 핵심 방법론을 통해 평화교육을 인간을 회복하는 교육, 관계를 복원하는 교육, 평화 공동체를 구현하는 교육으로 자리매김하고자 하였다. 이러한 방법들은 단순한 교육 기법을 넘어서 평화를 일상 속에서 실천하는 구체적 방식들이며 '호모 후마니타스'가 갖추어야 할 평화적 소통 능력, 연대 의식, 실천 역량을 기를 수 있는 통합적 접근법이기도 하다.

이 글에서 제시한 한반도 평화교육의 핵심은 인간을 다시 교육하고 관계를 다시 회복하며 사회를 다시 구성하는 통합적 인간화 프로젝트로서의 평화교육이다. 이제 평화교육은 시민 각자가 '호모 후마니타스'로 성장해 가는 여정으로서의 의미를 가져야 한다. '호모 후마니타스'는 평화로운 미래를 만들어 갈 수 있는 새로운 인간상이다. 이들은 분단의 아픔을 극복하고 화해와 협력의 새로운 역사를 써나갈 주체들이며 한반도의 평화를 넘어 세계 평화에 기여하는 글로벌 시민들이다. 이러한 '호모 후마니타스'를 기르기 위한 평화교육은 우리 모두의 과제이다. 정부와 시민사회, 교육기관과 종교기관, 기업과 개인이 모두 함께 참여해야 할 사회적 프로젝트이다.

이러한 관점에서 향후 한반도 평화교육은 다음과 같은 과제를 수행해야 할 것이다. 첫째, 일상에서 실천 가능한 평화교육 방법의 구체화다. 평화는 거대한 이상이 아니라 일상 속에서 타인을 대하는 태도, 언어, 선택 속에서 구현되어야 하며 지역사회, 종교공동체, 시민단체와의 연계 속에서 일상의 공간으로 교육의 장이 확장되어야 한다. 둘째, 평화교육의 국제적 연대와 협력을 강화해야 한다. 한반도 평화는 동북아시아와 세계 평화와 밀접하게 연결되어 있으므로 다른 지역의 평화 경험을 학습하고 한반도의 경험을 세계와 나누는 국제적 평화교육 네트워크가 구축되어야 한다. 셋째, 평화교육의 지속 가능성을 위한 법·제도적 기반이 마련되어야 한다. 평화교육이 일회성 이벤트나 특정 정권의 정책에 그치지 않고 지속적으로 발전할 수 있도록 법적·제도적·재정적 기반이 구축되어야 한다.

앞으로 우리가 살아갈 21세기는 평화의 세기가 되어야 한다. 전쟁과 갈등, 분단과 적대를 넘어서 인류가 함께 평화롭게 공존할 수 있는 새로운 문명을 만들어가야 한다. 한반도 평화는 그러한 평화 문명 건설의 중요한 출발점이 될 수 있다. 분단과 전쟁의 상처를 딛고 화해와 협력의 새로운 모델을 제시할 때 한반도는 세계 평화의 희망이 될 수 있을 것이다. 이러한 비전을 실현하기 위해서는 무엇보다 평화를 만들어 갈 수 있는 인간, 즉 '호모 후마니타스'가 필요하다.

따라서 한반도 평화교육의 궁극적인 목표는 평화 공동체를 이루는 인간의 성숙을 돕는 것이 되어야 한다. 평화는 한반도에 사는 사람들이 서로를 인간으로 받아들이고 함께 평화롭게 살아갈 준비를 하는 일이다. 그것은 곧 사회 구성원들을 '호모 후마니타스'로 양성하는 일이며 이는 우리 시대 교육이 감당해야 할 가장 중요한 사명이다. 한반도 평화교육을 통해 이러한 '호모 후마니타스'가 늘어날 때 한반도는 진정한 평화의 공동체가 될 수 있을 것이며 이는 곧 인류 전체의 평화에 기여하는 소중한 선물이 될 것이다. 평화는 꿈이 아니라 현실이 되어야 하고 이상이 아니라 일상이 되어야 한다. 그 길 위에서 '호모 후마니타스'를 기르는 평화교육은 평화를 염원하는 모든 이들의 길잡이이자 희망이 될 것이다. 우리 모두가 이 여정에 함께 할 때 한반도에는 진정한 평화의 봄이 올 것이며 그 평화는 온 세상으로 퍼져나갈 것이다.

참고문헌

| 국문 |

강수택. 2012. 『연대주의: 모나디즘 넘어서기』. 서울: 한길사.

______. 2019. 『연대하는 인간, 호모솔리다리우스』. 서울: 지식의날개.

교육부. 2022. 『(교육부 고시 제2022-33호 [별책 1])초·중등학교 교육과정 총론』. 세종: 교육부.

______. 2025. 『도덕4 교사용 지도서』. 서울: ㈜비상교육.

교황 프란치스코 지음, 박준양·조재선 옮김. 2019. 『삶을 살리는 교육』. 서울: 가톨릭대학교출판부.

교황 프란치스코. 2021. 『모든 형제들(Fratelli Tutti)』. 서울: 한국천주교주교회의·한국천주교중앙협의회.

국가인권위원회. 2020. 『인권교육 기본용어』. 서울: 국가인권위원회.

김병환. 2020. 『김병환 교수의 동양윤리사상 강의』. 서울: 새문사.

문인철. 2018. "남북한 관계 개선에 대한 새로운 패러다임 모색 -응보적 정의에서 회복적 정의로-." 『국제학논총』 제28집, 35-62.

사이먼 메이 지음, 김지선 옮김. 2016. 『사랑의 탄생: 혼란과 매혹의 역사』. 파주: ㈜문학동네.

서보혁·강혁민 엮음. 2022. 『평화개념 연구』. 서울: 도서출판 모시는사람들.

서보혁·황수환·강혁민·김규남·이준형. 2024. 『(KINU 연구총서 23-03) 인권의 평화·발전 효과와 한반도』. 서울: 통일연구원.

세계시민포럼 엮음. 2021. 『세계시민학 서설』. 서울: 주류성.

오스왈드 그라시아스 추기경. 2018. "평화 건설은 모든 국가의 책임과 의무: 세계에 진정한 평화를 증진하는 교회의 가르침." 『2018 한반도평화나눔포럼 자료집』. 서울: 천주교 서울대교구 민족화해위원회 부설 평화나눔연구소.

이범웅·박찬석·임명희·오유석·김병연·이인태. 2025. 『초등도덕과교육론』. 서울: 박영story.

정석환. 2025. “바람직한 미디어 리터러시를 위한 교육적 과제.” 『초등교육연구논총』 제41권 2호, 1-22.

정지수·김경이. 2020. “평화교육 연구동향 분석: 2000년~2020년 국내 학술지 논문을 대상으로.” 『인격교육』 제14권 3호, 65-86.

주윤정. 2025. “캐나다의 진실화해위원회와 원주민 회복적 정의의 성과와 한계.” 『Journal of Global and Area Studies』 9권 1호, 221-240.

진교훈·박찬구 외. 2020. 『사랑: 고대로부터 현대에 이르기까지의 사랑의 의미』. 서울: 서울대학교출판문화원.

차승주. 2021. “포스트 정전체제와 평화교육의 방향.” 『인간과 평화』 제2권 제2호, 161-185.

______. 2023. “‘민족주의’적 통일교육의 한계와 대안: 세계시민주의의 관점에서.” 『평화학연구』 제24권 3호, 101-122.

추병완·한은영·금호정·조경해·이한길·배소현·박상아. 2022. 『세계시민교육 핸드북』. 서울: 한국문화사.

한국가톨릭대사전 편찬 위원회. 2001. 『한국가톨릭대사전 제8권』. 서울: 한국교회사연구소.

홍석훈·김수암·서보혁·오경섭·문경연·정욱식·장수연. 2020. 『(KINU 연구총서 20-04) 평화-인권-발전의 트라이앵글: 이론적 검토와 분석틀』. 서울: 통일연구원.

YOUCAT재단. 2016. 『DOCAT 무엇을 해야 합니까?』. 서울: 가톨릭출판사.

국가법령정보센터 홈페이지. 〈https://law.go.kr/%EB%B2%95%EB%A0%B9/%EA% B5%90%EC%9C%A1%EA%B8%B0%EB%B3%B8%EB%B2%95〉 (최종 검색일: 2025/07/10).

한국천주교주교회의·한국천주교중앙협의회 홈페이지. 〈https://cbck.or.kr/Do cuments/Pope/20220698?pope=P0262&gb=title&page=6〉 (최종검색 일: 2025/07/10).

한국천주교주교회의·한국천주교중앙협의회. 홈페이지. 〈https://cbck.or.kr/Do cuments/Pope/402489?gb=title&search=%ED%8F%89%ED%99%94&p age=2.〉 (최종검색일: 2025/07/12).

한국천주교주교회의·한국천주교중앙협의회. 홈페이지. 〈https://cbck.or.kr/Do cuments/Pope/401969?pope=P0264&gb=title&page=6 〉 (최종검색일: 2025/07/12).

한국천주교주교회의·한국천주교중앙협의회. 홈페이지. 〈https://cbck.or.kr/Do cuments/Pope/402172?pope=P0264&gb=title&page=11〉 (최종검색 일: 2025/07/13).

NAVER. 라틴어사전. “humánĭtas”. 〈https://dict.naver.com/lakodict/#/entry/ lako/b7ace5f417364bcca68519ec0bc0fb0e〉 (최종검색일: 2025/07/10).

제2부

정서와 기억

| 4장 |

예술, 기억, 화해

: EU 문화정책과 콜롬비아 공동체 영화제의 상호작용*

김새미

1. 들어가며

21세기의 분쟁은 더 이상 무력 충돌에 국한되지 않는다. 아프가니스탄, 시리아, 우크라이나 등의 사례에서 확인되듯, 문화유산이 전쟁의 표적이 되고 정체성 정치와 혐오 담론이 사회 내부의 분열을 심화시키는 현상이 반복되고 있다. 이러한 흐름 속에서 국제사회는 문화와 예술도 평화 구축의 중요한 자원으로 인식하기 시작했다. 유럽연합(European Union, EU)은 2021년 문화유산을 '평화, 화해, 상호이해, 지속가능발전'의 매개로 공식 규정하고, 문화유산의 보호와 교육을 외교·안보 정책에 통합하는 계획을

* 이 연구는 『문화와 정치』 제12권 제3호(2025)에 게재된 논문의 내용을 수정 및 보완한 것입니다.

채택하였다. 이는 그간 정치·안보 중심으로 구성되어 온 갈등 해결 담론에 문화적·정동적 차원을 새롭게 부각시키는 계기로 작용하고 있다.

본 연구는 문화예술이 단순한 미적 체험을 넘어, 인지적·정서적·사회적 변화를 유도하는 매개체로 작동할 수 있다는 전제에서 출발한다. 예술은 허구와 상상의 공간을 제공하여 참여자가 폭력의 서사를 비판적으로 성찰하고 새로운 의미를 학습하게 한다. 동시에 언어로 표현하기 어려운 고통과 상실을 상징적으로 드러내고, 집단 간 협업을 통해 신뢰와 연대를 형성함으로써 공동체를 재구성할 수 있다. 이러한 관점에서 문화예술을 통한 '작은 평화'의 실천은 일상의 정서적 치유와 사회적 변화를 축적해 제도적 차원의 '큰 평화'로 확장될 수 있는 잠재력을 지닌다.

그러나 현재까지 문화외교와 평화 구축의 관계를 다룬 연구는 국가 중심의 공공외교나 대규모 행사의 차원을 벗어나지 못한 채, 예술을 단지 장식적 수사로 언급하는 데 머무는 경우가 많다. 특히 미시적 현장성과 제도적 구조 사이의 상호작용을 포착한 연구는 상대적으로 부족하다. 이에 본 연구에서는 다음의 세 가지 연구 질문을 통해 이러한 공백을 메우고자 한다.

첫째, 문화예술 경험은 타자에 대한 이해와 관계 회복을 어떻게 유도하는가? 예술이 기존 폭력의 서사를 해체하고 사건을 새롭게 보고 다른 정서를 유인할 수 있는지 탐구한다. 둘째, EU의 국제문화관계 담론에서 '기억'과 '화해'는 어떤 개념적 위치를 점유하는가? EU의 국제문화전략과 관련 정책 문서를 분석하여, 평화 구축이 어떻게 제도화되고 있으며 문화예술과의 연계가 어떠한 한계와 가능성을 지니는지를 조망한다. 셋째, 콜롬비아 국제 커뮤니티 영화제(International Community Film Festival, ICFF)를 사례로, EU의 평화 지향 문화정책이 현장에서 어떻게 매개·변형되고 있는지를 분석한다. 이를 통해 예술적 실천이 '작은 평화'를 축적하여 구조적 평화로 확장될 수 있는 조건을 탐색한다.

이러한 연구 질문은 최근의 선행연구들과도 긴밀하게 연결된다. 메하니(Jasmina Mehani 2025)는 서부 발칸 사례를 통해 문화외교와 신뢰 구축이 갈등 해결에 필수적임을 강조하며, 공공외교가 지역사회의 민주적 역량을 강화하는 기반이 될 수 있음을 보여준다. 발타(Jordi Baltà 2021)는 국제 문화교류 프로그램들이 취약국가에서 평화와 안정을 증진하는 방식들을 분석하며, 사람 중심 접근과 장기적 관계 구축의 중요성을 제시한다. 데이비스 크로스(Mai'a K. Davis Cross 2021)는 하이브리드 위협과 '문화 전쟁'의 시대에 문화외교가 민주주의를 방어하고 극단주의에 대응하는 전략적 수단으로 부상한다고 보았다. 반면 커(Rachel Kerr 2020)는 예술이 정의와 화해를 촉진할 수 있는 잠재력을 강조하면서도, 예술 개입에 대한 낭만적 환상을 경계한다. 레드우드(Henry Redwood 2025)은 보스니아 내전 이후 제작된 예술작품을 분석하여 '심미적 화해(aesthetic reconciliation)' 개념을 제시하고, 화해를 정서와 정치가 교차하는 다층적 과정으로 재정의한다(Redwood et al. 2025).

이와 같은 연구들은 문화예술의 치유 효과와 사회적 역능을 재조명하지만, 동시에 프로그램이 현지 주민의 주도성을 확보하고 제도적 정의 및 배상과 연계될 때에만 지속 가능한 평화로 이어질 수 있다는 점을 공통적으로 지적한다. 영국문화원의 연구에 따르면, 예술 프로그램은 서로 다른 집단이 갈등과 무관한 공통 관심사를 공유할 수 있는 '중립적 공간'을 제공하며, 현지 전통에 기반한 참여형 프로그램일수록 그 효과가 크다. 반면, 예술이 선전과 배제의 도구로 악용된 사례도 존재하며, 이로 인해 예술의 이중성과 윤리적 책임 또한 주요 논의 지점으로 부각된다.

이러한 흐름 속에서 본 연구는 예술적 실천이 일상의 '작은 평화'를 축적하고, 이를 기반으로 구조적 평화로 확장되는 과정을 실증적으로 분석한다. 이는 포스트-자유주의 평화론이 강조하는 지역 주민의 일상적 실천과 하위정치의 역량을 반영하면서도, EU의 문화정책과 현지 공동체의 상호작용을 분석의 중심에 둔다. 구체적으로 이 글에서는 (1) 공간의 상징성, (2) 과거 회고와 집단 간 상호작용, (3) 공동 협업이라는 세 가지 분석축을 제시한다. 이들 요소는 화해 연구에서 제기된 장소의 역할(Lederach 1997), 예술을 통한 기억 교차(Cohen 2005), 도덕적 상상력과 공동 창작(Lederach 2005)을 통합한 것으로, 공간·행위자·서사의 상호작용을 입체적으로 포착할 수 있도록 구성되었다.

사례로 선택한 콜롬비아의 '국제 커뮤니티 영화제(International Community Film Festival, ICFF)'와 EU의 '유럽문화공간(European Spaces of Culture, ESoC)' 프로그램은, 전투원과 피해자, 지역 주민과 유럽 문화기관이 동등한 파트너로서 공동 서사를 구성하고 낙인을 넘어서는 과정을 보여준다. 영화제는 과거 내전의 기억을 공론화하는 단계에서 시작해, 공동체 협업과 미래 상상을 통한 정체성 재구성으로 되어 폭력의 공간이 화해와 창조의 장소로 전환되었다. 본 연구는 이러한 사례를 바탕으로 문화예술이 인지적·정동적·사회적 기능을 통해 신뢰와 연대를 형성하는 메커니즘을 분석한다.

따라서 본 연구의 목표는 다음과 같다. 먼저, 문화예술을 평화 연구의 부차적 요소가 아니라, 사회심리적 치유·정체성 재구성·정치적 상상력을 통합하는 핵심 기제로 재위치 시킨다. 이를 통해 평화 담론에서 정동의 중요성과 미시적 실천의 정책적 함의를 부각시키고, 문화외교 연구와 평화학을 연결하는 이론적 가교를 제안하고자 한다. 다음으로 EU의 문화정책과 현지 공동체의 상향식 실천 간의 긴장과 상호작용을 조망함으로써 지역의 기억·정체성·새로운 관계를 형성할 수 있음을 제시한다. 마지막으로, 콜롬비아 사례를 토대로 향후 한반도 등 분쟁지역에 적용 가능한 함의를 도출하고자 한다.

2. 문화예술과 평화 형성의 이론적 논의

문화예술은 사회 내 다양한 정체성과 문화적 차이를 매개·번역하며, 수용자의 능동적 해석을 통해 경험과 사람들의 생각을 전환하는 '제3의 공간'으로 기능한다(Bhabha 1994, 36-39; Dewey 2016). 이는 현대 사회에서 다양한 배경을 지닌 이주민, 난민, 소수자 등이 공존해야 하는 상황에서 문화예술의 사회 통합적 매개성이 점차 부각되는 이유이기도 하다. 실제로 음악, 미술, 연극 등 예술 활동은 다문화 구성원들 사이의 상호이해와 자존감 증진, 사회적 적응력을 높이는 수단으로 작동하며(Gilboa 2018; Marsh 2017; Fitzpatrick 2017; Rousseau 2005), 예술적 상상력과 참여가 새로운 사회적 관계와 포용성을 촉진한다는 다수의 연구 결과가 있다. 유럽 내 다양한 통합 정책에서도 문화예술은 신뢰와 소속감, 자아존중, 공감과 상호작용, 사회적 협업을 유인하는 매개체로 여기며 활용하고 있다.

이는 문화예술이 갖는 특수성과 연관 지어 볼 수 있다. 사람들은 문화예술을 체험할 때, '허구'라는 인식이 전제되고, 예술가의 작품 속에 감정을 이입하고 상상한다. 따라서 예술을 체험하는 과정은 자신의 경험 확장과 변용을 시도하는 공감의 장(場)이 된다(Laurence 2008; Kidd & Castano 2013; Mar 2006). 이는 듀이(John Dewey)의 예술 경험론, 거버(Nancy Gerber)의 예술치유 이론, 바숑(Robert Vachon)의 문화다양성 소통론, 그리고 세넷(Richard Sennett)의 경청(listening) 개념 등에서 다양한 방식으로 강조되어 왔다(김새미 2024). 문화예술은 타자의 경험을 상상하고 내면화하는 능력을 자극할 뿐 아니라, 예술작품이나 워크숍 참여, 협업을 통해 사회적 거리감을 줄이고 새로운 연대와 변화의 동인이 되는 점에서 그 매개적 의미가 강조된다. 종합할 때, 문화예술은 허구적 상상과 직접적 경험, 협업과 치유, 소통의 장으로서, 개인과 공동체의 심리사회적 회복을 촉진하고, 사회구성원 간의 이해·포용·연대를 새롭게 조직하는 데 필수적 매개체로 작동할 수 있다는 전제를 가정할 수 있다(김새미 2019; 2024). 그렇다면 이러한 문화예술의 특징을 평화만들기(peace building)와 어떻게 연계하여 생각할 수 있는가? 이를 코헨의 화해 개념과 연결시켜 생각해 볼 수 있다.

코헨(Cynthia Cohen 2005)은 평화 구축의 중심 개념으로 화해를 다음과 같이 재정의한다. 화해는 서로에 대한 증오와 불신의 관계를 신뢰와 신뢰성 있는 관계로 전환하기 위해 고안된 일련의 과정으로, 상대방을 비난하는 데서 벗어나거나 단순히 적대감이 사라지는 것이 아니라 자신과 자신의 공동체의 태도와 행동에 대한 책임을 지는 방향으로 관계가 변형(transformation)을 이끌어 내는 종합적인 과정인 것이다. 따라서 과거 적이었던 이들의 고통까지도 이해하고, 책임을 나누며 미래를 함께 그려나가는 능력을 필요로 한다. 이러한 화해에 도달하기 위해서 코헨은 수행해야 될 7가지 과제를 제시했다. (1) 비인간화(dehumanization)를 되돌려 도덕적 동등성의 기반을 회복하는 것으로 인간으로서 기본적인 가치를 인정하면서 타문화에 대해 존중하는 것이다. (2) 서사를 변환하는 과정으로 일방적인 서사를 벗어나 다층적이며 상호적인 복합 서사를 형성해야 하며 (3) 가해와 피해의 진상을 규명하는 과정으로 역사적 피해에 대해 진지한 공감과 공동의 애도가 수반되어야 한다. (4) 적대의 감정규범을 전환하고 상호 공감하는 작업으로 타자의 고통에 공감할 수 있어야 하며 (5) 제도적인 불평등이나 피해에 대한 실질적인 보상이 실행되어야 한다. (6) 참회와 사고, 용서가 병행되어 도덕적 복원이 되어야 하지만, 강요된 용서는 경계하는 피해자의 자율성이 보장되어야 한다. (7) 마지막으로 과거를 넘어 공동의 미래를 재구성하고 이를 제도화해야 한다는 것이다. 종합할 때, 이러한 결과물은 좋은 감정에 그치는 게 아니라 새롭게 관계를 재구성하는 것이다. 코헨은 신뢰라는 개념 자체가 파괴된 경우나 민족 폭력과 구조적 억압은 공동체의 역량을 마비시키므로 그러한 경우, 화해가 불가능한 과제가 될 수도 있다고 한계를 지으면서도, 이러한 과제만이 앞으로 나아갈 수 있는 유일한 길이라고 단언한다(Cohen 2005, 11; 2020). 코헨은 이러한 모든 과제는 새로운 학습을 필요로 하며, 기존 신념의 해체를 요구하는 작업, 지식, 감정, 태도 전반을 재조정하는 학습의 과정으로 보았다.

코헨의 화해를 바탕으로 평화를 구축하기 위해 문화예술의 접근을 인지적·정동적·사회적 측면에서 이를 논해볼 수 있다. 여기서 문화예술은 단순한 정서적 위로가 아닌, 기억·인식·관계의 변형을 유도하는 매개로서 예술의 기능을 구조화하는 역할을 한다. 첫째, 문화예술은 인지적 측면에서 참여자들이 기존의 폭력적 서사와 신념을 비판적으로 해체하고 새로운 서사를 학습하는 '지식적 전환'을 가능하게 한다. 코헨(2005; 2020)은 화해의 첫 번째 과제로 '타인의 인간성과 문화의 존중'을, 두 번째 과제로 '서로의 이야기 듣기와 복합적 서사 형성'을 제시하며, 이는 기존의 단일 서사와 고정관념을 해체하고 새로운 인식틀을 학습하는 과정이 필요하다고 언급한다. 이는 기존 신념을 버리는 '학습해제(unlearning)'와 서사를 재구성하는 과정에 해당되는데, 예술은 바로 이 인지적 전환의 매개로서, 참여자들이 상징·이미지·서사적 재현을 통해 과거 폭력에 대한 인식을 재구성하고, 타인의 이야기를 들으며 자신이 가진 믿음을 비판적으로 성찰하도록 이끈다. 이로써 갈등 당사자들의 인식 변화를 유도하는 교육적 경험을 제공하는 역할을 한다. 즉, 예술 참여는 과거사에 대한 단선적 기억을 복합적 서사로 전환하며, 이는 코헨이 말한 '이해의 확장과 신념의 재학습'을 실현하는 인지적 기반이 된다.

둘째, 문화예술은 정동적(情動的) 측면에서 감정의 표현과 공감의 형성을 도모한다. 이는 코헨이 제시한 세 번째 과제(피해의 인정과 애도), 네 번째 과제(타자의 고통에 대한 공감), 여섯 번째 과제(참회·용서)와 직접적으로 맞닿는다. 예술적 과정은 언어로 표현하기 어려운 고통과 상실의 감정을 상징적으로 드러낼 뿐만 아니라, 공유된 예술 경험은 감정적 소통과 상호공감의 장을 형성한다. 폭력 피해자는 트라우마를 회복하기 위해 '기억과 애도(remembrance & mourning)'의 과정을 거쳐 고통을 직면하고 의미화할 때 비로소 회복이 가능하다(Herman 1992). 이때 예술은 안전한 심리적 공간(safe space)을 제공하여 감정을 직면하되, 트라우마로 인한 심리적 상처를 표현하고 치유할 수 있게 한다. 예를 들어, 희생자 유가족이 참여하는 추모 공연이나 피해 경험을 담은 그림, 노래는 이러한 '기억과 애도'를 촉진하며, 억눌린 감정을 표출하게 함으로써 상호 간의 공감과 연민을 일으킨다. 그 결과, 가해자와 피해자 사이에 타자의 고통을 직면하고 응답할 수 있는 감정적 관계성이 회복되어, 화해의 정서적 토대가 형성된다(Cohen 2005; 2020).

셋째, 문화예술의 사회적 측면은 코헨의 다섯 번째 과제(부정의의 인정과 보상)와 일곱 번째 과제(공동의 미래 상상)와 연결되는 지점으로 문화예술의 공동 창작과 집단 참여를 통해 다양한 상호작용으로 인해 사회적 관계망을 재구성할 수 있는 기능을 논할 수 있다. 노래, 춤, 연극과 같은 집단 예술 참여는 참여자들로 하여금 함께 창작하고 공연하는 공동 경험을 하게 함으로써 신뢰와 연대감을 형성하도록 돕는다(Blanco Borelli & Sorzano 2021). 즉, 새로운 관계 규범과 신뢰를 재구축하는 집단적 '사회학습(social learning)'의 공간이 된다. 이러한 예술적 상호작용은 화해의 마지막 단계인 '공동의 미래를 상상하고 제도적 합의를 형성하는 과정'(Cohen 2005, 11)으로 나아가며, 예술을 통한 관계 회복이 지속 가능한 평화의 사회적 기반으로 기능하게 한다.

이처럼 문화예술은 인지적(기존 서사의 해체와 새로운 학습), 정동적(공감의 형성과 감정 치유), 사회적(신뢰와 공동체성 회복) 기능을 통해 갈등 이후 사회의 심층적 변화를 매개한다. 특히 예술은 피해자들의 목소리와 이야기를 공론장에 제시하고(예: 추모 전시, 연극 공연), 과거 폭력의 의미를 공동체가 새롭게 해석하도록 도울 수 있다. 이는 단순한 개인 치유를 넘어, 공동체 전체가 과거사에 대한 학습과 성찰을 마주하게 된다. 이러한 과정에서 가해자 측도 새로운 관점으로 과거를 마주할 기회를 얻고, 책임 인정과 사과, 용서와 같은 화해의 단계로 나아갈 수 있는 토대를 만들게 된다. 결과적으로 문화예술은 단순한 정서 표현을 넘어서 공동체 기억을 재편하고 관계의 변화를 이끌어냄으로써, 화해의 복합적 형성과정에서 촉매로 작용할 수 있다(Valderrama Herrera 2020).

이러한 문화예술 개입은 '일상적이고 미시적인 평화 실천들', 즉, 감정 해소, 관계 회복 등으로 구현되고, 이러한 평화감정이 축적되고 연결되면 궁극적으로 지속 가능한 구조적 평화 질서로 나아갈 수 있다. 문화예술을 통해 나타나는 심리적 치유나 공동체 화합과 같은 작은 변화들은 비록 규모는 작지만 풀뿌리 차원에서 평화의 문화를 만들어가는 밑거름이 된다. 따라서 일상의 예술 실천 속에서 형성되는 '작은 평화'는 상호 신뢰의 회복, 감정 교류의 재구성, 규범적 인식의 전환을 통해 새로운 사회적 상호작용을 가능하게 하고, 이로부터 제도적 신뢰 기반과 공동 규범 형성으로 확장될 수 있는 공동체 수준의 평화 인프라가 점진적으로 형성될 수 있다.

이는 전통적 국가 중심의 평화구축 접근을 넘어서, 지역사회 주도, 상호이해와 신뢰 구축, 문화와 일상의 실천을 기반으로 한 다층적 평화를 강조하는 '포스트-자유주의 평화론(post-liberal peace)'의 관점과도 맞닿는다(Richmond 2011; Mac Ginty 2016; Fonseca & Jovchelovitch 2023). 리치몬드(Oliver P. Richmond 2011)는 기존 자유주의 평화가 제도적 안정과 시장 확대에 치우쳤다고 비판하면서, 지역 주민들의 '일상적 실천(practices of the everyday)'과 '하위정치(subaltern agency)'가 지속 가능한 평화의 기초라고 주장한 바 있으며, 맥긴티(Roger Mac Ginty)도 공식 평화협정만으로는 실제 사회의 불신과 폭력을 해소할 수 없으며, 일상에서 발생하는 '하이브리드 평화(hybrid peace)', 즉 제도·정서·관계적 요소가 결합된 실천적 평화의 중요성을 강조한다(허지영 2021). 따라서, 작은 평화의 축적은 단절된 공동체 내부에 실질적 상호 교류와 인정을 야기하며 점차 구조적인 전환의 계기가 된다.

이상 내용을 종합하여 문화예술을 통한 평화 형성의 과정을 하나의 분석틀로 도식화하면 다음과 같다. 문화예술 개입은 인지적·정동적·사회적 차원의 작용을 통해 개인 및 공동체의 변화를 이끌고, 이러한 변화들이 일상 속 '작은 평화'의 실천으로 발현되면서 점진적으로 거시적 '큰 평화'의 구조를 형성하게 된다.

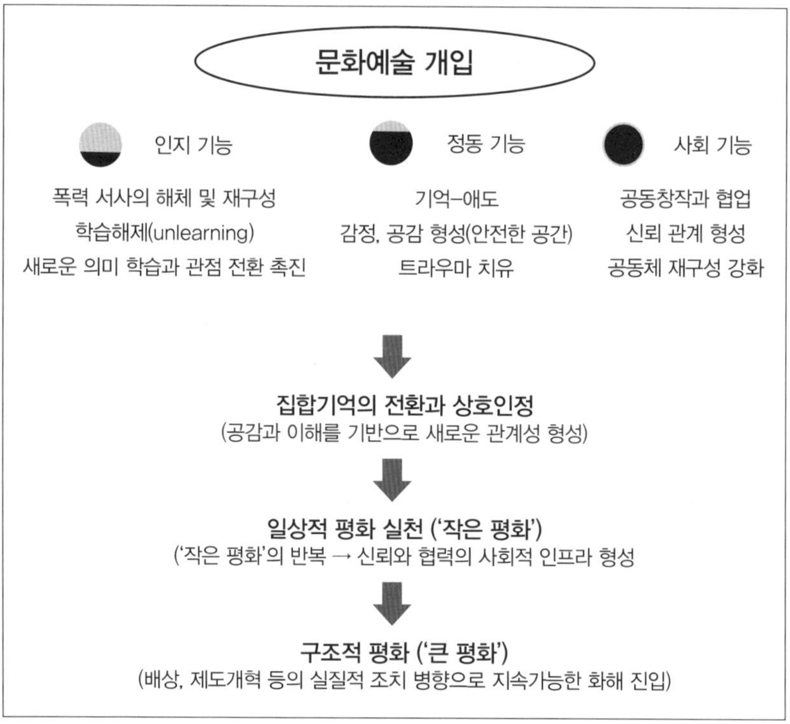

〈그림 1〉 문화예술 개입을 통한 평화 형성의 이론적 도식

본 연구는 '작은 평화'의 일상적 실천이 축적되어 '큰 평화'를 유인한다는 전제하에, 네 가지 작동 요건을 분석의 축으로 삼는다. 다음은 각 분석 요건에 대한 이론적 논의이다.

첫째, 공간의 중요성이다. 화해는 단순한 제도적 합의가 아니라 특정 장소에서의 경험과 기억, 상징이 결합될 때 더 효과적으로 작동한다. 레더라크(Jouh Paul Lederach 1997; 2016)는 화해가 추상적 이상이 아닌, 사람들이 직접 모여 기억과 비전을 공유하는 구체적 '장소'에서 가능하다고 보았다. 비외르크달(Annika Björkdahl)와 캐플러(Stefanie Kappler)는 이러한 공간이 단순한 물리적 배경이 아니라 집단 기억과 정체성 형성에 핵심적이라고 강조한다. 실제로 여러 분쟁지역 사례에서 화해 행위가 상징적 장소에서 이루어질 때, 참여자와 공동체 모두에게 기억과 감정의 환기가 촉진되고, 평화 메시지의 몰입도와 설득력이 제고된다(Björkdahl & Kappler 2017; Lederach 2016).

둘째, 과거 회고와 자기 성찰(self-reflection)이다. 예술은 피해자와 가해자가 각자의 기억과 감정을 예술적으로 표현하고 공유함으로써 새로운 이해의 연결고리를 형성한다. 코헨(2005)은 예술이 피해와 가해를 구분 짓는 경계를 완화시키고, 상호 반성과 공감을 유도함으로써 화해의 가능성을 연다고 보았다. 피셔(Martina Fischer, 2013)도 예술이 치유와 책임 공유를 위한 안전한 공간을 마련한다고 강조한다. 이처럼 예술적 상호작용은 집단 간 적대감의 완화와 감정적 해방, 상호 인정의 경험을 촉진한다.

셋째, 문화예술을 매개로 한 협업과 공동 창작의 경험이다. 공동 예술 창작은 집단 간 신뢰를 형성하고, 미래지향적 사회 비전을 설계하는 실천이 된다. 레더라크(2016)는 평화구축에서 도덕적 상상력(moral imagination)의 필요성을 강조하며, 예술의 창의적 과정이 새로운 사회적 비전을 창출하는 동인이 된다고 주장한다. 공동 예술작업, 합동 공연, 창작 워크숍 등은 집단 간 신뢰와 상호이해를 촉진하며, 미래지향적 내러티브를 함께 만들어낸다(Zelizer 2003). 실제로 이런 상호작용이 반복되면, 참여자들은 공동의 미래를 설계하고 지역사회 발전과 협력의 기반을 마련하게 된다.

이러한 분석 요소는 콜롬비아 ICCF 사례 분석의 기준틀로 작용하며, 문화예술이 작은 평화를 촉진하고, 그것이 반복·축적되어 구조적 평화로 확장 가능성을 가늠해보고자 한다.

3. EU 국제교류 문화정책에서의 평화 지향

1) 기본 틀: 2016-2022년 전략의 제도화(Institutionalisation of the Strategic Framework, 2016-2022)

2016년 EU는 〈Towards an EU Strategy for International Cultural Relations(European Commission 2016)〉을 발표하며 국제관계에서 문화의 전략적 위상을 공식적으로 제도화하였다. 이는 문화가 외교·평화·지속가능발전의 핵심적 자산임을 선언하며, 문화 간 대화(intercultural dialogue)를 갈등 예방과 화해의 제도적 기제로 작동하고 있음을 드러낸다. 외교안보정책 고위대표 페데리카 모게리니(Federica Mogherini)는 문화가 "사람들 간의 교량이자 다양성의 실천공간이며, 폭력적 극단주의를 예방하는 수단"임을 강조하였듯, 문화예술이 단순한 '교류'의 차원을 넘어 평화 구축과 국제사회 안정에 실질적으로 기여하는 정책적 행위임을 공식화한 것으로 평가된다(김새미 2021; 2024).

EU의 공동 커뮤니케이션은 세 번째 정책축으로 제시된 "문화와 문화 간 대화를 통한 공동체 간 평화로운 관계 구축"을 통해, 문화정책의 평화 지향성을 가장 직접적으로 드러냈다. 문화 간 대화는 갈등 완화, 화해 촉진, 사회적 통합, 폭력적 극단주의 예방의 핵심적 수단으로 명시되었으며, 서로 다른 공동체가 경험과 기억을 공유하고 비폭력적으로 차이를 협상하도록 하는 사회적 실천으로 간주되었다(European Commission 2016). 이로써 문화는 인권·민주주의·포용의 가치를 실현하는 평화정책의 핵심 요소로 자리매김하였다.

이후 2022년 유럽의회는 「Report on the Implementation of the New European Agenda for Culture and the EU Strategy for International Cultural Relations」(European Parliament 2022)을 통해, 해당 전략의 실행성과를 평가하고 평화·민주주의 증진과의 연계성을 심화시켰다. 보고서에서 문화는 인권, 표현의 자유, 젠더 평등, 민주적 회복력(democratic resilience)을 강화하는 전략적 투자(strategic investment)임을 재확인하였으며, 분쟁 예방과 사회적 신뢰 구축의 핵심 수단으로서 문화정책의 역할을 강조하였다. 또한 허위정보(disinformation), 문화유산 파괴, 디지털 전환 등 새로운 글로벌 위협 속에서 문화가 유럽의 가치를 보호하고 평화적 공존을 촉진하는 '민주주의 기반 평화외교(democracy-based peace diplomacy)' 의 핵심축임을 명시하였다(European Parliament 2022).

종합할 때, 2016년 공동 커뮤니케이션은 문화 간 대화를 갈등 예방·화해의 제도적 기제로 작동하며 '평화 지향'의 규범을 확립했고(European Commission 2016), 2022년 유럽의회 이행보고서는 문화정책을 민주적 회복력·인권·표현의 자유와 결부된 평화 인프라로 재규정하고, 시민사회·현지 피트너가 주도하는 '상향식(bottom-up) 접근'을 통해 신뢰 형성·갈등 전환·사회 통합에 기여한다는 점을 명시한다(European Parliament 2022). 따라서 EU의 문화정책에서 평화는 보조적 가치가 아니라, 정책 목표와 실행기준을 관통하는 핵심축이며, 문화예술은 평화 구축을 위한 작동 수단(intercultural dialogue, 참여 기반 협력, 현지 맥락형 프로그램)으로 동원된다.

2) 실행 단계: 2023-2026 EU 문화정책 작업계획

2022년 EU 문화장관회의에서 채택된 EU 문화정책 작업계획(2023-2026)은 문화가 평화, 화해, 국제적 안정성 증진에 기여하는 전략적 역할을 더욱 명확히 규정한다(Council of the European Union 2022). 본 결의안에서 EU 회원국 문화장관들은 문화다양성의 존중과 문화 간 대화의 촉진을 지침 원칙으로 천명하며, 이는 상호이해의 심화와 갈등의 예방 및 해결, 나아가 화해와 평화로운 국제 질서의 구축에 핵심적으로 작용함을 강조한다. 결의안은 특히 문화를 통한 전쟁 선전이나 증오 조장 행위는 EU의 기본 가치에 정면으로 위배되는 것임을 명확히 규정한다. 이러한 원칙들은 EU의 대외 정책 및 회원국별 문화정책에서 구체적 실행 지침으로 작용하며, 실제로 다양한 문화협력 프로그램, 평화교육, 시민사회 연계사업 등에서 적극적으로 실현되고 있다. 이처럼 EU는 문화정책의 실천적 차원에서 평화와 화해, 그리고 국제적 공존의 가치를 제도적으로 강화하고, 문화예술이 갈등의 도구가 아니라 연대와 이해의 기반이 되도록 정책적 노력을 지속하고 있다.

2023-2026 EU 문화정책 작업계획에서 평화와 관련된 정책 방향은 단순한 선언적 의미를 넘어서, 문화정책의 실제적 목표와 실행 기준으로 구체화된다. 이 작업계획은 문화예술이 개인과 공동체, 그리고 국가 간에 신뢰를 형성하고, 과거의 상처와 분열을 극복하며, 사회적 결속을 강화하는 주요한 매개체임을 분명히 한다(Council of the European Union 2022). 특히, 갈등과 폭력의 재생산을 방지하기 위해 문화적 표현과 예술 활동이 증오심, 차별, 폭력의 정당화나 선전의 도구로 활용되는 것을 엄격히 배제하도록 원칙을 명시하고 있다. 대신, 문화 간 대화와 문화다양성을 촉진하는 문화정책은 상호이해와 존중, 인권의 존중, 포용적 사회구성의 기반이 되도록 설정된다. 이에 따라 EU는 문화정책이 분쟁 이후의 화해, 사회적 재

통합, 그리고 다문화사회 내 긴장 해소와 같은 평화구축적 과제에 전략적으로 기여할 수 있도록 회원국과 현장 조직의 협력과 역량강화를 적극적으로 지원하고 있다. 이러한 접근은 2016년 국제문화관계 전략과 2018년 신유럽문화의제가 제시한 평화·포용의 원칙이 '정책 실행 단계'로 이행된 결과로, 2022년 평가보고서가 강조한 민주적 회복력(democratic resilience) 강화 목표와도 직접적으로 연동된다.

따라서 2023-2026 작업계획은 문화정책의 '평화 구축 기능'을 제도적 수준에서 구체화한 실천적 프레임으로 이해할 수 있으며, 이는 다음에서 논의하는 〈European Spaces of Culture〉 프로그램의 실천으로 이어진다.

3) 구체화: European Spaces of Culture 프로그램 속 평화 구축

이러한 정책적 연속선 위에서 EU는 유럽문화공간(European Spaces of Culture, ESoC) 프로그램을 통해 '평화 구축의 문화적 메커니즘'을 구체화한다. ESoC는 EU가 역외 국가들과의 문화 관계에서 새로운 협력 모델을 시험하기 위해 시행한 국제문화교류 준비행동(Preparatory Action)으로, 2018년 유럽의회의 발의에 따라 출범하고 유럽연합 집행위원회가 EUNIC(유럽연합국가문화원연합)에 실행을 위탁한 프로젝트이다(EUNIC 2023). ESoC는 평화세우기를 비롯하여, 기후 행동, 접근성과 포용성 등 여러 주제를 다루고 있으며, 문화 간 대화와 포용적 협력의 원칙을 바탕으로, 사람 중심(person-to-person) 교류를 추구한다. 무엇보다 평등한 파트너십 하에 상호 경청과 공동 학습을 통해 신뢰와 이해를 구축하는 것을 기본 가치로 삼으며, ESoC는 유럽의 문화기관과 현지 문화 주체들이 동등한 지위에서 협력하도록 설계되었다. 제안 단계부터 현지 시민사회 조직, 문화예술 단체, EUNIC 회원기관, EU 대표부가 참여해 공동 기획하도록 요구되며, 상향식(bottom-up) 접근을 통해 현지 수요와 맥락에 기반한 평화·

화해 관련 프로젝트 아이디어를 도출하는 것이 특징이다(EUNIC 2023). 이러한 접근은 단순한 문화교류를 넘어 현지 사회 내부의 갈등 전환(conflict transformation) 과 사회적 신뢰 회복(social trust-building)을 촉진하는 실험적 거버넌스로 기능한다. 제안된 프로젝트들은 국제 전문가로 구성된 독립 심사위원회의 평가를 거쳐 시범사업(pilot)으로 선정되며, 프로젝트당 약 5만 유로의 지원을 받아 현지에서 실행된다. 즉, ESoC는 2016년 국제문화관계 전략의 '문화 간 대화' 원칙, 2018년 신유럽문화의제의 '사회적 회복력' 목표, 2023-2026 문화작업계획을 실제 현장에서 검증하고 제도화하는 정책 실험실(policy laboratory)로 기능한다. 특히 2020-2025년까지 총 40개의 프로젝트 중 평화와 연계한 프로젝트는 총 대략 10개 남짓에 해당된다.

다음에서는 구체적으로 2023년에 시행된 콜롬비아의 국제커뮤니티 영화제를 통해 평화정책이 문화정책과 어떻게 연계되어 구체화되는지 살펴보고자 한다.

4. 유럽문화공간(European Spaces of Culture), 콜롬비아국제커뮤니티 영화제 사례: 기억과 화해 상호작용의 예술적 실천

화해는 단일한 합의에 의해 비로소 완성되는 것이 아니라 여러 층위의 신뢰 회복과 서사 변환을 통해 점진적으로 구현된다. 코헨이 제시한 화해 과정은 가해자와 피해자의 감정적 인정, 공동의 미래 설계까지 포괄하는 다층적 과제를 요구한다. 이러한 '작은 평화'의 기반을 마련하는 데 문화예술이 어떤 역할을 수행하는지를 파악하기 위해, 본 절에서는 유럽연합 문화기관 네트워크(European Union National Institutes for Culture, EUNIC)이 유럽

문화공간(Euroepean Space of Culutre, ESoC) 사업의 일환으로 2023년 11월 콜롬비아 티에라 그라타(Tierra Grata)에서 개최된 국제 커뮤니티 영화제(International Community Film Festival, ICFF)를 분석한다.

본격적인 분석에 앞서 간략히 ICFF의 배경을 살펴보면 다음과 같다. 콜롬비아의 내부 분쟁은 1960년대에 본격화되어 반세기 이상 지속된 복합적 내전이었다. 1964년 결성된 콜롬비아 혁명무장군(Fuerzas Armadas Revolucionarias de Colombia, FARC)과 이에 대응해 1997년 창설된 우익 민병대는 각기 납치·마약 생산 등 범죄 활동과 결합하거나 국가기관과 결탁하여 대규모 인권침해를 야기했다. 좌우 무장세력과 국가폭력이 중첩되면서 수백만 명의 민간인이 피해를 입었고, 2002-2008년에는 콜롬비아군 병사들이 민간인을 유괴하여 살해한 뒤 시신을 게릴라로 위장하여 보고하는 '거짓 양성(False Positives)' 사건까지 발생하였다. 이런 폭력의 구조는 농촌 빈곤, 불평등, 정치적 배제, 마약경제 등 복합적 요인으로 지속되었다. 2016년 콜롬비아 정부와 콜롬비아 혁명무장군은 평화협정을 체결했지만 전 전투원에 대한 낙인과 전쟁의 기억은 사라지지 않아, 공식적 합의와 사회적 화해 사이에 간극이 존재했다.

이러한 취약한 환경에서 EU와 EUNIC 콜롬비아는 '상향식(bottom-up) 설계'와 '공정한 협력(fair partnership)'을 원칙으로 현지 NGO 히스토리아스 앤 킬로메트로스(Historias en Kilómetros, HEK)와 콜롬비아 진실위원회(Colombian Truth Commission, CTC)와 1년 이상 협력을 통해 문화예술 기반 평화 프로그램, 영화제를 기획했다. ESoC는 EU 국제문화관계 전략을 구현하기 위해 도입된 시범 프로그램으로, 예산 배분 등 거버넌스 측면에서는 하향식(top-down) 요소가 있더라도 설계와 실행은 현지 파트너가 주도하는 상향식(bottom-up) 접근을 취한다. 따라서 영화제는 단순한 외부 지원사업이 아니라 지역 공동체가 주체가 되는 '상징적 공간의 전환'으로 이해된다.

1) 상징적 공간의 중요성

평화학자들은 화해(reconciliation)가 추상적 이상이 아닌 구체적 장소에서 효과적으로 이루어진다고 강조한다. 레더라크(1997; 2016)는 화해를 "과거와 미래에 대한 염려가 만나는 만남의 지점"이자 "사람들이 기억과 비전을 공유하는 사회적 공간"으로 정의하며, 지속 가능한 평화는 사람들이 그런 공간에서 직접 만나 관계를 재구축할 때 가능하다고 주장했다. 이는 분쟁의 상흔이 담긴 상징적 장소에서 함께 기억을 되새기고 미래를 그려보는 과정이 화해를 촉진한다는 의미이다. 비외르크달(Annika Björkdahl 2017)과 캐플러(Stefanie Kappler 2017)도 분쟁 이후 장소의 물리적·상징적 의미에 주목하여, 공간은 단순 배경이 아니라 집합기억과 집단정체성 형성의 핵심 요소이며 평화 메시지의 설득력을 높이는 장치라고 지적한다.

이번 영화제 개최지인 티에라 그라타는 2016년 평화협정 이후 콜롬비아 혁명무장군의 재통합을 위해 마련된 평화정착촌(ETCR)이자 한때 무장세력이 머물던 장소로, 영화제를 통해 '가해의 장소'가 '공적 광장'으로 전환되는 상징적 공간이 되었다. 영화제는 이 상징성을 극대화하기 위해, 행사 기간 중 관객들에게 마을 투어와 옛 게릴라 캠프 견학을 제공하여 공간이 담고 있는 분쟁의 기억과 평화의 의미를 체험하도록 했다. 실제로 700여 명의 국내외 참가자들이 이 역사적 공간에 모여 과거의 상흔과 평화의 성과를 함께 목도함으로써, 평화 구축의 메시지가 훨씬 몰입도 높고 현실감 있게 다가왔다고 평가한다. 이러한 상징적 공간에서의 예술 축제는 레더락이 말한 화해의 장을 현실에 구현함으로써, 관객과 참여자들이 과거를 상기하고 현재를 재구성하게 된다. 즉, 공간의 기억·상징과 평화 메시지가 결합되어 새로운 공동체 정체성을 형성하는 계기를 마련한 것이다.

2) 기억의 교차와 정동적 안전지대에서의 자기 성찰

분쟁의 상흔을 다루는 데 있어 과거사에 대한 회고와 상호 자기 성찰은 화해의 출발점이다. 예술은 피해자와 가해자 모두가 자신의 기억과 감정을 창의적으로 표현하고 공유하도록 함으로써 서로에 대한 새로운 이해를 가능케 한다. 코헨(2005)은 예술 활동이 피해자와 가해자의 경계를 완화시키고 상호 반성과 공감을 불러일으켜 화해의 문을 연다고 주장하였고, 피셔(2013) 역시 예술이 치유와 책임 공유를 위한 안전한 공간을 제공한다고 강조하였다. 이러한 관점에서 볼 때, 콜롬비아 국제 커뮤니티 영화제는 예술을 통한 집단 기억의 공유와 치유를 실천했다고 볼 수 있다. 영화제에는 콜롬비아 내전으로 피해를 입은 다양한 커뮤니티의 구성원들과 전직 전투원들이 함께 참여했다. 이들은 단순 관객이 아니라 자신들의 이야기를 담은 커뮤니티 영화의 감독·제작자로서 작품을 출품하고 상영했다. 실제로 영화제에서는 "평화, 기억과 화해", "낙인 너머", "아이들을 위한 시네마"와 같은 부문이 마련되어 총 37개국에서 265편이 출품되었고, 그중 28편의 영화가 최종 상영되었다. 이러한 주제들은 모두 과거의 상처, 기억의 치유, 낙인과 편견 극복을 예술로 승화한 것으로, 참가자들이 서로의 아픔을 이해하고 성찰하도록 도와준다.

콜롬비아 국제 커뮤니티 영화제의 프로그램은 '우리가 누구였는가', '우리가 누구인가', '우리가 무엇이 될 것인가'로 구성되었다. 먼저 '우리가 누구였는가'라는 주제 세션에서는 무장해제와 민간인으로의 전환 과정에서의 고통과 상흔을 다루며, 전투원과 피해자가 공동 증언, 다큐멘터리 제작, 관객 대면 토론을 통해 각자의 기억을 언어와 영상으로 표현하고 상호 질문하는 자기 성찰의 장이었다. 예컨대 다큐멘터리 "Somos Historias(우리는 이야기다)"는 전투원과 지역 공동체 영화인이 협업하여 무장 갈등에 대한 문화적 저항을 기록했고, 상영 이후 패널 토론에서는 "우리가 왜 싸웠는가"와 같은 근본적 질문을 통해 과거를 성찰하는 대화가 이뤄졌다. 이런 공개적 회고는 가해자와 피해자 모두가 트라우마를 표면화하고 상대의 고통에 공감하도록 유도하여, 코헨이 말한 학습 해제와 서사 재구성의 과정이 이뤄진다. 상영작들은 모두 분쟁으로 고통받은 공동체의 목소리를 담은 작품들로, 피해자들의 경험, 콜롬비아 혁명무장군의 내적 갈등과 변화까지 예술로 표현했는데, "평화, 기억과 화해" 부문의 출품작들은 국내외의 다양한 진실 증언과 치유 사례를 다루어, 상처입은 공동체들이 예술을 통해 아픔을 공유했다. 이는 피해자의 고통을 사회가 함께 직면하고 의미화하는 인지적 작업에 해당되어 기억의 사회화(socialization of memory) 과정으로 정의할 수 있다.

이처럼 예술을 통해 자신의 과거를 돌아보고 변화된 현재의 모습을 보여주는 행위는 가해자에게는 자기 성찰과 책임의 기회를, 피해자와 지역사회에는 공동체 치유와 용서의 계기를 제공한다. 영화제 기간 내내 상영된 작품들과 이후의 대화는 참가자들에게 슬픔의 감정을 표출하고 서로를 이해하는 공감의 공간으로 작동함으로써, 집단 간 적대감을 완화하고 감정적 해방과 상호 인정의 경험을 이끌어냈다. 이는 예술적 상호작용이 어떻게 현실에서 화해를 촉진하는지 보여주는 사례로, 공식 사법 절차나 정치적 합의만으로는 얻기 어려운 피해자들의 공감 어린 증언, 가해자의 책임 인정, 상호 용서의 분위기가 예술적 상호작용 속에서 자연스럽게 형성된 것이라고 볼 수 있다.

3) 문화예술을 매개로 한 협업과 공동 창작 경험

문화예술을 매개로 한 협업과 공동 창작의 경험은 집단 간 신뢰를 구축하고 미래지향적 사회 비전을 설계하게 한다. 레더라크(1997; 2016)는 평화구축을 위해 도덕적 상상력(moral imagination)이 필요하며, 예술의 창의적 과정이 새로운 사회적 비전을 만들어내는 동력이 된다고 역설하였다. 젤라이저(Craig Zelizer 2003) 또한 공동 예술작업, 합동 공연, 창작 워크숍 등 협력적 예술 활동이 집단 간 신뢰와 상호이해를 증진하고, 함께 미래지향적 내러티브를 구성하도록 돕는다고 보았다. 콜롬비아 커뮤니티 영화제는 이러한 협업적 창작의 힘을 잘 보여준다.

콜롬비아 커뮤니티 영화제는 지역 공동체, 전 콜롬비아 혁명무장군, 피해자 가족, EUNIC 콜롬비아와 EU 대표부 등이 동등한 파트너로 참여한 협력적 프로젝트였다. 무엇보다 EU와 EUNIC의 재정·행정적 지원 속에 진행되었지만, 축제 기획과 실행의 주체는 다름 아닌 지역 공동체 사람들이었다. 프로젝트 기획 시기부터 티에라 그라타의 공동체와 지역 영화 단체가 축제의 프로그램과 주제를 직접 구상하였고, 현지 청년들이 영상 제작 교육을 받아 촬영팀과 운영 요원으로 참여했다(EUNIC 2023). 영화제 기획, 영화 제작 및 큐레이션 과정에서 전투원과 주민은 공동 워크숍을 통해 시나리오를 작성하고 영상을 촬영하며, '세 날, 세 막'이라는 3막 구조 속에서 과거·현재·미래를 함께 설계했다. 이런 협업은 참여자 간 신뢰와 공동체성이 실질적으로 강화될 수 있다. 무엇보다 영화제 준비 과정에서 2022년 말 모든 파트너들이 모여 수평적 대화 방식으로 목표와 계획을 공동 수립하였는데 현장의 전직 전투원, 지역 리더들과 유럽 측 문화전문가들이 동등한 입장에서 아이디어를 내고 논의한 것이 특징적이다. 이에 현지 공동체의 필요와 이야기가 최우선으로 반영된 맞춤형 평화 프로젝트가 되었다고 볼 수 있다. 예컨대 모든 프로그램 내용은 티에라그라타 공동체와 협의하여 설계되었고, 전직 게릴라들이 자신들의 이야기를 국제 영화인들 앞에서 직접 소개하도록 하는 등 주체적인 참여가 보장되었으며, 축제 운영에서도 현지 주민 100여 명이 자발적으로 참여하며 행사를 공동으로 만들어냈다.

이러한 협업 과정을 통해 과거 서로 대립했던 집단들이 예술이라는 공동 목표 아래 신뢰와 연대감을 쌓았다. 특히 마지막 날 "우리가 누가 될 것인가" 세션에서는 모두가 한데 모여 미래 세대가 꿈꾸는 평화로운 삶에 대해 토론하고 음악 공연을 즐겼는데 이는 협력적 예술 경험이 새로운 공동체의 미래상을 함께 그리는 작업임을 보여준다. 티에라그라타 공동체 리더는 "영화제를 통해 문화로 새로운 역사와 내러티브를 만들어갈 수 있게 되었다"고 강조했는데, 이는 공동 창작을 통한 미래지향적 평화 비전의 등장을 상징적으로 보여준다. 나아가 이러한 협업은 일회성에 그치지 않고 지속적 네트워크와 후속 프로젝트로 지속될 수 있는데, 영화제를 계기로 콜롬비아 전국의 커뮤니티 영화 제작팀들이 연대하여 국내 커뮤니티 영화인 네트워크를 구축하고 향후 공동 프로젝트를 모색하기로 하였으며 유럽 문화기관들도 이들과 파트너십을 지속한다는 계획을 발표했다. 이처럼 공동 예술작업의 경험은 분쟁 당사자들이 서로에 대한 신뢰를 회복하고 공동의 미래를 설계하도록 만드는 강력한 촉매제가 될 수 있다.

5. 나가며

오랜 내전으로 불신과 갈등이 깊었던 콜롬비아에서, 공동체 영화제라는 문화적 공간과 공적 광장은 서로 다른 집단 간 문화 간 대화를 촉진하는 장으로 기능했다. 전직 콜롬비아 혁명무장군, 이들이 정착한 티에라그라타 지역 주민, 분쟁 피해 공동체의 다양한 주체들이 자신의 경험을 영화로 공유하고 관객과 토론하는 과정은 화해를 향한 문화 간 대화의 실현으로 평가할 수 있다. 과거 적대 관계에 있었던 이들이 예술이라는 완충 지대를 통해 상대의 서사를 경청하고 이해함으로써, 분열된 공동체 사이에 새로운 정서와 신뢰를 만들어 낼 수 있었고, 이는 티에라그라타를

'콜롬비아 최초의 평화 도시'로 선언하는 상징적 성과로 가시화되었다. 예술적 개입을 통한 '작은 평화'가 어떻게 인지적·정서적 전환을 야기하는지에 대해, 발데라마(Valderrama Herrera 2020)는 예술적 행동이 피해자들의 치유와 기억 재구성에 기여하는 동시에 진실과 정의의 요구를 환기한다는 점을 강조한다.

그러나 완전한 화해와 지속 가능한 평화를 위해서는 예술적 개입만으로는 충분하지 않다는 한계도 분명하다. 진상규명과 법적·물질적 배상, 제도 개혁이 결여될 경우 상징적 문화 행사는 일시적 공감에 그칠 수 있으며 장기적 신뢰를 담보하기 어렵다. 더씨(Roger Duthie 2009)는 이러한 비판을 통해 예술과 제도적 조치의 결합을 강조한다. 그럼에도 불구하고 예술이 동반될 때 정서적 교류가 촉진되고, 적대적 서사를 넘어서 상대를 인간으로 인식하는 계기가 마련된다는 점은 레더라크(1997; 2016)는 관계가 변하면 결국 문제가 변한다고 언급한 '관계의 전환' 이론과 맥을 같이 한다. 따라서 예술은 정치적 합의와 법적 정의를 보완하는 감정적·상징적 기반을 제공하며, 예술의 잠재력이 과장되거나 지배적 담론을 정당화하는 수단으로 전락하지 않도록 경계하는 동시에, 비판적 기억문화와 피해자 중심의 참여를 제도적으로 보장해야 한다.

이러한 분석은 한반도 평화 담론에도 함의를 제공한다. 장기적 분단과 대립으로 인해 정치적 대화가 반복적으로 단절된 한반도에서는, 제도적 합의 이전에 '작은 평화(small peace)'의 층위를 복원하는 것이 우선적 과제가 된다. 맥긴티(Mac Ginty 2024)의 일상적 평화이론이 지적하듯, 거시적 통일 담론이나 정상 간 합의 중심의 접근은 평화의 다층성과 일상적 경험을 포착하지 못한다. 즉, 평화는 협정의 결과가 아니라 일상의 관계와 감정, 문화적 실천 속에서 서서히 형성되는 사회적 경험이다. 이러한 맥락에서 문화예술은 분단체제의 경직된 인식을 풀어주는 '정서적 완충지대'로서 작용할 수 있으며, 남북 주민이 서로의 역사·생활양식을 이해하고 새로운 관계 상상력을 공유하는 '문화적 접촉면'을 제공한다.

특히 콜롬비아의 사례는 한반도에서 예술을 매개로 신뢰 회복을 도모할 가능성을 시사한다. 티에라그라타 영화제가 전직 전투원과 피해자가 함께 영화를 만들고 상영함으로써 상호 인정을 이끌어낸 것처럼, 한반도에서도 남북 예술가·시민이 협력하는 공동 예술 프로젝트, 기록 예술, 평화 미디어 프로그램 등이 비공식 대화 채널이자 감정적 치유의 장으로 기능할 수 있다. 이는 남북 간 제도적 교착을 넘어 시민 수준에서의 '관계 회복형 평화'의 토대를 마련하는 전략으로 작동할 수 있다.

한편, 최근 한국에서도 '평화도시' 담론과 DMZ 문화예술 프로젝트를 통해 평화 담론의 공간적 확장이 시도되고 있다. 백일순(2022)은 평화 담론이 국가 중심으로 전개되어 온 문제를 지적하며, 지방정부가 지역의 특수성을 바탕으로 평화도시를 추진하는 과정에서 정책적 감시와 시민 주도의 참여 메커니즘이 필요함을 강조한다. 이는 콜롬비아에서 나타난 상향식(bottom-up) 예술 실천과 구조적 평화 간의 긴장을 한국적 맥락에서 재해석할 수 있는 지점이다. DMZ를 문화예술 매개 공간으로 전환하려는 시도 역시 이러한 관점과 맞닿아 있다. 예를 들어 2021년 'DMZ Art & Peace Platform'은 옛 통일교류사무소를 개조한 유니마루(UniMARU) 미술관 등 다섯 개 장소에서 32명의 국내외 작가가 참여해 DMZ의 과거·현재·미래를 주제로 전시를 열었다. 이 프로젝트는 프랫(Mary Louise Pratt 1991, 35)의 '접촉지대(contact zone)' 개념처럼, 분단의 상징 공간을 상호 교류의 예술적 장으로 재구성함으로써 '국경 없는 평화지대'의 상상력을 현실화한 시도였다.

결국 한반도의 평화 또한 제도적 협상의 결과가 아니라, 문화적 실천이 쌓여 형성되는 사회적 경험으로 접근할 필요가 있다. 일상의 문화적 만

남과 예술적 협업은 신뢰와 공감으로 전환할 수 있는 작은 평화의 기회를 제공하며, 이 작은 평화가 누적될 때 지속 가능한 '큰 평화'로 확장될 수 있다. 그러나 이를 위해서는 지속적 참여, 제도적 연계, 지역 주도성, 비판적 기억 문화, 평가 체계가 필수적이다. 한국에서도 평화도시·평화섬 브랜드화와 같은 상징적 정책이 추진되고 있으나, 주민의 자율적 참여가 보장되지 않으면 '관광상품화'나 '정치적 홍보'로 변질될 위험이 있다. 따라서 콜롬비아와 한반도 사례 모두는 문화예술이 평화를 촉발하는 감정적 매개이자 사회적 인프라로 작용하지만, 실질적 정의와 제도적 개혁이 결합되어야만 '지속 가능한 평화(peace sustainability)'로 나아갈 수 있음을 공통적으로 보여준다.

참고문헌

| 국문 |

김새미. 2019. “문화예술을 매개로 한 난민에 대한 환대 가능성.” 『통합유럽연구』 제10권 1호, 105-142.

_____. 2024. “문화예술을 매개로 한 난민에 대한 환대 가능성.” 『국제정치연구』 제27권 4호, 235-259.

백일순. 2022. “평화의 지역적 전환: 국내 평화도시 논의를 중심으로.” 『대한지리학회지』 제57권 1호, 19-36.

허지영. 2021. “일상적 평화: 미시적 평화담론의 한반도 적용과 의의.” 『통일과 평화』 제13권 2호, 79-114.

Dewey, John 저, 박철홍 역. 2016. 『경험으로서 예술』. 경기: 나남.

Bhabha, Homi K. 저, 나병철 역. 2002. 『문화의 위치』. 서울: 소명출판.

Lederach, John Paul 저, 김가연 역. 2016. 『도덕적 상상력』. 경기: 글항아리.

| 영문 |

Baltà, Jordi. 2021. *Cultural Relations-Key Approaches in Fragile Contexts*. Bruxelles: EUNIC(European Union National Institutes for Culture).

Bhabha, Homi K. 1994. *The Location of Culture*. London: Routledge.

Björkdahl, Annika. 2017. “Memory Politics, Cultural Heritage and Peace: Introducing an Analytical Framework to Study Mnemonic Formations.” Susanne Buckley-Zistel, Annika

Björkdahl, Stefanie Kappler, Johanna Mannergren Selimovic, and Timothy Williams eds. *Working Paper Series* No. 1. Marburg: Philipps University Marburg.

Blanco Borelli, Melissa, and Olga L. Sorzano. 2021. "Performance practices and the conflict of memory in Colombia: Working towards a 'decolonial' digital archive and epistemological justice." *Contemporary Theatre Review* 31(1-2): 172-190.

Cohen, Cynthia E. 2005. "Creative Approaches to Reconciliation." Mari Fitzduff and Christopher E. Stout eds. *The Psychology of Resolving Global Conflicts: From War to Peace, Vol. 3: Interventions*. Westport, CT: Praeger Security International.

__________. 2020. "Reimagining Transitional Justice." *International Journal of Transitional Justice* 14(1): 1-13.

Council of the European Union. 2022. *Resolution on the EU Work Plan for Culture 2023-2026 (2022/C 466/01, ST/15381/2022/INIT). Official Journal of the European Union C 466*, 7 December 2022, 1-18. https://eur-lex.europa.eu/legal-content/EN/TXT/PDF/?uri=CELEX:32022G1207(01) (최종검색일: 2025/08/30).

Davis Cross, Mai'a K. 2021. "The Challenges Ahead for European Cultural Diplomacy." Roberta N. Haar, Thomas Christiansen, Sabina Lange, and Sophie Vanhoonacker eds. *The Making of European Security Policy*. Abingdon: Routledge.

Duthie, Roger. 2009. *Building Trust and Capacity: Civil Society and Transitional Justice from a Development Perspective*. New York: International Center for Transitional Justice.

EUNIC. 2023. "European Spaces of Culture: Colombia - First edition of the International Community Film Festival." https://europeanspacesofculture.eu/projects/colombia (최종검색일: 2025/08/30).

European Commission. 2016. Towards an EU strategy for international cultural relations (Joint Communication JOIN(2016) 29 final, 8 June 2016). https://eur-lex.europa.eu/(최종검색일: 2025/08/30).

European Parliament. 2022. Report on the implementation of the New European Agenda for Culture and the EU Strategy for International Cultural Relations, A9-0279/2022, 18 Nov. Brussels: European Parliament. https://www.europarl.europa.eu/doceo/document/A-9-2022-0279_EN.html (최종검색일: 2025/08/30).

Fonseca, Laura, and Sandra Jovchelovitch. 2024. "The long hard road of reconciliation: Prefiguring cultures of peace through the transformation of representations of former combatants and identities of urban youth in Colombia." *European Journal of Social Psychology* 54(1): 1-16.

Fischer, Martina. 2013. "Transitional Justice and Reconciliation: Theory and Practice." Beatrix Austin, Martina Fischer, and Hans J. Giessmann eds. *Advancing Conflict Transformation: The Berghof Handbook II.* Opladen/Farmington Hills: Barbara Budrich Publishers.

Fitzpatrick, Fiona. 2002. "A Search for Home: The Role of *Art Therapy* in Understanding the Experiences of Bosnian Refugees in Western Australia." Art Therapy 19 (4): 151-158.

Gilboa, Avi, Nechama Yehuda, and Dorit Amir. 2009. "Let's Talk Music: A Musical-Communal Project for Enhancing Communication among Students of Multi-Cultural Origin." *Nordic Journal of Music Therapy* 18 (1): 3-31.

Herman, Judith L. 1992. *Trauma and Recovery: The Aftermath of Violence—from Domestic Abuse to Political Terror*. New York: Basic Books.

Kappler, Stefanie. 2017. "Sarajevo's Ambivalent Memoryscape: Spatial Stories of Peace and Conflict." *Peacebuilding 5* (3): 261-277.

Kerr, Rachel. 2020. "*Art, Aesthetics, Justice, and Reconciliation: What Can Art Do?.*"online by Cambridge University Press: 30 March 2020 https://www.cambridge.org/core/journals/americanjournal-of-international-law/article/art-aesthetics-justice-and-reconciliation-what-can-art-do/8965A016EB04B26925F6CF16E1BF65B0 (최종검색일: 2025/08/30).

Kidd, D. C., and E. Castano. 2013. "Reading Literary Fiction Improves Theory of Mind." *Science* 342(377), 377-380.

Lederach, John Paul. 1997. *Building Peace: Sustainable Reconciliation in Divided Societies. Washington.* D.C.: United States Institute of Peace Press.

Laurence, Felicity. 2008. "Music and Empathy." Olivier Urbain ed. *Music and Conflict Transformation: Harmonies and Dissonances in Geopolitics*. London: I. B. Tauris, 13-26.

Mac Ginty, Roger. 2016. "What Do We Mean When We Use the Term 'Local'?"

________________. 2021. *Everyday Peace: How Ordinary People Can Disrupt Violent Conflict*. Oxford: Oxford University Press.

________________. 2024. "Simultaneously Inhabited Lifeworlds: A Phenomenological Approach to Understanding Peace and Conflict." *Cooperation and Conflict* 60(2): 261-285. https://doi.org/10.1177/00108367241293639

Mar, Raymond A., et al. 2006. "Bookworms versus Nerds: Exposure to Fiction versus Non-Fiction, Divergent Associations with Social Ability, and the Simulation of Fictional Social Worlds." *Journal of Research in Personality* 40 (5): 694-712.

Marsh, Kathryn. 2012. "The Beat Will Make You Be Courage: The Role of a Secondary School Music Program in Supporting Young Refugees and Newly Arrived Immigrants in Australia." *Research Studies in Music Education* 34 (2): 93-111.

Mehani, Jasmina. 2025. "Cultural Diplomacy and Trust Building: Keys to Ethnic Conflict Resolution in Kosovo and the Western Balkans." *Conflict Resolution Quarterly*. 43(1): 113-121.

Redwood, Tom, Jovana Davidović, and Amra Milošević. 2025. "Reckoning with Reconciliation: Art and Artists in Bosnia and Herzegovina." *International Journal of Transitional Justice*. 19: 352–368.

Richmond, Oliver P. 2011. *A Post-Liberal Peace*. London & New York: Routledge.

Rousseau, Cecile, et al. 2005. "Evaluation of a Classroom Program of Creative Expression Workshops for Refugee and Immigrant Children." *Journal of Child Psychology and Psychiatry* 46 (2): 180–185.

Valderrama Herrera, Alejandro. 2020. "Art and culture as processes of healing and memory in Colombia." Per la Pau / Peace in Progress (38): 1–8. https://www.icip.cat/perlapau/en/article/art-and-culture-as-processes-of-healing-and-memory-in-colombia/ (최종검색일: 2025/08/30).

Zelizer, Craig. 2003. "The Role of Artistic Processes in Peace-Building in Bosnia-Herzegovina." *Peace and Conflict Studies* 10(2): 62–75.

| 5장 |

남북관계로 본 회복적 정의

: 법적 책임 이후의 화해와 재통합*

천자현

1. 서론

오늘날 한국 사회는 다층적인 전환의 국면에 놓여있다. 4차 산업혁명과 디지털 전환, 인구 구조의 급변, 사회 갈등과 불신의 심화, 글로벌 불평등의 확대와 지역 분쟁, 미·중 간 전략 경쟁 등 대외적 환경 변화가 급속히 진행되는 가운데, 한국 내부적으로는 분단국가라는 구조적 특수성 속에서 이념에 기반한 남남갈등과 지속적인 남북갈등 또한 심화되고 있다. 이처럼 전환기적 갈등은 개인 간의 관계를 넘어 사회적 관계, 국제 관계 등 다양한 층위에서 복합적이고 중층적으로 발생하고 있으며, 이로 인해

* 이 연구는 『문화와 정치』 제12권 제3호(2025)에 게재된 논문의 내용을 수정 및 보완한 것입니다.

혐오와 차별이 확산되어 지속 가능한 인류 공동체의 미래를 위협하고 있다. 실제로 OECD 국가들을 대상으로 한 사회갈등 지수 조사에서 한국은 갈등이 심각한 국가 3위로 나타났으며(전국경제인연합회 2021), 2022년 1분기 기준 한국사회의 종합갈등 지수는 누적 기준 178.4로, 2018년 대비 거의 두 배 가까이 증가하였다. 또한 국민의 약 90%가 우리 사회의 갈등 수준을 '심각하다'고 인식하고 있으며, 앞으로 갈등이 더욱 심화될 것이라는 부정적 전망을 보이고 있어, 이러한 갈등이 단기적 현상이 아닌 장기적 과제로 지속될 가능성이 큼을 시사한다(한국사회갈등해소센터·한국리서치 2021).

사회적 분열에 있어 갈등 자체보다 중요한 지표는 갈등 현상을 어떻게 관리하고 해결하는가에 있다. 갈등은 관계가 구성되는 곳에서 자연스럽게 발생하는 사회현상의 하나이기 때문에, 이를 건설적으로 해결하여 사회 발전에 보탬이 되는 결과를 도출해낼 수 있다면, 갈등 그 자체가 나쁘다고만 볼 수는 없는 것이다. 그러나 OECD 국가들 중, 정부의 갈등관리 지수는 최하위권인 27위에 머물고 있으며, 우리 정부가 집단 간 갈등을 줄이기 위해 '노력하고 있지 않다'는 부정적 평가가 절반이 넘었다. 이는 최근 8년 사이 가장 부정적인 평가이다(한국사회갈등해소센터, 한국리서치 2020). 사회갈등을 효율적으로 조정하고 관리할 수 있는 체제가 정비되어 있지 못하여 갈등지속형 사회의 구조가 고착화되어 가고 있는 것이다. 특히, 해결의 시기를 놓치면 되면, 갈등이 장기화되어 그 해결이 더욱 요원해지고, 이에 따른 사회적 비용이 과다하게 발생하는 것이 갈등의 속성이다(삼성경제연구소 2009). 우리는 지금 한국의 사회문화가 갈등 해결형이 아닌, 갈등지속형의 시대로 접어들고 있음을 목도하고 있는 것이다.

그렇다면 갈등지속형 사회가 왜 문제인가? 갈등지속형 사회는 사회 분열과 불안정의 초래라는 정치적·사회적 비용 외에도 실제로 막대한 경제적 비용이 지출된다. 잠재적 갈등요인과 갈등관리제도가 경제성장에 영향을 준다는 가설에 대한 실증 분석결과들을 보면, 〈표 1〉에서 보는 바와 같이, 사회적 갈등과 경제성장은 음(-)의 상관관계가 있다는 공통된 결론이 도출되고 있음을 알 수 있다(현대경제연구원 2016; Rodrik 1998; 박준 외 2009; 정영호·고숙자 2014). 이 외에도 사회 통합의 효과에 대한 논의 역시, 사회 통합이 직접적으로 생활만족도와 행복에 긍정적인 영향을 주고 있음을 입증하고 있다(이재열 외 2014). 즉, 사회적 분열과 갈등 현상이 정치적·경제적·심리적 영역에서 사회 구성원 개개인에게 직간접적인 영향을 미치고 있다.

〈표 1〉 사회갈등 개선의 경제적 효과

연구 주체	사회 갈등 개선의 경제적 효과
삼성경제연구소 (2009)	사회갈등지수 10% 하락할 경우, 1인당 GDP 7.1% 증가의 효과
한국보건사회연구원 (2014)	사회갈등지수 10% 하락할 경우, 1인당 GDP 1.62~1.79% 증가의 효과
현대경제연구원 (2016)	사회갈등 수준이 G7 국가의 평균수준으로 개선될 경우, 잠재경제성장률 0.3% 증가의 효과

※출처: 박준, 김용기, 이동원, 김선빈. "한국의 사회갈등과 경제적 비용." 『삼성경제연구소 CEO Information』 제70호, 2009; 정영호, 고숙자. "사회갈등지수 국제비교 및 경제성장에 미치는 영향." 『한국보건사회연구원 연구보고서』 2014.12; 이부형, 박용정. "사회적 갈등의 경제적 효과 추정과 시사점." 『현대경제연구원 경제주평』 16-45(통권 718호), 2016.11.

전술한 바와 같이, 본 연구는 한국 사회가 복합적·중층적 갈등의 증가로 인해 '사회적 관계의 위기'에 직면해 있다는 문제의식에서 출발한다. 특히 이러한 갈등을 해결하는 데 있어 현재와 같은 사법적 절차 중심의 접근 방식은 관계 회복이나 지속 가능한 사회 통합을 이루기에는 한계가 있다는 인식에 기반한다. 이에 본 연구는 한국 사회 갈등의 특징과 그 심화 요인을 분석하고, 이를 해결하기 위한 대안적 접근—특히 회복적 정의(restorative justice) 관점—의 가능성을 모색하고자 한다.

이 글에서는 대표적인 사례로 남북관계에 나타난 갈등 해결 시도를 분석 대상으로 삼는다. 남북 간 갈등 해결 과정에서 나타난 사법적 접근의 한계를 검토하고, 대안적 해결 시도 및 회복적 정의의 적용 가능성을 탐색함으로써, 한국 사회 전반의 관계 회복과 사회 통합에 기여할 수 있는 방안을 제시하는 것을 궁극적 목표로 한다. 이를 위해 갈등 개념과 이론들을 고찰, 한국 사회의 갈등 특성을 분석하고, 사회적 갈등 해결 방식의 스펙트럼과 그에 따른 사회 통합의 수준을 분석한다. 또한 남북관계 사례를 중심으로 사법적·대안적·회복적 정의 해결 방식의 적용 사례와 그 성과를 분석한다. 이러한 논의를 바탕으로 현재 한반도에서의 사회 통합과 평화적 질서 구축에 주는 함의를 도출하고자 한다.

2. 갈등의 이론적 고찰 : 갈등의 본질 및 한국 사회 갈등의 변화

갈등은 "가치와 희소한 지위, 권력과 자원에 대한 권리를 둘러싼 투쟁"으로 정의될 수 있다(Coser 1964). 한편, 사회갈등은 개인들의 집합인 집합 간의 갈등을 의미하는 것으로, 사회 균열(social cleavages)에서 비롯된다. 주로 사회적 배경에 따라 분화된 집단들 간의 정치·문화적 차이와 정치화된 집단정체성을 지속시키려는 메커니즘에 의해 발생된다(Enyedi 2008). 이러한 균열은 소속 집단에 일체감을 주고, 사회집단의 자의식을 반영하는 조직화된 단위들 간의 갈등으로 이해될 수 있다는 것이다(Bartolini & Mair 1990). 그리고 이들 균열과 갈등은 폭동, 반란, 혁명, 파업, 소요, 집회, 시위 등의 행위로 나타나지만, 적대적 감정과 긴장 등 아직 행동으로 표출되지 않은 잠재적 갈등도 포함한다(박준·정동재 2018).

그러나 갈등은 불가피한 사회적 상호작용 중 하나로, 다원주의사회에서 갈등 발생은 당연하게 받아들여지고 있다. 오히려 갈등이 전혀 없는 상태는 중앙의 권력이 국민 개개인의 가치관까지 완벽히 통제하는 전체주의 사회와 다를 바 없음이다. 무엇보다 집단 간 갈등을 통해 현재 사회질서의 모순, 문제점, 취약점을 인지할 수 있다는 점에서 일정 수준의 갈등은 사회 발전에 기여하는 긍정적 역할을 하기도 한다(Coser 1964, 121-137). 이런 추세에 따라 갈등에 대한 사회적 인식 역시 무조건 부정적이라는 인식에서 긍정적 혹은 양면적인 것으로 변화해왔다.

이처럼 갈등이 필수불가결한 사회 현상이라면, 이를 어떻게 관리하고 해결할 것인가에 대한 합리적 조정 메커니즘은 필수적인 요소이다. 갈등이 장기화되면 집단 간 상호불신, 미움, 적대감이 고조되어 해결을 위한 기간과 사회적 비용의 지출도 증가하기 때문에 합리적인 메커니즘을 통해 적기에 해결하는 방법을 고안할 필요가 있는 것이다. 과거에는 갈등 해결을 위해 힘과 법에 기반을 둔 접근을 당연시했다면, 최근에는 권리와 상호이해에 기반을 둔 접근으로 변화하고 있는 추세이다. 공정한 협상 절차와 사회적 합의에 의한 문제 해결을 지향하고 있는 것이다(박태순 2006).

그렇다면 한국 사회 갈등의 주요 원인은 무엇일까? 이론적 관점에 따라 그 답은 달라질 것이다. 첫째, 문화적 요인을 강조하는 이론의 경우, 한국사회의 압축 성장 경험이 과거 권위주의 유산을 유지시키면서 이로 인한 문화적 충돌이 발생한다고 지적한다. 정치적 민주화에도 불구하고 체계적인 정치교육과 성숙한 시민문화가 제대로 형성되지 않았다는 맥락이다. 따라서 문화적 관점은 한국의 낮은 사회적 자본(social capital)이 민주주의의 발전을 저해하고 갈등을 키우고 있다고 설명한다. 둘째, 사회갈등의 원인으로 정치적 요인을 꼽는 정치적 관점은 정당과 정부의 무능 및 비효율성을 지적한다. 1987년 민주화 이후 민주주의가 정착되었지만 민주주의의 '수준'은 높지 않다는 것이다. 한국은 선거 제도가 단순 다수대표제로 운영되면서 지역주의 정당이 유지되고 사회적 약자의 목소리가 반영되지 못함으로써, 결과적으로 다양한 사회집단들이 서로 경쟁하고 이해갈등을 조정·타협·합의하는 민주적 정치 과정이 제대로 형성되지 못하였다는 주장이다(김윤태 2022).

끝으로, 한국사회의 갈등은 본질적으로 장기간 지속된 남북한 간 냉전적 대립구조에서 비롯되었다고 분석하는 역사적 관점이 있다. 냉전 문화는 배제와 강요를 바탕으로, 강제적 동질화의 과정을 내재하고 있기 때문이다. 이러한 이유로 사회 내의 차이와 다양성들이 발전적으로 해소되기보다는 갈등적 상황으로 격화되어 나타날 가능성이 커지는 것이다(윤인진 2011). 이러한 한국사회의 갈등은 압축과 복합이라는 두 개의 키워드로 설명할 수 있다. 짧은 기간에 다양한 종류의 갈등이 압축적으로 발생해왔는데(박길성 2011), 이 기간 사회갈등의 두 축인 이익갈등–계층, 지역갈등–과 가치갈등–이념, 세대, 젠더갈등–이 동시에 분출하는 복합 갈등의 형태도 띠게 된 것이다(윤인진 2011). 1987년 민주화 이후 다양한 종류의 사회갈등을 경험하면서 초기에는 임금과 고용문제를 둘러싼 노사갈등, 지역갈등, 이념갈등이 주요 이슈였다면, 최근 몇 년은 기존의 갈등이 남아있는 상태에서 세대, 젠더 등을 축으로 하는 새로운 갈등이 심화되면서 복합적 구조로 나타나게 된 것이다. 그리고 이러한 이슈들은 두 개 이상 결합하여 갈등으로 분출되면서 더욱 복잡해지는 양상을 보이고 있다(박길성 2011; 박준, 정동재 2018). 예를 들어, 한국 사회에서 진보·보수의 이념 갈등은 정치, 경제, 교육, 문화 등 사회 전 분야로 확산되면서 복합적으로 표출되고 있다. 젠더 갈등도 취업 경쟁에서 밀려난 청년들이 상대 젠더를 분노 표출의 공격 대상으로 삼는 것처럼 사회경제적 계층 갈등과 젠더 갈등이 결합되어 나타나고 있는 것으로 분석할 수 있다. 세대 갈등은 압축적 발전의 경험으로 증폭된 세대차이가, 향후 일자리, 복지 등 경제 문제로 대립하게 될 경우 더 악화된 갈등 형태로 나타날 것을 우려하는 것도 복합 갈등의 한 사례로 볼 수 있다(강원택 2014; 유병래 2015).

과거 한국의 갈등 대응 성향이 집단주의적 문화로 인해 회피와 순응이 지배적이었다면, 최근 젊은 세대는 보다 경쟁적인 형태로 나타나는 것도 갈등이 증가하는 원인의 하나로 분석할 수 있다. 집단주의는 "사회적인 틀로서, 이에 속한 사람들은 내집단과 외집단을 구분, 내집단이 자신을 돌보아줄 것으로 기대하며, 그 대가로 내집단에 절대적으로 충성해야 한다고 느끼는 문화"를 의미한다(Hofstede 1980). 집단주의자들은 집단에 귀속해 있다고 여기고, 자신이 속한 내집단의 목표와 개인의 목표 사이에 차이가 존재할 경우, 내집단의 목표를 개인의 목표보다 우선시하는 것을 당연하게 받아들인다는 것이다(Poter, McDaniel, Roy & Samovar 1991). 한국을 비롯한 동아시아 국가들은 유교의 영향을 받아 집단주의 성향이 우세하다는 분석과 함께(조긍호 2007; 2012), 이들 집단성은 개인이 자신의 고유성을 집단에 맞추어 변화시켜 전체에 융화시키는 형태로 개인의 단순한 합을 넘어서는 집단주의로 분석하기도 한다(최상진 2011). 이러한 집단주의 문화에서는 갈등 회피의 형태가 우세했으며, 자연스럽게 사회적 갈등도 표면화되기 어려웠을 가능성이 크다. 그러나 세계화와 이로 인한 서구 사회의 개인주의 문화 유입으로 인해, 한국 사회 역시 개인주의의 영향을 많이 받아왔음은 주지의 사실이다(나은영·민경환 1998; 나은영·차재호 1999). 최근 MZ세대라 불리는 젊은 세대는 자신만의 가치관과 개성을 존중하는 개인주의 성향을 보이고 있어 이들의 갈등 대응 역시 다르게 나타날 것으로 예상해볼 수 있다(전종우 2020).

3. 사회적 갈등 해결 방법의 스펙트럼과 이에 따른 사회 통합의 수준

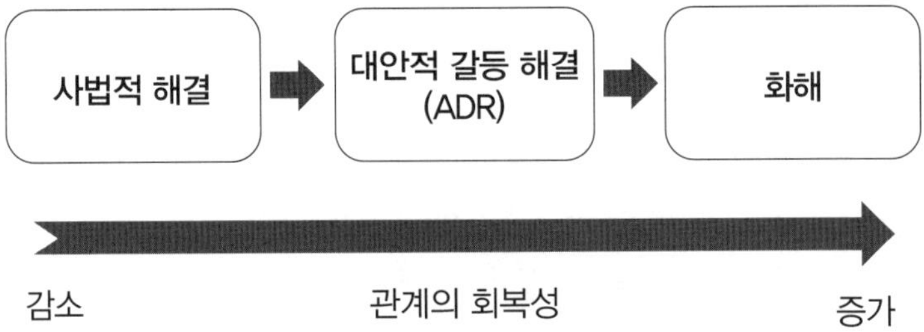

〈그림 1〉 사회 통합의 수준에 따른 갈등 해결 방법의 스펙트럼

〈표 2〉는 사법적 해결, 대안적 갈등 해결, 회복적 정의의 주요 특징을 비교한 것이다.

〈표 2〉 사법적 해결, 대안적 갈등 해결, 회복적 정의의 주요 특징 비교

구분	사법적 해결 (Judicial Resolution)	대안적 갈등 해결 (ADR)	회복적 정의 (Restorative Justice)
목적	법적 책임 규명 및 처벌	신속하고 효율적인 분쟁의 평화적 해결	당사자 간 관계 회복과 공동체의 재통합
주요 참여자	판사, 검사, 변호사 등 법적 전문가	중재자, 조정자 및 갈등 당사자	피해자, 가해자 및 관련 공동체 구성원
절차	엄격한 법정 심리 절차, 증거 제출 및 공식 판결	중재, 조정, 협상 등 비공식적이고 유연한 절차	자발적 대화, 책임 인정, 피해 경험 공유 해결책 도출
결과	법적 판결에 따른 처벌, 손해배상 등	당사자 간 합의서 작성 및 분쟁 해결	관계 회복을 위한 약속과 조치, 공동체의지지 하에 이행
특징	결과 중심적이며 형식적 절차에 따른 엄격한 법 집행	실용적이고 유연한 접근, 당사자 자율성 중시	감정적·도덕적 책임의 포함, 치유와 신뢰 회복에 중점
한계	관계 회복 미흡 및 당사자 간 신뢰 구축 미흡	법적 강제력 부재, 일부 갈등 유형에 한정	절차의 자발성 및 실행의 복잡성, 긴 시간과 노력 요구

1) 소송을 통한 사법적 해결

지금까지 사회 갈등의 해결은 법규범에 기반하여 사법기관에 소송을 제기하는 방식으로 주로 이루어져 왔다. 법은 국가의 강제력을 바탕으로 질서 있는 사회생활을 유지하기 위한 제도이며, 분쟁을 권위적으로 그리고 최종적으로 해결하는 역할을 수행한다. 그러나 인구의 급증과 사회 시스템의 복잡화는 이러한 공식적 소송제도의 기능과 역할에 한계를 드러나게 했다. 자유민주주의의 확대, 인권 감수성의 고양, 산업자본주의에 따른 이해관계의 다변화는 새로운 형태의 분쟁을 끊임없이 생성했고, 이에 따라 다양한 법 조항들이 마련되면서 법원에 제기되는 소송 건수 역시 급증하였다.

이러한 상황 속에서 국가의 사법 시스템은 더 이상 과거처럼 이해당사자들의 요구에 개별적으로 효과적으로 대응하기 어려운 구조가 되었다. 특히 판사 1인당 재판 건수의 과도한 증가는 법원의 전문성과 판단의 질을 저하시키는 요인이 되었고, 이는 재판 간소화 및 사법 시스템 개편에 대한 사회적 요구로 이어지고 있다. 나아가 복잡한 재판 절차, 장기화된 심리, 과도한 소송비용, 사소한 분쟁에 있어 소송 절차의 비효율성, 사건의 유형 다양화에 따른 기술적·실무적 한계 등은 사법부가 사회 갈등의 본질을 정확히 파악하고 공정하게 해결하는 데 구조적 제약을 드러내고 있다(류승훈 2009). 이러한 문제의식은 미국, 영국 등 주요 선진국에서도 공유되고 있으며, 이들 국가에서는 사법적 해결 방식이 지닌 한계를 보완하기 위한 대안적 갈등 해결 방식(Alternative Dispute Resolution)에 대한 관심과 제도화가 확대되고 있는 실정이다.[1]

---

1 미국인의 전통적인 소송 선호 경향으로 환경·소비자·의료분쟁 등 다양한 형태의 분쟁에 이어, 폭발적으로 소송이 증가하고 이에 따른 소송지연과 과중한 비용부담의 폐해가 전면에 부각되었다. 아울러 엄격한 증거조사와 형식적인 법률요건 위주의 공격 방어에 전면적 승부를 거는 대립당사자주의 전통은 이를 조장·확대하는 변호사 제도의 폐해와 함께 점차 비판의 대상이 되어왔다.

2) 대안적 갈등 해결(ADR, Alternative Dispute Resolution)

대안적 갈등 해결은 소송 이외의 방식을 통해 분쟁을 해결하고자 하는 접근을 의미한다. 소송이 사법 권력에 의해 강제적으로 갈등을 종결짓는 방식이라면, ADR은 분쟁 당사자 간의 자율적인 합의에 기초한 절차로, 해결 과정에서의 자율성과 유연성을 강조한다. 제3자의 개입 또한 분쟁 당사자의 동의 하에 이루어지며, 판결처럼 일방적 강제력을 행사하는 절차가 아니다. 이러한 방식은 현대 사회의 갈등이 점점 더 다양하고 복합적인 양상을 띠는 데 반해, 전통적 소송 절차가 효율성, 비용, 시간, 그리고 분쟁 당사자의 만족도 측면에서 한계를 지닌다는 비판에서 비롯되었다(양승업 2007). 특히 ADR은 전통적인 법적 해결로는 도출하기 어려운 창의적 해법을 가능케 하며, 승자와 패자가 명확히 나뉘는 제로섬 게임이 아닌, 당사자 모두가 수용 가능한 윈-윈(Win-Win)의 결과를 도출할 수 있다는 점에서 주목받고 있다. 그 결과, 이해당사자 간의 관계 회복과 장기적인 신뢰 형성에도 긍정적 영향을 미칠 수 있다.

ADR의 주요 유형으로는 협상(negotiation), 조정(mediation), 중재(arbitration)가 있으며, 이들은 각각 독립적인 분쟁 해결 방식으로 활용될 수 있을 뿐 아니라, 갈등 해결 과정의 다양한 단계에서 보완적으로 연계되어 사용될 수 있다. 즉, 협상이 실패할 경우 조정을 시도하고 조정에서도 실패할 경우 중재를 시도함으로써 단계적인 해결절차로 사용될 수 있으며 이는 곧, 결정이 최종적이 아니라는 것을 의미한다.

협상은 당사자 간 이해가 충돌하는 문제를 당사자들이 직접 만나 서로 의견과 자료를 교환하고 토의하며 상호 간의 차이점을 해소함으로써 자율적인 합의안 도출을 시도하는 분쟁 해결 방식이다. 제3자의 개입 없이 분쟁 당사자들이 자유의사에 의해 자율적으로 문제를 해결하는 방식이라는 데 협상의 특성이 있다. 조정은 중립적인 입장에 있는 제3자(조정인,

mediator)가 분쟁에 개입하여 분쟁 당사자들로 하여금 효율적인 협상을 하도록 조력하는 형태의 분쟁 해결 방식이다. 협상과 달리, 당사자들이 합의에 도달할 수 있도록 도와주는 역할을 하는 조정인의 개입이 필수적이라는 데 조정의 특성이 있다. 그러나 조정자는 당사자들이 자신이 제시한 합의안이나 조정안 등을 받아들이도록 강제할 수 있는 권한이 없다는 점에서 중재에서의 중재인의 권한 또는 소송에서의 판사의 권한과 구별된다. 조정인의 역할은 어디까지나 협상의 진전을 위해 조언하는 역할에 그치며, 갈등의 궁극적인 해결은 결국 당사자에게 달려있는 것이다.[2] 한편, 중재는 갈등 당사자 간 합의에 의해 제3자인 중재인(arbitrator)을 선임하고 중재인의 판결을 받아들인다는 전제하에 진행되는 갈등 해결 방식이다. 중재는 일종의 사적 재판이라 할 수 있는데, 중재 제도를 어떻게 만드는가에 따라 중재인의 결정이 구속력을 지닐 수도 있고 권고적인 효력만을 지닐 수도 있다. 일반적으로 제3자인 중재인의 판정에 갈등 당사자들이 승복해야 한다는 것이 협상 및 조정과의 차이점이다(조창현 2004).

그러나 대안적 갈등 해결 방식 역시 여러 한계를 내포하고 있다. 대표적으로 비공개성으로 인한 투명성 부족, 정보 접근의 제약, 강제적 집행력의 부재, 분쟁 해결 기구의 중립성에 대한 의문, 낮은 이용률, 중재인 및 조정인의 자격과 선정 절차의 불명확성 등이 지적된다. 무엇보다도 ADR은 결과 중심의 해결에 초점을 맞추는 경향이 있어, 갈등 과정에서 발생하는 감정의 교류, 신뢰 회복, 관계성의 회복과 같은 비물질적 요소들은 부차적인 문제로 취급되는 경향이 있다. 물론 사법적 해결 방식과 달리 당사

---

2 조정인의 핵심적인 역할은 1) 분쟁의 이슈 또는 핵심이 무엇인지를 명확히 하여 오해로 인해 발생할 수 있는 분쟁의 여지를 줄인다. 2) 각 당사자가 분쟁의 이슈와 관련하여 자신의 이해 관심 사안을 명확히 하도록 하여, 분쟁의 내용을 구체화하고 분쟁의 범위를 좁히기 위해 노력한다. 3) 주요 분쟁 이슈에 대해 당사자들이 효율적으로 의견을 교환하고 협상을 진전시킬 수 있도록 조력하며, 4) 의견 교환과 협상에 있어 효율적인 방법을 고안하여 당사자들에게 권고하며, 5) 각 당사자가 다른 당사자에게 전하려는 의견을 왜곡 없이 사실관계만 다른 당사자에게 전달하는 메신저의 역할을 수행한다(김선광 2019).

자 간의 자율성과 상호 합의를 중시한다는 점에서 진일보한 해결 방식임은 분명하지만, 갈등 당사자 또는 집단 간의 상호 신뢰 회복이나 관계 회복까지 아우르기에는 여전히 한계를 지닌 접근 방식으로 평가된다.

3) 관계의 회복을 통한 화해: 회복적 정의 접근

사회적 갈등 해결 방식이 단순히 문제 해결 자체에 초점을 맞춘다면, 앞서 살펴본 사법적 해결이나 ADR 제도만으로도 일정 부분 대응이 가능하다. 그러나 사회의 분열된 감정을 치유하고, 갈등을 유발한 당사자 간의 단절된 관계를 회복하여 궁극적으로 사회 통합을 실현하고자 한다면, 이보다 진전된 방식의 접근이 필요하다. 갈등의 본질을 관계의 파괴로 인식하고, 당사자 간의 직접적 커뮤니케이션과 자발적인 책임 인식을 통해 공동의 해결책을 모색하는 접근이 요구된다. 이는 단순한 분쟁 종결이 아닌, 공동체 내 신뢰의 재구축과 지속 가능한 관계 형성을 지향하는 방식이다(김영욱 2015). 이러한 접근 방식은 '회복적 정의(restorative justice)'라는 개념으로 정립되며, 갈등이나 범죄로 인해 훼손된 인간관계와 사회적 신뢰를 회복하는 데 초점을 둔다. 회복적 정의는 피해자, 가해자, 공동체 구성원이 함께 참여하여 갈등의 원인을 공유하고, 그로 인한 상처와 책임을 직면하며, 상호이해와 공감 속에서 재통합의 길을 모색하는 절차이다. 이는 결과보다 과정을 중시하며, 관계 회복 자체를 해결의 핵심으로 보는 점에서 기존의 갈등 해결 방식과는 본질적으로 다른 패러다임을 제시한다.

과거 한국에는 "화쟁(和諍)"이라는 형태로 언쟁, 논쟁 등 각종 분쟁으로부터 화합을 이끌어내 관계를 회복하는 것에 의미를 두었다. 화쟁을 통해 모든 갈등과 분쟁으로부터 한마음이 된다는 것은 사회적·인간적 관계의 통합과 심리적 완성을 뜻하는 것이다. 한편, 과거 미국 인디언 사회는 "평화조성"(peacemaking)을 통해 갈등 해결을 시도하였는데, 과실 있는 자의 잘못에 대한 비난이 아니라 상호관계를 복원하고 당사자를 포함한 모든 구성원들이 흔쾌히 받아들일 수 있는 해결방법을 추구하는 것을 특징으로 하였다(양승업 2007).

이런 접근을 위해 필요한 토대가 바로 '회복적 정의'이다. 회복적 정의는 갈등 혹은 부정의(injustice)에 관련되는 당사자들이 직접적으로 관여하는 과정이며, 손상이 무엇인지 함께 찾아내어 채워져야 할 욕구와 수행되어야 할 의무를 밝힘으로써 잘못된 것들을 최대한 바로잡고 치유하는 과정이다(Zehr 2002). 즉, 회복적 정의는 갈등으로 인해 발생한 손상된 관계를 치유하는(repairing) 것에 역점을 두는 이론이라고 볼 수 있다. 특히, 모든 관련 당사자들 혹은 관련 집단이 참여하는 협력 과정이 필수라는 점이 회복적 정의 구현의 전제 조건이다(Van Ness and Strong 2010; Minow 1998). 이것은 집단 간 관계를 회복시키는 것에 중점을 두고 있는데, 갈등으로 인해 분열되고 위기에 처한 관계를 개선하는 것이 궁극적 목적이다(Wright 1992). 회복적 정의의 관점에서는 갈등 유발의 잘잘못을 따져 사법적인 처벌 절차를 밟는 것이 오히려 한 사회와 집단을 범죄화하는 단초가 될 수 있다고 보고 있다. 물론, 불의에 대한 처벌은 불가피한 것이므로, 어떤 접근을 채택하든 치유와 회복이라는 건설적인 방법과 결합할 수 있는 제도적인 고안이 필요하다(Stokkom 2008). 예를 들어, '쌍방향 소통(two way communication)' 이론은 갈등과 부정의(injustice) 발생 이후 정의를 회복하는데 회복적 정의가 어떠한 역할을 할 수 있는지 잘 보여주고 있다(Duff 2001). "처벌은 과거의 범죄를 처벌함으로써 뒤를 돌아보는 것이고, 회복은 화해를 위해 미래를 내다보는 것"이므로, 과거를 짚고 넘어가는 처벌과 함께 건설적인 미래를 위한 관계의 회복이 병행되어야 한다는 것이다(천자현 2018).

회복적 정의는 갈등 해결을 단지 법적 책임의 규명이나 결과 중심의 합의로 한정하지 않고, 당사자 간의 관계 회복과 공동체의 재통합을 핵심 목표로 한다. 이를 위해 다음과 같은 절차적 구조를 갖는다. 첫째, 당사자 간 자발적 참여가 전제되어야 한다. 피해자와 가해자, 그리고 관련 공동체 구성원들이 각자의 입장에서 갈등의 원인과 그로 인한 영향에 대해 진술하게 이야기할 수 있어야 한다. 둘째, 피해 경험과 책임의 공유가 이루어진다. 이를 통해 가해자는 자신의 행위가 초래한 구체적 피해를 직면하고, 피해자는 자신의 고통이 공적으로 인정받는 경험을 하게 된다. 셋째, 공동의 해결책 마련 단계에서는 관계 회복을 위한 실질적 조치와 약속이 도출되며, 이는 단순한 보상 이상의 의미를 가진다. 마지막으로, 공동체의 지지와 감시 속에서 합의된 조치가 이행되고, 재통합이 이루어지는 과정을 거친다.

이러한 회복적 정의의 접근은 갈등 당사자 간 상호 존중과 신뢰 회복을 기반으로 하며, 감정적·도덕적 책임을 포함한 폭넓은 해결 과정을 수반한다는 점에서 기존의 사법적 해결이나 ADR 방식과는 뚜렷이 구분된다. 특히, 반복적이고 구조적인 갈등이 지속되는 집단 간 갈등의 맥락에서는 더욱 유의미한 접근으로 평가될 수 있다. 남북관계는 단일 사건이나 일시적 충돌을 넘어, 역사적·정치적 요인에 의해 누적되어온 구조적 갈등의 대표적인 사례다. 단절된 관계, 상호 불신, 상처의 축적이라는 측면에서 남북 간의 긴장 상태는 회복적 정의의 틀에서 조망될 수 있는 중요한 분석 대상이다. 따라서 다음 장에서는 남북관계에서 시도된 사법적 해결, 대안적 해결, 그리고 회복적 정의적 접근의 사례들을 분석함으로써, 한국 사회가 경험하고 있는 집단 간 갈등의 실질적 회복 가능성을 모색해보고자 한다.

4. 남북관계를 둘러싼 구조적 갈등에 대한 사법적·대안적·회복적 접근 분석

1) 사법적 해결 사례 분석 : 금강산 관광 분쟁과 개성공단 손해배상 소송

사법적 해결은 전술한 바와 같이, 법적 책임과 권리를 분명히 하고 이를 법적 절차에 따라 해결하려는 접근법이다. 남북관계에서의 갈등도 이와 같은 사법적 틀 내에서 다뤄진 사례들이 존재하는데, 대표적 사례인 금강산 관광 분쟁과 개성공단 연락사무소 폭파에 따른 손해배상 소송을 중심으로 분석할 것이다.

1999년 금강산 관광 중 발생한 민영미 씨 억류 사건은 남북기본합의서(1991) 내 '상호불가침' 조항의 해석과 준수 문제를 둘러싸고 벌어진 최초의 법적 시험대였다. 당시 통일부는 북한 당국의 억류 조치가 남북기본합의서 제22조 '인신안전 보장' 조항 위반이라고 규정하였으며, 이를 근거로 관광 중단과 송금 보류라는 법적·행정적 조치를 즉각 시행하였다. 더불어 남북교류협력법 제4조에 따라 국민의 신변 안전을 최우선에 둔 법적 근거가 활용되었다. 비록 법무부는 북한을 상대로 한 직접적인 법적 소송 가능성을 검토했으나, 북한의 특수한 국제법적 지위 및 국가면제 원칙 적용 가능성으로 인해 사법적 조치는 실행되지 못하고 정치적·외교적 해결이 우선되었다. 그러나 이 사건을 계기로 1999년 7월 '금강산관광객 신변안전보장 합의서'가 체결되어 법적 장치 강화와 사법적 틀 마련의 기반을 제공하였다(박정진 2020). 즉, 남북공동조정위원회 설치와 중대사건 발생 시 상호 협의 절차 도입 등 분쟁 예방과 처리에 관한 규범적 토대가 마련된 계기로 볼 수 있다.

한편, 2005년 12월 금강산에서 발생한 남한 측 차량에 의한 북한 군인 사망 사고는 사법적 사고 처리 절차가 실제로 적용된 중요한 사례다. 손해배상 협상 대상자였던 현대아산 측은 북한 당국에 위로금 4만 달러를 지급하기로 하였다. 금강산 관광지구 내의 교통사고는 『개성공업지구 및 금강산관광 지구의 출입 및 체류에 관한 합의서』와 이를 근거로 제정된 법무부 훈령 512호에 의해 처리되었다. 이에 따르면 금강산이나 개성공단에서 사고를 낸 남한 측 당사자에 대한 조사권은 북측, 처벌권은 남측에 있다. 또 북측은 사고를 낸 남측 사람에 대한 접견권과 의사소통 권리를 보장하게 되어 있어 북측 당국과 피해 보상 등 합의가 끝나면 신병을 인도받아 남한 법에 따라 처벌하는 것이 통상적이다(이해정 2018).[3]

가장 최근의 사례로, 2023년 대한민국 정부는 개성공단 연락사무소 폭파에 대해 북한을 상대로 447억 원 규모의 손해배상 소송을 제기하였다. 북한은 2020년 6월 16일 일부 탈북민 단체의 대북 전단 살포를 문제 삼으며 개성공단에 있는 남북공동연락사무소를 폭파했다. 민법 제766조인 손해배상청구권의 소멸시효에 따르면 불법행위로 인한 손해배상의 청구권은 피해자나 그 법정대리인이 그 손해 및 가해자를 안 날로부터 3년간 이를 행사하지 아니하면 시효로 인하여 소멸한다. 이에 따라 정부는 소멸시효 완성 이틀 전인 2023년 6월 14일 손해배상 소송을 제기하였다(김성환 2025.4.9.). 손해액 산정 기준으로 연락사무소 건물 가치 102억 5천만 원(2007년 준공 당시 기준)과 종합지원센터 피해액 344억 5천만 원(2018년 개보수 비용) 등 총 447억 원이 제시되었다(김은경 2025.4.9.).

서울중앙지법 민사합의46부는 2025년 4월, 대한민국 정부가 2023년 6월 조선민주주의인민공화국을 상대로 낸 손해배상청구 소송의 첫 변론기일을 열었다. 법원은 개보수 비용 전액을 감가상각하는 계산 방식에 대해

---

3 위의 교통사고와 관련하여 2006년 6월 28일 서울 동부 지방 법원에서 금고 1년, 집행유예 2년을 선고받았다(2006고단891).

의문을 제기하며, "건물 수리비용이 시장가치 상승으로 직결된다는 점에 대한 입증이 필요하다"고 지적하였다. 이에 정부는 북한의 불법행위로 인한 원상회복 의무를 강조하며, 손해배상액 산정 기준을 2020년 폭파 당시의 건물 상태가 아닌, 2018년 개보수 완료 시점으로 고정해야 한다는 반론을 준비 중에 있다. 개성공단 손해배상 소송에서 제기된 감가상각률 문제는 향후 통일 시점에서 재산권 처리 기준 마련의 필요성을 시사하며, 남북한 자산평가 기준의 상호 조화를 모색하는 중요한 실증적 사례가 될 수 있을 것으로 예상된다.

이러한 사법적 도전들은 궁극적으로 남북합의서의 사법적 구속력 강화, 분쟁 해결을 위한 상설중재법원 설립, 통일법전 편찬 기반 조성 등 장기적 제도 개혁의 초석이 될 것으로 전망된다. 하지만 남북 화해와 관계 회복, 나아가 갈등의 근본적 해결이라는 관점에서 사법적 해결의 역할은 명확한 한계를 지닌다. 남북 관계는 단순한 법적 분쟁의 범주를 넘어 역사적·정치적·이념적 복합성에 의해 규정되며, 상호 신뢰 부재와 정치적 의지의 결여는 법적 절차만으로 극복하기 어려운 장애물로 작용한다. 법원이 법적 책임을 확정하고 손해배상을 명령하는 과정은 분쟁 당사자 간의 신뢰 회복이나 지속 가능한 평화 구축에 선결적 동인을 제공하기에 부족한 경우가 많다. 더욱이 남북한 간의 특수한 국제정치적 환경과 안보상 제약, 그리고 북한의 비합리적 태도 및 법적 결정 불이행 가능성 또한 사법적 해결의 실효성을 제한하는 요인이다. 이러한 현실은 사법 절차가 남북 갈등의 최종적 해결책이라기보다는 제한적·보완적 수단으로 기능할 수밖에 없음을 시사한다. 따라서 남북 갈등 해결에 있어서는 사법적 접근과 함께 대화·협상·회복적 정의 등 다원적이고 복합적인 갈등관리 전략의 병행이 필수적임을 제언한다. 이와 같은 통합적 접근은 법적 책임 추궁의 정당성을 확보함과 동시에, 정치·사회적 신뢰 회복 및 평화 구축이라는 근본적 목표 달성에 보다 기여할 수 있다.

2) 개성공단 상사중재위원회 : 대안적 분쟁 해결 메커니즘의 실제와 한계 분석

남북관계에서 개성공단 상사중재위원회와 같은 대안적 분쟁 해결 방식(Alternative Dispute Resolution, ADR)의 필요성은 남북경협 확대와 함께 분쟁 발생 가능성이 커지면서 두드러지게 제기되었다(제성호 2005). 남북 간에는 법적 제도와 행정적 신뢰 수준의 차이가 존재하였고, 북한 내 재판·중재 절차의 공정성과 투명성에 대한 신뢰 부족으로 전통적인 사법 해결 방식 대신 중재 및 조정 등 대체적 분쟁 해결 시스템이 요구되었기 때문이다(신현윤 2016). 이에 안정적이고 지속적인 남북경제협력을 위해 분쟁 해결 메커니즘의 실효적 작동이 전제되어야 했고, 이를 제도적으로 뒷받침하기 위해 다양한 합의서 및 위원회가 설치되었다(김상호 2004).

2000년 12월 16일, 남과 북은 "남북 사이의 상사 분쟁 해결 절차에 관한 합의서"를 체결하여 남북 상사중재위원회를 구성하는 기반을 마련했다. 이 합의서는 남북 경제교류와 협력 과정에서 발생하는 상사 분쟁을 공정하고 신속하게 해결하기 위한 목적으로 만들어졌다. 남북 각각 1명의 위원장과 4명의 위원, 총 5명으로 구성된다. 30명의 중재인으로 구성된 중재위원회는 경제교류와 협력 과정에서 발생한 상사 분쟁 및 투자보장 관련 분쟁을 관할하는 것으로 명기되어 있다(양효령 2017). 남북상사분쟁위원회에서 적용되는 조정 및 중재 절차는 상사 분쟁 해결을 위한 명확한 단계를 따라야 한다고 명시되어 있다. 첫째, 분쟁이 발생하면 당사자 간 협의를 통해 우선적으로 원만한 해결을 시도한다(신현윤 2008). 둘째, 협의를 통해 분쟁이 해결되지 않을 경우, 남북 상사중재위원회에 분쟁을 제기하여 중재 절차에 착수한다(이규창 2011). 셋째, 중재 절차는 신속성, 공정성, 경제성을 원칙으로 진행되며, 특히 정부의 개입을 최소화하고 민간 중심의 운영이 강조된다(최장호 2004). 이렇게 구성된 중재 판정은 법적 구속력을 가지며, 이는 해당 지역의 확정 판결과 동일한 효력을 지니는 것으로 규정되어 있다(이규석 2011).

실제 사례로는 개성공단 상사중재위원회는 남북 경협의 현장에서 발생하는 상사 분쟁에 대해 공식적 소송 절차에 의존하지 않고, 대안적 분쟁해결(Alternative Dispute Resolution: ADR) 방식으로 남북 경협 현장에서 발생하는 상사 분쟁을 비형식적·비사법적인 방식으로 해결을 시도했다. 이 위원회는 국제상사중재규칙(UNCITRAL)을 준용하여 운영되며, 남북 간 경제협력과 상호 신뢰 구축을 도모하는 역할을 수행한다. 통상적인 사법 소송 절차에 비해 신속하고 효율적인 분쟁 해결 방법으로 기능하지만, 실제 운영에 있어서는 여러 한계와 도전과제가 공존한다. 첫째, 북한의 일방적인 조치와 같은 정치적 상황 변화에 취약한다는 점이다(신현윤 2010). 개성공단 특혜 무효화 선언, 출입 제한 조치, 남측 근로자 억류 등은 투자 심리를 크게 위축시키고 법적, 제도적 장치를 무력화시키는 결과를 초래했다. 둘째, "협의 → 상사 중재 → 법원 소송"의 우선순위를 정해두었으나, 실제 분쟁 상황에서는 정치적 긴장과 북한의 일방적 결정으로 인해 사전에 마련된 절차가 제대로 시행되지 않는 경우가 많았다. 이는 남측 기업과 개인이 법적으로 보호받지 못하고, 분쟁 발생 시 불리한 상황에 직면할 위험을 내포하고 있다.

즉, 개성공단 상사중재위원회가 대안적 분쟁 해결 수단이자 남북 경협의 안전장치로서 기능을 수행하기 위해서는, 정치적 경색의 반복과 국내외 환경 변화와 같은 외적 변수에도 영향받지 않는 실효적 제도화가 선행되어야 한다. 구체적으로는, 중재 규정의 세분화 및 체계화, 중재인의 전문성 제고, 판정 집행을 위한 제도적 장치 마련, 국제 ADR 기관과의 연계 강화 등 다각적인 개선 방안이 필수적 요건으로 지적된다. 아울러, 사법공조 체계 및 관련 법령의 상호 조화와 동기화 또한 남북 경협의 예측 가능성을 제고하는 핵심적인 요건이 될 것이다(황보현 2019).

3) 회복적 정의 관점에서 본 남북 이산가족상봉 사업의 적용 가능성 분석

남북 이산가족 상봉 사업은 한반도 분단 이후 발생한 가족 간의 비극적인 이별과 정서적 상처를 마주하고, 이를 치유하며 관계를 회복하려는 중요한 노력이자 역사적 실천이다. 개인적·사회적 상처를 치유하고 관계를 회복하려는 이 과정은 회복적 정의(Restorative Justice)의 핵심 원리와 매우 밀접한 연관성을 갖는다. 이를 보다 심층적으로 이해하기 위해 피해 회복 중심의 접근, 당사자 주도의 문제 해결, 관계 회복을 위한 구조적 지원, 공동체 참여 확대라는 네 가지 측면에서 자세히 분석하려 한다.

첫째, 회복적 정의의 가장 핵심이 되는 원칙은 '피해 회복'이며, 이는 단순히 가해 행위에 대한 응징이나 처벌을 넘어 피해자의 상처와 손실을 치유하는 데 그 목적을 둔다. 남북 이산가족 상봉 사업은 한국전쟁과 분단으로 인해 헤어진 이산가족들, 즉 당시 약 1,000만 명에 달하는 개인과 가족들이 겪은 심층적이고 다면적인 피해를 직접 대면하고 완화시키려는 시도이다(국가기록원 2014). 1988년부터 2021년까지 등록된 이산가족 128,532명 중 85,898명이 사망하였고(남북이산가족찾기 이산가족정보종합시스템), 생존자 중에서도 80세 이상의 고령자가 66.3%에 이르는 현황은 시간의 긴박성을 여실히 드러낸다(통일부 2021).[4] 이처럼 시간이 흐르고 1세대 이산가족이 고령화되고 세상을 떠나고 있는 현실 속에서, 상봉 사업은 잃어

4 연령별로 보면 70~79세가 9,251명, 80~89세가 18,324명, 90세 이상이 13,215명으로 70세 이상으로 범위를 확대하면 고령자 비율은 85.8%로 매우 높다(안제노, 이수석 2021).

버린 생명을 확인하고, 고통받는 가족의 절박한 심정을 위로하는 인도주의적 차원의 필수불가결한 과정임을 알 수 있다. 회복적 정의가 강조하는 바와 같이, '범죄나 갈등이 인간과 공동체에 미친 폐해를 반드시 치유해야 한다'는 원칙은 이산가족 상봉 사업에서 구현되어야 하는 기본 정신이다(Government of Canada 2024). 이는 단지 만나서 얼굴을 마주하는 것을 넘어서, 분단으로 인해 끊긴 혈연의 연대를 회복하고 한 세기가 넘는 시간 동안 묵혀온 치유되지 않은 상처를 함께 마주하는 일이자, 피해자의 고통을 공동체가 공유하고 적극적으로 해결하려 함으로써 정의 실현의 기초를 다지는 과정인 것이기 때문이다(통일부 2023). 또한 기존의 범죄자 처벌 중심의 응보적 정의를 넘어 피해자 중심의 치유와 사회 복원을 강조하는 회복적 정의로의 패러다임 전환과도 맥을 같이 한다고 볼 수 있을 것이다.

둘째, 회복적 정의에서 두 번째 중요 원리는 피해자와 가해자 혹은 갈등 당사자가 직접 만나 대화함으로써 문제를 해결해 나간다는 점이다. 남북 이산가족 상봉은 남북 정부가 중재 역할을 하고, 국가 차원의 협력이 필수적인 것은 사실이나, 상봉 신청자와 가족이 직접 만나 과거의 경험을 공유한다는 점이 핵심이다. 당사자인 이산가족 개인과 가족들이 직접 만나 지난 분단과 전쟁 속에서 경험한 상처, 애타는 심정을 공유하는 진정한 의미의 만남이다(우리역사넷 2000). 이는 해당 당사자들이 책임과 역할을 인식하고 존중하는 가운데, 상호 신뢰 회복을 위한 자발적인 참여가 핵심이다. 특히 2000년대 김대중 정부 시기 대북 화해 정책과 함께 6·15 남북 공동선언 이후 이루어진 3차례의 방문단 교환, 서신과 영상편지 교환 과정은 체계적이고 주체적인 당사자 간 대화를 확대하는 계기가 되었다(국가기록원 2014). 이 과정에서 남북 간 납북자 문제도 포함하여, 다양한 형태의 피해자가 참여하는 협력적 문제 해결 모델을 구축했다는 점에서 회복적 정의가 추구하는 '피해자와 가해자가 함께 책임 정의를 모색하는 과정'

의 구체적인 적용 사례라고 할 수 있다(박미숙, 이진국 2016). 이와 같은 상봉은 단순한 형식적 만남이나 정치적 제스처를 넘어, 직접 대면을 통해 서로의 아픔을 공감하고, 진정한 사과와 이해, 재발 방지 약속을 교환하는 장이라는 점에서 회복적 정의의 '직면과 대화'를 통한 관계 회복 원리에 부합한다.

회복적 정의의 세 번째 핵심은 깨진 관계를 회복하고 공동체의 연대를 회복하는 데 중점을 둔다는 점이다. 즉, 단순한 처벌이 아닌 관계 재정립을 강조한다고 이해할 수 있다. 남북 이산가족 상봉은 단순한 개인적 만남이나 가족 간 재회뿐 아니라, 한반도 평화 구축과 남북 상호 신뢰 증진을 위한 중요한 인도적 동인으로 평가된다. 개성공단이나 금강산 관광과 같은 경제협력 사업이 정치적 상황의 영향을 크게 받는 반면, 이산가족 상봉은 인도주의적 차원에서 지속성을 확보하려는 시도가 이루어졌다(대한민국 정책브리핑 2007). 다시 말해, "갈등으로 파괴된 공동체 관계를 복원해야 한다"는 회복적 정의의 원칙에 부합할 수 있는 부분이다(Hernandez 2023).

2005년부터 추진된 금강산 이산가족면회소는 1,000여 명이 동시에 만날 수 있도록 설계된 대규모 시설로, 이산가족 상봉의 정례화와 다변화를 위한 제도적 기반을 마련하였다(국가기록원 2015).[5] 또한 화상상봉의 도입은

---

5 2003년 11월 5차 적십자회담에서 「금강산 이산가족면회소 건설에 관한 합의서」를 채택하면서 면회소 사무소를 만들고 상봉을 하지 않는 기간에는 면회소를 금강산관광객을 위한 숙소로 활용하기로 하였다. 그러나 이산가족면회소 착공식은 남북관계 경색으로 1년 반 이상 지연되다가 남북관계가 복원된 2005년 6월에 제5차 남북장관급회담 합의에 따라 8월 31일 남북공동으로 착공식을 가졌다. 면회소동 1, 2층엔 600명을 수용하는 행사장과 회의실, 편의시설 등이 들어서며, 3, 4층에 호텔 구조 78실, 5층~12층에 콘도 구조 128실 등 총 206실의 객실이 마련되어 최대 1,000여 명을 수용할 수 있도록 설계되었다. 면회소 건설이 진행되고 있는 가운데 2007년 남북정상회담에서 양측은 면회소 완공 시 이산가족의 상시 상봉을 실시하기로 합의하였으며, 11월 9차 적십자회담에서 상봉 행사 정례화에 합의하였다. 그러나 이산가족면회소 공사는 착공 후에도 남북관계 상황에 따라 중단과 재개가 반복되었다. 2008년 7월 12일 금강산 이산가족면회소가 완공되었으나, 우리 정부가 관광객 피격 사망 사건에 대해 금강산 관광 중단 조치를 취한 데 이어, 북한이 2009년 미사일 발사와 2차 핵실험을 하고 유엔을 비롯한 국제사회 전체가 대북 제재에 들어가면서, 이산가족면회소의 정상 운영은 더욱 어렵게 되었다. 2009년 9월과 2010년 10월에 있었던 이산가족 상봉 행사가 이산가족면회소에서 실시된 바 있으나, 정상적으로 운영되지 못하고 있다(행정안전부 국가기록원 인터넷자료 2014).

고령자 및 거동 불편자를 위한 접근으로, 지속적인 교류를 가능케 하는 기술적 지원으로 볼 수 있다. 그러나 북한의 정치상황과 남북관계 악화로 인한 상봉 중단 및 제한적 운영은 여전히 이 사업의 지속 가능성을 위협한다. 이런 상황에서 상봉의 정례화, 생사 확인 및 서신 교환 확대 등의 제도적 장치가 보완되어야 하며, 이를 통한 관계 회복 노력은 남북 간 인도주의 차원의 신뢰 회복이라는 구조적 변화를 이끄는 데 필수적일 것이다.

끝으로, 회복적 정의는 정의 실현에 있어 국가 차원을 넘어 광범위한 공동체의 참여와 책임 분담을 강조한다. 남북 이산가족 상봉은 오랜 기간 적십자회, 시민사회 단체, 종교계, 학계 등 다양한 주체들의 광범위한 관심과 참여 속에서 추진되어 왔다. 예를 들어 1997년 '민족의 화해와 평화를 위한 종교인 모임'은 북한 동포 지원 운동을 전개하며 상봉의 사회적 합의를 이끌어내기도 하였다(이재영 2020). 남북관계가 경색되고 적대와 대결이 심화되던 시기에 가톨릭, 기독교, 불교, 원불교, 천도교 등 5대 종단의 종교인들이 주축이 되어 결성한 이 모임은 북한의 극심한 식량난에 대응해 '민족 화해를 위한 북한동포 돕기 100만인 서명운동'을 전개하기도 하였다(평화재단 2025). 뿐만 아니라, 시민단체 주도의 남북 민간협력 추진, 해외 거주 이산가족의 상봉 요구 및 미국 내 이산가족 상봉 운동 등은 공공의 정의와 화해 증진을 위한 다양하고 지속적인 사회적 참여를 반영한다(김영권 2024). 이는 회복적 정의가 지향하는 '전문가뿐 아니라 다양한 사회 구성원이 함께 정의 과정에 참여함으로써 보다 온전한 치유와 공동체 복원을 이룰 수 있다'는 원칙에 부합한다(Zchr 2019).

물론, 현행 남북 이산가족상봉 제도의 한계로 반복적인 일회성 행사와 포괄적 체계 부족이 계속 지적되고 있는 것은 사실이다. 특히, 남북관계의 경색에 따라 지속성의 한계도 여실히 드러나고 있다. 이러한 한계는 회복적 정의가 요구하는 지속적이고 포괄적인 치유 및 관계 구축 과정에 걸림

돌로 작용하고 있다. 남북 이산가족상봉 제도에 회복적 정의의 적용을 확장하기 위해서는 정기적 서신 교환, 화상 통화 등 일상적 교류의 활성화뿐만 아니라, 남북 공동 진실화해위원회 설립 등 장기적이고 체계적인 법적·제도적 지원이 수반되어야 함을 의미하는 부분이기도 하다. 즉, 남북 이산가족 상봉 사업은 단순히 일회성 만남의 행사가 아닌, 한반도 분단의 상처를 치유하고 평화와 화해를 증진하기 위한 회복적 정의의 실천 현장이다. 피해자 중심 치유, 당사자 간 직접 대화, 관계 회복, 공동체 참여라는 회복적 정의의 기본 원칙을 담고 있기 때문이다. 그러나 남북 간 정치·군사적 상황 및 한반도와 국제정치의 영향으로 인해 단절적으로 운영되는 현실은 이 사업이 지닌 진정한 가치를 온전히 실현하기 어렵게 만든다. 따라서 남북 공동의 역사적 책임 인정과 진실 규명, 그리고 상시적이고 체계적인 교류 메커니즘 구축이 필요하다. 이는 단지 이산가족 문제 해결 차원을 넘어 한반도 평화 구축과 공동체 회복의 기반으로 작용할 수 있는 영역이기도 하다.

5. 결론

본 연구는 한국 사회의 고질적인 갈등을 해결하고 지속 가능한 사회 통합을 실현하기 위한 대안적 패러다임으로 '회복적 정의' 관점을 심도 있게 제시하고자 하였다. 이를 위해 남북관계를 사례로, 사법적 해결 방식의 내재적 한계를 분석하고, 대안적 분쟁 해결(ADR) 방식인 개성공단 상사중재위원회의 운영 사례와 그 한계를 비판적으로 검토하였다. 나아가, 남북 이산가족 상봉 사업을 회복적 정의의 핵심 원리가 적용될 수 있는 주요 실천 사례로 심층 분석하였다. 금강산 관광 분쟁이나 개성공단 연락사무소 폭파 관련 손해배상 소송과 같은 사법적 접근은 법적 책임 규명과 손해배상 등 응보적 정의 실현에는 일정 부분 기여할 수 있으나, 남북 간의 뿌리 깊은 불신과 단절된 관계를 회복하고 근본적 평화를 구축하는 데에는 명확한 한계가 있음을 확인할 수 있었다. 이러한 사법적 해결은 승자와 패자를 명확히 구분짓기 때문에, 갈등 당사자들 간의 감정적 치유나 미래지향적 관계 재정립을 위한 동력을 제공하기 어렵다는 본질적 한계를 지니기 때문이다. 또한, 북한의 특수한 국제법적 지위와 비합리적인 태도 역시 사법적 결정의 실효성을 더욱 제한하는 요인으로 작용한다.

한편, 남북 상사중재위원회와 개성공단 상사중재위원회와 같은 ADR 방식은 전통적 소송에 비해 신속하고 효율적인 분쟁 해결을 기대했으나, 북한의 일방적 조치나 정치적 변수 변화에 극히 취약하다는 한계가 노정되었다. 그 결과, 사전 합의된 절차가 정치적 긴장 속에서 제대로 기능하지 못하고, 남측 기업과 개인들은 법적 보호를 받지 못한 채 불리한 상황에 직면할 위험이 커졌다. 남북관계의 특수성을 감안할 때, 단순한 절차적 효율성만을 강조하는 ADR 방식만으로는 지속 가능한 갈등 해결을 담보하기 어렵다는 점을 밝힐 수 있었다.

반면, 남북 이산가족 상봉 사업은 회복적 정의의 핵심 원리인 피해 회복, 당사자 간 직접 대화, 관계 회복, 광범위한 공동체 참여 등을 구현함으로써 한반도 분단의 깊은 상처를 치유하고 평화와 화해를 증진할 잠재력을 보여주는 사례이다. 이 사업은 단순한 일회성 만남에 그치지 않고, 헤어진 가족들이 직접 만나 아픔을 공유하고 상호이해와 단절된 혈연의 연대를 회복하는 과정을 통해 진정한 치유와 재통합을 실현하는 계기를 마련한다. 이는 분단으로 인한 고통을 공동체 차원에서 함께 직면하고 해소하려는 인도주의적 노력의 전형이라 평가할 수 있다. 다만, 북한의 정치적 상황 변화와 남북관계 악화로 인한 운영 중단이 이 사업의 진정한 가치와 잠재력 실현을 제약하는 요인으로 작용하고 있는 점은 역시 한계로 작용한다.

한국 사회의 복합적 갈등, 특히 남북 갈등을 효과적으로 관리하고 해결하며 지속 가능한 통합을 이루기 위해서는 다음과 같은 다층적이고 통합적인 노력이 필수적이다. 첫째, 사법적 접근의 한계를 분명히 인식하고, 법적 책임 추궁을 넘어 관계 회복과 상호 신뢰 구축에 중점을 두는 다원적 접근 방식을 적극적으로 모색해야 한다. 이는 법적 절차와 병행하여 대화와 협상을 통한 정치적 해법을 강화하고, 관계 회복이라는 비물질적 가치에 대한 사회적 인식을 높이는 것을 포함한다. 둘째, ADR 메커니즘의 실효성을 제고하기 위해 북한의 정치적 변수에 영향을 받지 않는 견고한 제도적 보완책 마련이 시급하다. 구체적으로, 중재 규정의 세분화, 중재인 전문성 강화, 그리고 국제 ADR 기관과의 연계 확대를 통해 분쟁 해결의 예측 가능성과 강제력을 확보할 필요가 있다. 셋째, 이산가족 상봉 사업과 같이 회복적 정의 원리가 적용되는 인도주의적 교류를 더욱 확대하고, 정기적인 서신 교환과 화상 통화 등 일상적 교류 활성화가 요구된다. 아울러 남북 공동 진실화해위원회 설립과 같은 장기적이고 체계적인 법적·제도적 지원을 통해 이산가족 문제 해결의 지속성과 포괄성을 확보해야 한다. 궁극적으로 한반도의 사회 통합과 항구적 평화 질서 구축은 단순한 법적 분쟁 해결이나 경제적 협력 확대를 넘어, 분단이 남긴 역사적 상처를 남북이 공동으로 인정하고 치유하며, 상호이해와 공감에 기반한 신뢰 재구축이라는 회복적 정의 실천을 통해서만 가능하다. 이는 남북 간 지속적이고 진정성 있는 대화와 협력을 통해 상호 존중의 문화를 정착시키고, 과거의 아픔을 넘어서 미래지향적 관계를 형성하는 데 견고한 기반이 될 것이다.

참고문헌

| 국문 |

강원택. 2014. "한국의 관료제와 민주주의-어떻게 관료를 통제할 것인가." 『역사비평』 108호, 65-90.

김광수. 2014. "개성공단에서의 남북상사중재위원회 구성·운영에 관한 연구." 『중재연구』 제24권 2호.

김상호. 2004. "남북상사중재위원회 운영의 효율화 방안 연구." 『중재연구』 제14권 2호, 3-46.

김성환. 2025. "'남북공동연락사무소 폭파' 북에 4백억원 손해배상소송 시작." 『남북경협뉴스』 (4월 9일).

김은경. "남북연락사무소 폭파 북 상대 447억 손배소 시작." 『조선일보』 (4월 9일).

김영욱. 2015. 『갈등 해소와 대체적 분쟁 해결』. 서울: 이화여자대학교출판부.

나은영·민경환. 1998. "한국 문화의 이중성과 세대차의 근원에 관한 이론적 고찰 및 기존 조사자료 재해석." 『문화 및 사회문제』 제4권 1호.

나은영·차재호. 1999. "1970년대와 1990년대 간 한국인의 가치관 변화와 세대차 증감." 『사회 및 성격』 제13권 2호.

류승훈. 2009. "대체적 분쟁해결제도(ADR)의 발전과 그 의미." 『언론중재』 제29권 1호.

박길성. 2011."한국사회의 세대갈등-연금과 일자리를 중심으로." 『한국사회』 제 12권 1호.

박미숙·이진국. 2016. 「형사조정실무의 문제점과 개선방안」. 서울: 한국형사정책연구원.

박정진. 2020. "'지구'에서의 금강산에서 '특구'로의 금강산으로: 합리적 행위자 모델과 조직 행위 모델의 충돌과 접점의 역사." 『현대북한연구』 제23권 1호.

박준·정동재. 2018. “사회갈등지수와 갈등비용 추정.”「KIPA 연구보고서」 서울: 한국행정연구원.

박준 외. 2009. “한국의 사회갈등과 경제적 비용.” 삼성경제연구소 CEO Information 710호.

박태순. 2006. “한국사회 공공갈등에 대한 인식과 갈등해법의 변천과정에 관한 연구.”『Crisisonomy』 제2권 2호, 87-96.

박혜경·김상아. 2018. “한국인의 문화성향에 관한 메타분석: 집단주의와 개인주의 를 중심으로.” 제42집 3호.

신현윤. 2016. “북한 대외경제중재법 개정의 주요 내용과 집행상의 문제점.”『저스티스』 154호.

안제노, 이수석. 2021. “이산가족문제의 현실과 과제.”『이슈브리프』 286호 국가안보전략연구원, 1-2.

양효령. 2017. “중국과 대만 양안 (兩岸) 간의 경제교류 협력을 위한 투자분쟁 해결 제도와 남북경협에 있어서의 시사점.”『법학연구』 제27권 4호.

유병래. 2015. “세대갈등과 문화생활-시민성 구현과 관련하여.”『철학·사상·문화』 제19권.

윤인진. 2011. “한국인의 갈등의식의 특성과 변화: 2007년과 2010년 한국인의 갈등의식조사 결과 분석.”『분쟁해결연구』 제9권 2호.

이규석. 2011. “남북한 경제 협력 사업의 성과와 과제: 개성공단 사례를 중심으로.”『사회과학연구』 제22권 1호.

이규창. 2011. “금강산관광 독점권 조항 효력의 일방적 취소: 법적 평가와 북한의 의도.” 통일연구원 온라인 시리즈 11-13.

이재열 외. 2014. “사회통합: 개념과 측정, 국제비교.”『한국사회정책』 제21권 2호.

이재영. 2021. “회복적 정의를 통한 과거사 문제 해결의 가능성.” 기독교윤리실천운동(5월 21일).

이해정. 2018. “남북 교류 협력 확대에 따른 형사 사법 공조 방안.”『현안 리포트』. 서울: 현대경제연구원.

전종우. 2020. “밀레니얼 세대와 기성세대의 문화적 차이.”『광고학연구』 제31권 제4호.

정영호·고숙자. 2014. 『사회갈등지수 국제비교 및 경제성장에 미치는 영향』. 서울: 한국보건사회연구원.

제성호. 2005. "개성공단 관련 남북간 분쟁의 해결방향." 『저스티스』 85권, 226-240.

조창현. 2004. "대체적 분쟁해결제도의 현황 및 제고방안." KIET 산업경제.

천자현. 2015. "다음 세대를 위한 한일관계의 새로운 패러다임: 화해, 그리고 회복적 정의." 『일본비평』 (12).

_____. 2018. "이행기정의와 중일 간 전후 보상 문제: 중국인 강제노동 피해자들의 소송을 중심으로." 『담론 201』 제21권 3호.

최장호. "남북상사중재위원회 중재규정초안작성상의 문제성과 기본원칙." 『중재연구』 제14권 2호.

한국사회갈등해소센터·한국리서치. 2020. "2020한국인의 공공갈등 의식조사."

황보현. 2019. "개성공단 분쟁해결 제도 정비방안-남북상사중재제도를 중심으로." 『중재연구』 제29권 4호.

| 영문 |

Coser, Lewis A. 1964. "The Functions of Social Conflict." New York: Routledge & Kegan Paul PLC.

Duff, Antony. 2001. "Punishment, Communication and Community." Oxford, UK: Oxford University Press.

Enyedi, Zsolt. 2008. "The Social and Attitudinal Basis of Political Parties: Cleavage Politics Revisited." European Review 16(3): 287-304.

Hernández, Isabela De los Rios. 2023. "Enough Already!": The Challenges of Restorative Justice in War Crimes. Harvard International Review (8월 31일).

Hofstede, Geert. 1980. "Culture's consequences: International differences in work-related values." Beverly Hills, CA: Sage.

Rodrik, Daniel. 1998. "Globalisation, Social Conflict & Economic Growth." The World Economy 21(2):143-158.

Van Ness, Daniel W., and Karen Heetderks Strong. 2010. "Restoring Justice: An Introduction to Restorative Justice." 4th ed. New Province, NJ: Matthew Bender & Co., Inc.,

Stokkom, B. 2008. "Disorder policing and community needs. 'Revising' broken window theory." In Reflections on Reassurance Policing in the Low Countries. eds. Marlin Easton et al. Boom Legal Publishers.

Zehr, Howard. 2002. "The Littlebook of Restorative Justice." New York, NY: UNICEF.

| 인터넷 자료 |

국가기록원. 2014. 이산가족상봉. https://www.archives.go.kr/next/search/listSubjectDescription.do?id=003358&pageFlag=&sitePage=1-2-1.

대한민국 정책브리핑. 2007. "다시 이어져야 할 이산가족 상봉." (2월 14일) https://www.korea.kr/briefing/policyBriefingView.do?newsId=148618578.

대한민국 정책브리핑. 2021. 「제3차 남북이산가족 실태조사 결과 발표」(12월 9일). https://www.korea.kr/briefing/pressReleaseView.do?newsId=156485293.

| 6장 |

한반도 평화와 정서적 연결
: 탈북민의 이야기를 듣는 우리들

박재인

1. 남한사회 분단적대성 속 탈북민

분단의 벽이 더욱 견고해지는 이 시점에서 우리 사회의 현상 중 북(北)에 대한 집단 감정을 고려하지 않을 수 없다. 우리 사회는 '북(北)'과 관련한 것에 대한 불편함 내지 적대감을 느끼는 정서적인 습관 분단적대성(김종곤 2018)이 고착화되어 있다. 서로에 대한 증오와 적대, 어느 한 쪽의 가치가 절대적 기준이 되어 다른 한 쪽을 용납하지 않고 혐오의 대상으로 여기는 집단 감정은 분단 80년 동안 사그라들지 않았다. 이 부정적 감정은 이미 우리의 삶 곳곳에도 침투하였고, 북을 떠올리게 하는 것들을 불편해하고 미워하는 일들은 만연하여 민감하게 살펴보지 않으면 특별한 일로 여겨지지 않기도 한다. 분단적대성의 감정에 민감도가 사라지고 그저 미움과 경계의 시선이 당연시되는 현실이다.

북에 대한 부정적 감정은 북에 고향을 둔 이들에게로 향하기도 한다(박재인 2017, 49).

"언제든지 북의 편이 되어 적으로 돌변한 자들"(2016.06. 인터넷 댓글)

남과 북이 편안히 오갈 수 없는 분단시대에 북을 떠나온 이들이 있다. 1990년대 말 경제난이 지구를 덮쳤을 때, 북한사회는 기아와 극빈에 시달렸고, 많은 이들이 분단의 경계를 넘어 상당수 대한민국에 입국했다. 대한민국 정부는 이들을 위한 정책을 마련하고 이들의 생존과 남한 내 사회적 지위 향상을 위하여 각종 복지정책을 실행했다(홍용표·모춘흥 2019). 이들을 지원하기 위한 정책은 전 세계에서 가장 관대하는 평가를 받고 있다(Borowiec 2013). 이와 상반되게, 탈북민 지원에 대한 남한 주민들의 반감은 매우 차가운 언어로 표출된다. 언제든 적이 되어 돌변할 자들에 우리의 세금을 쓴다는 것을 용납할 수 없다는 입장이다.

이는 접촉/위협 가설(contact/threat hypotheses) 이론으로 설명할 수 있다. 미국의 사회심리학자 올포트(Allport G. W.)는 그의 저서 『편견의 본질(The Nature of Prejudice)』(1954)에서 외집단 구성원과의 접촉 경험이 외집단에 대한 편견을 감소시킬 수 있다는 내용의 접촉 가설을 제시했다. 그리고 이 이론은 집단 간의 접촉은 커뮤니티의 불이익 수준(levels of disadvantage in the community)에 따라 결과가 달라질 수 있다는 위협 가설로 확장되었다(Laurence 2013). 이민자와 이민에 대한 부정적인 태도의 결정 요인 중 하나인 자원에 대한 경쟁(Victoria 1998)이라는 견해와 종합해 볼 때, 왜 탈북민에 대한 남한사회의 감정과 인식이 부정적인지 이해할 수 있다.

남한 주민이 3만 명가량 되는 탈북민을 직접 대면할 수 없다. 그리고 탈북민 정보에 접촉할 가능성은 언론보도와 인터넷 담론에 치중될 수밖에 없다. 북에 대한 부정적 감정을 보유한 채 접촉하는 탈북민 정보는 한정적이다(유호열·박현선 2011).[1] 기괴한 정치체제가 관습화된 사람들, 가난한 사람들, 남한사회 부적응과 각종 범죄와 연루된 이들 등 체제 건너편에서 온 이들을 설명하는 대다수의 담론은 부정적인 언어로 의미화(signification)[2]되어 있으며, 이 부정적 의미화들을 해체할 만한 긍정적인 사건을 접할 가능성도 적어 이는 더욱 견고해진다. 지독한 혐오나 무관심 속에서 탈북민에 결부된 의미화를 무비판적으로 수용하고 다시 표출하는 악순환이 반복되고 있는 상황이며, 탈북민에 대한 그것은 다시 분단적대성을 강화하는 더 큰 고리의 악순환에 놓이게 된다.

북과 탈북민에 대한 부정적 의미화는 탈북민에게 직접적인 피해를 야기한다. 오해와 편견의 굴레로부터 자유로울 수 없으며, 본인이 저지르지도 않은 일에 대한 죄의식을 감수해야 하고, 남한 주민과의 친밀한 관계형성에 머뭇거림이 늘 작동하며, 자신뿐만 아니라 그 자손들까지 '탈북민 정체성'이 노출되는 문제는 늘 어려움이 따른다. 사회적 존재로서 자존감이 박탈되는 문제에 지속적으로 시달리게 되는 것이다.

---

1 "북한과 북한이탈주민에 대한 정보는 다른 사회현상이나 대상에 비해 폐쇄적이기 때문에 언론 보도가 일반 국민들의 북한이탈주민에 대한 인식과 태도 형성에 많은 영향을 미친다."(유호열·박현선 2011, 98) "언론은 북한이탈주민의 사회적 일탈행위를 '북한이탈주민'이라는 하나의 큰 범주로 보도하는 경향이 있다. … 다양한 매체들 간의 경쟁에서 대중에게 더 많이 인식시키고자 북한이탈주민 문제에 대한 객관적 사실보다는 특정 사안을 부각시켜 선정적으로 보도하는 경향이 있다. 단적인 예로 여성 북한이탈주민의 성매매 혹은 직업선택 문제 등을 집중보도해 전체 여성 북한이탈주민들에 대한 이미지를 안 좋은 방향으로 고착화시키기도 한다. … 대개의 경우 언론에서 다뤄지는 북한이탈주민의 모습은 너무 비참하고 부정적으로 그려지고 과도하게 북한이탈주민들의 사회 부적응 문제에만 초점이 맞춰지는 경향이 있다."(유호열·박현선 2011, 100-101)

2 '의미화 과정(signification)'은 바르트의 개념이다. 바르트는 텍스트로부터 발생한 외시의미와 공시의미를 구분하고 그 인식을 통해서 신화론을 정립시킨다. 바르트에게 있어서 신화는 "사회적 통념과 가치, 이데올로기 등과 같이 한 문화가 갖는 사회적 현실을 이해하고 설명하는 방식으로서의 현실과 가치 등 상호연쇄적으로 연결된 공시성(共時性, Synchrony)"이다(김윤배·최길열 2005, 10). 이데올리기적 신화-방송-시청자가 다시 그것을 자신의 것인 양 받아들이고 사회 내에서 실천하면서 발생하는 "신화 재생산의 사이클"(장기오 2010, 114-115)로 매체와 이데올로기적 영향을 설명할 수 있다.

이때 필요한 질문이 있다. 과연 우리는 이들에 대해서 무엇을 알고 있을까? 나의 '앎'에서 내가 직접 보고 판단한 것이 무엇이며, 나의 생활 속에 작동되는 그 의미들은 진실인가? '바로 알기'의 중요성을 전제로, 이 글은 분단적대성을 잠시 내려놓고 하나의 '사람'으로 바라보는 탈북민의 이야기를 제공하기 위하여 작성되었다. 탈북민의 삶은 어떠한지 그들의 목소리(Voice)를 경청하면서, 탈북민에 대한 바로 알기부터 다시 시작하는 것이 이 글의 목표이다. 이는 종국에 우리 마음 속 분단의 장벽을 해체하는 일의 시작이 될 것이기 때문이다.

2. 분단의 선을 넘은 이유

1) 고난의 행군 시기 탈북

북한은 1990년대 중반 대규모의 식량난과 경제 위기가 시작되었고, 이때 대규모의 탈북이 감행된다. '고난의 행군'이라는 이름은 북에서 김일성이 이끄는 항일 빨치산의 행군에서 유래했다고 알려져 있으며, 북은 때때로 이 구호로 내부 집결을 선전했다. 그리고 1990년대부터 계속되는 경제난에 북한 주민들의 충성을 강조하기 위하여 이 구호가 강조되면서, 이 시기를 '고난의 행군 시기'라는 명사로 대표해 부르게 되었다. 대한민국 통계청에서는 이 시기 최소 48만 명에서 최대 350만 명가량이 아사(餓死)했다고 추정하고 있으며,[3] 탈북민들의 증언에 따르면 극빈과 기아의 경제난은 2010년 이후까지 지속되었다고 한다.

---

3 「북한 '고난의 행군' 5년 동안 주민 33만 명 굶어 죽어」, 『중앙일보』 2010.11.23. 기사 (https://www.joongang.co.kr/article/4695274)

탈북민의 남한입국 수는 이때부터 폭발적으로 증가하였고, 2009년 2,900여 명이 국내에 입국하는 최고치를 보이다가 2012년부터 감소세로 전환, 2020년부터는 200명대에 이르게 된다. 탈북과 남한입국의 역사는 고난의 행군 시기를 시점으로 시작되었다고 볼 수 있으며, 연구자들은 이를 탈북 1세대로 간주한다(김종군 2013). 극빈과 기아가 목숨을 앗아간 경우도 있었고, 생존하기 위하여 이리저리 떠밀려오며 인간성 상실과 잔혹함을 견뎌온 일들도 허다하며, 그 상처가 잊혀지지 않고 오랜 시간 이들을 괴롭히기도 했다.

이 시기의 탈북 동인을 증언한 이들의 이야기를 들어보자. 1995년 탈북한 한 중년 여성의 이야기이다. 그녀는 오랜 난임 끝에 귀한 아들을 낳자마자 남편이 사망하고 경제난에 휩싸였던 사연을 이야기해 주었다(박재인 2021).

> 정말 어렵게 아들을 낳았는데, 그해 먹을 게 없고, 남편 사고로 탄광에서 죽고. 남편이 죽고, 이 애를 키워야 하는데 먹을 것도 없고. 기저귀도 뭐도 모든 게 부족한 거예요. 〈중략〉 (언니한테 도움을 청하러 갔더니) 언니네도 죽으라 해요. 왜 우리 집에 왔는가 하고, 가니까 그 집 아저씨(남편)도 죽은 거예요. 콜레라에 걸려 갔고. 시어머니, 언니도 아들 넷인데, 먹을 게 없으니까 그 토끼풀 있잖아요. 민들레. 그거를 언 땅을. 땅이 얼어서 그게 조금씩 나오고 있는데. 토끼풀을 꺾어서 씻어서 언 감자에 먹더라고요. 내가 또 가니까 나를 줄 식량이 없잖아요. 그래서 언니가 콩 하고 밀을 닦아 주면서 이제 오지 말라고. 여기도 먹을 게 없다고.
> 〈중략〉
> 빈집에 애기 혼자 있으니 너무 울어서 여기가(귀와 목 부분을 가리키며) 다 헐었다는 거예요. 여기 귀 안에 눈물이 들어가서. 기저귀는 아침에 나갔다가 저녁에 들어와서 보면 다 젖어갖고, 포대기도 없이 있었으니까. 가난한 거를 말해서 아구 눈물 나온다. 이런 가슴 아픈 말을 안 하려고 했는데. (눈물)

삶이 막막해진 그녀는 다른 지역에 사는 언니에게 갔다가, 언니 역시 토끼풀과 언 감자를 먹고 있는 상황에 어찌할 바를 몰랐다고 했다. 그리고 며칠만 아기를 봐달라고 애걸하고 남은 살림살이를 팔러 길을 떠났다가 도둑질을 당해 빈털터리가 되어 돌아오고 말았다. 처음에 약속한 날짜가 지나고 한 달이 지나서 돌아오게 된 그녀는 아기가 언니 집에 없다는 사실을 알게 되었다. 언니는 그녀가 다시 돌아오지 않을 것이라고 단정하고, 그나마 밥은 먹고 사는 집에 입양을 보냈다고 했다. 모두 먹을 것을 구하러 떠난 빈집에 홀로 아기가 방치되고, 젖동냥도 어려워 어쩔 수 없었다는 이유였다. 그녀는 그날의 아픔을 이야기하면서 계속 울었다.

그녀는 아기 얼굴 한 번만 보고 오겠다고 어디에 아기를 보냈는지 말해달라고 애원했다. 그러나 곧 언니의 현실적인 조언에 단념했다. 그녀와 아기가 살길은 이것밖에 없지 않냐며, 그래도 아기를 그 집에 보내면 뭐라도 얻어먹지 않겠느냐며, 네 입에 풀칠도 못 하는데 갓난애를 둘러업고 어떻게 살 것이냐는 냉정하지만 현실적인 말이었다. 그녀는 어쩔 수 없이 돌아나와 두만강을 건넜다고 했다.

> 10년 동안은 애가 꿈에 나타나고. 이렇게 갓난애기. 등에 업고 다니는 꿈. 그냥 작은 애예요. 얼굴은 안 보여요. 그냥 고저 어린 애. 기저귀 갈아주고 어디 가면 오줌 싼 옷을 갈아주고. 그냥 그게 꿈에 보이니까. 그게 신경쇠약이 심해지고. 정신적으로 힘들고 견딜 수가 없더라고요.
> 상담 수없이 받았는데, 이미 모든 걸리기는 쉬운데 고치기는 어려워요. 세월이 많이 흐르고 세월이 흘렀는데 여기 맺힌 게 많고 그걸 풀 수는 없고. 죽고 싶은 생각. 이게 내 운명인 거 같아요. 북한에서부터 물론 온 사람들도 다 어려운 길을 정신적인 고통과 육체적인 고통을 다 - 말로는 다 표현을 못 하잖아요.

그녀는 탈북 후 10년 동안 신경쇠약에 시달렸고 악몽을 꾸었다. 그 악몽의 내용은 얼굴이 보이지 않은 아기를 등에 업고 보살피는 꿈이었다. 그 원인으로 정신건강의학과에서 진료와 상담을 계속 받았고, 원인을 잘 알 수 없는 신체적 고통에 시달렸다. 그녀는 "죽고 싶은 생각"이 자신의 "운명"과도 같다며, 지울 수 없는 상처의 깊이를 호소했다. 고통스러운 이야기 끝에 그녀는 한참을 어린아이처럼 발을 뻗고 통곡했다. 그녀는 갓난아이가 생존할 수 없었을 것이라고 비관하며 북한 체제를 비난했다.

이처럼 고난의 행군 시기의 극빈과 기아의 고통은 잊혀지지 않는 상처를 남긴다. 가족의 죽음을 지켜보는 일, 가능한 한 산 목숨을 지키기 위해 이뤄졌던 감행들, 그리고 그럼에도 소중한 것을 지켜내지 못한 비극들이 뒤엉켜 있는 것이 이 시기 탈북민들의 외상이다.

또 가난의 대물림은 끝이 없는 고난을 야기하기도 했다. 가난이 연속된다는 것이 무엇인지, 한 소녀의 탈북기로 확인할 수 있다. 그녀는 1990년대 말 10세에 소녀가장으로 살았던 북한 생활을 이야기해 주었다 (박재인 2014). 배급이 끊기고 집안이 쇠락하면서 그녀의 어머니는 국경장사로 식구들을 먹여 살렸다. 그러다가 어머니가 자주 단속에 걸려 더 이상 국경장사를 할 수 없게 되자, 아주 작은 체구의 소녀가 단속의 경계망에 더 안전할 것이라는 판단으로 어머니를 대신해 작은 소녀가 장삿길에 섰다.

> (25kg 정도의 쇠를 짊어지고, 2주를 걸어 중국에 가는 과정) 걷기도 하고, 검사하는 데는 산 타고 넘어야 되거든요. 조가 있어요, 그게 또 세 명씩 조를 묶어가지고. 아줌마들이 갔다 오면은, 저는 그 돈이 아깝다고 도시락을 (웃음) 다 싸가지고 가거든요. 주먹밥을 싸가지고 가고 올 때도 그걸 다 먹는 거예요, 겨울이니까, 여름이면 안 되는데. 그러면 돈이 그대로 엄마한테 와요. 그렇게 해서 쭉 그냥, 엄마는 집에서 앉아서 조금씩 그냥 반찬거리 벌 정도. 제가 나가서 돈 벌고, 항상 그랬던 거 같아요. 저는 어릴 때부터 그 '가장' (웃음) 아빠, 엄마 눈 시퍼렇게 살아 있는데, 어린 나이에 가장 같은 거 있잖아요, 소녀, 그런 책임이 있어서 그러는지. 앉아

서 쉴 새가 없었어요. 쉬어봤자 일 년에 한 주일 정도.

작은 소녀는 자기 몸보다 큰 짐을 지고 위험한 국경선을 넘나들었고, 쉬는 날 없이 가족들을 먹여 살리기 위해 일했다. 그래도 살림은 나아질 조짐이 보이지 않고, 죽어라 일해도 신발 한 짝까지 팔아서 연명해야 하는 지긋지긋한 가난의 연속이었다. 결국 그녀는 가족들에게 아무 말도 없이 중국에서 다시 고향으로 돌아가지 않았다.

(중국으로 왔을 때) 두, 세 달만인가? 한꺼번에 30cm가 크더라고요. 쬐그맣고, 쌔까맣고. 그랬다가 얼굴이 허얘지고. 넘어오기 전에는 남잔가, 여잔가 구분도 안 갔죠. 그래서 안 팔려갔는지도 모르겠는데.

결과적으로 그녀의 탈북은 생존의 기회를 열어주었다. 중국에 체류한 짧은 시기에 키가 크고 몸무게가 늘었다. 북에서의 영양 상태가 얼마나 취약했는지 알 수 있는 변화였다. 그러곤 바로 남한으로 입국한 친척의 도움으로 남한으로 와서 대학생이 되고 결혼하여 한 가정의 어머니가 되었다.

그런데 행복과 안정은 그리 견고하지 못했다.

내가 얼마 전 꿈을 꿨는데, 내가, 내가 동생을 잡아 먹더라고. 깨고 나니 징그럽고 토할 것 같고. 나 왜 이러는 거죠?

가족과 고향을 등진 죄의식이 악몽의 형태로 나타나 그녀를 괴롭힌다는 것이었다. 얼마 전까지도 북의 가족들에게 송금을 유지하는 노력에도 불구하고, 그녀는 자신의 생존과 가족들의 고생을 맞바꾸었다는 그리움과 죄의식에 시달리고 있다. 이런 지독한 외상기억으로 생존과 적응의 성취감이나 남한살이의 평온함을 만끽할 수 없는 것이 고난의 행군 시기 탈북민들의 특징이다.

2) 장마당 시기 탈북

탈북민 연구에서 중요한 변인 가운데 하나는 '세대' 문제이다. 이는 단순히 탈북하는 사람의 연령대에 국한된 것이 아닌 사람을 둘러싼 사회적 배경, 탈북 동기와 과정 등 복잡한 구조를 포괄하는 의미의 '세대'이다. 세대 연구에서는 동일한 사건을 경험한 세대가 형성하는 신념, 가치, 문화 등을 세대를 나누는 구획으로 보는데, 탈북 현상 또한 생물학적 연령과 무관한 방식의 세대로 구분할 수 있다. 고난의 행군 시기(1990년 후반부터)에 기아와 극빈을 경험하고 생존하기 위해 탈출했던 이들을 1세대라고 한다면, 이들의 도움으로 이주한 그 가족들을 2세대(김종군 2013; 2017), 그리고 이후 장마당 시기에 탈출한 이들을 3세대(박재인 2021)라고 칭할 수 있다. 각각 세대들은 다른 이유와 기억, 희망을 품고 '탈북'의 과정을 겪었고, 한국에서 혹은 제3국에서 저마다 다른 모습으로 살아가고 있다.

이전 1세대는 소금 한 줌만 있었어도 탈북하지 않았다고 한탄했었고, 2세대는 탈북이 무엇인지도 모르고 가족과 함께 살기 위해서 이곳에 왔다고 했다. 그런데 3세대들, 특히 청년들에게 탈북 동기를 물었을 때 대답이 놀라웠다.

> 다른 삶을 살고 싶어서요.

북에서의 자신을 지우고 새로운 '나'로 살기 바랐다는 말은 청소년기에 겪을 수 있는 자연스러운 고민일 수 있으나, 탈북이 결코 쉬운 문제는 아니어서 도대체 어떤 사연으로 이러한 무서운 다짐을 하게 되었나 마음이 무거워지는 것도 사실이다. 세부적인 이유는 다양했지만, 공통적인 점은 북에서는 더 나은 삶을 기대할 수 없었다는 것이었다. 미래가 보이지 않았다는 것, 그것이 어린 나이에 고향 땅을 떠나오게 된 이유였다.

자발적 동기로 탈북한 3세대는 흔히 말하는 장마당 시기의 탈북이다. 고난의 행군 시기 이후 국가의 배급이 아닌 시장에서 벌어온 돈으로 생계를 유지하는 경제방식으로 변화하면서(강원철 2015) 북한에서는 많은 것들이 변했다. 가부장적 의식으로 남성보다는 여성이 '장마당'[4]에 뛰어들어서 가정문화가 바뀌었고 돈과 젠더에 관한 생각도 달라졌다. 또, 경제난에 뚫린 밀수의 통로들로 '자본의 힘'과 외부세계의 문물들이 밀려 들어와 사람들의 생각과 생활방식들을 바꾸어 놓았다. 이러한 변화를 두고, 장마당 세대는 '비사회주의'적 의식과 생활양식을 공유하는 세대(김성경 2015)라고 말하기도 한다. 젊은 세대의 변화는 북한의 사회적 문제가 될 만큼 커졌다(강동완·유판덕 2022).[5]

그런데 미래가 보이지 않았다는 막막함은 단순히 가난과 낙후된 생활환경 때문만은 아니었다. 지독한 가난과 대물림, 가정불화와 가정폭력, 학업 중단 및 청소년기 방황과 탈선 등 여러 갈등이 축적되면서 이 불행의 끝이 보이지 않았다고도 하였다. 그리고 이들이 미래를 꿈꾸는 일을 막고 있는 장애 요소 중 하나는 '토대'적 한계이다. 토대는 북한에서 성분이라고도 불리는 사회계층제도(통일연구원 2023)[6]로, 이 제도에 의해 좋은 성분과 나

---

4 국영 시장과 달리 민간에서 운영하는 시장을 말하는데, 고난의 행군 시기에 배급제가 붕괴되면서 북한 주민들이 목숨을 유지하기 위해 형성된 민간 시장이다. 돈주(자본가)의 팽창, 밀수업 증가 등 문제를 낳았기도 하였으나 최근까지 북한 주민들이 생계를 유지할 수 있는 유일한 길로 알려져 있다.

5 김정은은 2021년 4월 노동당 제6차 세포비서 대회에서 "지금 새세대들의 사상·정신 상태에 심각한 변화가 일어나고 있다. 오늘날 청년 교양 문제는 당과 혁명, 조국과 인민의 사활이 걸린 문제로 더는 수수방관할 수 없는 문제"라고 "지금 청년 세대가 고난의 행군 시기에 자라다 보니 사회주의 우월성에 대한 경험과 표상이 부족해" "잘못된 인식"을 가지고 있다고 비판했다. 그리고 갖가지 청년교육 정책이 나타났다(강동완·유판덕 2022).

6 이 사회계층제도는 사람을 3대 계층과 56계 부류로 분류하며 별도의 25개 성분으로 구분한다. 2022년 북한인권백서 자료에 따르면, 사람을 '출생 당시 경제적 조건, 가정의 계급적 토대, 본인의 사회정치적 생활 경위, 역사 발전의 특수성과 계급 관계' 등의 조건을 따라 계급을 분류한다(통일연구원 2023).

쁜 성분으로 사람이 구분되고 사회적 행위가 제한되며 직업과 학업에 차별이 가해진다. 또 제1대의 기본군중으로의 이동이 거의 불가능하며 연좌제가 적용되는 지점도 있어서, 개인의 의지와 노력으로 해결할 수 없는 삶의 장애물이 되기도 한다.

그 장애물이 어떤 형태로 사람들을 억압하는지 다음의 사연들로 확인할 수 있다. 한 탈북 남성은 자신이 왜 탈북하게 되었는지 설명했다.[7]

> 아버지가 자살을 했단 말이야. 북한에서는 자살은 큰 대역죄예요. 김씨 3대에 대한 배반이라 이거지. 이런 태평성대에, 이런 최상의 나라에 자살이 웬 말이냐 이거지. 근데 그게 내 발목을 잡아요. 나는 아무것도 할 수가 없어. 배우지도 못해, 취직도 못해. 나도 배우고 싶었지. 내가 한이 있다면 가방끈이야. 〈중략〉 이게 낙담, 낙담이. 자꾸 술을 마셔. 술이 아니면 못 이겨내요. 아무것도 할 수가 없는 거야.

이 탈북 남성은 자신이 탈북하게 된 이유를 '아버지의 자살' 때문이라고 말했다. 북한사회에서 자살을 최고의 죄악으로 판단하며, 그로 인하여 가족들의 사회적 신분이 하락했다. 탈북 남성은 학업과 진로의 기회가 다 막혀 방황하였고 매일 술로 버티다가 모든 것이 무너질 것을 예상하여 자신의 신분을 바꿀 '탈북'을 선택하였다.

그리고 이 남성은 남한에 와서 학업을 시작하고자 했지만, 대한민국의 탈북민 학업 지원제도가 만 35세 이하로 규정된 사실을 알고 또다시 좌절했다. 그렇지만 한 인간의 삶을 가로막는 사회로부터 탈출한 일을 결코 후회하지 않는다고 말했다. 그리고 그는 필자의 앞에서 여러 한문을 직접 손으로 써 보이며, 자신이 알고 있는 지식을 자랑스럽게 여겼다. 그렇게 잃어버린 배움의 기회에 대한 회한이 나타났다.

---

7 2025년 6월 탈북민 구술생애담 조사 자료

최근 장마당 시기 탈북민 가운데 젊은 청년들의 수도 상당하다. 자기 삶을 자유롭게 펼쳐갈 길이 막혀있고 대물림되는 한계와 억압에 지쳐갈 때쯤 이들의 앞에 놓인 하나의 해결 방안은 '탈북'이었다. 처음에는 중국에 가서 돈을 많이 벌어야겠다고 생각하였다가, 불법체류자로 오래 버틸 수 없다는 사실을 깨닫고 한국행을 결정했다고 했다. 혹은 탈북을 주선한 브로커에게 후불제를 약속하고 곧장 한국으로 온 이들도 있었다. 김정은 정권 이후 탈북이 어려워졌다고만 들었는데, 최근 한국에 온 탈북민들은 이전보다 몇 배의 돈이 들 뿐이지 탈북이 어려운 것은 아니라고 했다. 그만큼 10~20대들에게 탈북의 길은 손을 뻗치면 곧 닿을 수 가까운 거리에 노출되어 있었다.

이들의 증언 중에는 사뭇 달라진 탈북과정이 담겨져 있다. 한 청년은 어머니가 주도하여 탈북했다는 점에서 놀라웠다.[8]

> 근데 사실 까놓고 말하면 저는 엄마가 만약에 탈북해서 돈을 보냈으면 혹시 못 왔을 수도 있다는 생각이 들더라고요. 근데 전 그 환경이 아예 안 되는 거예요. 보통은 엄마들이 가서 할 건데 저는 '내가 가야겠구나'.
> 〈중략〉
> 엄마도 되게 적극적으로 선을 찾았어. 쉽지는 않았는데 또 완전 지지해주고 그리고 또 금전적으로도 또 도움도 주고.

이 청년은 보통 어머니가 탈북하여 북의 가정을 보살피지만, 자기 집안의 경우에는 자신이 탈북하는 편이 낫다고 판단했다고 말했다. 그리고 어머니도 이에 동의하여 적극적으로 지지하고, 금전적인 도움을 주었다고 했다. 어떤 경위에서 어머니는 자녀에게 위험천만한 탈북의 길을 떠나라고 허락한 것일까?

---

8 2024년 2월 탈북민 구술생애담 조사 자료

다들 학교 가고이랬는데 저는 그래서 학교를 못 다녔었어요. 아빠가 사업을 했는데 아빠가 돌아가셨다고 근데 엄마가 할 수 있는 게 없었는데, 딱 한순간에 딱 이렇게 망해버린 거예요. 저도 그쪽에서 막 이것저것 막 하고 이랬었거든요. 학교를 안 다녔으니까. 근데 그러다 보니까 동네에서는 딸, 딸내미 잘 됐다고 이런 얘기를 엄마가 듣고 했는데 그게 나름 뿌듯했었거든요. 근데 이게 그 시기를 딱 지나고 이제, 이제 일단 탈출을 해야겠다. 왜냐하면 답이 오답이니까, 예전에 잘 살던 그 시기를 경험했었으니까. 지금 막 그지 같은 상황이 너무 말도 안 된다는 걸 계속 느끼면서 근데 답이 없는 거예요. 딱 그 친구들이 졸업할 시기가 되니까 위치를 제가 파악을 한 거죠. 노답이구나.

이 청년은 앞서 고난의 행군 시기 탈북소녀와 동일하게 소녀가장이었다. 그의 탈북은 2016년으로 고난의 행군 시기 이후였지만 그 안에서 살아가는 사람들의 삶은 유사했다. 어린 시절 아버지가 사업에 실패하고 돌아가시면서, 집안의 가장이 되어 장마당에 뛰어들었다고 한다. 어머니는 꽤 연약한 분이셔서 아무것도 하실 수가 없어서 어린 딸이 생계를 책임졌다는데, 어린 딸에 의지해 사는 어머니가 보기에도 이 소녀가 그렇게 사는 것보다 탈북의 길이 더 낫다고 판단했던 것이다. 아직 성인도 되지 않은 딸을 홀로 먼 길, 그리고 위험한 길을 떠나보내려고 했던 어머니가 참 애처로웠다. 다행히 어머니의 소망처럼 이 청년은 소녀가장의 짐을 벗고서 자기 꿈을 위하여 달려가는 대학생이 되었다.

북한에서 여자가 성공할 수 있는 길은 한정되어 있어요. 저도 처음에는 장사로 돈 버는 능력에 자부심이 있었죠. 그런데 그게 되게 한계가 있어요. 그래서 북한여자들이 장사해서 돈을 벌고, 토대가 좋은 남자를 만나려고 해요. 토대가 좋은 남자는 대학에 갈 수 있잖아요. 그럼 여자가 '손·오·공'을 대 주는 거예요. 손전화, 오토바이, 공부, 학비 대며 뒷바라지를 하는 거예요. 그게 가장 퍼져 있는 방식이에요.

탈북청년은 북한의 현실을 이야기해주었다. 자신이 사회적 지위를 확보하는 방법이 매우 한정적이었다는 데에 실례로 북한 청년들의 이야기를 전하였다. 소위 토대가 좋지 않은 여성들이 성공할 수 있는 길은 토대가 좋은 남자를 만나 경제적 지원을 해주는 일이라며, 그 또한 장사로 큰돈을 번 경우로 쉽지 않은 성공 사례라고 말했다. 대물림되는 가난과 토대의 한계를 끊어낼 다른 방도가 없다는 것이 이 탈북청년과 어머니의 판단이었다. 이 청년 이외에도 상당수 탈북청년은 부모가 마련해준 자금으로 탈북하는 경우가 있었다.

이렇게 장마당 시기 탈북민들은 자신의 삶이 달라지기를 소망했다. 그것은 의식주 충족을 넘어선 삶의 질에 대한 것이다. 고등교육을 받고 사회적으로 존중받는 사람이 되길 바라는 것과 같이, 폐쇄적인 북한사회를 떠나 삶의 질을 높일 기회를 누리길 바랐다.

장마당 시기 탈북민의 이야기는 탈북의 세대 변화를 극명하게 보여준다. 이들 모두를 '자발적 이주 형태'라고 단정하기 어렵지만, 극빈과 기아에서 탈출한 생존의 탈북과는 또 다른 형태라고는 수 있겠다. 이들의 사연에는 좁게는 사회적 토대 문제이고, 넓게는 자신이 원하는 삶을 살아가려는 기회의 평등과 자유에 대한 소망이라고 볼 수 있다. 그러면서도 여전히 고난의 행군 시기 문제가 잔존하여 파생되는 고충 또한 간과할 수는 없다.

3. 분단의 선을 넘어 이주해온 삶

1) 흔들리는 정체성과 지연되는 적응

남한사회로의 이주는 탈북민의 행복을 보장해 줄까? 대한민국 정부는 탈북민의 정착과 행복에 다양하고 풍부한 지원제도를 제공해 왔지만, 일부 탈북민들은 분단구조 속 이주의 삶을 행복으로 전환하지 못한다. 필자가 만나온 탈북민들은 북한에서 고통보다 현재 남한살이의 고충에 대해 더 많은 이야기를 털어놓기도 한다. 그중 대다수는 이주 후 겪는 혼란을 호소한다.

아들러(Adler P. S. 1975)는 "모든 문화는 개인들에게 정체감, 어느 정도의 규정, 소속감, 뿌리내림 의식을 제공한다"고 말했다. 남한행을 선택한 탈북민들은 이곳이 '우리 민족이 사는 나라'이기 때문에 이곳으로 왔다고 말한다. 한 탈북민은 "공항에 도착하니 딱 우리 산이야. 산 모양이 딱 그것이에요. 중국의 산이랑 달라요."라고 말했다. 그러고는 다시는 중국으로 돌아가고 싶지 않았다고 말했다. 그것은 지금까지 이들이 살아온 곳과 유사한 문화 속에서 다시 사회적 정체성이 재건될 것이라는 기대와 같다.

그런데 탈북민들의 남한살이는 이러한 기대와 달랐다.

> 근데 이제 퇴근 시간이면 지하철에서 사람들이 막 와락 쏟아져 나오잖아요. 근데 같이 밀려서 나오긴 하는데 내가 아는 사람은 한 명도 없는 거예요. 그때 딱 드는 생각이 그런 거죠. 이게 약간 '물 위에 떠 있는 기름방울 같구나.' 나는 그런 생각이 드는 거예요. 이제 같은 그룹 안에 속해 있는데 '섞이지는 못하고 있구나'라는 생각이 드는 거예요(박재인 2022).

> 나 같은 사람들은 쉽게 말하면 그냥 폭 떠온 사람들이잖아요. 갑자기 저쪽에서 푹 떠서 (여기에) 떨어진 거예요. 뭐가 맞겠어요. 하나부터 다 다시 시작하는 거예요. 거기에서 공부도 잘하고, 뭐도 잘하고, 뭐 그런 것이 다 없어진 상태에서 새로, 쌩으로 시작하는 거예요. 그 견고한 알을 깨고 나와야 해요. 그게 쉽지 않아요. 다 버려야 해요, 다. 그게 어렵죠.[9]

"물 위에 떠 있는 기름방울", 갑자기 "푹 떠온 사람들" 이런 표현들은

---

9 2025년 4월 탈북민 구술생애담 조사 자료

남한 이주 후 탈북민들이 느끼는 정체성의 혼란을 대변하는 상징언어이다. 위의 탈북민들은 남한사회에 섞이지 못하는 방황과 이전의 삶의 조건들을 모조리 바꿔야 하는 박탈감으로 설명한다. 이러한 방황과 박탈감은 언어생활에서부터 교육, 경제활동, 문화활동 등 생활 곳곳에서 하나부터 열까지 달라진 환경에 새롭게 적응해야 하는 이주의 문제이다. 그리고 탈북민에게 놓인 이주와 적응의 과제는 한반도의 분단사만큼 복합적이다.

탈북민들의 경험하는 정신적 고통은 '북한에서의 생활 – 탈북과정 – 제3국 체류 – 남한에서의 생활' 등 전 생애에 걸쳐 반복·재생산되는 '탈북 트라우마'로 바라보아야 한다(홍용표 외 2023). 특히 현재적 문제인 남한살이의 고통은 남한사회의 경계인으로서 가치관과 정체성의 혼란을 겪는 문화적응 스트레스(김현경·전우택 2009) 혹은 국내 입국 후 정착 과정에서 겪게 되는 남한 주민과의 갈등(차별, 무시, 배제)이나 경제적 어려움(김종군·정진아 2012) 등이 트라우마를 가중한다는 견해가 발표되었다. 남북하나재단에서 실시한 『북한이탈주민 정착실태조사』(2024)에 따르면 탈북민들은 남한살이에 불만족하는 주된 이유에 대해 '가족과 떨어져 살아야 해서'(26.8%), '경쟁이 너무 치열해서'(22.6%), '북한이탈주민에 대한 남한사회의 차별/편견 때문에'(16.6%)로 꼽고 있다. 이러한 탈북민의 남한살이 고통은 단순히 적응 스트레스나 생활고를 넘어 '분단'으로 야기된 사람들 사이의 갈등 또한 내포하고 있으며, 그것은 결과적으로 남한살이에 행복감을 느끼지 못하는 적응의 지연과 사회 통합 문제의 원인으로 작동하고 있다.

2) '가족이 없는 사람'과 사회적 고립

탈북민들의 고향은 현재 남한의 교통으로 하루가 채 걸리지 않은 근거리에 있고, 여전히 가까운 곳에 가족들이 살고 있고 이웃과 친구들이 살고 있다. 그런데 이들은 남한 이주를 "가족이 없는 사람"이 되어 버린 일로 여긴다. 분단이 만들어낸 이산의 고통은 여전히 현재진행형이다(박재인 2024).

> 저는 아예 부모님은 생각을 안 해요. 생각하면 막 당장이라도 가고 싶고 그러거든요. 그냥 이게 그냥 미칠 것 같아요 그냥. 그래서 생각을 아예 안 해요 안 하는 게 좋은 거니까 생각하면 나만 힘들고 나만 스트레스 받고.

> 나는 이제 그냥 '가족이 없는 사람'이 돼 버린 거예요. 급하다고 할 때 잠깐 도움받을 수도 없는. 그때 그 생각(자살)이 들더라고요. 이럴 때 그렇게 되는구나 하고.

> 애(자녀)랑 나랑 천지에 딱 둘 뿐, 애가 물어요. "왜 우리는 가족이 없어?" 그럼 엄마도 엄마가 있고 오빠가 있다고. 그럼 (자녀가) 거기 가자고. (웃음) (내가) "갈 수가 없어" 이러지.

이들이 가족이 없는 사람이 되어버렸다는 생각은 가족주의가 특별한 한민족에게 큰 상처가 된다. 부모-자녀 간의 정서적 관계가 특별하고, 개인보다는 가족이 우선시되거나 서로 간의 정신적 지지와 상호교류를 중시하는 문화적 관습에서 '가족 이산'은 더욱 심화되어 "가족이 없는 사람"이라고 비관하고 남한살이의 장면 장면마다 이 아픔을 계속 자극받는다. 우리나라의 영토를 한반도 전역으로 그려내며 마치 곧 분단의 경계가 사라질 것같이 여기는 우리의 습관과 상반되게, 탈북민은 분단의 경계를 명확한 '인간관계 단절' 선(線)로 인식하고 있는 것이다.

이 문제는 가족 이산으로 국한되지 않으며, 사회적 고립으로 심화될 수 있는 위험이 있다. 한 탈북 남성은 자기 가족에게 닥쳐온 비극을 이야기해 주었다(홍용표 외 2023; 박재인 2024). 그는 먼저 탈북하고 난 후 악착같이 벌어 아내와 두 자녀를 탈북시켰다. 그렇게 가족 이산은 막을 수 있었지만, 가족이 해체되는 사태는 막을 수 없었다. 탈북 이후 아내의 우울증과 반복되는 자살시도로 이 가족은 삶의 의욕을 잃게 된다.

> 우리 아파트가 좀 높잖아요. 밤에 잠깐 내려다보면 십자가들이 다 보이잖아. 진짜 '나 같은 사람은 둘 곳이 없구나' 하는 생각에 진짜 죽고 싶었죠. 〈중략〉 집사람이 우울증 심했잖아요. 뛰어내리겠다고 해가지고. 굉장히 심했어요. 제일 힘든 게 집사람을 어디 마음대로 집을 먹게 하 자꾸만 밧줄로 목을 자꾸만 먹겠다고 그 다음에 아파트에서 뛰어내리겠다고 하니까 그게 겁이 나는 거예요. 그러니까 이 완전히 우울증이 심한 거죠.
> 〈중략〉
> 그래서 저도 우울증이 심하고 그래가지고 저도 그때 한번 죽겠다고 약을 먹었어요. 약을 먹었는데. 지금도 수면제를 먹지만 그때도 수면제를 먹었거든요. 수면제를 먹었는데 119 불러가지고 저기 ○○병원 가서 싹 위 세척하고 오히려 돈만 한 27만 원 나왔어요. 그 다음부터는 죽을 생각도 못하게.

탈북 남성은 아내의 우울증이 자신에게 전이된 과정을 증언했다. 아내는 신체적 장애를 시작으로 정신건강 또한 악화되었고, 아내를 구완하던 지난한 시간 속에 탈북 남성은 의지할 곳이 없는 외로운 현실에 좌절했다. 그는 아내의 병원 진료 때 어린 자녀들을 돌봐줄 친척이나 이웃 하나 없어 막막했고, 아내의 자살시도는 반복되었다. 그리고 아내의 우울증은 바로 그에게로 전이되었고, 그 또한 자살을 시도하였다고 말했다.

이 남성은 아내의 우울증은 사람과 사람의 연결이 끊긴 고립감이 원인이 되었다고 말했다.

> (아내의) 우울증은 여기(남한) 와서 시작됐어요. 고향에 있을 때도 그런 게 없었고 했는데. 이게 여기는 핵(가족) 그거잖아요. 자기 아파트 옆에 누구 사는지도 모르잖아.
> 〈중략〉

북한에 있는 엄마도 있고 어머니도 있고 동생들도 있었잖아요. 그게 제일 정신적 요인이 아닐까. 누구나 다 북한 사람들은 다 그렇지만은 그게 제일 그거거든요. 우리 탈북자들이 이 사회에 적응하기에는 너무나도 힘들어요.

그런데 내가 여기 와서 느낀 게 제일 가슴 아픈 게 그거더라고요. 우리 집사람 돌아갔잖아요. 옆에 집에서도 몰라요. 그 다음에 우리 옆에, 옆에 그렇게 우리 집사람하고 말도 잘하고 하던 사람들도. 이게 참 여기 무슨 사회가 핵사회가 되는지 모르겠는데 그게 제일 나는 힘들 것 같아요.

먼저 번에 무슨 모자가 죽은 사건 있잖아. 그것뿐 아니라 탈북자들 두고 돌아가면 10명밖에, 10명 정도밖에 안 돼요. 인간관계가 그렇죠. 그것도 다 탈북민들이. 그게 어떤 사람은 없는 사람도 있어요. 그러니까 이게 우리 사회에서 가장 해결해야 될 일이 인간관계고.

그는 북한은 집단생활에 익숙한 데 반해, 남한은 개별적인 생활환경이라 탈북민은 고립되기 쉽다고 말했다. 대가족 단위, 마을 단위의 인간관계에 익숙한 탈북민들이 남한사회의 개인주의 문화에 외로움과 소외감을 느낀다는 것이었다. 더불어 코로나19 사태 지연으로 사회적 고립이 심화되고 있다고 호소하였다.

그의 아내는 하반신 마비로 거동하기 어려웠고 자신의 고통을 위로할 다른 방도를 찾지 못하여 계속 술만 찾았다고 했다. 그리고 마음을 나눌 친한 관계가 형성되지 않아서 우울증이 악화되었다고 했다. 또한 그의 입장에서도 사회적 지지 기반 부재의 문제는 심각했다. 그는 홀로 아픈 가족을 돌보고, 가족의 생계를 책임지며, 어린 자녀를 돌보면서 매우 힘들었다고 했다. 그리고 자녀들을 제대로 돌보지 못하여 방치되었다고 하며, 현재 자녀의 정신건강 문제가 이 때문에 심화되었다고 보았다. 부모와 자녀 관계 이외에 다른 사회적 관계망이 부재하여, 가족 부양의 책임을 나눌 수 없었던 상황이 이 가정의 비극의 핵심이기도 하다.

이러한 인간관계의 고립 문제는 남한사회 속 탈북민들이 경험하는 심리적 고통의 대표적인 문제이다. 탈북민은 남한사회에서 사회적 지지 관계를 형성하기 어렵다. 대체로 탈북민 집단이나 종교집단에 의존할 수밖에 없으며, 이 또한 적응 지연이나 탈북민 집단에 의존하는 문제를 양산한다. 최근 발생한 탈북민 모자 사망 사건이나 고독사 사건에서도 여러 요인이 결합되어 있으나, 자신의 상황을 알리고 적극적으로 도움을 요청하는 능동성이 발휘되지 못했던 상태였음은 분명하다. 그 안에는 낙담과 절망감, 심리적 위축, 행정절차에 대한 부담감 등 존재했을 것으로 추정할 수 있다. 위기에 빠졌을 때 자신을 도와줄 사람이 없다는 절망감은 이들의 위기 극복 역량을 위축시키며, 그 고립감은 탈북 트라우마를 더욱 가중시키는 요인이 될 수 있다.

2023년 국가인권위원회 보고서에 따르면, 다수의 탈북민은 위기 상황에 처할 때 쉽게 도움을 청할 곳이 없다고 응답했다(홍용표 외 2023). 또한 남북하나재단의 조사 결과에 따르면, '낙심하거나 우울해서 이야기 상대가 필요한 경우'가 77.7%(2023, 38)라고 조사 되었고, 탈북민들의 사회적 고립과 정신적 고통의 문제를 중대 사안으로 꼽았다. 2008년 에이거(Alastair Ager)와 스트랭(Ager A, Strang A)은 난민이나 이민자를 수용국 사회에 성공적으로 통합하기 위한 총체적인 접근 방식을 네 가지 요소로 제안한다. 그 중 세 번째 요소인 사회적 연결은 사회적 유대, 다리 및 커뮤니티 그룹 내부 및 그룹 간 소통의 중요성을 의미한다. 사회적 유대 및 소통 연결이 이주민 사회 통합의 열쇠임을 주장하는 것이다. 그만큼 사람들 간의 유대와 연결은 매우 중요하지만, 현 남한사회에서 탈북민은 이 문제에 가장 취약하다고 할 수 있다.

3) 탈북민을 향한 차가운 시선

탈북민들이 원하는 다른 삶은 '삶의 질을 높일 수 있는 기회의 장'이라면, 사실 남한사회는 그러한 이상과 소망에 어울리는 공간은 아니다. 경쟁은 심하고, 삶의 만족도를 위한 비용은 더 부담스러우며, 경제적 분배와 사회문화적 차원의 동등한 참여의 기회도 그리 공정하게 이뤄진다고 할 수 없다.

게다가 탈북민을 향한 따가운 시선도 무시할 수 없다. 남북하나재단의 사회 통합조사에 따르면 탈북민 차별·무시 경험이 16.3%라고 하지만, 연구자가 구술생애담조사나 문학치료 프로그램에서 만난 대부분의 탈북민들은 한국사회에서 차별과 무시를 경험했다. 탈북민들은 남한사회에서 북한 출신이라는 이유로 예상치 못한 사회적 차별에 직면하는 경우가 많다. 이념적 편견이나 경제난민이라는 시선 등 직업과 학업 공간에서부터 개인적 공간까지 탈북민을 공격하는 말과 행동들은 가지각색이다.

> (남한입국 초기) 방황했지. 싸우기도 많이 싸우고. 맨날 얻어터지고. 내가 방황을 좀 했어요. (연구자: 왜 왔나? 이런?) 그렇지. 여기는 뭐고, 업신여기고. (연구자: 아직도요?) 아직도 느껴지지. (연구자: 구체적으로 어떤?) 그러니까 아직도 우리가 고향 언어 언어가 아직 있잖아요. 말투가 아직 있으니까 그러니까는 사람들은 다는 아닌데 이렇게 이렇게 대화하는 이런 톤을 딱 들어오면은 좀 약간 얕잡아보는 그런 '너희들이 먹고 살기 힘들어서 우리 한국으로 왔다'라는 이런 약점에서 조금 좀 무시하는 그런 경향이 좀 없지 않아(홍용표 외 2023).

위 탈북민은 2000년대 초반 남한에 입국하여 꽤 오랜 시간 방황했다고 말했다. '업신여긴다, 얕잡아본다, 무시한다'는 표현으로 그 방황의 원인을 설명했다. 먹고 살기 힘들어서 한국에 온 '경제적 난민'이라는 인식이 자신을 대하는 말투와 태도에서 느껴졌고, 그래서 남한 주민들과 다투는 일이 많았다고 했다.

탈북민들의 '분노', 이 점에 주목하면 악셀 호네트의 인정투쟁론에서는 생존이 목적이 아닌, 자기 정체성에 대한 사회적 인정을 위한 목숨을 건 투쟁이 어떠한 과정을 거쳐 촉발되는지 설명한다. "자유로운 정서적 욕구의 분출과 충족을 가로막는 신체에 대한 폭행, 법적 권리의 유보나 불인정, 사회적 연대에서의 배제"는 당사자에게 "'무시'나 '모욕'으로 이해되며, 이는 '분노'라는 심리적 반작용을 일으키"고 그것은 "사회적 투쟁을 추진하는 심리적인 동기"가 된다는 것이다. 그리고 타자가 나를 모욕할 때 그 '모욕'이 중요한 까닭은 그로 인하여 내가 나를 모욕하게 된다는 점에 있다. 내가 나를 스스로 모욕하는 일은 곧 내가 자신의 인간으로서 존엄성을 스스로 거부하는 것이다. 그래서 사람은 자기 정체성을 억압하는 '폭행, 불인정, 배제' 등에 저항하며 '목숨을 건 투쟁'을 시작하게 된다. 그것은 "전체(즉 인격 전체)가 걸려 있기 때문"에 시작되는 것이다(악셀 호네트 1996). 탈북민들이 느끼는 분노는 바로 자신을 무시, 모욕하는 사회 속에서 자기 존엄성을 지켜내는 정신적·신체적 반응이라고 봐야 할 것이다.

이 문제는 쉽게 해결할 수 없는 난점이 있다. 3만의 탈북민보다 불특정 다수의 남한 주민들의 인식을 바꿔야 하는 일이기 때문이다. 남한 주민의 탈북민에 대한 인식을 쉽게 바뀌지 않고, 남한 주민들은 친밀한 관계 영역에 탈북민을 연결시키는 일을 불편해한다.

『2024 통일의식조사』에 따르면, 탈북민을 '친근하게 느낀다'는 응답이 17.5%, '친근하지 않다'는 응답은 전체 응답자의 30.6%에 해당되었다. 특히 사회적 관계유형별로 남한 주민이 탈북민과 관계 맺기를 꺼리는 정도가 "결혼 상대자 〉 지역대표 〉 학교 교사 〉 사업동반자 〉 직장 동료 〉 동네 이웃" 순으로 나타났다. 상호영향력이 큰 친밀한 관계 혹은 사회적 집단을 대표하는 지위에 탈북민을 포함하는 일을 반기지 않는 것이 일반적인 현상이다.

탈북민은 자신들에게 향한 남한사회의 차가운 시선을 감지하며, 스스로 탈북민 정체성 노출을 우려한다. 아래의 탈북 청년은 탈북민 지원 혜택에 대한 부정적 시선을 걱정하며 스스로 인간관계를 단절해 왔다고 말했다.

> (탈북민 정체성을 노출하면) 하나부터 열까지 다 설명해야 해요. "왜 혼자 아파트에 사느냐, 부모님이 부자냐", 조금만 가까워지면. 하다못해 (청년 지원) 저축계좌, 도약계좌 "왜 이자가 다르냐" 저는 그럴 때마다 얼어붙는 거예요. (지원을) 받는 게 사실이잖아요. 아닌 건 아닌데, 근데 제 스스로가 얼어붙는 거죠. 혹시 "넌 왜 더 많이 받아?" 이러면 할 말이 없는 거예요. 이게 하나가 아니에요. 집부터 시작해서 모든 걸 이런 걸 다 해야 돼요. 설명하기가, 설명하려면 처음부터 한 열까지 다 설명을 해야 되는 거예요.[10]

탈북청년은 남한 주민과 일상을 공유하는 친밀한 관계가 되면 자신이 받고 있는 정부 지원의 정보가 노출될 수밖에 없다고 했다. 어디까지, 누구에게까지 탈북민 정체성을 공개할 것인가의 문제와 함께, 또래 남한청년들이 보일 부정적 반응, 상대적 박탈감까지 심각하게 고민하게 된다는 것이다.

사회 통합 과제에 있어서 원주민의 이민자와 이민에 대한 부정적인 태도를 결정짓는 요인 중 하나는 '자원에 대한 경쟁'이다(Victoria M. 1998). 극심한 경쟁사회에서 취업과 경제적 안정에 난항을 겪는 남한 주민들은 탈북민에 대한 너그러운 포용력을 발휘하기 어려울 수 있으며, 이들에게 주어진 각종 혜택과 지원제도에 거부감이 들 수 있다. 그리고 그 안에서 탈북민들은 더욱 위축될 수밖에 없다.

다음은 70대 탈북여성이 털어놓은 이야기다. 이 탈북여성은 한 남한 주민으로부터 충격적인 말을 들었다. 그것은 탈북여성들의 성관념에 대한

10 2025년 6월 탈북민 구술생애담 조사 자료

지적이었다. 북한에서 제3국을 거쳐, 그리고 한국으로 입국하면서 탈북여성들이 여러 번 혼인하는 상황을 두고 한 이야기였다.

> 나도 있지, 나는 내가 그렇게 먹을 게 없어서 온 집안 식구가 굶어 있는 데는 이, 여자로 생겨서, 엄마로 생겨서 못할 짓이 없어. 그때는 나한테다 먹을 거를 주겠다고 달라 붙으면은 그거를 다 OK 했을 거 같애. 그럴 데가 없었으니까 못 그렇게 한 거지. 아무캐나 몸을 팔던, 어떻게든 내 식구 먹여 살릴 수만 있다면야. 고 다 먹고 편안할 때나 하는 소리지. <중략> 그딴 말 하지 말라. 괜히 그 여자들 가슴 한 번 더 훑고 지나가는 거다. 그 상황에 띄우면 (목소리를 크게) 당신 역시 똑! 같! 다! 그 다음에는 그걸 안하더라고. 그런 소릴 말아라. 그 여자들 속으로는 피눈물 흘리고 있다. 어디다 대고 정조라는 말을 하는가. 어디다 대고! 그 환경에 띄우면 다 똑 같은, 인간은 다 똑같애. 나는 이거 정조 때문에 이 자리에서 숨 끊어진다, 어딜 그런 여자가 있느냐고(박재인 2021).

그 말을 들은 70대의 탈북여성은 '지조' 혹은 '정조'의 개념으로 탈북여성들을 함부로 판단하지 말아야 한다고 대응했다. '생존'을 위한 선택을 두고 낡은 윤리적 잣대로 평가하지 말라는 엄숙한 일갈이었다.

북한에서 빠져나온 사람들은 제3국에 머물면서, 죄인 아닌 죄인의 몸으로 살아간다. 인권을 침해받고, 신체를 훼손당하는 위험에 노출돼도 저항할 수 없다. 특히 여성들은 인신매매와 성폭력에 시달린다. 그들에게 잘못 보였다가는 신고 당할 수 있기 때문에, 최악의 상황을 면하기 위해서 그들은 생존을 위해 위험을 감수한다. 북한으로 돌아가 굶어 죽는 것보다, 수용소로 끌려가 어떤 일을 당할지 모르는 상황보다 더 위험한 것은 없었다. 이렇게 생존을 위한 선택은 한국사회에 와서 쓰라린 주홍글자가 새겨진다.

"탈북여성은 정조관념이 부족하다"는 낡은 인식은 한국사회의 일면을 보여준다. 위험천만한 탈북의 고행길에서 그녀들은 살아 버티지 말고, '정조'를 위해 죽었어야 했는가? 그들의 살아온 이야기를 진지하게 들어보지 않고 함부로 뱉어놓은 말은 탈북여성의 현실과 너무도 동떨어진 어설픈 충고와 판단이었다. 아직 다 낫지 않은 생채기에 날카로운 칼날을 들이대는 2차 가해이다. 우리가 가진 탈북민에 대한 편견과 불편한 감정들도 사실 이러한 어설픈 판단과 허락하지 않은 참견일 수 있다.

4. 탈북민의 이야기를 듣는다는 것은 : '나라면?'이라는 서사적 상상력과 정서적 연결

> "종종 둔감하고 무진 상상력을 가진 우리가, 구체적인 상황이나 사고나 감성 속에서나마 우리와 다른 사람들을 애써 인정하도록 만드는 그 능력"(Nussbaum, M. C. 2022)

마사 누스바움(Nussbaum, M. C.)은 인간 사회의 진정한 정의를 위하여 서사적 상상력(Narrative Imagination)의 힘을 논한다. 그것은 우리 자신이 "다른 사람의 입장에 있다면 어떠할지 생각하는 능력이고, 그 사람의 이야기의 지적인 독자가 되는 능력이고, 그러한 처지에 있는 누군가가 가질 수 있는 정서, 소망, 그리고 욕망을 이해하는 능력"(Nussbaum, M. C. 1997)이다. 누스바움은 몰입과 공감의 정신작용으로, "우리와 다른 '차이'에서 그들의 동기와 선택을 이해하고, 그들이 위협적인 타자가 아니라 우리와 많은 문제점과 가능성을 공유한 사람들임을 알게 된다"고 말한다.[11] 나와 다른 이들의 이야기를 듣는다는 것은 곧 내가 살고 있는 세상의 문제점을 직면하고 미래의 가능성을 상상하며 구체화해 가는 능동적인 형태의 사회적 참여이다.

---

11 "어떤 면에서 자신과 비슷한 다른 사람이 심한 고통이나 불행을 겪고 있다는 것을 인식하는 것이며, 전적으로 또는 부분적으로 그 사람을 비난할 수 없다는 태도"는 "sympathy"의 상상력에서 비롯된다(Nussbaum, M. C. 2022, 149; 황은덕 역 2010, 25).

탈북민들은 과연 '먼저 온 미래'일까? '먼저 온 마음의 장벽'일까? 이 글은 분단과 관련된 마음의 장벽인 분단적대성과 너를 나와 똑같은 존재로 만들어야 직성이 풀리고 마음을 놓을 수 있다는 강박감(송두율 2019)에서 해방될 수 있는 방법의 하나로 탈북민의 살아온 이야기를 '경청(Active listening)'(Rogers, C. R. 1957)하는 일을 제안한다. 누스바움의 서사적 상상력을 가능하게 하는 그 출발점은 이들의 생애와 탈북 트라우마를 서사적으로 이해하는 일에서 시작될 수 있기 때문이다.

'경청'은 기본적으로 사람들의 삶에 대한 관심과 기록의 역할을 담당한다. 전 세계의 사회적 약자의 존중과 사회적 통합 방안에서 빠짐없이 나타나는 주요 사업은 이들의 삶을 진실하게 보여주고 이들 스스로 '주체적 말하기' 실천하게 하는 소통의 장을 구축하는 일이다. 탈북민의 살아온 이야기를 청해 듣는다는 것은 거시적인 관점이나 공적 기억으로 수렴하기 어려웠던 '분단' 문제를 역사화하는 작업이 된다.

탈북민의 생애 이야기를 경청할 때 우리는 단순히 분단역사를 인지한다는 차원에서 나아가, 그 이야기에 공감·몰입하면서 "나라면?"이라는 질문을 하게 된다. "나라면?"이라는 서사적 상상력으로 나는 북한에서 태어나지도, 난민이 될 일이 만무하다는 오만으로부터 빠져나와 사람 대 사람으로 이들을 마주할 수 있다. 그렇게 이들의 삶을 기억, 기록함으로써, 긴 시간 동안 무뎌졌던 감각을 예민하게 다시 일깨우고 분단 문제가 인간의 삶에 어떻게 침투하고 있는지, 우리의 사고와 행동이 얼마만큼 분단적대성에 관습화되었는지 객관화해볼 수 있다. 탈북민에게 내세웠던 칼날 같은 폭력적 언어와 사고들이 '나에게로 향해진다면'이라는 상상으로, 우리는 인권, 정의, 평화, 자유와 평등과 같은 보다 나은 시민사회의 덕성들을 기대해 볼 수 있다.

우리 사회는 그간 '민족' 중심의 집단정체성에 파묻혀 살았다. 전통문화와 관련하여, 애국사상에 있어서도, 통일의 도덕적 당위성에서도 '한민족정체성'은 계속 강조되었다. 그런데 현재는 더 이상 그것만으로는 통일의 필요성을 채울 수 없는 한계에 이르렀다. 편차가 크게 급변하는 남북관계에 대한 피로감, 통일비용의 부담감, 통일 후 사회적 혼란에 대한 두려움 등 보다 실리적인 이유로 통일유보론이 압도적으로 증가하고 있다. 그 안에서 한민족이라는 유대감은 무색해지고 있다.

이제 새로운 가치로 한민족 연대의식이 강조될 필요가 있다. 탈북민 내지 북한 주민은 한반도의 근현대사 속 식민, 분단, 전쟁, 이산이라는 역사적 상처를 공유한 민족공동체이기 때문이다(건국대 통일인문학연구단 2012). 통일이 아닌 평화와 치유라는 이름으로, 그 역사적 상처가 남긴 문제를 함께 해결해 가는 동반자로서 한민족 연대의식이 새롭게 구성되어야 한다. 그리고 현재 탈북민들이 경험하는 문제는 그들의 개인적 문제가 아니라, 한반도 근현대사로 누적된 상처를 감당하고 있는 '또 다른 나, 또 다른 우리'의 존재들의 희생적 고통임을 깨닫고 이들의 고통에 공감하며 동참해야 한다.

현재 이 글은 탈북민들의 상처 일부만 살피며, 북한 혹은 국제적 이동 경로에서 벌어지는 인권침해 상황이나 남한에서 가해지는 범죄와 폭력 등은 상세하게 다루지 않았다. 탈북민 생애에 대한 입체적 조명은 이미 많은 연구에서 심도 있게 밝힌 바, 이 글은 이들에 대한 작은 관심의 시작을 일으키는 데에 불과하다. 한반도 근현대사의 속죄양이 되어버린 이들에 대한 작은 관심의 시작으로 공감과 몰입이 확장되어 진정한 '경청'이 행해지길 기대하고 모두가 자신이 살고 싶은 곳에서 평안하게 살아갈 수 있기를 기대하며 이 글을 마친다.

참고문헌

| 국문 |

강동완·유판덕. 2022. "북한 일용품 포장지를 통해서 본 북한 사회 : 개별 일용품의 특징과 정치, 경제, 사회적 함의를 중심으로." 『통일문제연구』 34-1, 41-71.

강원철. 2015. "북한 장마당세대의 통일의식 변화에 관한 연구." 고려대학교 석사 학위 논문.

건국대 통일인문학연구단. 2012. 『코리언의 역사적 트라우마』. 서울: 선인.

김성경. 2015. "북한 청년의 세대적 "마음"과 문화적 실천 -북한 "사이(in~between) 세대"의 혼종적 정체성." 『통일연구』 19권, 6-40.

김윤배·최길열. 2005. 『시각이미지 읽고 쓰기』, 서울: 미담북스.

김종곤. 2018. "'분단적대성'의 역사적 발원과 감정구조." 『통일인문학』 제75집, 5-32.

김종군. 2013. "구술생애담 담론화를 통한 구술 치유 방안 : 『고난의 행군시기 탈북자 이야기』를 중심으로." 『문학치료연구』 제26집, 107-134.

______. 2017. "탈북청소년 구술에 나타난 엄마의 해체와 자기치유적 말하기." 『문학치료연구』 제44집, 115-146.

김현경·전우택. 2009. "북한이탈주민의 삶의 질이 외상 경험 이후 심리적 성장에 미치는 영향." 『사회복지연구』 제40집 2호, 363-396.

남북하나재단, 2023. 『2023 북한이탈주민 사회통합조사』. 서울: 남북하나재단.

남북하나재단. 2024. 『2024 북한이탈주민 정착실태조사』. 서울: 남북하나재단.

박재인. 2014. "탈북여성의 부모밀치기서사 성향과 죄의식." 『구비문학연구』 제39집, 73-114.

______. 2017. "'고향'으로서의 북녘, 통일을 위한 정서적 유대 공간으로의 가능성." 『통일인문학』 제71집, 39-74.

______. 2021. "탈북여성의 기억으로 본 남북의 젠더의식 비교."『통일인문학』 제86집, 43-88.

______. 2022. "『삼국유사』〈비형 이야기〉를 통해 본 탈북청년들의 (탈)경계인으로서 자기서사."『문학치료연구』 제63집, 103-147.

______. 2024. "가족관계 단절 문제에 대한 부모되찾기 설화의 문학치료적 역할."『韓國古典研究』 제64집, 189-219.

______. 2024. "탈북에서 가정해체까지, 탈북민 위기가구 문제와 탈북 트라우마."『문화와 정치』 제11권 2호, 39-67.

송두율. 2018. "화쟁의 상징."『경향신문』(https://www.khan.co.kr).

악셀 호네트, 문성훈·이현재 역. 1996.『인정투쟁』. 서울: 동녘.

유호열·박현선. 2011.『북한이탈주민에 대한 언론의 보도 태도』. 서울: 남북하나재단.

장기오. 2010.『장기오의 TV 드라마론』. 서울: 커뮤니케이션북스.

통일연구원. 2023.『2022 북한인권백서』. 서울: 통일연구원.

홍용표 외. 2023.『북한이탈주민 위기가구 인권상황 실태조사』. 서울: 국가인권위원회.

홍용표·모춘흥. 2019. "탈북민에 대한 '환대' 가능성 탐색."『통일인문학』 제78집, 313-354.

| 영문 |

Adler P. S. 1975. "The transitional experience: An alternative view of cultural shock." Journal of Humanistic Psychology 15, 13-23.

Ager A, Strang A. "Understanding integration: A conceptual framework." Journal of Refugee Studies 21(2), 166-191.

Allport G. W. 1954. The nature of prejudice. Reading. MA: Addison-Wesley.

Borowiec S. 2013. "South Korea: New Beacon for Refugees." Yale Global Online. (http://yaleglobal.yale.edu/content/south-korea-new-beacon-refugees)

Laurence, J. 2013. "Reconciling the contact and threat hypotheses: does ethnic diversity strengthen or weaken community inter-ethnic relations?." Ethnic and Racial Studies 37-8, 1328-1349.

Nussbaum, M. C. 1997. Cultivating Humanity. Cambridge: Harvard University Press(우석영 역. 2011. 『학교는 시장이 아니다』. 서울: 궁리).

Nussbaum, M. C. 2022. "Democratic Citizenship and the Narrative Imagination." Teachers College Record 110(13), 143-157(황은덕 역. 2010. "민주 시민과 서사적 상상력." 『오늘의 문예비평』 79호).

Rogers, C. R., & Farson, R. E. 1957. Active listening. Chicago: Industrial Relations Center the University of Chicago.

Song, Y., Freedman, J. E. 2022. "The Construction and Embodiment of Dis/Ability for North Korean Refugees living in South Korea." Teachers College Record 124(7), 201-220.

Victoria M. Esses, Lynne M. Jackson, Tamara L. 1998. "Armstrong, Intergroup Competition and Attitudes Toward Immigrants and Immigration: An Instrumental Model of Group Conflict." Journal of Social Issues 54-4, 699-724.

제3부

관계와 실천

| 7장 |

'대북인식에 기초한 진영갈등'과 경합적 평화

김현준

1. 들어가며

대북인식에 기초한 진영갈등[1]은 통상적으로 한국 사회에서 보수와 진보 사이의 정치적 균열을 의미하며, 그 기원은 북한에 대한 인식 차이에서 비롯된다(김호기 2003). 한국에서의 정치적 갈등은 남북분단의 현실과 동

1 본 연구는 '남남갈등'이라는 기존의 용어를 '대북인식에 기초한 진영갈등'으로 대체하여 사용한다. 해당 용어는 2000년 6월 15일 남북정상회담 이후 김대중 정부의 햇볕정책을 둘러싼 국내정치 내부의 갈등(마인섭 외 2012, 12)을 일부 언론이 지칭했을 때부터 사용되기 시작하였다. 광의로는 지역주의, 집단 간 이념 차이를 포괄하는 국내정치 세력의 갈등, 협의로는 '남북갈등'에 대한 대칭적 표현으로 대북정책 및 통일정책의 차이를 바탕으로 상대 진영을 공격하는 용어로 사용되어왔다(마인섭 외 2012, 10; 조한범 외 2014, 13). 특히 단순한 자유민주주의 사회에서 갈등은 필연적일 수밖에 없기에, '남남갈등'이 마치 모든 갈등을 문제가 있는 것으로 지시하는 측면이 있다(마인섭 외 2012, 14)는 점에서 학술적으로 적절한 용어인지에 대해 문제가 제기될 수 있다. 이에 본 연구는 '대북인식에 기초한 진영갈등'을 중심으로 남과 북 사이에서의 갈등 일반 및 이를 둘러싼 국내정치 세력 간의 경합성과 평화를 논한다.

떨어질 수 없는 의제이며, 이는 상이한 북한 인식에 따른 정치적 입장이 탈냉전 및 이념경쟁이 끝난 시기에도 반복되어오는 방식으로 재생산되었다. 이러한 맥락에서 대북인식에 기초한 진영갈등은 남과 북이 서로를 '적(enemy)'으로 인식하게 되는 구조적 한계 속에서 발생하는 정치적 양식으로 이해될 수 있다. 그럼에도 불구하고, 그러한 상호 적대적인 정치적 입장의 공존을 통해 평화를 사유할 수 있는 방안을 찾는 것이 이 원고의 목적이다.

'평화'라는 개념은 당위적이고 정태적으로 인식되는 경우가 많다. 또한 평화학에서 평화는 국가 간의 관계 속에서 형성되는 어떠한 상태로 인지되기도 한다. 평화는 아직 도래하지 않은 상태로 인식되기 쉽고, 그것을 만들기 위한 노력을 상정하기 마련이다. 평화를 추구하는 입장에서는 현재 상태와 평화 사이에 일종의 '간극(gap)'이 존재하며, 그러한 간극은 평화로운 상태에 대한 결핍(lack)을 초래한다. 결핍을 채워가는 과정이 평화를 구성하지만, 역설적으로 그 결핍 자체가 불만족을 유발해 새로운 갈등의 원인이 되기도 한다. 요컨대, 평화와 갈등은 상호 구성적 및 상호 순환적이다.

'경합적 평화(agonistic peace)' 개념(강혁민 2022)은, 평화를 완성된 상태가 아니라 형성되는 과정으로 이해할 필요성을 시사한다. 여기에는 일종의 경합(agonism) 또는 적대(antagonism)가 필연적으로 따라온다. 특히 해당 개념은 샹탈 무페(Chantal Mouffe)의 이전 무수한 저작들과, 그것을 한 문건으로 정리한 『경합들(Agonistics, Mouffe 2013)』에서 지적되었다. 무페는 직접적으로 평화라는 개념 자체를 다루지 않았으나, 기존의 보편주의 및 개인주의적 자유주의에 대한 비판을 가한다. 그는 다원성의 보장만으로는 '정치적인 것(the political)'의 본질을 충분히 포착할 수 없다고 지적한다. 이를 평화학에 적용하면, 갈등, 분쟁, 또는 전쟁과 평화에 대한 이분법적 접근과 그것을 고정시키는 헤게모니적 담론 질서를 비판적으로 바라볼 수 있도록 한다(Shinko 2008, 474-475). 요컨대 경합적 평화는 분쟁과 평화에 대한 이분법적 구분과 그것을 고정된 상태로 이해하기 쉬운 통념을 개선하고자 하는 평화학의 다양한 논의 중 서로 모순되는 행위자들 간 공존의 필요성을 전면에 내세우는 이론이다.

본 연구는 '경합적 평화(agonistic peace)' 개념을 대북인식에 기초한 진영갈등이라는 국내 정치적 갈등 및 남북관계에 적용하고자 한다. 특히 평화를 단순히 국가와 국가 사이 분쟁의 부재라는 통념을 뛰어넘기 위해 국내 정치를 사례로 다룬다는 점에서 의의가 있다. 이를 위해 본 연구는 경합과 더불어 유사 개념인 경쟁과 적대가 민주주의에서 어떻게 다루어지는지 살펴본다. 평화는 정치라는 것, 근대 전후의 통치를 만들어가는 양식의 변화를 어떻게 바라보느냐에 관련된 정치학의 근본적이고 고전적인 주제와 관련이 있다. 이에 따라 해당 개념들이 어떤 방식으로 이해됐는지, 그리고 이는 국내 및 국제정치 또는 비교정치 및 정치이론 등 정치학의 분과들을 넘나드는 핵심적 문제를 바라볼 필요가 제기된다. 이를 위해 본 연구는 경합적 평화 이전의 다양한 개념들—경쟁적 민주주의와 포퓰리즘을 다룬다. 그리고 경쟁, 경합, 적대는 명확히 구분되는 개념이라기보다는, 행위자들이 상대에게 취할 수 있는 정치적 태도의 강도에 따라 하나의 스펙트럼 위에서 위치가 달라지는 상태의 구분으로 이해된다. 이러한 이론적 틀을 바탕으로, 대북인식에 기초한 진영갈등에서 나타나는 통약불가능한(incommensurable) 주장들이 제도와 대표성의 문제 속에서 어떻게 조정되어 왔는지를 분석하고, 이를 통해 한반도에서 경합적 평화가 실현 가능한지를 모색한다.

2. 이론적 논의

1) 경쟁적 민주주의

자유주의 민주주의는 국민들의 다양한 정치적 주장이 공정한 조건에서 토론과 합의를 거쳐, 하나 또는 복수의 민주적 요구로 수렴되고, 그것이 정책에 반영될 수 있다고 본다. 법의 지배, 공정한 선거, 그리고 선거를 통한 인민의 정치적 목적 실현이라는 이상은, 정치적으로 다원화된 행위자들이 자신의 주장을 자유롭게 표현할 수 있고, 그 주장들이 평등한 조건에서 고려된다는 전제를 필요로 한다. '경쟁'이라는 개념 역시 이러한 자유주의 민주주의의 이상이 현실에서 구현 가능하다는 가정에 기반을 둔다. 특히 고전적 자유주의 및 민주주의 이론가인 홉스(Thomas Hobbes 1998[1651]), 로크(John Locke 2005[1680]), 그리고 루소(Jean J. Rousseau 1997)에 따르면 자유주의는 주권의 담지자와 그것을 표상하는 과정에 대한 논리이다. 정도의 차이가 있지만[2] 세 모두 주권(sovereignty)의 담지자(sovereign)가 왕과 같은 특정한 개인 또는 가문이 아니라 합리적인 개인의 집합인 인민(people)이 되는 가능성을 열어두었고, 주권의 행사는 이들이 가진 권리를 양도받

---

2 홉스의 경우 인민의 양도한 권리를 가진 주권자와 그가 통치하는 국가의 절대성을 인정하였으나 그것의 기능을 만인에 대한 만인의 투쟁을 막고 평화를 유지한다는 기능적 국가론을 펼침으로써 당시 절대왕정이 신봉하는 왕권신수설과 배치되었다(Hobbes 1998[1651]). 로크는 사회에서의 인민의 재산권을 지키는 와중 나타날 수 있는 분쟁의 불편함(inconvenance)를 막기 위해 정부가 필요하며, 만일 그 정부가 제대로 역할을 할 수 없는 경우 저항권을 인정하였다(Locke 2005[1680]). 루소는 '인민의 일반의지'를 직접 구현하고 인민 스스로 그 규율에 자율적으로 동의를 하는 주권자로 인민을 상정하면서도, 그러한 인민을 하나로 묶는 시민종교로서의 애국심 또는 민족주의를 강조하는 방식으로 주권(자)이라는 개념을 인격화된 왕과 같은 존재로부터 탈인격화(de-personalization) 하면서도 인민을 근대 자유주의 정치의 신화적 존재로 재인격화(re-personalization)했다(Rousseau, 1997; 2007[1754]). 문제는 과연 이러한 탈인격화된 주권 또는 권력을 실증하여 변화된 정치 현상을 설명할 수 있는지의 여부가 20세기 이후 자유주의 민주주의 또는 국가론 논쟁의 한 축을 이루었다는 점이다. 그리고 이는 인민의 의지 또는 요구와 이를 구현하는 제도 간의 관계를 논하는 무페 식의 경합적 다원주의의 포스트-민주주의가 다루는 쟁점에 영향을 준다는 것이 본 연구의 주장이다.

은 제도(즉, 국가 Skinner 1998)를 통해 매개되어야 함을 주장했다. 왕의 절대적인 권력 소유와 행사를 상대화하고 후자를 전자로부터 구별하고, 결국 주권의 담지자를 인민에게 귀결시키는 과정이 근대 자유주의의 발전 과정이었다. 특히 홉스의 경우 자연 상태에서 개인의 안위와 공동체 안보의 확보가 국가의 역할이라는 점을 명시함으로써 분쟁과 평화를 자유주의 사조와 연결했으며, 로크 역시 재산권을 다투는 분쟁에 대한 심판자의 역할을 국가의 역할로 지적하였고, 루소 역시 자연 상태를 각자의 능력의 차이에 따라 자연의 위협에 노출된 상태로 묘사했다는 점에서 분쟁과 평화에 대한 향후 정치철학 및 이론이 발전하는 과정에 영향을 준다.

하지만 이러한 고전주의적 자유주의가 가진 한계를 지적하면서 나타난 20세기의 정치철학 및 이론이 경쟁적 민주주의이다. 우선 자본주의 발달과 대중 민주주의의 상호 작용을 이해하기 위해, 슘페터(Joseph A. Schumpeter)의 민주주의 이론을 살펴볼 필요가 있다. 슘페터가 이해하는 18세기 정치철학은 민주적 방식을 "자신들의 의지(will)를 수행하기 위해 결사체를 만들 수 있는 개인들이 투표를 통해 인민이 (정치적) 의제를 만듦으로써 공공선 실현을 위한 정치적 결단에 도달하는 제도적 협정(Shumpeter 2008[1942]), 250)"이라고 정의하였다고 보았다. 슘페터는 고전적 민주주의 이론, 즉 '인민의 의지'를 중심으로 한 정치 과정을 비현실적이라고 비판한다(Shumpeter 2008[1942]). 슘페터는 기존의 민주주의가 기초하던 '공공선'과 '인민의 의지'라는 개념이 대중 자본주의 사회에서 모든 인민이 동의할 수 있는 합리적이고 효율적 방식으로 도출될 수 없기에 현실적이지 않다는 점을 지적한다(Shumpeter 2008[1942], 251-252). 그는 기존 민주주의 이론이 전제한 '인민의 의지'를 바탕으로 한 공동의 정치적 결정과, 이를 실현하기 위한 대표의 선출 과정을 비판하며, 이 구조를 전면적으로 재정의한다. 인민의 의의는 선거를 통해 정부를 구성하는 역할에 국한된다.

그는 민주주의적인 방식을 "개인들이 인민의 표를 얻기 위한 경쟁을 통해 결정을 내릴 수 있는 권력을 획득하는 정치적 결정에 이르는 제도적 협의"로 재정의한다(Shumpeter 2008[1942], 269). 그리고 현실 정치의 핵심은 선거에서의 경쟁과 정치 지도자의 리더십이며(Shumpeter 2008[1942], 269-273), 유권자들의 표를 얻기 위한 경쟁의 산물이 정당, 정치적 아젠다 및 정책이라고 주장한다(Shumpeter 2008[1942], 282-283).

이러한 기계적 경쟁성에 규범성과 민주주의의 가치를 부여한 것이 달(Robert A. Dahl)의 다두적 민주주의(polyarchal democracy)다(Dahl 2000, 90-92). 그는 다두적 (또는 다원적) 민주주의의 조건을 1) 실질적인 참여가 보장된 선출된 대표 2) 자유, 평등, 정기적 선거 3) 표현의 자유 4) 대안적 정보 5) 자율적인 결사의 자유 6) 포괄적인 시민권으로 구분한다. 그 달의 개념은 단순한 민주주의 제도 자체의 기능적, 현실적 효율성뿐만 아니라 그것이 지속적으로 유지되고 발전되기 위한 조건을 제시하였다. 그리고 일반적인 한 사회의 민주주의뿐만 아니라 지방 소도시의 실제적인 통치 과정을 미시적으로 분석하고 자신의 규범적 다원주의를 적용하기도 하였다. 대표적으로 『누가 통치하는가 *Who Governs?*(1966)』라는 저서는 뉴헤이븐(New Haven)에서 해당 지역 유지(Notable)들의 실질적인 정책결정과정에의 공식적, 비공식적 관여와 참여와 여기서 생겨나는 권력의 배분을 다룬다(Dahl 1966). 정리하면, 달의 다원적 민주주의론은 슘페터의 경쟁적 민주주의에서 지켜져야 할 민주주의의 원칙과 가치를 구체적으로 설명했다. 하지만 그 역시 이러한 의사결정과정을 엘리트 중심으로 파악했다는 점에서는 슘페터와 유사한 비판을 받는다.

슘페터의 이론은 현대 사회의 현실적 조건들을 기존의 규범적 민주주의 이론으로 개념화할 수 없다는 한계를 인정하고 민주주의라는 제도가 가지는 지도자 선출이라는 기능에 초점을 맞추었다는 점에서 의의가 있다. 그의 민주주의 이해가 다소 제도적인 점을 지적하고 규범성을 부여한 것이 달의 다두적 민주주의다. 하지만 두 시각 모두 정치 과정에서 일반 대중의 역할을 단순한 투표 행위에, 실질적인 정치적 결정을 지도자들에게 국한시킴으로써 일종의 엘리트주의적 관점이 내포되어 있다는 단점이 있다. 특히 슘페터는 선거의 경쟁이 과열될 경우 그가 스스로 거부한 인민의 동원, 즉 과거에는 '인민의 의지'를 명목으로 대중을 특정 정책에 동원하던 정치가가 문제였다면 현재는 표를 얻는 것을 1차적 목표로 둠으로써 선거에서 승리하기 위한 선거 과정에서 나타나는 공약의 과장, 상대 후보에 대한 흑색선전과 같은 또 다른 동원의 문제에 대한 명확한 답을 제시하지는 못한다. 비록 달은 누가 실질적으로 대의 민주주의에 참여하는지, 그 참여의 권리를 넓히기 위한 장치들을 개념화하여 민주주의를 일구어가는 규범성을 확보하였지만, 그러한 과정에서 다양한 의견들의 공론화, 합의, 정책결정, 환류와 같은 과정들을 이상화한 측면이 있다.

그럼에도 불구하고, 슘페터와 달과 같은 학자들의 문제인식이 단순한 합리성과 보편주의 자체를 추구했다고 볼 수 없다. 외려 현대 사회에서의 비이성적인 개인, 특히 시장에서의 선택과 민주적 과정을 유비하여 전자의 선택이 즉흥적이고 통일불가능 하다는 점을 견지하고 정치과정의 성격을 조각하려고 했다는 점이다. 그렇기에 개인주의와 보편주의라는 자유주의적 민주주의에 대한 비판을 받기에는 무리가 있다.

2) 경합적 다원주의

경합적(agonistic)이라는 단어의 어원이 되는 아곤(agon)은 운동경기에 참여하는 선수들 간의 경쟁을 상정하는 개념이다. 여기에는 무페가 민주주의를 논하며 이 단어를 사용하는 이유 중의 하나는, 아곤에 참여하는 사람들 간의 일종의 맞수(adversary)적인 의미를 강조하기 위함이다. 즉, 다원주의에서 필연적인 의견의 차이는 일종의 적대(antagonism)를 낳기 마련인데, 그러한 적대가 상대를 인정하지 않는 적(enemy)의 관계가 되지 않는 선에서 서로가 게임에 참여하는 참가자로서의 대상성을 인정하는 것이다. 특히 무페의 주장은 기존 정치제도를 탈주하는 입장도 반대하면서, 그러한 제도에 보다 관여(engagement)하는 것이 중요하다는 점을 강조한다는 측면에서 온전히 자유주의적 민주주의 자체를 부정하는 것이 아님을 특징으로 한다. 특히 그는 자신의 시각이 기존의 대의민주주의의 의회제도와 그 제도 바깥의 투쟁들이 상호 동반되어야 한다는 점을 분명히 한다.

무페는 이 과정에서 네그리(Antonio Negri) 및 하트(Michael Hardt)식의 '다중(Multitude)', 그리고 기존의 제도를 '점거(Occupy)'하는 운동의 한계를 지적한다(Mouffe 2013, 66-77). 우선 '다중'은 기존의 인민(People)을 대체하는 네그리와 하트의 개념인데, 대의민주주의로 대표될 수 없으며 자율적인 의지와 힘으로 자신을 '완전한 민주주의(absolute democracy)'로 조직하는 주체로 간주된다. 특히 이는 물질 노동과 규율에 입각한 포드주의적 자본주의가 현재는 비물질적 노동과 새로운 협력적 소통 형태로 이루어지는 거버넌스(governance)로 대체되는 현실을 고려한다. 네그리와 하트의 제안은 '탈출(exodus)'과 '시민적 불복종(civil disobedience)'인데, 이는 대중이 국가 바깥으로 탈주하여 지식인의 공공성을 형성하고 의회 민주주의 바깥에서 연맹, 위원회, 또는 평의회를 형성하여 다수를 위한 정부가 아닌 소수자로 행동하는 다중을 표현하는 것을 말한다.

그는 기존의 제도에 관여하는 것이 결국 그람시가 이야기하였던 헤게모니 투쟁에서의 진지전(war of position), 즉 정당, 노동조합, 시민사회의 자발적인 시위의 장소 등 다양한 적소에서 기존의 권력블록에 대한 저항을 실천하는 문제로 보았다. 그리고 그들의 집단적 의지의 구성은 맞수(adversary)를 필연적으로 요청하며, 이는 경합이 제도 안에서 이루어질 수 있는, 또는 이루어져야 한다는 주장으로 해석된다.

3) 포퓰리즘: 전선의 필연성

다만 이러한 무페의 관점은 라클라우(Laclau 2005)와의 포퓰리즘 논의를 이어가면서 적대 자체의 중요성과 전선의 필요성을 강조하는 방향으로 나아간다. 특히 포스트-민주주의 시대는 신자유주의 및 경제적 자유주의의 헤게모니로 인한 자유주의와 민주주의 사이 긴장(또는 적대)의 실종. 즉, 평등, 인민주권과 같은 민주주의의 가치의 강조가 축소되고, 민주주의가 자유 선거와 인권 보호로 치부되는 상태(좌-우의 수렴)로 나타난다. 전후 복지 국가 체제 내에서 좌파는 우파 자본주의와 합의를 도출하고 공존할 수 있었으나(희미해진 전선), 1970년대 오일쇼크 및 인플레이션, 재정 적자 이후 우파 신자유주의자에게 헤게모니를 뺏긴다. 이때 우파는 사회의 내적 전선(성실한 진정한 국민-노조 또는 복지병에 걸린 좌파)을 형성하여 헤게모니를 되찾을 수 있었다. 좌파는 자본주의의 파국만을 기다리며 실업자들의 지지를 안일하게 기다리거나 제3의 길을 통해 사회적 합의의 명목으로 신자유주의를 수용해버린다.

2008년 금융위기 이후 신자유주의 위기가 나타나며 우리 '보통사람'-기득권의 대립이라는 "포퓰리즘 국면"이 나타나고 있다고 무페는 주장한다. 이 과정에서 평등과 인민주권의 가치-자유 사이의 긴장, 이로 인한 새로운 적대와 전선 도입 필요성 재등장한다. 우파 포퓰리즘은 이를 인민 주권이 아닌 국민 주권(national sovereignty)으로 대응하고 있으며, 이는 2016년 이후의 우파 포퓰리즘의 발흥으로 이어졌다. 이 상황에서 무페는 좌파가 (구 레닌주의 또는 극좌가 그랬듯) 혁명을 통해 기존의 자유민주주의 체제를 전복하거나, (기존 사회민주주의자들이 그랬듯) 순진한 개혁이 아닌 급진적 개혁 또는 혁명적 급진화를 추구해야한다고 주장한다.

무페는 정치적 자유주의가 경제적 자유주의를 필연적으로 수반하지는 않는다고 주장한다. 즉 자유민주주의의 윤리–정치적 원칙인 권력분립, 보통선거, 다당제, 시민권과 같은 자유주의적 민주주의 제도를 포기할 필요가 없다고 본다. 다만 반–자본주의적 측면은 포함시켜야 하나 그 주체가 선험적으로 '노동자'일 필요가 없다고 주장한다. 이는 기존 좌파의 약점인 경제결정론적 본질주의를 배격하는 것이며, 이는 라클라우와 무페가 1980년대부터 꾸준히 강조해오던 지점이다(Laclau and Mouffe 2014[1985]). 이데올로기 투쟁과 같이 추상적 실체로서 자본주의에 대한 적대를 공공연히 드러낼 필요도 없으며, 오히려 그러한 추상적 관념이 아닌 사람들이 눈으로 인식할 수 있는 맞수(adversary)에 대한 적대와 전선을 형성함으로써 민주주의를 회복하고 심화시키기는 헤게모니 구성체의 창조가 필요함을 강조한다.

이 과정에서 앞에서 언급한 네그리 및 하트 식의 소위 '탈주적(exodus)' 좌파 담론이 리더십의 문제를 간과하고 있다고 무페는 재차 비판한다. 일각에서 주장되는 추첨제(sortition) 역시 대표성 구성을 선거 과정으로 축소시킨다. 현재의 대의 민주주의의 문제는 (민주주의의 조건인) 사회의 다양한 전망 간의 적대적 대치를 허용하지 않는다는 것("makingour institutions more representative," Mouffe 2017, 57)이 핵심임을 무페는 지속적으로 강조한다.

예를 들어, 민주적 및 생태적 가치를 통한 대항 헤게모니 형성은 신자유주의에 의해 이득을 보는 1%를 일깨울 수 있다. 좌파 포퓰리즘에 대한 본질주의적, 몰이해적 오해는, 동질적인 '인민'의 구성은 결국 민주적 다원성을 해칠 것이라는 점이다. 하지만 무페는 포퓰리즘이 동질적이지 않다고 주장한다. 즉, '인민'은 담론적인 정치적 구성 이전에 선험적으로 존재하지 않는다. 이는 자유주의적 민주주의가 상정하는 인민의 의지 → 대표성이라는 모델을 보다 간주관적으로 이해하는 것이라고 볼 수 있다.

차이 간의 정반합을 통한 단일한 실체 구성이 아닌, 차이들을 살아있게 하는 것이 무페의 주장이다. 동일성(equivalence)은 단순한 정체성(a simple identity)과 다르다. 이 과정에서 '인민'의 구성원으로서의 시민성을 강조한다. 기존 자유주의는 '시민'을 단순한 법적 지위로 여겼으나, 민주주의에서는 이를 정치적 공동체에 적극적으로 관여하는 것을 의미한다. 시민을 납세자 또는 소비자로 대체하여 잃어버린 공공의 영역을 되찾을 필요성을 무페는 주장한다. 이를 위한 관료적이거나 권위주의적이지 않은 정도에서의 교육 및 공공 서비스 등 국가의 역할이 강조된다.

국가와 민주주의의 급진화는 담론적 실천을 통한 정동의 에너지를 필요로 한다. 특정한 민주적 요구가 공통의 투쟁을 대표하는 상징이 될 수 있지만, 지도자 인물이 될 수 있다. 리더는 '동등한 사람들 중 제1인자(primus inter pares)', 리더에 대한 정동적 유대는 집단적 의지를 결정화하는데 도움이 될 수 있다는 것이 무페의 주장이다. 특히 무페는, 기존의 민족주의 국가 간의 구분을 부정하지 않고, 그것들 간의 차이를 적극적으로 받아들인다. 헤게모니 투쟁은 민족국가의 수준에서 시작되어야 한다고 그는 주장한다. 즉, 방어적 민족주의가 아닌 평등주의적 애국심을 무페는 강조한다.

이 과정에서 '상식(common sense)'의 개념 연구가 필요하다고 무페는 주장한다. 인민이 일상에서 마주하는 문제와 감정, 이에 대한 미래에 대한 비전을 구축하는 것이 필요하다. 무페는 '좌파'의 의미 및 분파성의 상실에 대한 우려 역시 견지하고 있는데, 기존의 (선형적인 스펙트럼 사이의) 분열(cleavage)이 아닌 전선(frontier)에서 우리-그들을 구분하는 역할로 분파성을 재의미화 할 필요성을 주장한다.

3. 남북관계 및 통일 담론에 필요한 환대와 공존의 윤리

경쟁, 경합, 적대의 논리의 공통점은 서로 상이한 개인, 정치세력, 넓게는 정치공동체가 단일하지 않고 복수로 존재하는 상황에서 서로에 대한 갈등의 대상으로 상대를 필요로 한다는 점이다. 적대조차 상대방이 없으면 자신이 적으로 지칭할 존재가 없으므로 세 논리 모두 하나의 행위자가 아닌 다양한 행위자를 가정하기 마련이다. 여기서 필연적인 갈등을 관리하는 데 세 개념에 공통으로 필요한 관점이 공존이다. 하지만 서로 적대적인 행위자들이 공존하는 데 필요한 윤리에 관한 질문이 제기된다. 이상원(2018)은 레비나스(Emmanuel Levinas)를 해석하며 인간의 이기성이 타자에 대한 환대의 윤리가 서로 상충되는 것이 아니라 오히려 후자는 전자가 가진 존재 방식에 의존한다고 보았다. 즉, 개인은 노동 등을 통해 삶을 유지하는 것뿐만 아니라 향유하려고 하며, 삶의 조건으로서 타자와의 대면과 소통이 필수적이다. 이는 단순히 합리적이라는 일반적인 특성의 반복성(multiplicity)만을 전제 해오던 근대 이후의 개인에 대한 이해를 극복하고, 다원성(plurality)을 가진 개체로서의 개인들이 마주하는 타자를 획일적으로 환원하여 이해하는 방식이 불가능하다는 점, 이 과정에서 필연적으로 요구되는 공존과 환대를 강조한다.

한반도의 통일 담론 역시 통일에 대한 이해를 획일적인 통합의 개념으로 이해해오던 경향이 존재한다. "뭉치면 살고 흩어지면 죽는다"식의 일민주의(이승만 1954, 7-8), 군부정권 시대의 "민족중흥"(박정희 2006)와 같은 획일적 이념은 반공주의와 더불어 통일에 대한 1민족 1국가의 개념을 고착시켰다. 강정인은 이를 민족주의 콤플렉스(강정인 2012), 즉 남과 북 두 개의 다른 정치체제가 하나의 민족에 대한 정당성을 두고 경쟁하는 과정에서 민족과 국가가 강고하게 결합 된 역사를 반영한다. 1972년 7·4 남북공동성명으로 남북간의 관계가 갈등의 유지 또는 고조에서 갈등 전환의 시발점이 된 이후(박정진 2012), 남과 북이 서로를 마주할 수밖에 없는 타자로 대하면서 기존의 획일적 통일 담론을 변화시키기 시작하였다. 특히 남과 북의 갈등은 그 개념에 영향을 받는 집단의 수준, 종류 및 차이가 다를 뿐 근본적으로 동일한 갈등을 기초로 하기에(박정진 2012, 299), 기존의 통일 담론 변화는 남과 북의 두 지도자 및 정부 간의 관계뿐만 아니라 일반 대중과 일상 갈등의 변화에도 서서히 영향을 주었다.

1982년 전두환 정부의 '민족화합민주통일방안'은 민족자결, 민주적 절차, 평화적 방법을 원칙으로 하여 경제 및 사회문화 분야의 교류·협력을 제시하는 20개 시범사업을 제시하였다. 이것이 국내정치적인 정당성의 부족, 그리고 북한의 외면으로 실질적으로 시행되지는 않았지만, 전 정부에서 1971년 적십자회담으로 추진되었던 남북이산가족 상봉이 1985년 최초로 성사되면서 남과 북의 협력이 가시적으로 이루어졌다. 또한 1984년 홍수로 인한 남북대화는 추후 부각되는 접경지역 생태환경 의제에 대한 협력 역시 이루어졌다.

이후 1987년 민주화 전후로의 '민중' 개념의 대중화, 재야 및 학생운동과 군부독재에 대한 항거, 이를 둘러싼 일반 시민들의 6월 항쟁의 자발적 참여는 남북분단과 통일의 문제와 연관되어서 진행되었다(Lee 2007; Kim 2023, Chapter 7). 한 예로 민주화운동에 참여한 바 있던 한국기독교교회협의회는 제6공화국 이후 표현의 자유 및 집회의 자유가 법적으로 보장되자 1988년 "민족의 통일과 평화에 관한 한국기독교회선언"을 발표하며 "민중주체, 평화의 통일"을 규정한 바 있다(이순자 2025). 여기에 대항하여 2000년대 한국의 반공주의 및 보수의 가치를 지키고자 했었던 한국기독교총연합회(한기총)가 조직된 것은 시사점이 있다(강인철 2007, 280-296). 비록 특정 종교 안에서의 통일과 남북관계를 바라보는 관점이 충돌하는 것을 민주화 이후 남북관계에 대한 국내정치를 전체적으로 규정할 수 없으나, 종교계에서 이러한 충돌이 일어날 만큼 한국의 대북인식에 기초한 진영갈등이 수면 위로 올라오는 계기로서 이런 예가 하나의 리트머스 시험지 같은 역할을 했다.

이러한 맥락에서 1987년 제6공화국 헌법 제4조에서 평화통일이 헌정 상 최초로 규정되었으며, 이후 들어서는 정부는 정치적 진영과 상관없이 헌법에 기초하여 평화와 통일에 대한 정책을 시행하지 않을 수 없었다. 즉, 이러한 맥락은 남북관계가 국내정치의 이슈로 부상하는 계기를 제공했다고 볼 수 있다. 정부의 입장에서는 노태우 정부의 1989년 '한민족공동체통일방안', 이후 이어지는 1991년 '남북기본합의서' 및 1994년 김영삼 정부의 '민족공동체통일방안'과 같은 단계적인 통일 추진을 위한 대한민국 정부의 기조가 지속되었으며, 이러한 흐름은 현재 2020년대에도 유지됐다.

4. 대북인식에 기초한 진영갈등 적용 : 경합적 통일담론으로서의 민족과 국가의 대립

민족주의를 "정치적 단위와 민족적 단위가 일치해야 한다고 주장하는 정치적 원리(Gellner 2006, 1-7)"로 이해한다면 통일은 민족 공동체에 단일한 정치적 단위로서 통일국가를 수립하는 민족주의의 실천이다. 정치적 단위를 국가(the state)라고 한다면 이는 민족의 정치적 목적을 달성하는 수단이며(Balibar 1991, 93-94), 민족과 국가 간의 일치와 불일치의 문제가 발생한다. 통일은 이러한 불일치를 경감하는 과정이며, 이 과정에서 통일 담론은 두 개념의 강조 정도에 따라 다양하게 나타난다. 지난 30여 년 동안 한국의 통일 또는 대북정책의 기본적 기조로 계승된 1991년 노태우 정부의 "남북사이의 화해와 불가침 및 교류·협력에 관한 합의서"에 명시된 "특수관계"는 이러한 불일치에 대한 남북의 공통인식을 반영한 구문으로 볼 수 있다.

2024년 1월 16일 최고인민회의 제14기 제10차 회의에서의 김정은의 '두 국가 선언'은 그러한 불일치가 특수관계를 넘어서 국가 관계로 갈 수도 있다는 인식을 반영한 언술이다. 분단 후 남측과 북측의 두 정부는 "민족주의 콤플렉스(nationalism complex)"라는, 위에 언급한 불일치가 초래한 국가의 정통성의 부족을 오히려 민족 개념과 국가의 개념을 강고하게 결합하는 식으로 극복해 온 바가 있다(강정인 2012). 서울대학교 통일평화연구원의 통일의식조사에 따르면 통일의 가장 큰 이유로 '같은 민족'이기 때문이라는 응답자가 감소 추세를 보이다 2023년에 처음으로 응답 비율의 순위가 2위로 내려가기도 하였다(〈그림1〉). 하지만 여전히 민족이라는 개념은 통일의 정당성을 찾는 주요한 개념으로 파악된다. 그림을 보면 2008년까지 58.4%의 응답률이 2009년에 14.4포인트%의 감소를 보이는데, 이 시기의 2008년 금강산 관광객 피살사건의 영향이 대중의 인식에도 영향을 준 것으로 보인다.

이 시기의 이명박 정부부터 기존의 "특수관계"를 새롭게 정의하려는 시도들이 나타났는데, 기존 이명박 정부의 대북정책을 분석하는 기존 연구를 보면 이명박 정부의 남북관계 접근을 "정상관계(최진욱 2008, 57)" "남북관계의 보편성(박종철 2009, 424)"이란 어구로 지칭한 바 있다(서정민 2017). 실제로 이명박 정부는 남북관계에 있어서 '원칙', '실용주의', 그리고 '상호주의'를 강조하며 내세우면서 국가 간의 외교관계와 유사한 접근을 취한 바 있다.

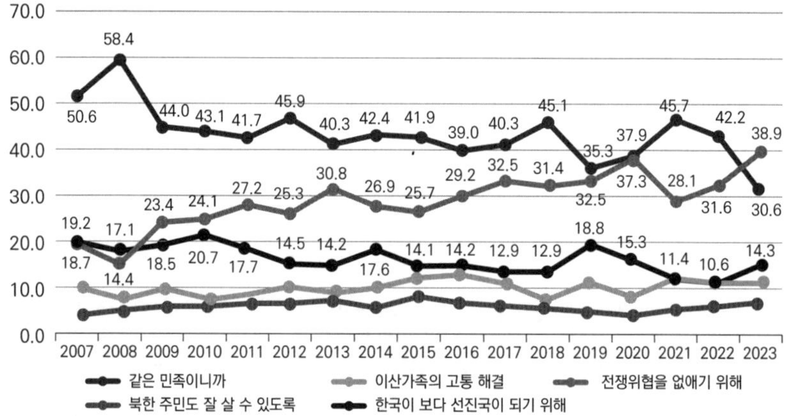

〈그림 1〉 통일이 필요한 가장 큰 이유(2007~2023) (출처: 통일평화연구원 2023, 36)

이명박 정부가 기존 남북 화해 및 경제협력의 상징으로 여겨지던 금강산 관광 사업을 2008년 관광객 피격사건 이후 즉각적으로 중단한 것은 일종의 국가 간 '맞받아치기 전략(tit-for-tat)'으로 해석된다. 특히 해당 사업 초기부터 제기되어온 수익성 문제와 2008년 이후 관광객 및 수익률 감소[3]에 따른 실효성을 고려한 결정으로도 볼 수 있다. 그리고 박근혜 정부는 "통일은 대박"이라는 어구를 통해 민족 간의 당위적인 통일이 아닌 국가 대 국가 간의 실리적인 통일 담론을 시사한 바 있다.

역대 대북정책의 특징 또는 정권별 북한 인식에 대한 기존의 연구는 정부별 '특수성'에 초점을 맞추는 데 집중되어 있었다. 예컨대 백학순(2009)의 경우 역대 정부의 정체성을 대북의식(대결-적대/화해-공존)과 민족의식(민족주의적 지향성/국제주의적 지향성)의 두 축으로 이루어진 좌표 안에 위치지음으로써 해당 정부의 정체성을 이루는 성향들의 조합의 특징을 도출한 바 있다. 박종철(2009)역시 김대중·노무현 정부의 대북포용정책과 이명박 정부

3 이현경(2010, 160-161)에 인용된 통일부, 「남북협력동향」 참조.

의 상생공영정책을 기능주의와 제도주의의 이론적 차이로 구분한 바 있다. 탄홍메이(2010) 역시 김대중·노무현 정부의 대북정책을 햇볕정책으로 한데 묶어 이명박 정부의 실용주의 정책을 비교하며 역대 정부의 사회정치적 이념균열과 대통령의 대북인식 차이를 강조하였다. 해당 연구들 모두 공통적으로 이명박 정부 들어서 전 정부와의 대북정책의 일종의 '단절'이 있다는 점을 부각시켰다.

그런 측면에서 남북관계에서 '국익'을 계산하는, 이명박 정부의 남북관계 인식을 이전 김대중, 노무현 정부의 대북정책을 비판하며 당시의 남북관계를 "잃어버린 10년"으로 지칭한 바 있는 이명박 정부의 특수성(peculiarity)으로 볼 수 있다. 하지만 이명박 정부 때부터 취한 대북인식에서의 "정상관계", "남북관계의 보편성"의 성격을 이명박 정부뿐만 아니라 기존 한국 정부의 대북정책 진화의 결과, 즉 한국 대북정책의 "일반성(generality)"의 관점에서는 파악할 수 없는 것일까? 그리고 특히 대북관계를 "당위적 맥락"에서 파악하기보다 일종의 "실리적 맥락"에서 파악하게 된 계기는 본격적으로 남북이 '교역'이라는 이윤 추구의 경제적 합리성에 기초한 행위를 공식적으로 제도화한 시점에서부터 찾을 수 있다. 이런 해석은 이명박 정부의 대북인식에서 "정상관계"의 성격이 부각된 출발점이 해당 정부의 등장이 아니라 대북사업을 공식화하고 확대한 이전의 김대중, 노무현 정부 기간으로 소급할 수 있다는 점을 시사한다. 비록 2006년 시행된 "남북관계 발전에 관한 법률"은 남북관계를 "특수관계"로 명문화하고 있는 것이 사실이다. 하지만 본 연구는 비공식적, 문화적 의미의 행위 패턴을 포괄하는 '사회학적 제도주의'라는 신제도주의의 입장(Hall 1996, 946-950)을 고려한다. 이에 따르면 한국 대북관계는 대북사업 진행 간 기존의 "특수관계"에서 "정상관계"로 제도화되어 왔다고 볼 수 있다. 이러한 제도화는 공식적인 언술 또는 법적 제도에 의해 명시되지 않지만, 정책을 정당화하는 논리의 변화를 통해 점진적으로 이루어졌다고 볼 수 있다.

이명박 정부와 박근혜 정부를 지나면서 형성된 이러한 특수관계와 정상관계 간의 남북관계를 규정하는 언술들은, 결국 통일을 지향하면서도 국가(정부)의 존재로 인해 남북관계를 정상적인 국가의 관계에서 사유해야 할지, 아니면 같은 민족의 관계로 규정할지에 대한 논의로 이어져왔다. 여기에서 남한의 국내정치에서는 그 둘 사이에서의 방향성에 따라 보수와 진보가 갈라져나오고, 서로 경쟁을 넘어 경합으로 이어지는 흐름을 형성했다. 이러한 경합은 원칙적으로 통일이라는 어떠한 상(像)에 도달하지 않으면 끊임없는 과정이라고 볼 수 있겠지만, 바꿔서 말하면 이러한 경합이 서로에 대한 적대로 이어지지 않는 상황을 유지하는 와중 서로간의 평화를 실천할 수 있는 조건을 형성해 왔다고 볼 수 있다.

5. 결론

경합(agonism)을 인정하는 것은 도덕적이거나 규범적인 명령을 따르는 것이 아니라, 현재 상황에서 선택할 수밖에 없는 여러 대안 중에서 가장 나은 차악을 선택하는 것에 가깝다. 즉, 평화의 이상적 상태의 불가능성을 겸허하게 받아들이고, 그 조건에서 지금 선택할 수 있는 최선의 선택 또는 차악을 인정한다는 측면에서 정치적인 것의 본질을 보다 명료하고 담담히 바라보는 입장에 가깝다. 무페가 유럽 연합을 보편적이고 일원적인 '하나의 유럽'이 아닌 다양한 네이션-국가 간의 구분을 인정하는 부분을 상기하자. 각 국가가 처하는 다양한 도전들이 전 지구적으로 영향을 미치는 상황에서 개별 국가만의 노력으로 그것을 극복하기 힘들다는 인식에서 그러한 극복을 위해 유럽이라는 다른 형태의 '우리(we)'를 상상하는 것은, "그들의 생존(their survival. Mouffe 2013, 50)"을 위함이다. 현실 정치에서 그러한 이상주의를 따르는 정치가는 적어도 동아시아에 없는 것으로 보인다. 설령 그러한 정치가가 있다고 하더라도 이러한 이상주의는 오히려 규범적, 이상적 논의를 따르기 마련이므로 그러한 인물의 존재 자체가 모두의 재앙에 가까운 결과를 낳을 뿐이다. 요컨대 경합적 평화를 이해할때는, 현실주의적 관점으로 현재할 수 있는 선택과 그것이 계쟁적일 수밖에 없다는 점을 인정하는 겸허함이 중요하며, 그것을 주장하는 것이 어떠한 이상적 상태를 고정하지 않는다는 점이 중요하다.

이런 측면에서 남한과 북한의 관계 문제 역시 일종의 긴장 해결 또는 해소보다는 그러한 긴장을 관리하고, 무페가 이야기했던 관여를 위한 제도적 노력을 다하는 것이 중요하다고도 볼 수 있다. 하지만 여전히 식민지 시기, 해방공간 및 한국전쟁 이후의 역사를 해석함에 있어서 남측과 북측의 각 정부, 시민사회 또는 인민대중, 그리고 남한의 경우 흔히 범주화되는 진보-보수라는 구분, 그리고 해당 세대를 겪은 행위자들과 그것을 겪지 않고 당시의 첨예한 갈등을 교과서로 배우거나 기타 언론, 대안매체, 2차 창작물, 심지어 온라인 커뮤니티에서 소비하는 행위자들이 과연 무페가 말하는 다중화된 행위자로 포괄할 수 있을지는 의문스럽다.

특히 경합과 적대 사이를 구분 짓는 경계선이 모호하다는 것이 무페의 경합개념의 한계라고 할 수 있다. 그리고 경계가 모호하기 때문에 특정 경계를 주장하는 한쪽에서는 다른 한쪽에 대한 배타성이 강해진다. 이념적인 구분으로서의 남북갈등과 정치적 선호에 따른 대북인식에 기초한 진영갈등으로 세분화할 필요가 있다. 2010년 초부터 제기되었고 현재도 진행중이라 볼 수 있는 건국절 논쟁, 한국전쟁인가 6·25전쟁인가의 논쟁, 이승만 국부 논쟁 등 사회의 다양한 집단들이 경합을 벌일 수 있는 공통의 영역을 형성하기에는, 이슈 별 얽혀있는 행위자들의 정치적 배타성이 강하다. 여기에 얼마 전 김정은 위원장이 남북관계를 적대적 두 나라 관계로 보겠다고 선언한 사건은 이 문제가 남측의 문제만이 아니라는 점을 부각시킨 바 있으며, 앞에서 열거한 논쟁들에 영향을 준다. 이런 측면에서 수평적 대북인식에 기초한 진영갈등은 여전히 남북갈등의 수직적 적대구조의 자장(磁場)의 영향권 안에 있음과 동시, 이를 소화하는 새로운 세대들의 등장과 특정 기억을 보존하고 만들어 가는 기억 경험 세대들 또는 그것을 추동하는 정치행위자들의 다양한 영향력 안에 있다고 본다.

참고문헌

| 국문 |

강인철. 2007.『한국의 개신교와 반공주의』. 서울: 중심.

강정인. 2012. "박정희 대통령의 민족주의 담론: 민족과 국가의 강고한 결합에 기초한 반공, 근대화 민족주의 담론."『사회과학연구』20(2), 34-72.

강혁민 지음, 서보혁·강민혁 엮음. 2022. "경합적 평화."『평화개념 연구』. 서울: 도서출판 모시는 사람들. 205-229.

김호기. 2003. "이념 구도와 이념 논쟁의 사회학."『당대비평』22, 103-119.

마인섭·차문석·윤철기.『북한 문제와 남남 갈등: 기원과 전개』. 서울: 성균관대학교 출판부.

Mouffe, Chantal 저, 서정연 역. 2020[2013].『경합들』. 서울: 난장.

박종철. 2009. "상생공영 정책과 대북포용정책의 비교: 기능주의의 한계와 제도주의의 실험."『국제정치논총』49(4), 419-426.

박정진. 2012. "냉전시대 한반도 갈등 관리의 첫 실험, 7.4 남북공동성명."『북한연구학회보』16(1), 293-320.

박정희. 2006. "민족중흥의 길."『한국 국민에게 고함』. 서울: 동서문화사. 779-890.

백학순. 2009. "역대 남한정부의 대북·통일정책: 정체성과 이익의 정치" 이정복 편,『21세기 한국정치의 발전방향』. 서울: 서울대학교 출판부. 667-691.

서정민, 서울대학교-연세대학교 통일대비국가전략연구팀(편). 2017. "'민족'과 '국가': 통일의 정당성을 무엇으로부터 찾을까?"『통일의 신지정학』서울: 박영사. 141-170.

이상원. 2018. "이기성의 끝 그리고 환대: 레비나스의 타자 개념과 경제적 존재성 이해."『철학연구』57(3), 33-64.

이순자. 2025. “민족의 통일과 평화에 관한 한국기독교회선언.”『한국민족문화대백과사전』 홈페이지. 〈https://encykorea.aks.ac.kr/Article/E0076684〉 (최종검색일:2025/11/12).

이승만. 1954.『일민주의개설』. 서울: 일민주의보급회.

이현경. “이명박정부의 대북정책과 남북경협의 전망.”『통일과 평화』 2(1), 145-180.

조한범 외. 2014.『지속가능한 통일론의 모색: 대북·통일정책에 대한 성찰과 남남갈등의 대안』. 파주: 한울아카데미.

최진욱. 2008. “이명박 정부의 대북정책과 북한의 반응: 새로운 대북정책을 위한 제언.”『통일정책연구』 17(1). 51-77.

탄홍메이. 2010. “한국 정부의 대북정책에 대한 검토적 연구: 김대중, 노무현, 이명박 정부의 비교.”『글로벌정치연구』 3(1). 93-115.

통일평화연구원. 2023.『2023 통일의식조사』. 시흥: 서울대학교 통일평화연구원.

| 영문 |

Balibar, Étienne. 1991. “The Nation Form: History and Ideology”. In: Étienne. Balibar and Immanuel. Wallerstein *Race, Nation, Class: Ambiguous Identities*. London: Verso, 86-106.

Dahl, Robert A. 1966. *Who Governs?: Democracy and Power in an American City*. New Haven: Yale University Press.

Dahl, Robert A. 2000. *On Democracy*. New Haven and London: Yale University Press.

Gellner, Ernst. 2006. *Nation and Nationalism: Second Edition*, USA: Cornell University Press.

Hall, Peter. 1996. “Political Science and the Three New Institutionalism.” *Political Studies* 44(5): 936-967.

Hobbes, Thomas. 1998[1651]. *Leviathan*. Oxford: Oxford University Press.

Kim, Hyeonjun. 2023. "A Cultural Analysis of the Relationship Between Nationalism and Populism: The Case of South Korea." Double PhD degree thesis. Yonsei University–The University of Sheffield.

Laclau, Ernesto. 2005. *On Populist Reason*. New York: Verso.

Laclau, Ernesto, and Chantal Mouffe. 2014[1985]. *Hegemony and Socialist Strategy: Towards a Radical Democratic Politics*. Second Edition. London: Verso.

Lee, Namhee. 2007. *The Making of Minjung: Democracy and the Politics of Representation in South Korea*. Ithaca: Cornell University Press.

Locke, John. 2005[1680]. "Of Civil Government" in *Two Treatises of Government and A Letter Concerning Toleration* (Stilwell: Digireads.com Publishing), 72–149.

Mouffe, Chantal. 2013. *Agonistics: Thinking the World Politically*. London: Verso.

Mouffe, Chantal. 2018. *For A Left Populism*. London: Verso.

Rousseau, Jean Jacque. 2007[1754]. *Discourse on the Origin of Inequality*. Minnesota: Filiquarian Publishing, LLC.

Rousseau, Jean Jacque. 1997. "Of the Social Contract or Principle of Political Right" in *Rousseau: The Social Contract and Other Later Political Writings*, edited by VIctor Gouverich (Cambridge: Cambridge University Press), 39–152.

Shinko, Rosemary E. 2008. "Agonistic Peace: A Postmodern Reading." *Millennium* 36(3): 473–491.

Skinner, Quentin. 1989. "The State." in TerenceBall, JanesFarrand RussellL. Hanson(eds.), PoliticalInnovationandConceptualChange (Cambridge:CambridgeUniversityPress), 90–131.

Shumpeter, Joseph A. 2008[1942]. "Chapter XXI: The Classical Doctrine of Democracy" in *Capitalism, Socialism and Democracy*, Third edition. (New York: Harperperennial), 250–268.

| 8장 |

텍스트 마이닝을 활용한 한국 대통령의 평화관 비교 분석*

임희수

1. 서론

'평화'는 시대와 맥락에 따라 다양하게 정의될 수 있는 개념이지만, 한국 사회에서 평화는 역사적으로 분단과 전쟁, 그리고 안보 위협과 긴밀히 연계되어 발전해왔다. 특히 한국에서 평화에 대한 논의는 인류 보편적 가치보다는 분단이라는 특수한 상황에 치중되어왔다(홍용표 2018, 15). 해방 이후 빌발한 한국전쟁은 한반도의 평화가 상실된 가장 근 이유로 지목되었으며(구갑우 2007; Paik 2011), 안보의 확보가 곧 평화의 필수적인 조건처럼 여겨졌다. 한반도의 평화는 현실주의적 시각에서 국가안보를 중심으로 다

* 이 연구는 『문화와 정치』 제12권 제3호(2025)에 게재된 논문의 내용을 수정 및 보완한 것입니다.

루어졌으며, 이러한 시각은 냉전이라는 국제구조가 더해지며 더욱 공고화 되었다.

1980년대 말 냉전이 붕괴되면서 이념 대립이 종식되고 국가 간 관계가 다층화·복합화되었음에도, 한국은 여전히 냉전기적 인식과 담론에 머물러 있다. 이는 남북 분단 체제의 지속과 북한의 군사적 위협 심화로 인해 국가안보가 여전히 평화 논의의 핵심 위치를 차지하고 있기 때문이다.

그러나 최근 들어 국가 중심적이고 안보에 치중한 접근으로는 설명할 수 없는 새로운 양상들이 나타나고 있다. 경제위기를 비롯하여 코로나19와 같은 보건 위기, 인권이나 환경 문제, 민주주의의 퇴행과 같은 정치·제도적인 위기 등이 발생하고 있고, 이러한 문제들은 개인의 삶을 넘어서 사회와 국가 전반에 영향을 미치고 있다. 즉, 오늘날의 평화는 단순히 전쟁 같은 무력 충돌을 방지하는 차원을 넘어서 점차 복합적이고 다면적인 방향으로 이행되고 있다.

이러한 배경 속에서, 본 연구는 대통령의 평화관을 중심으로 한국 사회의 평화 인식 변화를 살펴보고자 한다. 한국처럼 분단이라는 구조적 조건과 외교·안보 환경의 민감성이 높은 국가에서는 최고정책결정자의 인식이 외교 및 안보 정책에 직접적인 영향을 미칠 가능성이 높다. 그중에서도 대통령은 외교·안보 정책에 있어 핵심적인 행위자이기 때문에 시대별 평화관의 차이를 가장 집약적으로 보여주는 존재라 할 수 있다.

본 연구는 1948년부터 2022년까지 대한민국 역대 대통령의 연설문 중 '평화'라는 키워드를 포함한 텍스트를 분석 대상으로 삼아, 대통령별 평화관을 비교·분석하고자 한다. 대통령 연설문은 국가를 대표하는 최고 통치자의 공식 발언으로서, 해당 정부의 전략, 정책, 가치지향을 포괄한다는 점에서 국가 차원의 평화 인식을 추적하기에 적합한 자료이다. 특히 '평화'는 시대적 맥락과 국제 환경의 변화에 따라 상이한 의미로 등장하기 때문에, 대통령 연설문 속 평화 담론을 분석하여 시대별 평화관의 변화를 규명할 수 있다. 이에 본 연구는 대통령 연설문이라는 공식 문서를 대상으로 텍스트 마이닝 기법을 활용하여 평화 담론의 핵심 어휘와 구조를 도출하고, 그 결과를 토대로 각 대통령의 평화관이 지닌 공통점과 차별점을 분석하고자 한다.

2. 평화 담론과 대통령 연설문

1) 평화에 관한 논의

국제정치에서의 평화는 전쟁의 상대적인 개념으로 사용되어 왔다(최상용 2002). 이 같은 관점에 따라, 평화를 달성하기 위해서는 전쟁을 방지하기 위한 방법을 찾아야 했고, 국제정치 이론들은 각기 다른 관점에서 전쟁의 원인을 찾아내어 해결 방안을 제시하고자 하였다. 일반적으로 현실주의는 무정부상태로 인해 개별 국가들이 권력과 안보에 집착하여 갈등과 경쟁으로 나가기 쉽다고 주장한다(Grieco 1988, 488). 무정부상태에서 국가는 누구의 도움도 받을 수 없기 때문에 자력구제(self-help)의 원칙을 따를 수밖에 없으며, 평화를 달성하기 위해 힘에 의존하게 된다. 이러한 힘은 주로 '군사력'으로 대표되며, 국가는 자주국방을 통한 군사력 증강이나 세력균형, 동맹 등의 방식을 선택하게 된다.

반면, 자유주의는 국가 외에 다양한 행위자에 관심을 두며, 국가를 단일하고 합리적인 행위자가 아닌 분화된 행위자로 본다. 또한 무정부상태일지라도 국가들이 상대적 이익을 위해 협력하는 것이 가능하며, 경제력과 기술력이 국가 간 상호의존에 중요한 역할을 한다고 주장한다(McGrew 1992, 20). 이에 따라, 자유주의는 현실주의와 달리 권력보다는 국제사회와 국제법, 국제제도를 중요시한다(Nye 1988, 239-240). 이러한 관점은 국가 간의 상호의존이 증가할수록 군사력의 역할이 축소된다는 상호의존론(Keohane & Nye 1977)이나, 민주주의 국가 간에는 전쟁하지 않는다는 민주평화론(Doyle 1986), 시장의 힘이 전쟁 가능성을 낮춘다는 자본주의 평화론(Weede 2004) 등으로 발전되었다.

평화를 전쟁의 상대적 개념으로 바라보는 국제정치학에서와는 달리 갈퉁(Johan Galtung)은 평화를 '소극적 평화(negative peace)'와 '적극적 평화(positive peace)'로 구분하여 정의하였다. 소극적 평화는 전쟁이 부재한 상태, 혹은 직접적 폭력이 부재한 상태를 의미하며, 적극적 평화는 전쟁이 부재할 뿐만 아니라 구조적 폭력이 부재하여 인간의 권리와 행복이 실현될 수 있는 상태를 의미한다(Galtung 1969, 183). 볼딩(Kenneth Boulding) 또한 전쟁과 평화의 이분법을 넘어 평화의 범주를 제시하고자 하였다. 볼딩에 따르면 평화는 전쟁 가능성은 있지만 평화가 규범으로 여겨지고, 전쟁은 평화 규범이 깨지는 것으로 여겨지는 '불안정한 평화'와 전쟁이 일어날 가능성이 너무 낮아서 이를 염두에 두지 않는 '안정적 평화'로 구분된다(Boulding 1978, 12-13).

이처럼 1960년대 말부터 평화에 관한 다양한 개념화가 시도된 것과는 달리, 한국은 1980년대 후반에 들어서야 국가 간 전쟁이 없는 상태라는 서구의 평화 개념을 본격적으로 사용하기 시작했다(하영선 2002, 111). 이는 오랜 시간 분단체제와 냉전 구조 속에서 국가안보가 중심이 되었던 한국의 특수성으로부터 기인한다. 이승만 정권 시기부터 평화 관련 정책 토론과 연구 담론은 현실주의의 영향을 받았으며, 평화 개념은 북한, 공산주의 국가들의 위협과 관련된 국가안보 문제로 정의되었다(이성용 외 2022, 51). 이에 따라 냉전기를 거치면서 한국에서는 현실주의의 전통적 안보 개념에 입각한 평화 담론과 정책이 전개되었다(박영준 2017, 447).

1970년대 들어 국내에서도 자유주의적 평화구성 가능성에 대한 논의가 일부 이루어졌는데, 이 과정에서 갈퉁의 소극적 평화와 적극적 평화 개념이 소개되었다(김학준 1978; 이영호 1978; 하영선 1981). 그러나 자유주의적 평화 담론에 따라 평화정책이 추진된 것은 1980년대 후반에 들어서부터였다. 탈냉전과 민주화 이후, 노태우, 김영삼, 김대중, 노무현 정부는 각 정권의 정치 성향 차이에도 불구하고 대북정책이나 동아시아 지역 정책에서 자유주의적 성향의 평화 담론을 정책 기조로 추진하였다. 반면, 이명박, 박근혜 정부에서는 대북·지역 차원에서의 대화와 협력 구상을 표방하고는 있으나, 실제적인 정책 구현은 나타나지 않아 현실주의로 회귀하는 모습이 나타난다(박영준 2017, 448).

노태우 정부 이후로 대화와 협력을 강조하는 대북정책과 지역 정책이 등장하면서 한국 학계에서도 자유주의적 관점의 평화 논의가 활발해지기 시작하였으며, 특히 최근 들어서는 평화학이나 평화 자체에 관한 관심 역시 증대되고 있다. 그럼에도 여전히 지적받는 문제점은 평화 논의가 군사적 영역에 집중되어 있다는 것이다. 그 원인으로는 6·25 전쟁 경험, 북한 도발의 지속, 주변 강대국의 대립과 갈등, 국내의 정치적·이념적 갈등 등이 지적된다(홍용표 2018, 16-17). 종합해보면 서구에서는 평화에 관한 논의들이 비교적 다양하게 이루어지고 있음에도 불구하고 한국의 평화 담론은 현실주의 내지는 소극적 평화에 경도되어 있으며, 주요 원인으로는 해방 이후 시작된 분단이 냉전이 종식된 지금에도 지속되고 있기 때문이라고 지적할 수 있다.

2) 평화 담론의 확장 필요성

그렇다면 한국에서의 평화 담론은 여전히 전쟁의 방지, 혹은 직접적 폭력의 방지라는 현실주의적 접근에 머물러 있는가라는 질문을 던져볼 수 있다. 최근에 평화에 관한 학술적 관심이 증대되면서, 평화 담론에 관한 국내 연구들 역시 비교적 다양하게 이루어지고 있다. 첫 번째는 현실주의, 자유주의 등 기존의 국제정치학적 접근에서 벗어나 새로운 평화 개념을 한반도 상황에 적용시키고자 하는 연구들이다(이상근 2015; 허지영 2021; 허지영 2022; 이성용 외 2022). 이상근은 기존의 현실주의, 자유주의나 갈퉁의 평화 개념으로는 한반도의 현실을 설명하거나 평화로운 미래를 설계하기에 한계가 있다고 보고, 볼딩의 '안정적 평화', '불안정한 평화' 개념이 이를 극복할 수 있는 대안적 개념이라고 주장하였다. 비슷한 맥락에서 허지영의 2022년 연구에서도 볼딩의 '안정적 평화' 개념이 한반도에 주는 함의를 제시하고 있다. 허지영의 2021년 연구에서는 한국 사회에서 평화와 관련된 논의가 통일 담론이 치우쳐져 있었음을 비판하였다. 이에 대한 대안으로 가장 미시적이고 개인적인 차원에서 이루어지는 평화에 주목하는 '일상적 평화' 담론을 소개하고, 일상적 평화 담론이 한반도 평화 연구의 다양화에 기여할 수 있다고 주장하였다. 이성용 외의 연구에서도 한국의 평화 담론이 제한적 범위, 접근방법, 분석틀로 이루어졌음을 지적하면서, '평화 다양성' 개념을 적용할 필요가 있음을 지적한다.

두 번째는 특정 시기 혹은 역대 정부의 평화 담론의 의미를 실증적으로 분석하는 연구들이다(박영준 2017; 이정철 2020; 최종환 2021). 박영준은 이승만 정부부터 박근혜 정부까지의 평화 정책과 평화연구들이 현실주의와 자유주의 중 어떤 관점의 영향을 받아왔는지 분석하였다. 그는 정부 수립 이후 냉전기를 거치면서 한국은 현실주의적 관점에 입각하여 평화담론과 정책을 전개하였으나, 1970년대부터 자유주의 평화 담론이 등장하기 시작했고 탈냉전기에 접어들어 자유주의 담론이 강화되었다고 주장한다. 그러나 이명박, 박근혜 정부 시기는 표면상으로는 자유주의적 정책구상을 하지만, 실제 정책은 전통적 안보와 소극적 평화 개념으로 회귀했다고 평가하고 있다. 이정철은 문재인 정부의 평화 담론을 대상으로 삼아 평화학과 안보 연구의 두 축으로 나누어 분석하고 있다. 대통령의 연설과 정책을 통해 평화 담론의 변화를 분석한 결과, 기능주의의 한계를 극복하거나 개방성, 선제성을 보인다는 점에서는 고무적이지만, 평화를 기획하거나 개념을 제시하는데 이론적 기반이 불분명하다는 점을 비판하고 있다. 마지막으로 최종환의 연구에서는 한반도 평화에 대한 남북한 언론 보도를 분석하여 담론의 의미를 비판적으로 검토하고 있다. 『로동신문』, 『조선일보』, 『한겨레』를 분석한 결과, 언론이 재구성한 평화 담론에는 다양성이 결여되었으며, 특정 사건에 치중하거나 당파적이라는 비판을 제기하고 있다.

이상의 연구들은 안보적 관점에 경도되어 있던 기존의 한반도 평화 담론에 새로운 개념을 접목시키거나, 특정 시기 혹은 역대 정부의 정책과 담론을 실증적으로 분석하는 데 기여하였다. 그러나 전자의 연구들은 평화 개념의 다양화에 치중하여 대안적으로 제시하는 평화 개념에 관한 이론적 소개와 해당 개념이 평화 담론에 주는 함의를 기술하는 수준에 그치고 있다. 또한 해당 개념이 한반도 논의에 적용될 가능성을 언급하는 수준에 그치고 있어 실증적 분석이 이루어지고 있다고 보기 어렵다. 후자의 연구들은 특정 정부의 평화 정책 혹은 담론만을 다루거나, 정책문서나 언론 보도 등의 자료에 한정된 분석이 이루어지고 있다. 이는 한반도 평화 담론이 시계열적으로 어떻게 변화하여왔는지 종합적으로 조망하기에 한계가 있다.

물론 한반도의 평화 논의가 현실주의적 평화관에 집중되어 있었다는 점을 상기해볼 때, 대안적 개념을 통해 평화 담론의 확장 가능성을 모색하는 작업은 중요한 의의를 지닌다. 그러나 새로운 개념이나 이론적 틀을 적용하기 위해서는, 그에 앞서 한국의 평화 담론이 실제로 어떻게 전개되어 왔는지에 대한 종합적이고 실증적인 분석이 선행되어야 할 필요가 있다. 특히 탈냉전 이후, 분단이라는 특수한 구조의 지속과 함께 급변하는 국제·안보 환경, 세계화의 가속화로 인한 국가 간 교류 및 협력의 확대 등 한반도 평화 논의에 영향을 미칠 수 있는 요인들은 더욱 증가하고 있다. 따라서 장기적인 시계열 속에서 한반도 평화 담론의 양상과 특징을 파악해야 하며, 이를 통해 평화에 관한 이론적·정책적 논의의 토대를 마련하는 데 필수적이다.

이러한 점에서, 본 연구에서는 역대 대통령의 평화관을 중심으로 그 특징과 변화를 살펴보고자 한다. 본 연구에서 대통령을 대상으로 삼은 이유는 대통령이 국가를 대표할 뿐만 아니라 대외정책에서도 가장 중요한 행위자이기 때문이다. 나아가 대통령은 국가 담론을 형성하고 정당화하는 상징적 행위자이기도 하다. 한국은 대통령 중심제 국가로서, 외교·안보 정책에서 대통령의 판단과 세계관이 정책 결정에 지대한 영향을 미치는 구조를 갖고 있다. 이러한 구조 속에서 대통령의 평화 인식은 실제 정책 기조뿐 아니라 국내 여론 형성, 대외 전략, 남북관계 구상에도 실질적 영향을 미치며, 궁극적으로 국가가 지향하는 평화의 방향을 형성하게 된다.

이 글에서는 대통령의 연설문을 텍스트 마이닝을 활용하여 분석함으로써 대통령의 평화관이 시대적 맥락 속에서 어떻게 구성되고 변화되어 왔는지 규명하고자 한다. 대통령의 연설은 대통령의 국가 비전, 국정 철학, 정책 기조를 전달하는 중요한 경로 중에 하나이며, 정권의 가치지향이나 정책 우선순위를 포괄한다(이창길 2010, 166). 또한 연설문에는 국가를 둘러싼 당시의 시대적 상황이 반영되며, 국민들은 연설문을 통해 대통령의 정치적 행위와 국정운영의 방향을 직·간접적으로 예측할 수 있다(황창호 외 2015, 28). 따라서 본 연구에서는 대통령 연설문을 중심으로 연설문에 나타나는 대통령별 평화관을 분석하고, 이를 통해 각 정권이 중점적으로 다루고 있는 평화 담론을 추적해보고자 한다. 대통령 연설문에 나타난 '평화' 관련 담론을 시기별로 비교·분석하면, 한국 사회의 평화 인식 변천을 거시적으로 조망함과 동시에, 시대별 맥락이 평화 개념에 어떤 의미를 부여해왔는지를 실증적으로 규명할 수 있을 것이다. 이를 통해, 기존에 분절적으로 이루어져 왔던 평화관 연구를 통시적으로 분석할 수 있음은 물론, 한반도 평화 논의에서 국제관계이론의 주류적 시각에서 다뤄져 온 평화 개념만이 아닌 보다 다양한 평화 개념으로 논의를 확장할 수 있을 것이다.

3. 연구 설계

1) 연구 범위

본 연구는 제1대 이승만 대통령부터 제19대 문재인 대통령의 연설문을 분석 대상으로 하며, 구체적으로 1948년부터 2022년까지를 시간적 범위로 설정한다. 2025년 4월 11일을 기준으로 행정안전부 대통령기록관 웹사이트의 기록컬렉션에서 제공하는 연설문 8,980건을 수집하였으며, 이 가운데 '평화'라는 단어가 1회 이상 쓰인 연설문만을 추출하여 1차 데이터셋으로 설정하였다.[1] 대통령기록관의 전체 연설문 8,980건 중 '평화'라는 단어를 포함하는 연설문을 선별한 결과, 총 3,706건의 연설문이 1차

1 데이터 수집을 위한 웹크롤링은 파이썬(Python) 3.11.3과 웹크롤링 라이브러리인 셀레니움(Selenium) 4.31.0 버전을 사용하였다. 대통령기록관 웹사이트의 '연설기록' 콘텐츠는 총 8,980건(연설문 8,565건, 연설음성 179건, 연설동영상 236건)의 전문 텍스트 정보와 원본 파일을 제공한다. 본 연구에서는 연설음성과 연설동영상을 제외한 8,565건의 연설문을 연구 대상으로 삼으며, 연설문은 기념사, 성명/담화문, 환영사, 축사, 회의, 국회연설, 신년사, 취임사, 만찬사 등으로 구성된다. 제공되는 텍스트 중 윤보선, 최규하 대통령의 연설문은 분석 대상에서 제외하였다. 윤보선 대통령은 총 3건의 연설문 중 1건이 평화를 포함하고 있었고, 최규하 대통령은 총 58건의 연설문 중 34건이 평화라는 단어를 포함하고 있다. 두 대통령의 재임기간이 다른 대통령들에 비해 상대적으로 짧을 뿐만 아니라 연설문의 수도 적기 때문에 분석에 유의미하지 않다고 판단하였다. 윤석열 대통령의 경우, 데이터 수집일을 기준으로 대통령기록관 웹사이트에 연설문이 제공되지 않는 상태이며, "대통령의 말과 글"이라는 메뉴를 통해 연설문 전문을 제공하던 대통령실 사이트도 임시 폐쇄되어 데이터 수집이 불가능하였다. 이로 인해 윤석열 대통령의 연설문은 부득이하게 분석 대상에서 제외되었다.

데이터셋으로 설정되었다. 대통령별 전체 연설문과 평화 연설문의 수는 〈표 1〉과 같이 나타나는데, 박정희 대통령이 561건으로 가장 많았으며, 문재인 대통령 540건, 김대중 대통령 504건 순이었다. 가장 적은 수의 평화 연설문은 156건인 박근혜 대통령이었다.

〈표 1〉 역대 대통령 평화 관련 연설문 통계

대통령	전체 연설문	평화 연설문	평화 단락	평화 언급 빈도
이승만	997	223	450	655
박정희	1,270	561	2,083	2,651
전두환	602	414	1,415	2,071
노태우	601	413	1,394	1,698
김영삼	728	331	1,023	1,142
김대중	822	504	1,613	2,180
노무현	780	340	1,008	1,434
이명박	819	224	511	631
박근혜	493	156	681	758
문재인	1,392	540	1,659	3,055

연설문을 통한 대통령의 평화관 분석을 보다 정밀하게 수행하기 위하여, 1차 데이터셋에 수집된 연설문 전문에서 '평화'라는 단어를 포함하고 있는 단락을 추출하여 2차 데이터셋으로 선별하는 작업을 진행하였다. 해당 작업을 수행한 이유는 다음과 같다. 첫 번째는 하나의 연설문이 다루는 주제가 포괄적이기 때문에 '평화'와 무관한 내용이 섞일 가능성이 있기 때문이다. 연설 대상이나 장소, 기념일 등에 따라 특정한 주제를 다루는 연설문도 있겠으나, 대부분의 대통령 연설문은 외교, 안보, 경제, 복지 등 다양한 주제를 다루고 있다. 따라서 '평화'라는 키워드가 언급된 연설문이라고 하더라도, 전문의 내용을 분석 대상으로 삼을 경우 '평화'와 직접적인

연관을 가지지 않는 내용이 섞여 노이즈가 발생할 확률이 높다. 두 번째는 '평화'라는 단어가 등장하는 문맥이 중요하기 때문이다. 분석 대상을 연설문 전문에서 '평화'가 언급된 단락으로 좁힐 경우, 해당 대통령이 어떤 방식으로 평화를 언급하는지에 대해 더 정확한 파악이 가능해진다.

연설문에서 평화를 포함하는 단락을 추출하여 2차 데이터셋을 구축한 결과는 〈표 1〉에서 확인할 수 있다. 평화 연설문과 마찬가지로 평화라는 단어를 포함하는 단락의 수가 가장 많은 대통령은 박정희 대통령이었으며, 문재인 대통령, 김대중 대통령이 그 뒤를 이었다. 평화를 포함하는 단락의 수는 이승만 대통령이 450개로 가장 적었는데, 이는 연설문의 내용 가운데 평화에 관한 비중이 상대적으로 적었을 것으로 추측할 수 있다. 다음으로 '평화'라는 단어 자체가 언급된 빈도를 계산했을 때, 연설문 내에서 평화를 가장 적게 언급한 것은 이명박 대통령이었다. 문재인 대통령은 평화 언급 빈도가 3,055회로 가장 높게 나타났는데, 연설문 내에서 평화에 대한 비중에 가장 컸을 것으로 예상할 수 있다.

2) 데이터 전처리

본 연구는 평화 관련 대통령 연설문에 텍스트 분석 기법을 활용하였으며, 모든 데이터의 수집과 처리를 파이썬 주피터 노트북(Jupyter Notebook)에서 수행하였다.[2] 웹에서 수집된 대통령 연설문을 1차 데이터셋과 2차 데이터셋으로 선별한 이후, 본격적인 텍스트 분석에 앞서 정확도와 효율성을 높이기 위한 kiwipiepy 라이브러리를 사용하여 전처리 과정(preprocessing)을 진행하였다.

전처리 과정에서는 특수기호 제거, 조사, 접속사 등의 불용어 제거, 연

2 데이터 수집일과 데이터 처리 및 분석 시점의 차이로 인해 데이터 수집에는 Python 3.11.3, 처리 및 분석에는 Python 3.12.7를 사용하였다.

설문에서는 자주 사용되지만 핵심 의미를 가지지 않는 단어 제거, 표기가 통일되지 않은 단어들의 표준화 등을 진행하였다. 불용어 제거에서는 형태소 분석기인 kiwipiepy에서 제공하는 불용어 사전을 사용하여 기본 필터링을 선행했으며, 이후 분석에 의미가 없다고 여겨지는 단어를 추가 제거하였다. 또한 일반적인 텍스트 분석에서처럼 한 글자 단어 제거도 진행하였는데, '핵', '군', '법' 등의 단어는 중요한 의미를 가질 가능성이 높아 제거 대상에서 제외하였다. 마지막으로 핵심 단어일 가능성이 높음에도 형태소 분석기에 등록되어 있지 않은 단어를 명사로 추가하였다. '비핵화'의 경우 북핵 문제가 지속됨에 따라 한반도의 평화와 관련될 가능성이 높지만, kiwipiepy 형태소 분석기에 등록되지 않아 누락되는 사례가 발견되었다. 따라서 '비핵화'를 명사로 추가하여 텍스트 분석에 포함될 수 있도록 처리하였다.

위와 같은 전처리 과정을 거친 연설문 데이터는 kiwipiepy 형태소 분석기를 이용하여 형태소 단위로 분해한 뒤에 그 품사를 식별하였다. 또한 텍스트 분석에서 사용한 데이터는 명사로 식별된 형태소만을 분석 대상에 포함하였다. 일반적으로 연설문의 핵심 개념이나 주제는 대부분 명사로 표현되기 때문에 평화관의 실질적인 내용을 파악하기 위해서는 명사 중심의 분석이 타당하다고 판단되었다. 전처리를 실시한 결과, 평화 연설문 3,706건으로 구성된 1차 데이터셋에서는 1,396,563개의 명사가 추출되었으며, 평화 단락 11,837개를 포함하는 2차 데이터셋에서는 339,473개의 명사가 추출되었다.

3) 연구 방법

연설문을 통해 대통령의 평화관을 분석하기 위하여, 본 연구에서는 텍스트 분석 가운데 세 가지 방법을 활용하였다. 첫 번째는 가장 기본적인 기법 중에 하나인 빈도 분석(Frequency Analysis)이다. 빈도 분석은 텍스트에 단어가 얼마나 출현했는지 계산하여, 어떤 단어가 얼마나 자주 사용되었는지를 보여준다. 따라서 빈도 분석을 활용할 경우, 자주 언급되는 단어들을 통해 화자인 대통령의 핵심 주제나 관심사를 직관적으로 파악하는 것이 가능하다. 본 연구에서는 '평화'를 포함하는 연설문으로 구성된 1차 데이터셋을 활용하여 빈도 분석을 실시하였으며, 이를 통해 연설문에 나타나는 대통령별 평화관의 전체적인 틀을 파악하고자 하였다.

두 번째 분석 방법인 TF-IDF(Term Frequency-Inverse Document Frequency)는 해당 문서의 고유한 특성을 반영해주는 지표이다. 빈도 분석은 문서의 핵심 주제는 드러낼 수 있으나, 다른 문서들과 비교했을 때 해당 문서가 가지는 차별성이나 고유한 특성을 파악하기에는 한계가 있다. TF-IDF는 특정 문서에서 해당 단어의 횟수(TF)와 해당 단어가 전체 문서 집합에서 얼마나 희귀한지(IDF)를 측정하여 계산하는데, TF-IDF 값이 높을수록 해당 단어가 특정 문서에서는 자주 나오고 다른 문서에서는 드물게 나온다는 것을 의미한다. 본 연구에서는 2차 데이터셋을 대상으로 TF-IDF를 계산하여 해당 단어들을 도출하고, 이를 통해 각 대통령의 평화관이 어떠한 차별성을 지니는지 파악하고자 한다.

세 번째로는 단어 간의 관계를 파악하기 위하여 텍스트 네트워크 분석(text network analysis)을 활용하였다. 네트워크 분석은 단어 간의 공동 출현(co-occurrence) 관계를 기반으로 하기 때문에 연설문에 대한 구조적, 맥락적 분석을 가능하게 한다. 네트워크는 하나의 단어인 노드(node)와 두 단어의 연결선인 타이(tie)로 구성되며, 두 단어가 같은 문장 혹은 같은 문단에서 함께 사용되었는지에 따라 타이의 두께가 결정된다. 본 연구에서는 2차 데이터셋에서 공동 출현한 상위 100개의 단어 쌍을 추출하여 시각화하였다. 이를 통해 평화와 관련된 단어 간의 네트워크를 분석함으로써,

대통령별 평화 네트워크에서 중심이 되는 단어는 무엇이며 어떤 단어들과 연계되는지 파악하였다. 이상의 분석들을 통해 결론에서는 대통령별 평화관을 종합적으로 정리하였다.

4. 분석 결과

1) 빈도 분석 결과

1차 데이터셋을 전처리하여 추출한 명사를 대상으로 빈도 분석을 실시한 이후, 대통령별로 가장 많이 언급된 상위 50개의 단어를 선별하였다. 〈표 2〉는 대통령별 상위 50개의 단어들 가운데 공통 키워드와 차별 키워드를 구분한 결과이다. 대통령의 과반수 이상(6명)이 평화 연설문에서 자주 언급한 단어는 총 34개였으며, 이를 통해 도출한 역대 대통령 평화관의 공통점은 다음과 같다. 첫 번째는 국제 협력과 외교적 연대가 강조되었다. 세계, 미국, 국제, 양국, 회담, 정상, 협력 등의 단어는 다수의 대통령이 평화 달성을 위해 국제사회와의 외교적 협력을 중요시했음을 보여준다. 해방 이후 한반도는 주변국의 정치적 이해관계 속에서 정부 수립과 평화 정착 과정에 제약을 받아왔다. 따라서 한반도 평화를 논의함에 있어 국제사회의 협력은 필수적인 변수로 작용한다. 특히 미국이라는 특정 국가의 이름이 공통 키워드에 포함되어, 한미동맹이 전체 정권에 걸쳐 한국의 평화에 중요한 역할을 수행하고 있음을 드러내고 있다.

두 번째는 통일과 민족 공동체를 지향하고 있다는 점이다. 민족, 통일, 남북, 관계, 한반도 등의 키워드는 통일이 대통령의 평화관에 중요한 구성요소라는 점을 의미하며, 특히 민족이라는 개념과 연계하여 통일을 바라보고 있음을 알 수 있다. 북진통일과 같이 다소 강력하고 일방적인 통일론을 내세웠던 이승만 정권과는 달리, 박정희 정권에서는 '7·4 남북공동성명'을 발표하며 자주, 평화, 민족 대단결이라는 3대 원칙을 천명하였다(대한민국 정책브리핑 1999). 이 같은 원칙은 이후 정권들에서도 수용되어 '한민족공동체방안', '민족공동체통일방안' 등으로 계승되었다.

세 번째 공통점은 경제 발전과 번영을 통한 평화를 강조하고 있다. 경제, 발전, 번영, 성장, 개발, 기업과 같이 경제 발전과 관련된 단어들이 다수 포진되어 있으며, 경제력을 평화의 기반으로 인식하고 있다. 박정희 대통령은 집권 이후 경제개발과 국가발전을 국가 정책의 최우선순위에 두었으며, 연설을 통해 경제발전을 통해 국력 신장과 국제적 지위 강화를 통해 평화에 이바지할 수 있다는 인식을 드러내고 있다.[3] 나아가 세계화가 가속화되고 국가 간 교류가 증대되면서, 대다수의 대통령이 국가 간 경제교역과 협력이 평화에 있어 중요한 기반임을 명시하고 있다.

네 번째는 국가 생존과 안보를 중시하고 있다는 점이다. 안보, 전쟁, 안정, 국가 등의 단어를 통해 평화를 국가 생존과 안정을 보장하기 위한 필수 조건으로 인식하였음을 알 수 있다. 건국 이후 불과 2년 만에 한국전쟁이 발발했으며, 냉전 구조하에서 치열한 이념적 대립이 지속되었다는 점에 비추어볼 때, 군사·안보적인 의제는 대통령의 평화관에 중요한 부분을 차지할 수밖에 없다. 냉전 종식 이후에도 남북 분단과 북한의 핵 문제가 지속되고 있기 때문에, 향후에도 안보가 한반도 평화 담론의 핵심적인 영역을 차지할 것으로 예상할 수 있다.

마지막 특징은 민주주의와 자유의 가치가 강조되었다는 점이다. 자유,

---

3 예를 들어, 박정희 대통령은 1967년 5월 17일 "재일거류민단 창립 제20주년 기념식 치사"에서 "조국근대화를 향한 우리의 노력이 가져온 이러한 경제적인 일대비약은 또한 우리의 국제적 지위를 크게 강화시켰으며, 이제 우리나라는 (중략) 새로운 아시아·태평양 시대를 맞아 주도적 위치에서 이 지역의 평화와 번영을 위하여 능동적 공헌을 다하고 있습니다.", 1966년 10월 23일 "비율빈, 마닐라 도착성명"에서 "우리 한국 국민들은 (중략) 경제·사회·문화 등 여러 분야에서 커다란 성장과 발전을 이룩하여, 이제 이 아시아·태평양 지역의 안정과 세계평화에 공헌하고 있는… (후략)" 등의 연설을 하였다.

민주, 민주주의, 문화 등의 단어는 자유와 민주주의 가치의 보장과 평화를 연결 짓고 있음을 시사한다. 이러한 특징들과 함께 노력, 정책, 적극 등의 단어도 공통적으로 언급되어, 정부 주도의 평화 정책 추진과 의지 표명을 반복적으로 나타내고 있다. 냉전 시기까지만 하더라도 자유는 "민주주의와 자유인권을 침략하는 공산군", "자유진영과 상호 간의 결속의 강화", "우방간의 결속과 힘의 우위를 통해 자유세계를 수호" 등의 표현과 같이 공산 진영의 대립적인 개념으로 사용되었으나, 탈냉전 이후에는 자유 그 자체가 가지는 의미의 단어로 사용되고 있다. 민주주의는 민주화 운동 전후인 전두환, 노태우 대통령의 연설문이나, 여야 간의 첫 정권교체를 이루어낸 김대중 대통령, 헌정 사상 첫 대통령 탄핵 가결 이후에 새로 선출되었던 문재인 대통령 연설문에 특히 잦은 빈도로 언급되었다. 이는 한국 정치적 위기를 겪었던 시기에 민주주의라는 제도가 평화와 연결되어 위기의 극복과 사회적 통합의 핵심 담론으로 기능했음을 보여준다.[4]

〈표 2〉 대통령별 연설문 빈도 분석 공통 키워드 및 차별 키워드

대통령	전체 빈도
공통	세계, 한국, 자유, 미국, 국가, 전쟁, 민족, 통일, 민주, 노력, 정책, 역사, 경제, 민주주의, 발전, 사회, 북한, 국제, 개발, 번영, 추진, 남북, 관계, 안정, 성장, 협력, 양국, 문화, 한반도, 회담, 정상, 적극, 기업, 안보

4 예를 들어, 전두환 대통령은 평화적 정권교체와 민주주의의 수호를 지속적으로 언급하고 있고, 노태우 대통령은 전임 정권에서와 같은 맥락으로 평화적 정권교체를 통한 민주주의 제도의 정상 작동을 평화 담론의 일부로 강조하고 있다. 그러나 "평화적 정부교체와 선거가 민주주의를 발전시키고 국민통합의 과정이 되어야 함에도 국민의 분열을 파생시킨 현상은 참으로 개탄해야 할 일입니다.", "민주주의를 열어가는 과정에서 갈등과 대립, 불신과 증오가 표출되어 공동체의 평화를 위협하는 중대한 전환기를 맞고 있습니다." 등의 연설을 통해 민주주의 이행으로 나아가는 과정에서 생기는 갈등이 평화에 위협이 됨을 우려하고 있다. 김대중 대통령의 연설문에서는 "50년 만의 평화로운 정권교체", "여야 간의 평화적 정권교체" 등을 통해 평화와 민주주의가 연결되어 언급된다. 문재인 대통령의 연설문에서는 "가장 평화롭고 아름다운 방법으로 민주주의와 헌법을 회복", "성숙한 민주주의의 힘으로 평화로운 한반도를 실현", "평화적인 촛불혁명으로 세계민주주의 역사를 새로 썼습니다." 등의 형태로 평화와 민주주의가 함께 언급되고 있다.

대통령	전체 빈도
이승만	공산당, 목적, 결심, 담화, 주장, 주의, 보호, 민중, 준비, 원조, 공산주의, 정복, 국회, 우방, 결과, 한인, 희생, 행동, 세력, 휴전, 보장
박정희	계획, 국력, 월남, 수출, 국방, 사업, 생활, 목표, 근대, 유신, 북괴, 공산주의자, 장병
전두환	상호, 의지, 유지, 확신, 복지, 우호, 집단
노태우	서울, 선거, 개방, 태평양, 중국, 상황, 질서, 바탕, 냉전
김영삼	개선, 경쟁력
김대중	정보, 지식, 화해, 월드컵, 지지, 실현, 인권
노무현	북핵, 통합, 전략
이명박	사랑, 녹색, 인류, 기회, 한미, 글로벌, 일자리
박근혜	핵, 행복, 도발, 창조, 구축, 지속, 위협, 희망
문재인	아세안, 공동, 시작, 코로나

다음으로는 각 대통령의 평화 연설문에서 추출된 상위 50개의 단어 가운데 해당 대통령에게서만 발견되는 단어들을 선별하여 그 특징을 분석하였다. 이승만 대통령의 경우, 주로 이념과 안보 중심의 단어들이 포진되어 있었는데, 공산당, 공산군, 공산주의 등이 반복적으로 언급되면서 대통령의 평화관 내에 강력한 반공 의식이 자리하고 있었음을 확인할 수 있다. 또한 보호, 원조, 우방, 보장 등의 단어들을 통해 국제사회와 외교적 맥락 속에서 한국의 평화를 보장받고자 하는 대통령의 평화관을 엿볼 수 있다.

박정희 대통령은 경제 발전, 국방력 강화와 관련된 단어들이 연설문 내에서 차별적으로 등장하였다. 경제 발전과 평화를 연결 짓는 관점은 다수의 대통령에게서 공통적으로 발견되지만, 박정희 대통령은 계획, 국력, 수출, 사업 등의 단어를 추가적으로 사용하여 경제 발전의 중요성을 더욱 강조하고 있었음을 알 수 있다. 또한 월남, 국방, 북괴, 장병 등의 단어는 베트남전 파병과 북한의 군사적 도발이라는 당시 상황 속에서 평화를 위한 국방력 강화의 필요성이 대두되고 있었음을 드러내준다.

전두환 대통령의 차별적 키워드에서 발견되는 특징은 대내외적인 안정을 추구했다는 점이다. 경제 성장도 강조되었지만, 이에 더하여 복지와 같은 사회 안정적인 단어가 자주 언급되었다. 연설문 내에서 민주(주의)국가, 민주사회가 아니라 '민주복지국가', '민주복지사회'라는 단어를 주로 사용하며 복지를 강조하였다. 또한 상호, 의지, 유지, 확신, 우호, 집단과 같은 단어들은 외교적인 우호 관계를 통해 평화를 지향하고자 했음을 보여준다. 반면, 노태우 대통령의 경우에는 탈냉전과 민주화라는 대내외적인 환경 변화로 인해 개방, 태평양, 중국, 상황, 질서, 냉전 등과 같이 새로운 대외정책을 모색하는 단어들이 자주 언급되고 있다.

김영삼 대통령은 개선, 경쟁력 등의 단어가 차별적으로 나타났다. 개선은 1993년 당시 북한의 1차 NPT 탈퇴로 인해 촉발되었던 북핵 위기로 인해 북핵 위기의 개선 혹은 남북관계의 개선 없이는 평화를 이룰 수 없다는 대통령의 평화관을 드러내는 키워드이다. 또한 경쟁력은 "힘이 있어야 평화를 지킬 수 있지 않습니까, 힘을 기르고 경쟁력을 높여나가는 것입니다."라는 문장에서처럼 당시 가속화되고 있던 세계화의 흐름 속에서 경쟁력을 확보하는 것이 평화관 내에서 중요하게 인식되었음을 보여주고 있다.

김대중 대통령의 연설문에서는 화해, 지지, 실현 등의 단어를 통해 평화를 위하여 남북 간의 상호 신뢰와 적극적인 관계 개선을 지향하고 있음을 드러내고 있다. 또한 정보, 지식 등의 단어는 당시의 시대상을 반영하고 있는데, "정보화는 개도국들도 참여하고 혜택을 받는 방향으로 추진되어야 세계평화와 공동번영에 기여한다.", "정보화로부터의 소외가 가난의 큰 이유가 될 수 있으며, 그 가난이 결국 인권과 평화를 저해하는 요인이 될 수 있다." 등의 발언을 통해 정보화 사회에서 뒤처질 경우 평화에까지 위협이 될 수 있다는 인식을 드러내고 있다. 지식 역시 정보와 함께 지식정보사회, 지식기반경제 등의 단어로 평화와 연계되어 언급되고 있다.

노무현 대통령부터는 북한의 핵실험 등이 발생하면서 대통령의 평화관에 북핵 문제가 본격적으로 대두되기 시작하였다. 이와 함께 통합이라는 단어도 자주 언급되었는데, 통합은 대내적으로는 국민통합, 대외적으로는 동북아 등 지역통합으로 사용되는 등 다양한 맥락에서 언급되었다. 또한 국가가 설정한 전략의 실행이 평화를 위한 중요한 선결조건처럼 언급되었는데, 노무현 정권에서 강조하였던 동북아라는 지역과 전략이라는 단어가 자주 연결되어 강조되었다.

이명박 대통령은 글로벌 협력뿐만 아니라 녹색 성장, 인류와 같은 인도적 가치, 일자리 등의 경제 성장 등 다양한 가치를 강조하는 평화관을 표방하고 있다. 녹색은 인류 혹은 인간과 결합되어 '녹색 성장' 혹은 '녹색 공존'을 통해 인류의 생존과 평화에 기여할 필요성을 강조하고 있다. 박근혜 대통령 역시 행복, 창조, 구축, 희망과 같이 가치 지향적이고 미래 비전을 강조하는 평화관을 드러내고 있다. 행복은 주로 '국민행복'이라는 키워드로 사용되며, 행복과 희망은 평화와 함께 누려야 할 가치로 언급되고 있다. 또한 창조는 박근혜 정권에서 경제 정책으로 내세웠던 '창조경제'로부터 비롯되었으며, 창조경제를 통해 역내 국가들과의 협력은 물론 평화로까지 나아가겠다는 의지를 보이고 있다.

문재인 대통령은 연설문에서 공동, 시작 등의 단어를 자주 사용하여, 전임 정권들과는 다르게 다시금 남북관계의 개선과 협력을 통해 평화로 나아가고자 하는 의지를 보이고 있다. 뿐만 아니라 아세안 국가들과의 관계를 강화하고자 했던 신남방정책을 드러내듯, 평화 연설문에서도 다른 대통령들에 비해 아세안을 자주 언급하고 있다. 또한 당시 시대상을 반영하여 코로나라는 단어가 자주 사용되고 있는데, "안으로는 당면한 코로나19를 극복하고, 밖으로는 한반도 평화의 공동번영을 이뤄 흔들리지 않는 한국을 만들어 낼 것", "코로나19에 대응하는 과정에서 상생과 평화의 물

꼬가 트이기를 희망" 등의 언급에서처럼 보건 위기의 극복을 통해 평화를 이룩하고자 함을 확인할 수 있다.

2) TF-IDF 분석 결과

다음으로는 평화를 포함하는 단락들로 구성된 2차 데이터셋에서 추출한 명사들을 대상으로 TF-IDF 분석을 실시하고, 각 대통령에게 차별적으로 발견되는 키워드를 분류하여 평화관에서 나타나는 구체적인 특성을 분석하였다. 먼저 이승만 대통령은 더욱 강력하게 반공 이념과 국가 수호 중심의 평화관을 드러낸다. 공산당, 공산군, 공산주의, 분자 등과 같은 이념 관련 단어들이 다수 발견되며, 정복, 침략자, 우방, 세력, 강토 등의 단어를 사용하여 외부의 위협 속에서 영토를 보전하고자 하는 의지를 보여주고 있다. 박정희 대통령은 국방력과 반공에 관련된 단어들이 두드러지게 나타나고 있다. 북괴, 반공, 중공 등의 단어들을 통해 이승만 대통령과 마찬가지로 박정희 대통령의 평화관 내에 강한 반공 의식이 내재되어 있음을 확인할 수 있다. 또한 국력, 중흥, 정착, 유신 등의 단어들이 나타나는 점도 주목된다. 이는 박정희 대통령이 평화 실현을 위해 강력한 리더십과 체제 유지가 필요하다고 인식했음을 보여준다.

〈표 3〉 대통령별 연설문 TF-IDF 분석 공통 키워드 및 차별 키워드

대통령	TF-IDF 차별 키워드
공통[5]	안보, 정착, 체제, 아시아, 대화, 동북아
이승만	공산당, 결심, 정복, 한인, 목적, 주장, 공산군, 민국, 민중, 침략자, 공산주의, 분자, 우방, 세력, 주의, 강토
박정희	월남, 북괴, 국력, 대한민국, 중흥, 유신, 반공, 염원, 배양, 자주, 국방, 중공

5 빈도 분석에서와 마찬가지로 과반수인 6명의 대통령에게서 나타난 TF-IDF 단어들을 공통 키워드에 포함하였다.

대통령	TF-IDF 차별 키워드
전두환	정세, 표명, 집단, 영도자, 교체, 이양
노태우	고르바초프, 선거, 북방, 겨레
김영삼	클린턴, 협조, 안보리, 신한국, 당사자, 입장
김대중	기업, 월드컵, 정보, 햇볕, 대북, 테러, 지식, 금융, 관광, 시장
노무현	북핵, 동아시아, 이라크, 부시, 투자
이명박	글로벌, 천안함, 오바마, 원조, 성숙, 세대, 청해부대
박근혜	유라시아, 구상, 공원, 역내, 융성, 미사일, 이니셔티브, 비전, 발사
문재인	평창, 동계, 북미, 비핵화, 트럼프, 김정은, 남방, 완전, 코로나

전두환 대통령의 TF-IDF 분석에서는 빈도 분석과는 달리 국내정치적인 영역이 대통령의 평화관 구체적으로 언급되는 것이 특징적이다. 정세, 표명, 영도자, 교체, 이양 등의 단어는 당시 민주화 운동과 대통령 직선제 요구라는 시대적 흐름 속에서 정권 이양과 평화를 연계하고 있었음을 알 수 있다. 노태우 대통령의 TF-IDF 차별 키워드에서 선거가 발견되는 점 역시 비슷한 맥락에서 해석할 수 있다. 또한 노태우 대통령의 연설문에서는 고르바초프, 북방 등의 단어들이 차별적으로 사용되었다. 이는 당시 국제질서의 변화에 대응하여 공산권과 수교를 추진하는 등 새로운 전략을 모색했던 노태우 대통령의 평화관을 구체적으로 드러내주는 키워드라고 할 수 있다.

김영삼 대통령의 경우, 평화 연설문 전체의 빈도 분석에서는 개혁이나 국가 경쟁력이 강조되었던 것과 달리, TF-IDF에서는 클린턴, 협조, 안보리 등의 단어들이 차별적으로 발견되었다. 1993년 북한이 NPT 탈퇴를 선언하여 1차 북핵 위기가 촉발되었던 점에 비추어볼 때, 북핵 위기 대응을 위해 미국, UN 등 국제사회의 협조를 구하는 것이 중요하게 여겨졌음을 확인할 수 있다. 반면, 김대중 대통령은 다른 대통령들에 비해 햇볕, 대북

등의 단어를 사용함으로써 남북 간의 갈등 해소와 협력을 통한 평화를 추진하였다. 또한 정보, 기업, 지식, 금융, 관광, 시장 등 경제 분야와 관련된 단어들도 차별적으로 사용하였는데, IMF 경제위기 극복을 위한 경제 분야의 개혁과 발전이 평화에 중요한 기반이라고 인식하였음을 확인할 수 있다.

노무현 대통령은 빈도 분석에서와 마찬가지로 북핵 문제가 대통령 평화관의 핵심 의제였음이 드러난다. 또한 동아시아라는 지역적 범주와 이라크, 부시라는 미국 관련 단어들이 함께 발견되고 있다. 당시 노무현 정부는 한국이 동북아의 평화와 번영을 위한 균형자 역할을 해나가야 한다는 '동북아 균형자론'을 추진하고 있었기 때문에 동아시아라는 키워드가 강조되었다고 볼 수 있다. 그럼에도 미국의 요구에 따라 이라크 파병을 추진하는 등 한미동맹의 중요성을 간과하지 못했기 때문에 세 개의 단어가 함께 TF-IDF에 포함된 것으로 보인다.

이명박 대통령은 TF-IDF 차별 키워드에서 천안함, 오바마, 청해부대 등의 고유명사가 발견되어, 안보와 한미관계 등을 평화와 밀접하게 연계시키고 있음을 확인할 수 있다. 또한 글로벌, 원조, 성숙 등의 단어들도 발견되는데, 빈도 분석에서 확인할 수 있는 내용보다 구체적으로 국제사회에 대한 기여를 강조하고 있었음을 알 수 있다. 박근혜 대통령 또한 미사일, 발사 등의 단어를 통해 안보 문제와 평화를 긴밀하게 연결시키고 있었다. 또한 박근혜 정부가 추진했던 '동북아 평화협력구상', '유라시아 이니셔티브' 등과 관련된 단어들이 반복되었다는 점도 확인 가능하다.

마지막으로 문재인 대통령 연설문에서는 평화와 구체적인 외교 이벤트들이 밀접하게 연관되어 있음을 확인할 수 있다. 평창 동계 올림픽이나 트럼프, 김정은 등의 고유명사는 문재인 대통령의 평화관이 정상회담이나 올림픽 같은 구체적인 외교 이벤트에 기반하고 있음을 보여준다. 또한 완전,

비핵화 등의 단어가 차별적으로 등장하는데, 이전 대통령들의 연설문에서 북핵이나 핵이라는 단어가 등장했던 것과는 달리 비핵화라는 단어가 등장하면서 보다 구체적으로 한반도 평화를 위한 전제 조건을 명시하고 있다.

3) 네트워크 분석 결과

2차 데이터셋은 평화 단락에서 추출한 명사들을 분석 대상으로 삼기 때문에 평화라는 단어가 무조건 포함된다. 따라서 평화를 제외한 단어들 중에 가장 연결 중심성(degree centrality)이 높은 단어가 무엇인지 측정하였다.[6] 연결 중심성이 높은 단어는 곧 대통령의 평화 담론에서 해당 단어가 핵심적인 개념이라는 것을 의미한다. 핵심 개념과 함께 어떠한 단어들과 공동 출현하였는지 살펴봄으로써 대통령별 평화관의 핵심 초점을 비교하고자 하였다.

〈표 4〉 대통령별 중심성 단어와 연결 단어

대통령	중심성 단어	연결 단어
이승만	세계(0.47619)	노력, 공산당, 안전, 민족, 행동, 보장, 소련
박정희	통일(0.363636)	민족, 조국, 사회, 전쟁, 국력, 북한, 한반도, 남북
전두환	통일(0.53125)	한반도, 민족, 대화, 남북, 북한, 국제, 조국
	세계(0.53125)	노력, 협력, 한국, 발전, 안정, 번영, 국가, 양국, 관계
노태우	세계(0.555556)	번영, 노력, 기여, 한국, 태평양, 자유
김영삼	한반도(0.571429)	북한, 협력, 안정, 노력, 남북, 관계, 해결, 핵, 유지, 회담, 체제, 동북아, 정착
김대중	협력(0.733333)	한반도, 정책, 교류, 안정, 통일, 회담, 북한, 지지, 적극

6 연결 중심성이란 중심성을 측정하는 가장 간단한 척도이며, 한 노드에 직접적으로 연결된 모든 엣지의 개수를 지수로 평가한다. 즉, 하나의 문서 안에서 다른 단어들과 가장 많이 연결되는 단어라고 할 수 있다. 연설문에서 단어가 많이 연결될수록, 해당 단어가 대통령의 평화 담론에서 반복적으로 언급되고 다양한 주제와 결합되었음을 의미하기 때문에 주요 의제를 파악하는 데 효과적이라고 판단하였다.

대통령	중심성 단어	연결 단어
노무현	번영(0.485714)	협력, 동북아, 세계, 한국, 발전, 노력, 경제, 관계, 안정, 공동
	한반도(0.485714)	해결, 북핵, 회담, 남북, 북한, 핵
이명박	세계(0.606061)	안보, 사회, 인류, 유지, 군, 위협
박근혜	통일(0.724138) 한반도(0.724138)	국제, 기반, 행복, 남북, 인류, 구축, 사회, 민족, 분단
문재인	한반도(0.866667)	국제, 관계, 사회, 미래, 전쟁, 지지, 대화, 기대, 비핵화, 북한, 안보, 북미, 마음, 양국, 시작, 성공

이승만 대통령의 연설문에서는 세계가 가장 중심적인 단어였으며, 이를 중심으로 공산 세력을 의미하는 단어들과 안전, 보장, 노력 등의 단어가 함께 언급되었다. 이는 공산주의와 대치하는 상황에서 안전을 보장함으로써 평화를 달성하려는 관점을 나타내준다. 이승만 정부는 한미상호방위조약의 체결을 통해 확실한 우방을 확보하여 공산주의로부터 한국의 안전을 보장받고자 했으며, 이 같은 평화관이 실제 정책으로 나타났음을 확인할 수 있다.

박정희 대통령과 전두환 대통령은 통일을 핵심 단어로 설정했다는 공통점이 있다. 대부분의 연결 단어들이 유사하지만, 박정희 대통령은 국력이라는 단어를 함께 사용하여 국력 강화를 통해 통일을 이루겠다는 의지를 보이고 있다. 실제로 박정희 대통령은 '선(先) 경제 후(後) 통일'이라는 기조 하에서 경제 성장을 우선시했으며, 1970년 데탕트 진행과 닉슨 독트린의 발표 등으로 국제환경이 변화하고 나서야 남북대화와 통일 정책을 추진한 바 있다. 반면, 전두환 대통령은 통일과 대화를 함께 언급하며, 남북관계 개선을 추진했다는 점에서 차이를 가진다. 전두환 대통령은 취임 초기부터 남북당국의 최고책임자 상호방문을 제의하는 등 북한에게 꾸준히 대화를 요청했으며, '민주화합 민주통일 방안'을 통해 새로운 통일 방안을 제시하는 등 적극적인 모습을 보였다.

노태우 대통령의 연설문에서는 세계가 중심적인 단어로 사용되었는데, 번영, 노력, 한국뿐만 아니라 기여, 태평양, 자유 등의 단어들이 사용되었다. 이전 대통령들이 주로 한반도라는 지역적 범주에 머물렀던 것과는 다르게 태평양이라는 새로운 지역이 등장하고, 기여와 노력이라는 단어가 더해져 한국의 새로운 역할을 모색했다고 해석할 수 있다. 이 같은 맥락에서 노태우 정부는 '북방정책'을 추진하며, 이전과는 다르게 공산권 국가들과 적극적인 수교를 추진하는 정책을 추진한 바 있다. 또한 1991년에는 북한과 함께 유엔 동시가입을 승인받으며, 정식적으로 국제사회 일원으로 인정받기도 하였다.

반면, 김영삼 대통령의 연설문에서는 한반도가 핵심 단어로 사용되며, 대통령 평화관의 지역적 범주가 다시 좁혀지는 양상을 보인다. 이와 연결되어 남북관계의 개선과 체제 안정, 북핵 문제 해결을 통한 안보 확보를 통해 평화를 달성하려는 모습이 나타난다. 김영삼 대통령 시기에 세계화가 가속화되기는 하였으나, 상술한 바와 같이 1993년 발생한 1차 북핵 위기로 인해 한반도라는 지역적 범주 내에서 발생한 위기를 해결하는 것이 우선시되었음을 확인할 수 있다.

김대중 대통령의 연설문에서는 협력이 매우 핵심적인 단어로 사용되고 있다. 연결 단어의 대부분이 남북 교류를 통한 관계 개선과 안정을 다루고 있으며, 정책, 적극 등의 단어가 사용되어 한국의 주도적인 역할을 표방하고 있다. 김대중 정부 시기에 가장 핵심적인 정책 중 하나가 남북 간 교류의 확대를 주 내용으로 하는 '햇볕정책'이라는 점에 비추어볼 때, 김대중 정권의 평화관이 협력과 교류를 매개로 한 주도적·실천적 평화 담론으로 구체화되었음을 보여준다.

노무현 대통령의 평화관은 남북 협력에서 나아가 한반도 문제와 동북아의 번영을 연계하고 있다. 동북아의 협력과 관계 발전이 번영으로 나아갈 수 있음을 주장하는 한편, 북핵 문제를 해결하려는 의지 역시 드러내고 있다. 노무현 정부는 외교·안보분야의 전략적 비전 중 하나로 '동북아균형자론'을 내세웠는데, 동북아 지역을 주요 초점으로 한국이 세력균형자 역할을 수행하여 평화와 번영에 기여하겠다는 담론을 펼친 바 있다.

이명박 대통령은 다시 세계에 초점을 맞추어 안보적 사안을 강조하고 있다. 안보, 유지, 군, 위협 등의 연결 단어를 통해 평화에 있어 안보가 매우 중요한 기반임을 드러내고 있다. 이명박 정부는 세계화와 과학기술의 발달로 인해 평화와 복지 증대에 대한 기대가 커진 반면, 초국가적 범죄, 대량파괴무기 확산 등 다양한 형태의 안보위협이 발생할 수 있다고 보았다. 뿐만 아니라, 당시 금강산 관광객 피살 사건, 천안함 피격 사건, 연평도 포격 등 북한과 관련되거나 관련되었을 것으로 의심받는 사건들이 연이어 발생하면서 안보와 평화의 연관성이 더욱 강화되었다.

박근혜 대통령의 연설문에서는 통일과 한반도가 가장 연결 중심성이 높은 단어로 나타났다. 이전에 통일을 핵심 단어로 사용했던 대통령들과는 달리 기반, 행복, 인류, 구축, 사회 등 다소 추상적이고 가치 지향적인 단어들을 연결시키고 있다. 이러한 가치 지향적인 내용이 가장 잘 담겨있는 정책이 '통일대박론'이다. 박근혜 대통령은 통일비용에 대한 우려를 잠재우기 위하여, 한반도 통일이 한국 경제를 대도약할 수 있는 기회가 될 수 있다고 주장한 바 있다.

문재인 대통령 역시 한반도라는 핵심 단어를 중심으로 미래, 기대, 마음, 시작, 성공 등의 추상적인 단어들이 등장하고 있다. 이는 문재인 정부 당시에 추진되었던 남북정상회담, 북미정상회담, 평창동계올림픽 등의 주요 이벤트와 연계된다. 다만, 문재인 대통령의 연설문에서는 추상적인 단어들뿐만 아니라 국제사회의 지지와 대화, 비핵화와 같은 구체적인 방안을 함께 언급하는 등 한반도 중심의 평화관을 분명히 드러내고 있다.

5. 결론

본 연구는 1948년부터 2022년까지 대한민국 역대 대통령의 연설문 가운데 '평화'라는 키워드를 포함한 문서를 대상으로 텍스트 분석을 활용하여 대통령별 평화관의 특징을 분석하였다. 분석 결과, 대통령들은 공통적으로 국가안보 중심적이며, 경제 발전과 번영을 통한 평화 실현을 추구했으며, 남북관계와 국제 협력을 통해 평화를 모색하고자 하였다. 그럼에도 각 대통령의 평화관은 그들이 처한 국내외 정세와 시대적 요구에 따라 차별적인 특성이 나타났다.

〈표 5〉 대통령별 평화관의 특징

대통령	차별 키워드	평화관 특징
이승만	공산당(공산주의), 보호, 우방, 정복, 행동, 보장	'자유 대 공산'의 이념적 구도
박정희	국력, 월남, 수출, 국방, 유신, 북괴	국가 발전과 경제 성장
전두환	상호, 유지, 복지, 우호, 집단	사회적 안정, 남북 간 대화 · 협력 강조
노태우	선거, 개방, 태평양, 중국, 질서, 냉전	대외적으로는 개방, 대내적으로는 국내 제도의 안정
김영삼	개선, 경쟁력	북핵 위기 대응, 국가 경쟁력 확보
김대중	정보, 지식, 화해, 월드컵, 지지, 실현, 인권	남북관계 개선, 경제 개혁과 정보 사회로의 이행
노무현	북핵, 통합, 전략	동북아 지역 내 관계와 협력, 북핵 위기 대응
이명박	녹색, 인류, 기회, 한미, 글로벌, 일자리	글로벌 경쟁력 확보, 국제적 기여
박근혜	핵, 행복, 도발, 창조, 위협, 희망	가치 지향적, 미래 비전의 강조
문재인	아세안, 공동, 시작, 코로나	남북정상회담 중심, 국민 삶의 질 개선

먼저, 이승만 대통령은 '자유 대 공산'이라는 이념 대립 구조를 중심으

로 평화를 인식하였으며, 공산 세력에 대한 강한 적대 의식을 바탕으로 안보와 외교를 함께 강조하는 경향을 보였다. 반면, 박정희 대통령은 국가의 경제 성장과 국력 강화를 평화의 실현 조건으로 삼았으며, 반공주의에 기반하여 자주국방, 산업화 담론과 결합된 평화관을 보였다. 이 과정에서 강력한 리더십과 체제 유지를 강조하기 위해 유신체제를 평화와 함께 언급하며 정당화하려는 모습을 보이기도 했다. 전두환 대통령은 한국의 경제가 궤도에 오르게 되자, 이전 정권과는 다르게 경제 성장뿐만 아니라 사회적 안정을 평화와 연계시켰다는 특징을 보인다. 또한 남북 간의 대화와 상호 협력을 강조하였다.

노태우 대통령 시기부터는 대통령의 평화관이 대외적, 대내적 영역으로 나뉘어 전개되는 양상이 나타난다. 먼저 대외적으로는 냉전의 붕괴에 따라 새로운 외교 전략을 모색하였으며, 대내적으로는 국내 제도의 안정을 중시하는 평화관을 보였다. 김영삼 대통령은 대내적으로는 정치·경제 개혁을 통해 국가 경쟁력을 제고시키는 한편, 북핵 문제에 대한 국제사회의 협조를 구하여 평화를 달성하고자 하였다.

김대중 대통령은 남북 간 협력을 중시하여 남북관계를 개선하고자 하였으며, 실제로 햇볕정책을 통해 북한과의 협력을 추진하였다. 뿐만 아니라, 경제위기라는 시대적 배경으로 인해 경제 개혁과 정보 사회로의 이행을 평화와 연계하였다. 노무현 대통령은 한반도 차원을 넘어 동북아 다자질서 및 안보 전략과 평화를 연계하였으며, 임기 초부터 본격화되었던 북핵 위기 대응에 초점을 맞추었다.

이명박 대통령은 경제 성장, 국가 경쟁력 등 특유의 실용주의를 평화에 결합하는 모습을 보였으며, 이와 함께 국제적 책임 수행과 기여를 중요시하였다. 박근혜 대통령은 이전 대통령들의 연설문들과 달리 가치 지향적이고 긍정적인 미래 비전을 강조하며, 포괄적인 평화관을 제시하였다. 마지막으로 문재인 대통령은 남북·북미정상회담, 비핵화 등 한반도 중심의 평화 질서를 드러내는 한편, 코로나 이슈 등과 관련하여 국민 삶의 질을 개선하는 측면과 평화를 연결지었다는 특징을 보인다.

역대 대통령의 평화관에 가장 큰 영향을 미치는 요인은 단연 남북 분단이다. 남북 분단이라는 구조는 국가안보를 중심으로 평화를 논하도록 만들었으며, 궁극적인 해결책으로서 통일의 필요성을 강조하게 하였다. 대통령의 평화관에서 경제 성장이나 번영이 공통적으로 강조된 이유는 안전을 확보하고 통일을 이룩하기 위해서 국가 발전이 필수적이라고 인식했기 때문이다.

그럼에도 각 대통령의 평화관은 국제질서, 정치, 경제, 사회적 환경 등 시대적 배경에 따라 서로 다른 강조점을 보였다. 여전히 평화라는 영역에서 안보나 경제적인 측면이 강조되고는 있으나, 갈수록 사회적인 안정, 국민 삶의 질과 같은 부분이 평화와 연계되고 있다는 점에 주목할 필요가 있다. 따라서 한국 대통령들의 평화관은 남북 분단이라는 구조적 제약 속에서도 시대적 과제에 따라 점차 다변화·심화되어 왔으며, 향후에는 안보와 경제를 넘어서 더욱 다양한 영역으로 확대될 가능성이 크다.

참고문헌

| 국문 |

구갑우. 2007.『비판적 평화연구와 한반도』. 서울: 후마니타스.

김학준. 1978. "한반도 평화의 국제적 조건: 평화의 3단계론에 입각하여."『국제정치논총』 제18집, 227-241.

대한민국 정책브리핑. 1999. "7·4 남북공동성명." https://www.korea.kr/archive/expDocView.do?docId=22018(최종검색일: 2025/09/20).

박영준. 2017. "한국의 평화담론 전개와 대외정책론: 역대 대통령들의 정책구상과『국제정치논총』 게재 관련 연구를 중심으로."『국제정치논총』 제57집 3호, 419-454.

이상근. 2015. "'안정적 평화' 개념과 한반도 적용 가능성."『한국정치학회보』 49집 1호, 131-155.

이성용, 에이든 그노스, 강혁민, 허지영. 2022. "평화다양성과 한반도 - 평화담론 지평의 확장."『평화들 PEACES』 제1권 제2호, 35-65.

이영호. 1978. "한국인의 한반도 평화관,"『국제정치논총』 제18집, 145-162.

이정철. 2020. "한국형 평화담론에 대한 비판과 성찰."『국방연구』 제63권 제3호, 1-28.

이창길. 2010. "정권 초기의 가치지향과 정책우선순위: 참여정부와 이명박정부의 언어네트워크 비교분석."『한국행정학보』 제44권 제3호, 165-189.

최상용. 2002. "근대 서양의 평화사상." 하영선 편.『21세기 평화학』. 서울: 풀빛.

최종환. 2021. "남북한 언론이 재구성한 평화 담론의 비판적 분석: 괴리된 이상과 분단체제의 지속."『언론과학연구』 제21권 3호, 129-175.

하영선. 1981. "새로운 국제정치 이론을 찾아서: 평화연구를 중심으로."『국제정치논총』 제21집, 3-11.

______. 2002. “근대 한국의 평화개념 도입사.” 하영선 편. 『21세기 평화학』. 서울: 풀빛.

허지영. 2021. “일상적 평화: 미시적 평화담론의 한반도 적용과 의의.” 『통일과 평화』 13집 1호, 79-114.

______. 2022. “한반도 평화와 통일 담론에 대한 대안적 논의: 안정적 평화.” 『평화학연구』 제23권 1호, 33-52.

홍용표. 2018. “평화문화와 지속가능한 평화: 한국에서의 의미와 과제.” 『문화와 정치』 제5권 제2호, 5-30.

황창호, 이혁우, 임동완. 2015. “역대 대통령 연설문의 유형과 특징에 대한 비교연구: 연설문의 유형, 분야, 주제, 시점을 중심으로.” 『한국공공관리학보』 제29권 제4호, 27-60.

| 영문 |

Boulding, Kenneth E. 1978. *Stable Peace*. Austin, Texas: University of Texas Press.

Doyle, Michael W. 1986. “Liberalism and world politics.” *American political science review* 80(4): 1151-1169.

Galtung, Johan. 1969. “Violence, peace, and peace research.” *Journal of peace research* 6(3): 167-191.

Grieco, Joseph M.. 1988. “Anarchy and the Limits of Cooperation: A Realist Critique of the Newest Liberal Institutionalism.” *International organization*. 42(3): 485-507.

Keohane, Robert and Joseph Nye. 1977. *Power and Interdependence: World Politics in Transition*. Boston and Toronto: Little, Brown and Company.

McGrew, Anthony G. 1992. “Conceptualizing Global Politics,” in Anthony G. McGrew, Paul G. Lewis eds. *Global Politics : Globalization and the Nation-State*. Cambridge: Polity Press.

Nye Jr, Joseph S. 1988. "Neorealism and neoliberalism." *World politics* 40(2): 235–251.

Paik, Nak Chung. 2011. *Division System in Crisis: Essays on Contemporary Korea*. Berkeley; Los Angeles; London. University of California Press.

Weede, Erich. 2004. "The diffusion of prosperity and peace by globalization." *The Independent Review* 9(2): 165–186.

| 9장 |

존재론적 안보와 평화불안의 관점에서 본 우파 내러티브와 한반도 평화*

허지영

1. 서론

한반도에서는 통일, 안보, 평화, 인권 등의 개념이 때로 대립하거나 모순되는 상황이 발행한다. 남북한의 화해와 안정적인 공존의 강조는 자칫 분단을 영구화하는 주장으로 왜곡될 우려가 있으며, 반대로 통일이 상대 국가의 흡수를 의미하며 남북한 상호 체제 위협으로 이해되거나 무력의 사용을 허용하는 비평화적 수단에 의한 통일 담론으로 이어지기도 한다. 상보적인 관계로 이해되는 평화와 통일의 관계는 한반도 주변의 복잡한 지정학적 관계처럼 단순하지 않다. 또한, 형식적·제도적으로 정전협정

* 이 연구는 『평화들 PEACES』 제4권 제2호(2025)에 게재된 논문의 내용을 수정 및 보완한 것입니다.

을 평화협정으로 대체하고 실질적이며 제도적인 평화의 정착을 의미하는 한반도 평화 체제의 구축은 시급한 과제이지만, 여러 분쟁 사례에서 이미 입증되었듯 협정 체결만으로는 평화의 지속성이나 궁극적인 통일을 담보하지 않는다는 어려움도 있다.

2024년 12월 윤석열 대통령의 갑작스러운 계엄 선포와 이어진 탄핵 정국으로 대한민국은 한동안 정치적 혼란을 겪었다. 헌법재판소에서 최종적으로 탄핵이 인용된 2025년 4월까지 서울 중심가에서 '찬탄'과 '반탄' 시위로 나뉜 서울 중심가의 모습은 사회의 분열을 적나라하게 드러냈다. 흔히 한국 사회 양극화를 지칭하는 '남남갈등'이란 용어는 2000년 6월 남북정상회담 이후 주로 대북정책을 둘러싼 갈등을 의미하며 정치권이나 일부 언론에서 사용하기 시작했다. 적대적인 대북정책에서 탈피해 교류와 협력을 우선하는 김대중 대통령의 햇볕정책에 반대하는 보수층의 반발이 거세지며 사회 전 영역으로 확산하면서 갈등은 본격화됐다. 정권이 교체될 때마다 포용·교류·협력 중심의 진보와 안보·인권·통일 중심의 보수 진영의 정책과 담론이 충돌하는 현상이 계속되며 정책 일관성의 부재로 이어졌다. 대미·대중 정책뿐만 아니라 과거사 청산, 또는 역사교과서 개정과 같은 국내 이슈를 포함해 사회 전반에서 이념에 따른 갈등 양상이 만연하게 나타나고 있다.

윤 대통령의 탄핵 이후 들어선 이재명 정부는 남북 긴장 완화를 위한 선제적 조치로 2025년 6월 대북 확성기 방송 전격 중지했다. 이 대통령의 대선 공약에 '한반도 군사적 긴장 완화, 평화 분위기 조성' 등이 포함되어 대북 유화 조치는 사실상 예견된 행보라고 할 수 있다. 대북 방송은 남북한 긴장 수준을 평가하는 지표 중 하나로 1960년대부터 방송 재개와 중단의 패턴이 반복됐다. 윤석열 정부는 오물 풍선 살포를 비롯한 북한의 다양한 도발에 대한 대응적 조치로 9·19 군사합의를 사실상 폐기하고 확성기 방송을 재개하며 이전 문재인 정부의 대북·통일·평화 정책과는 전혀 다른 접근법을 취했었다. 한편, 일관되게 '1민족 1국가 연방제통일론'을 주장했던 북한은 2023년 말 통일 포기 선언에 이어 남북관계를 '적대적 국가 관계'로 공식화한다. 이에 한국에서도 '평화적 두 국가론'과 '통일포기론' 등의 대안들이 논의되기 시작해 이재명 정부는 한반도의 평화적인 미래에 대해 새로운 구상이라는 과제를 안고 출발했다.

탈냉전 이후 국가 간 분쟁 외에 기후변화, 전염병, 사이버테러와 같은 다양한 안보 위협이 등장하며 안보 논의는 군사 영역을 넘어 확장된다. 한국은 미·중 전략경쟁에 따른 지정학적 위기나 북한의 핵 개발과 같은 안보 이슈와 함께 남북 관계는 완전히 경색되어 전통·비전통 안보의 이중 과제를 해결해야 하는 어려움도 있다. 군사·국방 영역뿐만 아니라 북한의 지속가능한 발전과 인권 개선을 통해 한반도 안보 상황을 안정적으로 관리하면서 장기적인 평화를 구축해야 한다. 그러나 과거 관련 정책들이 정권의 성향과 이념에 따라 달라지며 일관성이 부재해 통일·평화·안보 정책이 유기적으로 연결되지 못했으며, 인권은 보수, 평화는 진보의 의제로 분절화·이념화·정치화됐다. 한국 사회에서 이를 둘러싼 분열이 더욱 심화하며 평화·통일 논의에 대한 대중의 피로감이 상당한 현실이다(김범수 외 2023).

한반도 분쟁은 대표적인 고질분쟁(intractable conflict) 사례로 전쟁이나 폭력을 동반한 분쟁이 평화적으로 종결되지 못하고 장기화하며 해결이 매우 까다롭다는 특징이 있다(Bar-Tal 2019). 고질분쟁 개념은 분쟁이 장기화하며 사회에 굳어진 적대와 분노의 집단 정동과 내러티브가 분쟁 종식에 장애로 기능한다는 점에 주목해 유사 개념인 장기분쟁(protracted conflict)과 구별된다. 이런 관점에서 고질분쟁으로부터 평화로의 전환과 그렇게 구축된 평화의 지속성은 정치적인 합의에 따른 제도화만으로는 보장되기 어렵다. 사회에 자리한 '갈등을 지지하는 내러티브(conflict-supporting narratives)'와 혐오와 적대의 집단 정동과 정체성에서 비롯되는 갈등문화(culture of conflict)의 해체를 위한 노력이 동반되어야 하며 이는 사회 전반의 변화를 요구한다. 따라서 고질분쟁에서 평화로의 변화는 일회성 사건이 아니라 상당한 시간이 필요한 사회 변화 프로세스로 이해되어야 한다. 대표적인 고질분쟁 사례였던 북아일랜드 분쟁은 1998년 평화협정이 체결되며 테러와 폭력 발생은 종식됐다. 그러나 협정 체결 후 25년 여년이 지난 현재까지 분쟁으로 인해 낙후된 북아일랜드 경제발전과 사회적 불평등 구조 개선, 과거사 청산, 북아일랜드 신·구교 공동체 화해 및 통합을 위한 다차원적인 노력은 계속되고 있다.

한반도에서도 경색된 남북 관계 개선 방안이 정치적 차원에서 마련돼야 하겠지만 사회문화적 영역에서 남북한 국민의 적대적인 정체성과 내러티브, 혐오와 적대의 집단 정동 해체를 위한 방안이 필요하며, 이를 위해 한국의 내부 대립의 완화와 사회적 통합은 중요한 해결 과제이다. 본 글은 다인종·다민족 사회에 진입한 대한민국이 남남갈등을 넘어서며 한반도에서 남북한뿐만 아니라 다양한 정체성의 집단이 안정적으로 공존하는 평화에의 함의를 모색하는 것을 목적으로 한다. 이를 위해 먼저 구성주의 관점의 안보, 존재론적 안보(ontological security), 평화불안(peace anxiety)의 이론적 개념을 살펴보고 청년 보수 활동가들의 인터뷰를 통해 평화 정책에 저항하는 보수 진영의 내러티브를 분석하고 한반도 평화구축에의 시사점을 살펴본다.

2. 이론적 논의

1) 구성주의 관점의 안보

(1) 포괄적 안보

탈냉전 이후 군사전략 중심의 안보 개념에서 탈피해 포괄적인 관점에서 안보를 논의하려는 시도들이 있었다. 특히 부잔(Barry Buzan)을 중심으로 한 '코펜하겐 학파(Copenhagen School)'[1]는 안보의 구성성을 강조하며 비군사영역으로 안보 개념이 확장되는데 공헌한다. 포괄적 안보의 주요 특징으로 안보대상(referent objects)의 다양화와 안보 영역의 확장을 들 수 있다(Buzan 1991a). 국가만이 안보의 유일한 대상이었던 전통 안보와는 달리 국가 외에 다양한 하부 집단, 초국가적 기구, 심지어 개인도 안보대상으로 논의된다. 주목할 점은 포괄적 안보에서 국가는 여전히 안보의 주요 공급자이지만, 경우에 따라 국가가 개인이나 특정 집단에게 국가가 안보 위협이 되기도 한다는 것이다.

유럽의 경험을 근거로 안보 개념을 발전시킨 코펜하겐 학파는 또한 안보를 지역적 차원으로 확장하다. 즉, 포괄적 안보는 국가가 자리한 특정 '지역' 차원의 안보도 중요한 영역으로 다룬다. 지리적으로 인접한 이웃 국가 간에는 역사적 관계로 인한 친밀감이나 적대감으로 인해 안보 관계의 특수한 패턴, 이른바 '안보 콤플렉스(security complex)'가 형성되며 이는 국가의 안보 정책 구상에 상당한 영향을 미친다(Buzan 1991b). 예를 들어 한국과 일본의 안보 문제는 한·일 관계는 현실주의에서 강조하는 경제·군

---

1 '코펜하겐 학파'는 1985년에 설립된 코펜하겐 평화연구소(Copenhagen Peace Research Institute: COPRI)를 중심으로 새로운 안보개념을 주창한 연구자 집단을 가리키며, 2005년 코펜하겐 평화연구소는 덴마크 국제관계연구소(Danish Institute of International Studies)로 합병됐다.

사적 이해관계로만 이해되기 어렵다. 반드시 식민 지배로 인한 한국인들의 대일본 적대적 정체성과 집단 정동을 고려해야 한다. 이처럼 코펜하겐 학파의 안보 개념은 국가가 여전히 중심에 있지만, 국가를 둘러싼 지역의 역사나 문화적인 요인들을 함께 고려되면서 안보대상이 다양화됐다(Buzan 1991c).

탈냉전기 안보연구의 또 다른 큰 변화인 안보가 적용되는 영역의 확장은 대외적인 위기 요인의 변화에 따른 자연스러운 현상이다. 코로나 위기를 통과하며 주목받은 '보건 안보'가 대표적 사례다. 이뿐만 아니라 국가의 내부적인 갈등 요인도 안보의 주요 영역으로 등장한다. 이런 변화를 반영해 포괄적 안보는 군사 영역과 정치·경제·사회·환경의 비군사 영역으로 안보를 구분한다. 이러한 안보 영역의 확장은 평화연구에서도 목격된다. 전쟁이 부재한 상태를 의미하는 '소극적 평화'를 넘어 구조적·문화적 폭력과 같은 다양한 종류의 폭력이 제거된 상태의 '적극적 평화' 개념이 등장한 것이다. 그러나 이러한 개념과 영역의 확장에도 불구하고 구성주의 안보는 여전히 안보의 주요 행위자를 국가로 제한한다는 점에서 평화연구와 다르다(Buzan 1991b).

(2) 안보화

국가의 군사력을 중심으로 논의가 이루어진 초기 코펜하겐 학파는 여전히 현실주의 틀 안에 있었다. 하지만 점차 안보의 구성성(constructivity) 즉, 다양한 정치적·비정치적 이슈가 안보 문제로 인식되는 과정에 참여하는 행위자들의 담론과 역할에 주목하면서 구성주의에 가까워졌다. 현실주의 이론에서는 안보를 구성하는 요소들은 이미 국가에 '부여된(given)' 상태로 안보 구성 요소 간의 이해나 관계, 규범이 객관적으로 관찰할 수 있다고 인식한다. 그러나 구성주의는 안보의 영역이나 구성요소들이 처음부터 주어지거나 고정된 것이 아니라 사회적으로 '화행(speech-act)'의 정치적 과정을 통해 '구성되는(constructed)' 것으로 인식한다. 즉, 구성주의 관점에서는 특정 이슈에 관한 사회적 담론을 형성하는 동적인 과정 자체가 안보의 '화행적 행위'이자 '안보'이다. 언어의 화행적 행위는 대상이나 사건을 묘사하는 언어의 서술적 차원을 넘어 발화를 통해 특정 행위가 실행되는 수행문(performatives)으로서의 기능을 의미한다. 구성주의 안보 연구자들은 안보와 관련 없는 특정 사회적 이슈들이 안보 문제로 인식되고 구성되는 담론 과정에 주목하며(Buzan 1997, 14), 사회정치적 담론을 통과하지 않은 상태, 즉 처음부터 객관적으로 존재하는 안보 문제는 없다고 본다.

'안보화(securitization)'는 이렇게 동적이며 가변적인 화행을 통해 안보 개념이 구성되는 담론 과정에 주목하는 이론이다(Waever 1995). 위협이나 위기는 객관적으로 존재하는 것이 아니라 안보 행위자들의 인식과 상호관계, 소통을 통해 구성된다. 따라서 안보화에서 가장 중요한 요소는 언어의 '수사적(rhetorical)' 구조이다(Balzacq 1995). 수사적 과정을 통해 특정 이슈가 안보적인 문제로 수용되면 안보화가 이루어지는데, 대표적인 사례가 유럽의 난민 위기이다. 난민이 처음부터 수용국 안보에 객관적인 위협으로 인식된 것이 아니다. 난민 대량 유입으로 인한 부정적 사건들이 거듭 발생하면서 집단 불안과 적대 감정이 강화되면서 난민은 수용국의 평화와 안전을 위협하는 요인으로 안보화됐다. 안보화 이론은 유럽에서 난민 이슈가 긴급 조치를 요구하는 안보 의제로 설정되기까지 사회·정치적 담론의 형성 과정에 주목한다.

2) 안보와 평화구축

(1) 존재론적 안보와 안보화

한반도의 맥락에서 평화와 안보 정책은 때로 경쟁하고 충돌한다. 군사나 국방 영역에서 논의되는 물리적 안보와는 구별되는 '존재론적 안보' 개념은 한반도의 평화와 안보의 복합한 관계성을 이해하는데 유용하다. 존재론적 안보는 "모든 개인은 일상의 반복을 통해 존재론적으로 안정감을 추구한다(Giddens 1991, 185)"는 주장을 근거로 발전한 개념이다. 기든스에 따르면 불확실한 세계를 살아가는 인간은 '자기 정체성(self-identity)'이 안정적으로 반복되고 유지될 때 '전기적 연속성(biographical continuity)'을 확보하게 된다. 전기적 연속성의 유지 즉, 자기정체성을 안정적으로 유지하고 연속성을 보장하는 것이 존재론적 안보의 핵심이다.

국제정치에서 존재론적 안보는 물리적 차원을 넘어서는 실존적 안보를 의미한다. 구성주의에서 국가 정체성을 구성하는 요소는 크게 두 가지가 있다. 먼저 공유된 문화, 역사, 언어, 가치관 등의 영향을 받아 국가가 스스로에 대한 인식이며, 둘째는 역사적으로 중요한 관계를 맺어왔던 국가나 지리적으로 인접한 이웃 국가나 민족에 대한 인식이다. 주요 국가를 보는 관점, 예를 들어 동맹이나 적국과 같은 중요한 국가에 대한 정체성은 국가가 국제정치 무대에서 행동과 정책을 결정하는 요인이기에 중요한 의미가 있다(Mitzen 2006a). 한국에게는 북한, 일본, 중국, 미국 등이 주요 국가로 관계를 맺고 있으며 주요 타자의 정체성에 따라 해당 국가와의 관계를 일상화하고(Mitzen 2006a) 정체성에 부합하는 외교적 선택을 통해 존재론적 안보를 확보할 수 있다(Steele 2005). 존재론적 안보 개념은 때론 물리적인 안보의 관점과 배치되는 평화구축 과정을 이해하는데 유용하다. 평화구축을 위해 물리적·경제적 위협이나 손해를 감수하면서까지 적대적 상대와 협력을 선택하거나(Mitzen 2006a; 2006b), 상당한 대가를 치르면서까지 인도주의 개입을 결정하는 배경에는 존재론적 안보 욕구가 있다(Steele 2005).

반면에 고질분쟁을 경험한 국가들에게는 분쟁을 장기화하는 요인이 되기도 하는데, 분쟁 중에 굳어진 '피해자'로서의 자기정체성과 상대국에 대한 악한 '적'으로서의 정체성을 유지하고 재생산하는 기제로 존재론적 안보 욕구가 작동하기 때문이다. 이 과정을 이해하기 위해서는 불안(anxiety)과 공포(fear)의 차이를 강조한 연구를 살펴볼 필요가 있다. 기든스는 안보정책 구성에 상당한 영향을 주는 요인인 '불안'의 역할을 간과한 측면이 있다(Rumelili 2015; Kinnavall & Mitzen 2020). 공포는 실체가 명확한 적대적 존재에 대해 느끼는 두려움이다. 반면 불안은 실체가 명확한 적대적 상대가 부재한 경우 또는 미래에 대한 불가지성(unknowability) 즉, 미래를 예측할 수 없어 불안정한 상태로 인해 형성되는 감정을 뜻한다(Rumelili 2020, 263). 분쟁 과정에서 정체성이 확립되는 경우 실체가 명확한 '악한' 적으로서 상대에 대한 공포가 유지되거나 강화될수록 상대적으로 '선한' 피해자로서 우리의 정체성과 단합은 강화된다. 다시 말해 적대적 타자의 악한 실체가 명확히 규정되고 적대와 혐오가 강화되는 것이 미래의 불확실성과 상대의 모호한 정체성으로 인한 불안은 제거된다. 다시 말해 알 수 없는 미래와 정체가 불확실한 상대에 대한 불안이 적을 향한 익숙한 공포로 치환될 때 불안이 감소하는 효과가 나타난다.

장기 분쟁의 종식은 궁극적으로 적이었던 상대를 공존과 평화를 위한 적법한 상대로 인식 전환이 요구된다. 평화프로세스로 인해 익숙한 분쟁의 경로에서 벗어나야 하기에 미래의 불확실성도 증가한다. 이러한 평화프로세스의 과정에서 단기적으로 불가피하게 생성되는 평화불안(peace anxiety)의 감정은 분쟁에 익숙해진 사람들이 평화 정책에 저항하는 이유

중 하나가 된다(Rumelili 2015). 평화협정 체결을 위한 정치적 경로는 상호 적대라는 익숙한 경로에서 탈피해 협력과 공존, 화해와 같은 새롭고 불확실한 상황으로 유도하기 때문이다. 따라서 선한 피해자로서의 정체성과 악한 적으로서 분쟁 상대에 대한 정체성을 유지하고자 하는 존재론적 안보 추구 욕구는 평화 프로세스에 저항하게 만드는 사회심리적 기제이다(Rumelili 2020, 267). 이런 관점에서 익숙한 분쟁 경로에서 벗어나기 위한 평화 정책 실행을 위해서는 정치·외교·안보적 차원에서 단기적인 불확실성을 기꺼이 감내하는 정치적인 의지와 결단이 요구된다. 분쟁에 익숙한 국민은 평화 정책으로 인한 불안정한 미래와 불안의 감정을 완화하기 위해 적대적 대치와 적에 대한 공포를 지속시키는 '현상유지'를 선택할 가능성이 크기 때문이다.

안보화는 국가적 차원에서 존재론적 안보를 확보하는 가장 일반적인 방식이다(Waever 1995, 46-86; Buzan, Waever & Wilde 1998). 적대적 상대의 행위가 우리 집단의 존립에 위급한 위기로 인식되도록 정치적인 담론을 구성하고 이러한 과정의 반복을 통해 상대의 특정 행위가 안보화된다. 이렇게 위급한 공포와 위기감이 사회에 주입되면 예외적인 비상조치가 정당한 것으로 수용된다. 또한, 분쟁 상대는 명확한 공포의 대상이자 적으로서 정체성이 더욱 강화되고 적과 연관된 의미 체계를 구성하는 정치적·사회적 프로세스가 진행된다(Marlow 2002; Kinnvall 2004). 적과 나를 구분하는 흑백 논리에 기반한 이분법적 내러티브도 더욱 확고해진다(Rumelili 2004; Rumelili 2007). 9·11테러 이후 이슬람이 미국의 존립과 안전에 치명적인 위해를 가하는 급박한 안보 위협으로 안보화되면서 '테러와의 전쟁'과 같은 비상조치가 정당성을 확보한 것은 안보화의 대표적인 사례이다. 공격과 테러 가담자를 색출한다는 명목에서 테러국으로 지명된 국가와 연관된 무슬림 시민들에게 상당한 사생활 침해를 가하거나 테러 용의자의 비합법적 구금

등이 정당한 안보 조치로 수용됐다.

이처럼 안보화는 평화불안을 통제하고 감당할 수 있는 명확하고 구체적인 공포로 치환하기에 존재론적 안보 확보에 유용한 방식이며, 이는 궁극적으로 분쟁의 평화적인 전환을 방해하는 기제로 기능한다. 특히 장기 분쟁과 안보딜레마에 익숙해진 국가는 '악한 타자'와 '선한 자아'를 뚜렷이 구분하는 이분법적 정체성과 세계관을 형성하고, 이를 토대로 생존이라는 합목적성에 따른 도덕적 기준을 확립한다(Rumelili 2015, 13). 그런데 평화프로세스는 이렇게 이미 확립된 적에 대한 정체성과 적대와 혐오의 감정과 그를 토대로 형성된 일련의 의미 체계와 도덕적 기준의 재설정을 요구한다. 이는 악한 적으로서 상대 정체성을 약화하고 선과 악에 대한 기존의 도덕적 기준을 흐리고 모호함으로 이어져 분쟁을 겪으며 고착된 적대적 정체성과 도덕성에 기초한 일상의 관습을 방해한다. 이 모든 일련의 과정은 결국 존재론적 불안을 생성하며 이렇게 형성된 평화불안은 오랜 적대 관계를 청산하고 공존이나 화해로 전환을 목적으로 하는 평화 정책에 저항하게 만드는 주된 요인이다(Mitzen 2006a, 343).

(2) 존재론적 안보와 평화구축

앞서 살펴본 것처럼 분쟁에서 평화 상태로 전환하는 과정에서 사회 구성원들이 경험하는 공포와 불안의 정도는 크게 변화된다. Rumelili(2015)는 〈그림 1〉과 같이 분쟁에서 평화로의 과정을 '안정적 분쟁' – '불안정한 분쟁' – '분쟁 해소' – '평화'의 4단계로 나누고 공포와 불안의 변화를 도식화했다.

안정적 분쟁(stable conflict)은 분쟁이 계속 유지되는 상태로 실체가 명확한 적에 대한 공포는 높은 상태지만, 미래의 불확실성으로 인한 불안의 수준은 낮게 유지된다. 분쟁으로 적에 대한 적대와 혐오가 강화되고 개

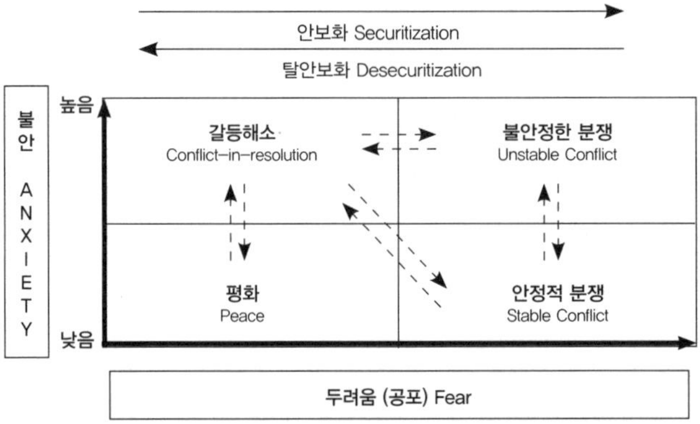

〈그림 1〉 분쟁 해소와 존재론적 안보의 4단계 (Rumelili 2015, 21)

인적·사회적 차원 공포감은 높아지더라도 이미 상당히 축적된 분쟁 경험은 상황을 일정 수준으로 통제할 수 있다는 확신을 형성하게 되어 예측 불가성에 따른 불안은 오히려 감소한다. 안정적 분쟁 상태에서 강화되는 적에 대한 공포는 안보화의 기제로 활용되기도 한다. 특히 장기적인 분쟁에서는 상대를 도덕적으로 악하고 본질적으로 열등한 존재로 규정하는 '악마화'와 상대의 특정 행위가 우리 집단의 생존에 대한 응급한 위기라는 의식을 고취해 계엄과 같은 응급조치를 정당화하는 안보화가 쉽게 수용된다. 안보화는 우리 집단의 유대를 강화하고 선과 악의 이분법적 의미 체계 발전에 활용되기도 한다(Rumelili 2015). 평화불안과 안보화로 적대적인 이분법적 정체성이 강화되는 일련의 과정에 대한 이해를 통해 민족 분단과 전쟁, 그리고 이후 계속된 고질적인 남북한 대치 속에서 자유민주주의 체제를 지닌 한국의 주적으로 북한을 인식하는 정체성을 형성하고 공산주의는 악한 이데올로기라는 의미 체계를 적극 수용하고 신념화한 개인들은 북한을 적이 아닌 평화적 공존 또는 통일을 위해 교류하고 협력해야 할 적법한 정치적 상대로 인식을 전환하도록 요구하는 평화 프로세스에 저항하는 심리에 대한 이해를 확장한다.

한편, 불안정한 분쟁(unstable conflict) 상태는 정치적 상황의 전환이 이루어지며 분쟁 관계의 변화 가능성도 높아진다. 적에 대한 공포는 여전히 높지만, 변화로 인한 미래의 불확실성과 불안도 증가한다. 분쟁 해소(conflict-in-resolution) 단계에서는 적과의 관계가 실질적으로 변화한다. 적에 대해 느끼는 적대와 공포는 낮아지지만, 관계 변화 가능성이 높아지면서 단기적으로 미래에 대한 불확실성을 높이기 때문에 불안은 증가한다. 분쟁 해소 과정이 성공적으로 진행된다면 궁극적으로 적으로서의 정체성은 해체되고 공존의 관계가 형성된다. 평화로운 관계가 장기적으로 유지되기에 적합한 정치적 환경이 조성되는 평화 단계에서는 적에 대한 공포와 미래에 대한 불안이 장기적으로 낮은 상태로 관리된다.

이처럼 분쟁에서 평화로 전환과정에서 불안의 일시적인 강화를 피할 수 없다. 따라서 구성원들이 느끼는 강한 불안을 낮은 상태로 관리하는 것은 평화프로세스의 성공에 있어 매우 중요하다. 그러나 상대 집단을 향한 적대와 혐오가 사회에 집단 정동으로 이미 굳어진 장기 분쟁에서는 평화협상 과정에서 예상치 못한 우발적 사건이나 사고에 의해서도 언제든 다시 분쟁으로 회귀할 가능성이 크며, 따라서 평화 프로세스가 성공하기 더 어렵다. 평화를 위해 적대적 상대와 대화하고 협상하는 과정이 존재론적 불안(ontological insecurity)을 강화하고 기존의 이분법적 정체성과 적에 대한 적대감 재활성화하기 쉬운 환경을 조성하기 때문이다. 따라서 분쟁을 평화로 전환하는 과정에서 공포와 불안의 역학을 고려한다면, 분쟁 종식을 위한 정치적 과정은 분쟁의 기억으로 인한 적대와 혐오를 완화하는 사회적인 노력을 동반해야 한다.

또한 적에 대한 공포가 낮아지는 것만으로는 평화 단계로 진입이 이루어지기 어렵다. 구축된 평화 상태를 유지하기 위해 불안과 공포가 모두 낮은 상태로 통제되어야 한다. 이를 위해서는 먼저 적대적 상대가 우리 집단의 생존을 위협할 능력을 상실했거나 또는 그런 의도를 포기했다는 점을 국민이 납득하고 수용하는 과정이 필요하다. 이를 토대로 상대에 대한 비적대적 정체성이 유지되는데 필요한 의미와 신념 체계, 그리고 도덕적 기준이 모두 재구성되어야 한다. 이는 본질적으로 분쟁국 간의 정치적 관계와 체제 변화가 필요하지만, 분쟁으로 인해 확고하게 자리 잡은 집단 정동의 변화를 포함해 사회 차원의 전환도 필요하며, 이는 상당한 시간이 요구된다. 국제정치적 차원에서도 국가의 이해관계가 변화되고 외교적 관행이 해체되어야 한다.

앞서 언급한 것처럼 과거의 적대적 정체성과 관습을 유지하려는 존재론적 안보 욕구는 분쟁 해소를 어렵게 하는 요인이지만 그렇다고 분쟁 해소가 완전히 불가능한 것은 아니다. 적대적 정체성에 반하는 정보가 장기적으로 계속해 유입돼 인지적 충격이 반복된다면 변화를 기대할 수 있다(Hopf 2010). 반복된 인지적 충격이 기존 관행이나 사고방식 대한 반성적 성찰로 이어진다면, 불안의 감정은 오히려 평화구축에 긍정적으로 작용할 수 있다. 불안은 기존 정체성에 반하는 정보를 긍정적인 인지적 충격으로 전환하도록 만들어 주는 감정적 분수령이 될 수 있기 때문이다(Rumelili 2015, 21). 분쟁 해소를 위한 일련의 정치적 변화에서 기존 존재론적 안보의 틀을 해체하고 새로운 정체성과 존재론적 안보를 구성하는 방향으로 전개된다면 불안은 생산적으로 기능하지만, 평화 정책으로 인한 단기적인 불확실성과 불안을 최소화하려는 심리에서 오히려 적에 대한 공포를 강화하고 적대와 혐오의 정동을 재생산해 분쟁을 강화하는 반생산적인 방향으로 전개될 수도 크다. 결과적으로 분쟁 해소 과정에 동반되는 평화불안에 대응하는 방식은 분쟁 해소의 성공 여부에 결정적인 영향을 미치는 요인 중 하나다.

3. 한반도 평화에 대한 비판적 검토

분쟁의 경로와 관습에서 벗어나는 새로운 정치적 시도는 필연적으로 단기적인 불안정을 통과해야 하고 이에 따른 국민의 불안을 관리해야 하기에 정치지도자들의 의지적 결단이 중요하다. 평화프로세스가 진행될수록 적대적 정체성의 변화를 요구하는 정책에 반대하며 오히려 적에 대한 적대와 이분법적 신념을 강화하는 구성원들을 설득할 책임이 있다. 이렇듯 평화프로세스에는 구성원들이 경험할 평화불안을 완화할 수 있는 정치적 과정이 포함되어야 하지만 지금까지 한반도 평화프로세스에는 이런 노력이 충분하지 못했다. 전쟁이 평화적으로 종식되지 못하고 계속된 고질적인 대립과 갈등으로 인해 실체가 명확한 '적'으로서 북한을 인식하고 공산주의에 대항하는 자유민주주의 국가로서 대한민국 정체성과 신념을 확고하게 정립한 국민이 여전히 다수 존재한다. 특히 반공 내러티브가 강한 보수 성향 국민에게는 여전히 안보에 큰 위협인 북한을 협력과 공존을 위한 적법한 상대로 인식의 완전한 전환을 요구하는 평화 정책에 저항하는 심리가 강화된다. 적대적 상대인 북한을 공존과 화해의 파트너로 정체성을 전환하는 시도가 한반도의 미래와 한국의 존립에 대한 불확실성을 높이는 조치로 이해되기에 평화불안의 강화로 이어지기 때문이다.

이스라엘·팔레스타인 분쟁처럼 해결이 까다로운 장기·고질분쟁은 정치적 차원에서의 분쟁 종식만큼 분쟁으로 인한 상처를 극복하고 적으로서의 정체성을 해체하고 화해하는 여정이며, 이는 단시간에 이루어지기 어렵다(Bar-Tal 2013). 적이었던 상대와 다시 이웃해 살아가거나 더 나아가 하나의 공동체를 구성하는 변화에 적응해야 하는 구성원들의 불안한 심리와 감정이 변화되어 궁극적으로 적으로서의 정체성이 해체되어야 한다. 그렇기에 한반도 분쟁을 해소하고 평화로 나아가려면 정치 영역에서 분쟁 종식이나 군사적 차원의 안보를 넘어선 이해가 요구된다. 특히 평화프로세스를 이끄는 정치적 리더들에게 존재론적 안보 욕구가 강한 구성원들이 마주하는 평화불안을 이해하고 이를 완화하는 노력을 기울여야 할 필요가 있다(Rumelili 2015). 지금까지 주로 진보 진보 정부가 주도했던 한반도 평화프로세스에는 이런 노력이 부재했다. 평화프로세스에 저항하는 국민이 느끼는 불안의 감정으로 인한 주장들이 무지한 것으로 취급되거나 일방적으로 정책이 추진되면서 평화정책을 둘러싼 사회 갈등은 심화했다. 결과적으로 정치 성향에 따라 사회가 분열하고 소통이 부재해 이해의 폭이 좁아졌다. 평화가 아무리 누구에게나 필요한 보편규범일지라도 추구 방식이 소통과 설득의 과정 없이 일방적으로 추진된다면 사회적 합의에 따른 통치가 이루어져야 할 민주주의 사회에서 국민적 지지를 확보하기 어려울 수 있다. 또한, 평화는 하나의 협정 체결로 이루어지는 일회성 사건이 아니라 언제든지 분쟁 상태로 회귀할 수 있는 불안정한 프로세스라는 점에 주목할 필요가 있다. 평화에서 소통과 협력은 필수지만, 안보가 여전히 불안한 상황에서 적과의 교류나 화해는 불안의 감정을 동반할 수밖에 없음을 이해하고 이를 최소화하려는 정치적 노력이 남북한의 지속적이고 평화로운 공존과 나아가 통일을 위해 필요하다.

이와 함께 상대의 이미지를 재형성하는 과정이 동반되어야 한다. 적으로서의 정체성에 함께 따라오는 선과 악의 이분법적 세계관에 기반한 확고한 신념이 굳어진 상태에서는 기존 관념에 반하는 새로운 정보가 유입되더라도 정체성과 이미지의 변화가 쉽지 않다. 분쟁 상대에 대한 적대적 이미지는 자신과 주변 세상을 이해하는 존재론적 인식의 틀을 형성하는데, 이 인식의 틀에 일치하지 않는 정보나 경험이 유입되면 이성적으로 사고하고 결정하기 보다는 감정적인 대응이 강하게 나타난다. 따라서 분쟁으로 인한 분열과 갈등이 만연한 사회를 살아가는 구성원들이 기존 신념이나 정체성에 반하는 정보를 수용하고 새로운 신념 체계를 형성하기 위해서는 감정적 전환점이 필요하며 불안이라는 강한 감정이 오히려 감정적 분수령으로 긍정적인 역할을 담당할 가능성이 존재한다(Bleiker & Hutchison 2008, 385-403). 존재론적 안보의 관점에서 분쟁 해소란 분쟁국들이 협상과 대화를 통해서 상호정체성을 재정의하고 신념 체계를 재형성하는 것을 의미한다. 개인적, 사회적, 국가적 차원에서 국가정체성과 상대국에 대한 적대적 정체성의 내러티브를 재구성하고 새롭게 평화적 관행과 사고방식에 익숙해지는 프로세스를 통해 평화불안은 완화될 수 있다.

그러나 분쟁 해소 과정에 적용할 수 있는 보편적인 원칙은 없다. 평화는 사회마다 다른 존재론적 안보의 틀과 문화 역사적 맥락, 개인·사회·국가적 차원의 합의에 따라 저마다 독특한 방식으로 구축되기 때문이다. 이런 관점에서 평화는 본질적으로 지역적(local)이며 해당 사회에 축적된 일상적인 관행의 결과물이다(Richmond 2005). 역사적 맥락과 지정학적 환경에 따라 각기 다른 방식으로 진행되는 평화구축의 특성과 남북한의 경색된 관계, 그리고 한국 사회의 심각한 분열과 국민 정서를 고려해 세심하게 설계된 새로운 접근이 필요한 시점이다. 이런 맥락에서 다음 절에서 지금까지 진행된 한반도 평화프로세스와 사회적 분열과 평화에 저항하는 우파 청년들의 내러티브를 반성적으로 고찰하고 한반도 평화에의 함의를 모색한다.

1) 남남갈등과 평화불안

남남갈등은 크게 두 가지 쟁점을 중심으로 전개됐다. 초기에는 국가정체성 형성에 중요한 주요 타자인 북한과 미국 정책을 둘러싼 정책 갈등 중심이었으며 이는 지금도 계속되고 있다. 대표적인 사례가 '주적' 논란이다. 1995년 발간된 국방백서에 북한에 대해 주적이란 표현이 처음 등장했으나 김대중 정부에서 2000년 6월 남북정상회담 개최된 후 삭제했다. 이를 두고 논란이 거세지자 2001~2003년까지 국방백서 발간 자체가 중단된다. 노무현 정부에서는 북한은 '직접적 군사 위협(2004)', '현존하는 북한의 군사적 위협(2006)'과 같은 표현으로 대체됐다. 보수 이명박 정부에 들어서며 북한은 '직접적이고 심각한 위협(2008)'으로 표기했으나 천안함 폭침 사건 이후 '북한 정권과 북한은 우리의 적(2020)'이라고 적 표현이 재등장한다. 한편 문재인 정부에서 발간된 2018년, 2020년 국방백서는 '우리 군은 대한민국의 주권, 국토, 국민, 재산을 위협하고 침해하는 세력을 우리의 적으로 간주한다'고 표현하며 북한을 안보 위협으로 명시적으로 지칭하지 않았다. 그러나 윤석열 정부에서 출간된 2022년 국방백서는 '북한 정권과 북한군은 우리의 적'이라고 명시적으로 북한을 지칭하는 표현이 재등장한다. 새로 출범한 이재명 정부 1기 내각 인사청문회에서도 주적 표현과 관련된 질문이 어김없이 등장했다(권혁철 2025). 이는 북한 정체성을 둘러싼 논란이 현재진행형이라는 사실을 반증한다. 물론 주요 상대국의 정체성을 둘러싼 논란은 북한만 대상으로 하지 않는다. 미국과 중국에 대한 안보·경제·외교 관계에 관해서도 보수와 진보 진영 간에 확연한 의식 차이와 갈등이 목격돼 남남갈등의 기저에는 대한민국 정체성을 둘러싸고 합의 되지 못한 관점이 충돌하고 있음을 확인할 수 있다(Heo 2020). 주목할 점은 이러한 갈등이 단지 정치권에 국한되지 않고 사회 전반에 나타난다는 것이다. 일례로 2023년 인기 유튜브 채널 '피식대학(Psick Univ)'에서 북한은 우리의 주적이라는 진행자의 발언이 논란이 됐다(하수영 2023).

대북·대미 정책 논란으로 시작된 남남갈등은 국가정체성의 뿌리가 되는 역사 인식 논란으로 확산한다. 교과서 개정 때마다 반복되는 '역사 전쟁'은 2025년부터 사용될 중고생 역사교과서 개정과 관련해 최근까지 발생했다(이유진 2023). 이념 갈등을 넘어 대한민국의 국가정체성을 둘러싸고 경쟁하는 남남갈등은 현재진행형이며, 특히 건국 역사 해석은 역사를 넘어 정치적인 문제이다. '대한민국 수립' 또는 '대한민국 정부수립'과 같은 용어 정립은 본질적으로 공산주의에 대항해 탄생한 자유민주주의 국가로서 건국을 기념할 것인지, 반대로 통일의 실패로 한반도에 들어선 두 개의 분단 정부 중 하나로서 인식할 것인가, 곧 대한민국의 정당성 문제이다. 건국절 제정 논란도 동일한 맥락에서 이해된다.

이러한 정체성 갈등은 분쟁이 평화로 전환되는 시기에 유사하게 관찰되는 현상으로 볼 수 있다. 특히 고질적 장기분쟁을 전환하는 과정에서는 기존의 적대와 갈등문화, 그리고 갈등 내러티브가 해체되어야 하는데, 이런 기존 내러티브가 해체되기 시작하고 대안적인 평화 사상과 담론이 등장하는 시기를 '해동기(unfreezing)'라고 한다(Bar-Tal 2019). 공적 영역에서 분쟁의 평화적 종식을 지지하는 사상과 담론이 논의되기 시작하며 점진적으로 사회에 확산한다. 해동기에 분쟁 상황에서 굳어진 적대의 집단 정동과 정체성, 갈등문화가 성공적으로 해체되고 정치적으로 평화협정 체결과 같은 결정적 전환점이 마련된다면 분쟁이 종식되고 사회 전반에 평화를 지지하는 평화문화의 형성될 가능성이 높다. 그러나 한국에서 나타났듯이 분쟁의 평화적 종결을 지지하는 담론 형성과 정책 변화는 기존 적대적 정체성과 문화와 필연적으로 충돌한다. 이 과정에서 구성원들이 느끼는 불안이 강화되며 평화정책에 반대하고 적대성을 유지하려는 집단 심리가 작동될 수 있다.

2000년대 이후 나타난 남남갈등을 이러한 맥락에서 이해할 수 있다. 북한에 대한 적대 정책을 포기하고 포용과 협력으로 전환한 김대중 정부의 햇볕정책은 본질적으로 북한과 분쟁의 맥락에서 반공주의에 기초한 국가정체성과 적으로서의 북한 정체성에 전반적인 변화를 요구한다. 즉, 정책 차원을 넘어 본질적인 국가정체성이 재구성되어야 하는 문제다(Heo

2020). 물론 김대중 정부의 대북포용정책으로 인해 일시적이지만 대북 적대성은 약해지고 한반도의 긴장이 완화되는 효과가 나타났다(황지환 2017). 또한 이후 노무현 정부에서 실시된 일련의 과거사 청산 정책, 제주 4·3, 보도연맹, 간첩조작 사건 등에 대한 진상규명 및 특별법 제정을 통한 제도화와 교과서 개정으로 사회 전반에서 역사 인식의 전환과 공식 역사 내러티브 수정으로 이어지는 성과가 있었다. 그러나 이 과정에서 북한을 여전히 강력하고 존재론적인 '적'으로 인식하는 보수 성향 국민이 느끼는 평화불안을 무지의 결과나 도덕적 결함으로 치부하는 문제가 노출된다. 평화불안 개념이 부재한 상태에서 불안을 느끼는 국민을 이해하지 못했기 때문이다. 결과적으로 정권이 교체될 때마다 평화·통일 정책의 일관성은 잃고 보수 진영은 갈수록 평화프로세스나 북한과의 교류·협력을 존재론적 안보 위협으로 인식하고 감정적으로 극심하게 저항하며 이로 인한 국민의 피로도는 극에 달했다.

집단 신념과 의미, 도덕 체계의 중심축인 집단정체성은 적과 우리를 명확히 구분하는 배타성을 기초로 형성된다. 국가의 존재론적 안보 욕구는 형성된 정체성을 토대로 안정적인 도덕과 의미 체계를 생산하고 유지하려는 열망으로 재현된다. 만일 이해관계가 다른 정치 조직이나 정당이 각기 경쟁하는 다른 정체성과 내러티브를 지지한다면 내러티브 경쟁에서 우위를 차지하려는 정치 엘리트와 정당 간 극심한 투쟁이 발생한다. 이 내러티브 경쟁 과정에서 이미 확립된 정체성을 유지하려는 존재론적 안보의 욕구가 우위를 차지하면 기존 정체성이 강화된다. 반면 기존 정체성에 배치되는 대안적인 내러티브가 형성되고 이를 지지하는 정치적인 움직임이 우위를 차지하게 되는 경우 기존 정체성이 해체될 수도 있다. 이런 맥락에서 남남갈등은 분쟁을 평화적으로 전환하는 과정에서 목격되는 극심한 정체성 경쟁으로 이해될 수 있다.

2) 청년우파 담론과 평화불안

평화프로세스는 적이었던 상대와 소통하며 협력을 진행해야 하기에 과정 자체가 어렵다. 동시에 오랜 적에 대한 불신과 공포로 평화정책에 반대하는 국민을 설득해야 하는 이중 과제가 있다. 한반도의 경우 북한의 계속되는 무력 도발과 핵무기 개발로 안보 문제, 북한의 통일 포기 선언, 그리고 날로 심해지는 미·중경쟁으로 인해 지정학적 상황까지 평화와는 요원한 현실이다. 또한 과거 한반도 평화프로세스가 북한과의 관계 개선과 협력을 중심으로 전개되어 북한 정권의 약점이 될 수 있는 인권 문제에 소극적인 태도를 견지했다는 문제도 있다. 인권이 북한 정권의 악한 이미지 강화를 위한 도구화되며 주민들의 실질적인 인권 개선을 위한 논의는 축소되어 평화와 연결된 통일, 안보, 인권과 같은 주요 영역이 선순환을 통해 긍정적이며 통합적인 방향으로 전개되지 못했다.

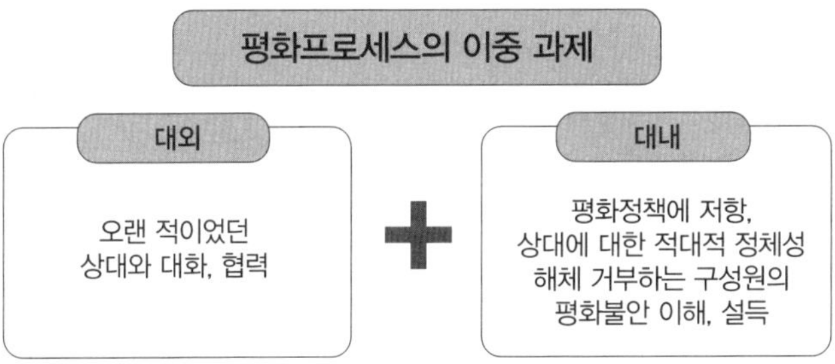

〈그림 2〉 평화프로세스 이중 과제 (저자작성)

2024년 12월 윤석열 대통령의 계엄령 발표는 전형적인 안보화의 사례이다. 계엄 선언문은 민주당에 의한 검사와 정부 관료 탄핵안 발의, 예산 감액 시도, 부정선거 가능성 등의 이슈를 대한민국 존립에 대한 긴급한 위협으로 안보화하고 계엄은 불가피한 응급조치로 정당화한다. 계엄 지지를 선언했던 우파 청년 단체들은 정권교체와 윤 대통령 구속에도 지지를 철회하지 않았다. 본 절에서는 국가 존립에 대한 급박한 위기의식을 조장하고 응급조치의 필요성을 강조한 계엄 주장을 수용하는 청년들의 내러티브를 존재론적 안보와 평화불안의 관점에서 살펴본다. 박근혜 대통령 탄핵 사건을 기점으로 서울대 재학생과 졸업생이 중심이 되어 시작한 우파 학생운동 그룹인 '트루스포럼(Truth Forum)'은 윤석열 대통령의 계엄 선언으로 정국이 한창 혼란스럽던 2024년 12월 24일 "더불어민주당에서 탈출하세요"라는 제목의 대자보를 서울대 캠퍼스에 게시한다.

> 민주주의를 빙자해 역사를 왜곡하고 거짓 선동으로 국민을 가스라이팅하며 걸핏하면 국정을 마비시키는 더불어민주당은 대한민국의 자유민주적 기본 질서를 이미 심각하게 위협하고 있다. 나아가 북한과 중국에게 이상하리만큼 비굴하게 굴종하며 간첩마저 잡지 않는 더불어민주당은 이미 대한민국의 공당으로서 자격이 없다. 윤석열 대통령의 계엄 선포는 민주당의 만행에 경종을 울리고 부패한 선관위의 부정선거 검증을 위한 유일한 수단이었다는 점에서 이해하지 못할 것이 아니다. … 국헌문란 세력이 누구인지, 판단은 여러분께 맡긴다. … 종북 반국가세력의 국회 입성을 도운 민주당 … 전쟁이 나면 김정은과 함께 남한의 반동을 제거하고 미제를 몰아내겠다며 무기와 폭동을 준비한 통합진보당, 이들은 이석기 내란음모 사건으로 2014년 헌법재판소가 해산 판결을 내린 국가전복 세력이다. 더불어민주당은 '통진당'의 후신인 진보당의 국회 입성을 지원했다. 더불어민주당은 왜 더불어민주당일까? 김일성의 회고록 제목은 '세기와 더불어'다. 북한과 직접 연결된 통혁당 사건으로 복역한 신영복은 대표적인 주사파다. … 그는 전향서를 쓴 것도 진심이 아니라고 고백했다. 2015년, 새정치민주연합은 신영복의 저서 '더불어 숲' 정신을 본받자는 의미에서 더불어민주당으로 당명을 변경했다.
>
> (2024.12.24. 트루스포럼)

북한과 중국에 지나치게 순응하며 간첩을 방관하는 더불어민주당의 행태야 말로 대한민국 질서에 심각하고 응급한 위협으로 안보화되며, 계엄령 선포는 이에 대응하는 대통령의 불가피한 응급조치로 정당화하고 있어 전형적인 안보화 논리에 동조하는 담론을 확인할 수 있다. 북한과 중국에 협력적인 민주당을 비판하는 관점은 보수 내러티브에 일관되게 재현되는데, 실체가 명확한 '적'으로서 북한과 적대적인 주요 이웃으로서 중국에 대한 경계심을 확인할 수 있다. 북한과의 대치와 적대에 기반해 형성된 정체성 인식을 가진 이들은 오히려 북한과 중국에 유화적인 태도의 더불어민주당 집권으로 추진될 친북·친중 정책과 그로 인한 미래에 대한 불안, 곧 평화불안이 강하게 관찰된다.

또 다른 청년 우파 단체인 '탄핵을반대하는청년모임(탄대청)'의 권예영 대표는 한 탄핵에 따른 대통령 선거를 앞두고 "선거 개혁과 공산 세력으로부터의 수호 등 탄대청이 외쳐온 가치를 공약으로 내세울 수 있는 후보를 지지할 방침"이라고 밝혀(박서아 2025) 중국의 선거 개입 음모론에 대한 이들의 확신을 확인할 수 있다. 같은 맥락에서 탄핵 반대 집회에 참석했던 탄대청 정우진 공동대표는 윤 대통령이 천명한 '반대한민국 세력'과 탄대청 집회에 등장하는 'CCP OUT' 구호에 대해 다음과 같이 설명한다(장혜원 2025).

> 윤 대통령의 '반대한민국 세력' 공포에 모두가 충격 받은 분위기다. … 공산주의는 마치 공기처럼 우리 눈에 보이지는 않는 것 같지만, 우리 근본적 자유를 침범하고 국가와 공공사회와 특정 집단의 이름으로 많은 억압을 자행할 수 있는 세계관적 특성을 보인다. 그간 반국가단체·집단들이 기하급수적으로 늘어났다. … 대한민국 세력은 결국 반공의 가치를 따르며 자유민주적 기본 질서의 근간인 사적 자치에 대한 개인의 존중을 바탕으로 이 세계관 전쟁을 치르지 않으면 안된다. … 중국은 우리의 경제 주권과 선거 주권을 약화시키는 중요한 역할을 해왔다. 국내 산업의 많은

부분이 중국에 의해 잠식되었고, … 중국의 기업들이 성공하려면 공산당과의 유착 없이는 불가능하다. 이들은 우리의 개방된 경제에 무임승차해 온 셈이다. … 또 다른 중요한 문제는 중국인 영주권자들에게 부여된 참정권이다. … 이들 중국인 영주권자들이 우리나라의 지방선거에서 투표권을 행사할 때, 이들이 누구에게 투표할지는 이미 자명한 일이다. 민주당은 오랫동안 중국 공산당과 정당 간 교류를 이어온 정당으로 이러한 상황을 감안할 때, 자국의 시민권도 없는 사람들이 투표를 할 수 있다는 것은 과연 정당한가?

(탄대청 공동대표 정우진)

윤 대통령의 탄핵 사건을 대한민국 세력과 반대한민국 세력의 세계관 전쟁으로 규정한다. 이들에게 '우리'를 정의하는 기준은 민족이 아니라 공산주의에 대항하는 정치체제다. 국가정체성이 중요한 이유는 안보의 대상을 결정하기 때문인데, 민족을 '우리'로 인식하는 사람들에겐 북한을 포함한 민족의 생존이 최선의 가치이며 반민족주의 제국주의자들이 적대세력이다. 한편, 정치체제를 기준으로 정체성을 인식하는 보수 내러티브에서는 자유민주주의 '대한민국'이 안보의 대상이기에 이를 위협하는 북한이 적대세력이다. 중국의 선거 개입 주장을 통해 공산 세력의 한국 침투에 대한 공포를 강화하는 담론의 기저에는 더불어민주당이 보수 정체성에서 적으로 간주되는 북한과 중국과의 연대를 강화하게 되면 반공주의에 기초한 보수정체성에 위기가 도래할 것을 두려워하는 불안이 있다. 또한 이들의 불안을 안보화에 활용해 최대한의 이익을 추구하는 정치세력이 존재한다. 따라서 평화프로세스는 대외적으로 적대적 상대와 협상을 통해 분쟁 현상의 변화를 이끄는 동시에 대내적으로 분쟁 유지로 이익을 획득하는 정치세력의 저항뿐만 아니라 평범한 구성원들의 평화불안을 완화하는 복합적이고 다층적인 과정이다.

4. 결론: 한반도 평화에 대한 함의

본 연구는 평화를 위한 화해나 협력에 저항하고 기존 적대성의 지속을 원하는 구성원들을 설득할 방안은 무엇인가라는 질문에 토대로 시작됐다. 지금까지 추진된 통일·평화정책의 한계 즉, 북한이나 중국과 관계를 개선하고 적대적 정체성의 변화를 지향하는 정책을 대한민국의 위기로 인식하고 거부하는 보수 성향의 국민을 극단주의로 치부하거나 무시하는 것이 한반도 평화구축에 긍정적인 결과를 가져올 것인가에 대한 반성적 성찰에서 시작된 것이기도 하다.

분쟁을 경험한 모든 민족과 국가는 평화구축 과정에서 선택의 기로에 서게 되며 한국도 예외는 아니다. 북한과 익숙한 대치와 대립의 경로에서 벗어나 예측 불가능성이 높아지는 평화로 전환하는 과정에서 발생하는 불안을 회피하기 위해 기존의 적대적 북한 정체성과 관련된 의미 체계 및 도덕 기준을 강화하는 선택을 할 수 있지만, 단기적이고 일시적인 불안을 감내하면서 안보딜레마로 인한 피해를 상쇄하고 공존으로의 전개를 선택할 수 있다. 분쟁 관계 종식 과정에서 단기적인 불안을 극복하고 평화로 방향을 전환하려면 진영 논리와 이해를 넘어 정치적인 결단과 실행이 필요한 이유이다. 전쟁과 분쟁이 강화되는 세계적인 추세를 고려할 때 한반도에 평화구축을 바라는 정치지도자들과 시민사회는 북한과 대화하고 협력을 추진하는 과정에서 불가피하게 강화되는 일부 국민의 불안을 무시하고 극단주의로 치부하는 실수를 반복하지 않고 그들을 설득하는 정치적인 노력이 따라야 할 것이다.

분쟁을 종식하고 평화로 전환하는 과정은 분쟁 사례마다 다양한 경로로 진행된다. 시민사회에서 시작되어 풀뿌리 방식으로 진행되기도 하지만, 단호한 의지를 지난 정치지도자들의 주도로 이루어지기도 한다. 그러나 어떤 방식으로 진행되든지 한때 적이었던 상대와 대화와 협상을 진행하면서 적과의 협상을 굴복으로 인식하고 평화에 저항하는 자국민을 설득해야 하는 이중의 어려움은 동일하다. 이런 맥락에서 북아일랜드 평화협정의 협상 과정을 분석한 연구는 평화에 대한 확실한 의지를 가진 정치와 사회적 리더들의 역할에 주목한다(Rosler 2019). 적이었던 상대와 대화하고 협상하지만 우리 집단의 안보가 우선되고 있음을 국민과 지속적인 소통을 통해 설득하면서 동시에 국제사회를 설득하기 위한 고도의 외교력도 필요하다. 이 과정은 레더라흐(Lederach, 1988)의 주장처럼 정치적 노력으로만 충분치 않으며 지식인, 종교인, 교육자 등 각 분야의 사회 지도층과 시민사회의 개입과 역할이 중요하다.

참고문헌

| 국문 |

권혁철. 2025. "20세기 유령 '북한 주적' 논란, 장관 인사청문회 떠돌았다." 『한겨레』(7월 20일) https://www.hani.co.kr/arti/politics/polibar/1208689.html

김범수·김병로·김학재·이성우·조용신·조현주·김민지. 2023. "2023 통일의식조사". 서울대학교 평일통화연구원.

민병원. 2006. "탈냉전시대의 안보개념 확대: 코펜하겐 학파, 안보문제화, 그리고 국제정치이론." 『세계정치』 제5권 13호, 18-19.

박서아. 2025. ""우파 대통령 당선 위해 힘 모을것" ... 탄반 청년들, 대선 정국 속 재정비." 『뉴데일리』 (4월 8일) https://www.newdaily.co.kr/site/data/html/2025/04/08/2025040800402.html

이유진. 2023. "'교육과정 누락 논란' 5·18, 새 역사교과서 집필기준엔 포함." 『한겨레』(1월 27일) https://www.hani.co.kr/arti/society/schooling/1077254.html

장혜원. 2025. "[인터뷰] 탄대청 정우진 청년이 윤 탄핵 저지, 자유·민주 수호." 『스카이데일리』(1월 15일) https://www.skyedaily.com/news/news_view.html?ID=260160

하수영. 2023. ""북한이 주적, 왜 이말을 못해" 구독자 264만 '피식대학' 씨끌." 『중앙일보』(12월 5일) https://www.joongang.co.kr/article/25212442#home

황지환. 2017. "진보 대 보수의 대북정책, 20년 이후." 『통일정책연구』 제26권 1호, 31.

| 영문 |

Balzacq, Thierry. 2005. "The Three Faces of Securitization: Political Agency, Audience and Context." European Journal of International Relations 11(2): 174=176.

Bar-Tal, Daniel. 2013. Intractable conflicts: Socio-psychological Foundations and Dynamics. Cambridge: Cambridge University Press.

Bar-Tal, Daniel. 2019. "Transforming Conflicts: Barriers and Overcoming them." Elman, Catherine Gerard, Galia Golan and Louis Kreisberg. eds. Overcoming Intractable Conflicts: New Approaches to Constructive Transformations. London: Rowman & Littlefield International Ltd.

Buzan, Barry. 1991a. "New Patterns of Global Security in the Twenty-First Century." International Affairs 67(3): 434-438.

Buzan, Barry. 199b. People, States and Fear: An Agenda for International Security Studies in the Post-Cold War Era. Boulder: Lynne Rienner Publishers.

Buzan, Barry. 1991c. "Rethinking Security after the Cold War." Cooperation and Conflict 32(1): 11.

Buzan, Barry, Ole Waever, and Jap de Wilde. 1998. Security: A New Framework for Analysis. Boulder, CO: Lynne Rienner.

Bleiker, Roland and Emma Hutchison. 2008. "Emotional Reconciliation. Reconstituting Identity and Community after Trauma." European Journal of Social Theory 11(3): 385-403.

Giddens, Anthony. 1991. Modernity and Self-Identity. New York: Polity Press.

Heo, Ji Young. 2020. "Contentious Narratives on National Identity of South Korea: How to Understand the Self and the Significant Others, North Korea and the United States." Ph.D. Diss., Freie Universitat Berlin.

Hopf, Ted. 2010. "The Logic of Habit in International Relations." European Journal of International Relations 16(4): 539–561.

Kinnvall, Catarina. 2004. "Globalization and Religious Natonalism: Self, Identity, and the Search for Ontological Security." Political Psychology 25(5): 747–767.

Kinnavall, Catarina and Jennifer Mitzen. 2020. "Anxiety, Fear, and Ontological Security in World Politics: Thinking with and beyond Giddens." International Theory 12: 240–256.

Marlow, Jim. 2002. "Governmentality, Ontological Security, and Ideational Stability: Preliminary Observations on the Manner, Ritual and Logic of a Particular Art of Government." Journal of Political Ideologies 7(2): 241–259.

Mitzen, Jennifer. 2006. "Ontological Security in World Politics: State Identity and the Security Dilemma." European Journal of International Relations 12(2), 341– 370.

Lederach, John Paul. 1998. Building Peace: Sustainable Reconciliation in Divided Societies. Washington D.C.: United States Institute of Peace Press.

Rosler, Nimrod. 2019. "The Creation of Space for Conflict Change: Context, Society, and Leadership in Northern Ireland during the 1990s." Elman, Catherine Gerard, Galia Golan and Louis Kreisberg. eds. Overcoming Intractable Conflicts: New Approaches to Constructive Transformations. London: Rowman & Littlefield International Ltd.

Rumelili, Bahar. 2004. "Constructing Identity and Relating to Difference: Understanding the EU's Mode of Differentiation." Review of International Studies 30(1): 27–47.

Rumelili, Bahar. 2007. Constructing Regional Community and Order in Europe and Southeast Asia. Basingstoke: Palgrave.

Rumelili, Bahar. ed. 2015. Conflict Resolution and Ontological Security: Peace Anxieties. Oxon & New York: Routledge.

Rumelili, Bahar. 2020. "Integrating anxiety into international relations theory: Hobbes, existentialism, and ontological security." International Theory 12: 257-272.

Steele, Brent J. 2005. "Ontological Security and the Power of Self-Identity: British Neutrality and the American Civil War." Review of International Studies 31: 519-540.

Waever, Ole. 1995. "Securitisation and Desecuritisation." in Lipschutz. R.D. ed. On Security. New York: Columbia University Press.

| 10장 |

관계의 정치와 평화의 실천

: 공생적 현실주의 시각에서 본 프랑코포니 국제기구의 평화 구축*

한미애

1. 서론

국제사회에서 평화 구축(peacebuilding)은 오랫동안 국가 안보와 군사력 중심의 논리로 설명되었다. 특히 냉전 이후 국제기구 및 강대국들이 개입한 다수의 평화 조정 사례들은 제도화와 외교적 압력을 중심으로 전개되었으며, 문화적 요인이나 정체성의 차이는 부차적인 요소로 간주되었다. 그러나 이러한 접근은 대부분 갈등의 근본 원인을 해결하기보다 위기를 일시적으로 봉합하는 데 그쳤고, 제도와 무력에 의존한 개입은 지역 사회와의 긴장을 유발하거나 지속 가능한 평화에 도달하지 못하는 결과로 이

* 이 연구는 『문화와 정치』 제12권 제3호(2025)에 게재된 논문의 내용을 수정 및 보완한 것입니다.

어졌다. 이러한 한계를 극복하기 위해 최근 국제 정치학계에서는 기존의 서구 중심 평화 이론에서 벗어나 지역적 맥락과 문화적 다양성을 반영하는 통합적 접근을 요구하고 있다. 21세기 국제질서는 군사적 패권과 경제적 영향력 중심의 경쟁 구도를 넘어, 문화와 정체성의 정치가 더욱 중요한 변수로 작용하는 다중적 권력의 장으로 재편되고 있다. 특히 유럽과 아프리카, 아시아와 라틴아메리카 등 다양한 지역에서 공통의 문화와 언어를 매개로 한 지역 협력체가 등장하면서, 기존의 국가 중심 평화 구축 모델에 대한 대안적 접근이 주목받고 있다.

이러한 변화 속에서 프랑코포니국제기구(Organisation internationale de la Francophonie, 이하 OIF)는 단순한 언어 공동체를 넘어, 문화적 정체성과 상호의존성에 기반한 평화 구축의 대안적 모델로 부상하고 있다. 이러한 언어적 연대는 단순한 제도적 협력체를 넘어, 구성원들이 공유된 언어와 역사적 상상력을 통해 형성한 '상상된 공동체'(Anderson 1983)로서의 성격을 갖는다. 이는 문화적 정체성이 평화 구축의 사회적 기반으로 작동할 수 있음을 보여준다. OIF는 1970년 창설 이후, 프랑스어 사용 국가 간의 언어 및 문화적 유대를 토대로 민주주의 촉진, 교육 협력, 평화 중재 등 복합적인 활동 영역을 발전시켜 왔다(한미애 2024, 119). 특히 말리(Mali), 아이티(Haïti), 코트디부아르(Côte d'Ivoire) 등지에서는 선거 감시 활동, 시민사회 조직의 역량 강화, 청년 및 여성의 사회 참여 확대를 위한 다양한 프로그램을 추진함으로써, 무력 개입 없이도 분쟁 완화와 평화 증진에 실질적으로 기여해왔다.

OIF가 분쟁의 중재자이자 평화의 실천적 주체로 기능한다는 점은 권력 정치에 의존하지 않는 문화 기반의 평화 구축 메커니즘이 현실에서 어떻게 작동할 수 있는지를 보여주는 실증적 근거로 볼 수 있다. 이러한 역할은 전통적 현실주의나 자유주의 이론으로는 충분히 설명하기 어려운 측면을 지니며, '공생적 현실주의(symbiotic realism)'와 같은 대안적 이론의 분석 틀로 보다 설득력 있게 설명될 수 있다. 공생적 현실주의는 나예프 알-로단(Nayef Al-Rodhan)이 제안한 이론으로, 인간의 존엄과 정체성, 상호의존성, 복합적 안보 위협을 중심으로 국제 질서를 재정의하려는 시도이다. 이 이론은 현실주의나 자유주의가 간과해 온 문화적·심리적 차원을 강조하며, 물리적 힘의 균형보다는 관계적 균형과 상호 존중을 기반으로 한 국제 협력의 가능성을 제시한다. 공생적 현실주의는 감정, 정체성, 신경과학, 비국가 행위자 등을 포괄적으로 분석하며, 오늘날 문화적 정체성과 정서적 공감의 회복을 통해 평화적 공존을 가능하게 하는 새로운 관점을 제공한다.

이에 본 연구에서는 OIF의 제도적 구조와 평화 전략을 분석하고 이를 공생적 현실주의 이론적 틀 내에서 해석함으로써, 문화적 정체성과 상호의존성에 기반한 비군사적 평화 모델의 이론적 가능성과 실천적 함의를 밝히고자 한다. 이를 위해 OIF의 창설 배경, 제도적 진화, 문화외교 프로그램, 갈등 개입 사례 등을 살펴보고 이러한 활동들이 어떻게 공생적 관계를 구축하려는 노력과 맞닿아 있는지를 고찰할 것이다. 나아가 이러한 분석을 바탕으로 문화적 정체성과 언어적 연대 등 관계적 자원을 활용한 OIF의 평화 구축 방식이 한반도와 같은 분단 및 갈등 지역에 어떤 시사점을 줄 수 있는지 논의한다. 특히 분단 이후 이질화가 심화된 남북한 사이의 긴장과 단절을 해소하기 위해서는 제도적·군사적 접근만으로는 한계가 있으며, 상호이해와 문화적 공감에 기반한 접근이 필요하다는 점에서 OIF의 사례는 참고할 만한 비교 자원이 된다.

이러한 문제의식 하에서 이 연구는 다음과 같은 연구 질문을 제기한다. 첫째, OIF는 어떤 제도적 장치와 전략을 통해 평화 구축에 기여해왔는가? 둘째, 공생적 현실주의는 OIF의 활동을 어떻게 해석하고 이론화할 수 있는가? 셋째, 문화 정체성과 상호의존성을 기반으로 한 비군사적 평화 모델은 전통적인 국제관계 이론들과 어떤 차별성을 가지는가? 연구 설계로서, OIF의 제도적 발전과 개입 사례를 공생적 현실주의의 핵심 개념에 따라 체계적으로 재구성하였다. 우선, 공생적 현실주의 이론의 핵심 내용을 정리하고 이를 기존의 평화 이론들과 비교함으로써 새로운 이론적 분석 틀을 제시한다. 다음으로는 프랑코포니의 제도적 구조와 활동 양상을 검토하고, 문화적 접근을 활용한 평화 전략을 소개한다. 이후에는 이러한 분석을 공생적 현실주의 시각에서 재해석한다. 마지막으로 주요 논의 결과를 종합하여 이론적·정책적 함의 및 한반도 적용 가능성을 제시한다.

본 연구는 OIF의 제도적 모델을 한반도에 그대로 적용하려는 것이 아니라, 문화적 정체성과 지역적 특수성을 고려한 대안적 평화 구축 전략의 가능성을 분석하고 비국가적 문화 네트워크의 외교적 활용 가능성을 이론적으로 검토하는 것을 목표로 한다.

2. 공생적 현실주의 이론과 평화 구축의 재정의

1) 공생적 현실주의

공생적 현실주의(Symbiotic Realism)는 나예프 알-로단(Nayef Al-Rodhan)이 제안한 이론으로, 기존의 권력 중심 국제정치 이론들이 간과한 인간의 존엄성과 상호의존성을 중심에 둔다. 알-로단은 전통적 현실주의가 국가를 중심으로 한 군사적 안보와 끊임없는 경쟁 논리에 치우쳤으며, 자유주의 또한 제도적 협력에만 집중한 채 인간의 감정적·문화적 요소를 경시했다고 지적한다. 공생적 현실주의는 인간을 생물학적·심리적·문화적 존재로 보고, 이들이 구성하는 공동체가 국제질서 속에서 상호 연결되어 있다는 사실을 강조한다. 이 이론은 세 가지 핵심 원리에 기반한다. 첫째, 모든 인간은 존엄성을 요구하며 정치 질서는 이를 보장할 책임이 있다는 것이다(dignity-based governance). 둘째, 국제관계는 단절된 주체들 간의 힘의 투쟁이 아니라 상호 의존성과 취약성에 기반한 복잡한 상호작용이라는 것이다. 셋째, 국가와 사회는 단일한 정체성으로 환원될 수 없으며 다중적 정체성이 공존하는 현실을 반영해야 한다는 것이다. 기존의 현실주의처럼 공생적 현실주의는 국제정치의 본질과 국가 행위에 대해서는 공통점이 있지만, 이론적 전제와 분석에서 차이가 있다(〈표 1〉 참조). 이와 같은 관점은 안보 개념을 군사력 중심에서 인간 중심으로 이동시키며, 평화를 단지 전쟁의 부재가 아닌 상호 인정을 통한 관계의 균형 상태로 재정의한다. 공생적 현실주의는 이러한 인식을 바탕으로 평화의 조건을 재구성한다. 평화란 권력의 균형이나 제도적 협정만으로 확보되지 않으며, 개인과 공동체 간의 정체성 인정, 문화적 존중 그리고 상호 의존적 이해가 사회적으로 제도화될 때 가능하다는 것이 이 이론의 핵심 주장이다. 이러한 전제는 단순히 국가 간 외교에만 적용되는 것이 아니라 국제기구, 지방정부, 시민사회 등 다층적 행위자들이 참여하는 글로벌 거버넌스 전반에 확장된다. 다시 말해, 공생적 현실주의는 국제정치의 무대를 전통적 국가 행위자들뿐만 아니라 인간안보를 실현하는 다양한 주체들의 상호작용으로 파악한다.

〈표 1〉 현실주의와 공생적 현실주의의 비교

구분	현실주의[1] / 신현실주의[2]	공생적 현실주의[3]
인간/국가관	인간은 권력을 추구하는 존재/ 국가는 이성적이고 자구적 행위자	국가는 감정적이고 도덕적으로 불완전한 존재이며, 정체성과 감정에 기반해 행동

1 Morgenthau, H. J. (1948).
2 Waltz, K. N. (1979).
3 Al-Rodhan, N. R. F. (2009, 2021, 2025)

구분	현실주의 / 신현실주의	공생적 현실주의
안보관	제로섬 게임, 세력 균형	상호안보(mutual security), 상호신뢰 구축
권력 개념	물리적·군사적 힘 중심 (hard power)	관계·정서·인지 기반의 복합 권력 (complex soft power)
국제체제 이해	무정부성과 구조적 제약 중심	다층적 상호의존성과 정체성의 상호작용 강조
정치와 윤리	윤리보다 실리 중시 (정치는 도덕과 구별됨)	윤리적 상호책임성 강조 (존엄의 상호 인정)
방법론적 성격	실증주의 중심, 구조적 설명	학제 간(interdisciplinary), 감정·신경과학적 접근 포함

특히 알-로단은 지속 가능한 평화를 위해서는 국가들이 상호 간 손익에 무관심한 제로섬(zero-sum) 사고를 버리고, 서로의 상실에 무감한 태도를 지양해야 한다고 강조한다(Al-Rodhan 2022, 71; Elman and Jensen 2014). 전통 현실주의의 관점은 국가 간 관계를 본질적으로 제로섬 게임으로 인식하며, 한 국가의 절대적 이익 추구가 필연적으로 타국의 손실로 이어진다고 가정한다. 그러나 이러한 일방적 이익의 극대화는 장기적으로 모두의 안보와 안정성을 저해할 수밖에 없으며, 오늘날과 같이 상호의존적인 국제사회에서는 다자간 이익이 동시에 추구되는 '멀티섬(multi-sum)' 게임에 대한 인식 전환이 요구된다. 공생적 현실주의는 이러한 전환의 필요성에 주목하며, 힘의 경쟁을 최소화하고 인간 존엄성과 관계의 조화를 중심으로 국제 질서를 재편할 것을 제안한다.

최근 공생적 현실주의가 감정 연구와 뇌과학의 성과를 적극적으로 수용하며 이론적 외연을 확장하고 있다. 알-로단(Al-Rodhan 2021)은 전통 이론이 국가를 이성적이고 자기중심적인 행위자로 단순화한 점을 비판하며, 국가 역시 감정적으로 복잡하고 도덕성이 확정되지 않은 존재로 보아야 한다고 주장한다. 이는 인간의 의사결정이 정서적 기초 위에 놓여 있다는 뇌과학적 발견을 국제정치 분석에 통합하려는 시도로서, 공생적 현실주의의 학제 간 가능성을 보여준다. 예를 들어, 공생적 현실주의는 두려움에 기반한 선제공격의 심리, 집단 정체성을 자극하는 정치 선동의 메커니즘 등을 분석 대상으로 삼으며, 감정적 요인을 제도적으로 관리할 수 있는 방안을 제시한다(Al-Rodhan 2025). 이러한 접근은 공생적 현실주의가 윤리적 이상을 지향하는 단순한 규범적 이론에 머물지 않고, 과학적 근거와 철학적 사유를 결합한 학제 간(transdisciplinary) 분석틀로 발전하고 있음을 보여준다.

2) 기존 평화 이론과의 비교

공생적 현실주의를 이해하기 위해서는 이를 뒷받침하는 문제의식이 어떻게 기존 평화 담론과 구별되는지 살펴볼 필요가 있다. 전통적 현실주의는 평화를 군사력에 기반한 힘의 균형 또는 억제의 결과로 간주한다. 현실주의 세계관에서 국가는 끊임없이 안전 보장을 추구하는 합리적 행위자이며, 국제체제는 무정부 상태 속에서 각자도생해야 하는 영역이다(Morgenthau 1948). 따라서 평화란 단지 패권 세력이나 동맹의 군사력이 잠정적 안정 상태를 만들어낸 것에 불과하며, 언제든 권력 불균형이 깨지면 갈등이 재발할 수 있는 부정적 평화에 머무른다. 이러한 시각에서는 문화나 정체성과 같은 요소는 국가 이익을 결정하는 부차적 요인으로 치부되기 때문에, 문화적 갈등은 힘의 논리 속에 흡수되거나 때로는 문명 충돌의 형태로 파악될 뿐이다(Huntington 1993). 자유주의 이론은 평화를 보는 관점이 현실주의와 상당 부분 다르지만, 공생적 현실주의와 비교하면 여전히 한계를 지닌다. 자유주의는 국제기구의 형성, 민주주의의 확산, 경제 상호의존을 통해 영속적 평화를 구현할 수 있다고 믿는다(Doyle 1986). 민주평화론은 민주주의 국가 간의 전쟁 발생률이 상대적으로 낮다는 경험적 사실에 근거하여 이러한 구조가 세계 평화 유지에 기여해왔으며, 권위주의 국가의 민주화는 국제적 갈등 가능성을 감소시키는 요인으로 분석한다. 또한 자유주의는 UN과 같은 국제기구나 국제법을 통해 국가 간 협력을 제도화하면 분쟁을 억제할 수 있다고 주장한다. 그러나 이러한 접근 역시 문화적 맥락을 부수적 요소로 다루는 경향이 있다. 자유주의적 평화 구축 전략은 보편적인 제도와 시장경제 시스템을 이식하는 데에 집중하여 현지의 고유한 역사와 정체성을 도외시하는 경우가 많았다(Mac Ginty 2008). 이로 인해 외부 주도의 민주화 및 국가 건설 시도는 현지 사회의 제도적 기반과 정당성 확보에 실패함으로써, 지속 가능한 정치 질서의 구축보다는 일시적 안정에 머무는 경향을 보여왔다.

구성주의와 비판이론(Critical Theory)은 국제정치의 행위자와 구조를 설명함에 있어, 단순한 물질적 이해관계나 제도적 규범보다는 문화적 맥락과 정체성의 사회적 구성 과정을 주요한 분석 단위로 간주한다. 이는 현실주의 및 자유주의의 이론적 전제와 뚜렷한 대조를 이룬다. 구성주의는 국제정치 질서가 단지 물질적 힘에 의해 결정되는 것이 아니라, 사회적으로 구성된 규범과 정체성에 의해 형성된 상호주관적 현실임을 강조한다. 그러나 구성주의는 주로 규범의 형성과 변화에 초점을 맞출 뿐, 문화적 연대를 평화의 능동적 자원으로 활용하는 방안에는 제한적으로 다루어졌다. 탈자유주의 평화론(Post-liberal peace theory)이나 인간안보 담론 등은 평화 구축에 지역 공동체와 문화를 참여시키는 '로컬 턴(local turn)'을 강조하지만, 이는 주로 기존 자유주의 평화의 수정을 논하는 수준에 머물렀다.

이와 비교하여 공생적 현실주의는 보다 급진적인 재구성을 시도한다. 첫째, 인간을 철저히 관계적 존재로 보고 국제관계를 제로섬 게임이 아닌 멀티섬 게임으로 인식해야 한다고 주장한다. 전통 이론이 상정한 완고한 국익 개념 대신, 모든 행위자가 서로 연결된 운명공동체라는 인식을 주입

함으로써 갈등의 기반을 약화시킬 수 있다는 것이다. 둘째, 국가뿐 아니라 개인, 도시, 지역, 국제기구까지 다층적 행위자들의 상호작용을 포괄하는 분석을 통해, 현실주의와 자유주의가 놓친 감정적·문화적 동인을 고려한다(Al-Rodhan 2022). 예를 들어, 민족 간 증오나 역사적 상처와 같은 정서적 요인은 군사력 균형이나 제도 구축만으로는 해소되지 않는데, 공생적 현실주의는 이러한 심층 요인을 치유할 수단으로써 문화 교류와 정체성 인정의 메커니즘에 주목한다. 평화를 관계의 질 문제로 재인식하고, 상호 존중과 연대의 제도화를 통해 지속 가능한 평화에 접근하고자 한다. 이런 점에서 공생적 현실주의는 유엔이 제시한 인간안보 개념이나 세계시민주의 담론과 일정 부분 궤를 같이한다.

그러나 공생적 현실주의는 거시적 담론 수준에 머무르지 않고, 인간 본성과 감정과 같은 미시적 요소를 이론적 분석에 통합함으로써, 현실주의의 분석적 엄정성과 규범 이론의 이상주의 사이의 이론적 간극을 매개하려는 접근을 제시한다. 이러한 이론적 시도는 실증적 적용 가능성과 이론적 타당성을 증명하기 위해 구체적 사례를 통한 이론적 유효성과 경험적 타당성을 검토할 필요가 있다. 〈표 2〉는 공생적 현실주의와 주요 평화 이론 간의 핵심 개념 및 분석 틀을 비교한 표이다.

〈표 2〉 평화 이론의 특징

이론	자유주의	현실주의	구성주의	탈식민주의	탈자유주의	공생적 현실주의
주요 개념	민주주의, 시장경제, 인권 중심의 보편적 가치 확산	국제 무정부 상태, 힘의 균형과 생존 추구	정체성과 규범의 사회적 구성	식민주의 구조 비판과 탈식민 담론 강조	외세 주도 자유주의 평화의 한계 비판, 하이브리드 모델	연결성, 상호의존, 다차원적 안보 개념

이론	자유주의	현실주의	구성주의	탈식민주의	탈자유주의	공생적 현실주의
주요 행위자	민주주의 국가, 국제기구, NGO	국가(특히 강대국)	국가, 국제기구, NGO, 개인	식민 피지배 공동체, 지역 사회, 지식인	국제기구, 공여국, 지역 주민	국가, 개인, 기업, 생태계 등 복합 행위자
평화달성 수단	민주화, 자유무역, 국제법 기반 협력	군사력, 억지, 동맹	규범 형성, 학습, 상호작용	정의 실현, 전통 방식 회복, 진실 화해	외부-현지 협력 기반 평화 구축	지속 가능성과 공존 기반 평화 전략
국가 중심성과 비국가 행위자에 대한 인식	국가 중심이나 비국가 행위자도 중요하게 인식	국가 중심, 비국가 행위자는 부차적	국가-비국가 구분보다 상호작용 중시	국가 권력에 대한 비판과 비국가 주체 강조	국가와 지역 공동체 간 균형 강조	복합 행위자 접근 지향
식민주의 유산에 대한 관점	식민주의보다는 보편규범 확산 강조	식민 유산에 무관심, 힘의 분포로 해석	식민 담론의 재구성과 정체성 전환 강조	식민주의 유산을 평화의 핵심 과제로 인식	신식민주의 극복과 권력 재조정 필요성 강조	불평등 구조와 역사적 불균형의 극복 강조
문화적 요소의 반영 여부	문화보다는 보편 규범 우선	문화적 요인 배제, 물질적 힘 중시	문화와 규범 형성을 핵심 요소로 인식	토착 문화의 중심적 반영	현지 문화와 보편 규범 간 혼종적 통합	문명 간 이해와 관용, 문화 다양성 존중

3. 프랑코포니국제기구(OIF)의 제도적 구조와 평화 전략

1) OIF의 제도적 구조: 다층적 거버넌스와 문화외교 기제

OIF는 1970년 니제르, 세네갈, 튀니지, 캄보디아, 프랑스 등이 주도하여 창설한 문화·언어 기반의 국제기구로, 프랑스어를 사용하는 국가 및 정부 간의 협력을 통해 언어 보존, 문화 교류, 교육, 민주주의 증진, 평화 구축 등을 목표로 한다. OIF는 이 공동체의 핵심 조직으로, 현재 정회원 국가, 준회원 국가, 옵서버 국가(Observer State)를 포함해 총 88개국이 참여하고 있다(OIF 2023, 11). OIF는 단일 언어를 중심으로 형성된 국제적 네트워크로서 구조적·제도적 특성 면에서 기존 국제기구와 구별된다. 이 기구

는 단순한 문화 연대를 넘어, 비군사적 평화 전략이 실천되는 제도적 공간으로 기능하고 있다.[4]

OIF의 제도는 구조적으로 다층적인 합의 체계를 기반으로 한다. 정상회의(Sommet de la Francophonie)는 최고 의사결정 기구로서 2년마다 개최되며, 장관급 회의(Conférence ministérielle)에서는 회원국 간의 정책 조율 및 전략 기획을 담당한다. OIF 사무국은 파리에 위치하며 사무총장이 그 운영을 총괄한다. 이와 함께 언어 및 교육 협력 기구인 프랑코포니 대학기구(Agence universitaire de la Francophonie, AUF), 프랑스어권 교육훈련센터(Institut de la Francophonie pour l'éducation et la formation, IFEF), 프랑코포니 미디어 네트워크(TV5Monde) 등이 부속 기관으로 활동하고 있다. OIF 산하 세부 기관들은 언어 및 문화 교류를 매개로 회원국 간 사회 통합을 촉진하며, 민주주의 증진, 시민교육, 청년 역량 강화 등 다양한 분야에서 비군사적 평화구축 전략의 제도적 기반을 제공하고 있다.

OIF의 제도 운영은 다음과 같은 원칙들에 기반하고 있다. 첫째, 언어적 연대성이다. 프랑스어는 단순한 소통의 도구가 아닌 역사적 유산과 정체성을 공유하는 상징적 매개로 기능하며, 문화적 동질성을 촉진한다(Gadet 2015, 21). 둘째, 비개입 원칙하의 조정형 개입이다. 프랑코포니국제기구는 회원국의 주권을 존중하면서도, 민주주의 및 인권 수호라는 명분 아래 평화적 개입을 시도해왔다. 이는 전통적인 주권 절대 원칙을 완화하는 대신, 회원국 내부 문제에 대해 가족적 차원의 권고와 중재를 제공하는 형태로 나타난다. 셋째, 지역 간 협력의 촉진이다. OIF는 아프리카, 아시아, 유럽, 아메리카의 다양한 회원국을 포괄하며, 서구 중심이 아닌 비서구권 다

4 '프랑코포니(Francophonie)'는 프랑스어를 사용하는 국가 및 지역으로 구성된 문화·언어 공동체를 의미하며, 정치적·제도적 협력체인 '프랑코포니국제기구(Organisation internationale de la Francophonie, OIF)'와 구분된다. 전자는 사회문화적 개념인 반면, 후자는 1970년 설립된 정부 간 국제기구로서 민주주의, 개발, 교육, 평화 구축 등을 목적으로 하는 제도적 협력체이다.

자주의적 네트워크를 형성한다. 이러한 점에서 OIF는 국가 중심 국제 질서의 대안적 행위자, 즉 비강제적 문화외교의 제도적 실험장이라 할 수 있다. 실제 OIF는 문화와 언어라는 '소프트 자원'을 전략적으로 활용하여 새로운 형태의 다자 협력을 모색하고 있다고 볼 수 있다(Lemoine 2016, 211).

OIF는 프랑스어 사용 국가 간의 언어 및 문화 협력을 촉진하는 국제기구로 발전해 왔다. 그러나 이 기구의 기원은 단순한 언어 연대를 넘어서 1960년대 프랑스가 구 식민지국들과 수립한 협력 담론 및 외교 전략과 긴밀하게 연결되어 있다. 1960년대 초 프랑스 정부는 '독립 후 관계(relation après l'indépendance)'라는 개념 아래 아프리카 국가들과의 관계를 재구성하고자 했다. 이는 단지 문화적 영향력 유지에 그치지 않고, 전략적 자원 확보, 군사 기지 유지, 원조 체계 재편 등 다면적인 국가 전략의 일환이었다. 프랑스는 이를 통해 구 식민지국들과의 관계를 탈식민지적 형식으로 재포장하면서도, 실질적으로는 기존 영향권을 유지하고자 했다(Gadet 2015, 22; Mbaye 2019, 89). 프랑스는 이러한 전략적 목표를 실행하기 위해 다수의 독립 아프리카 국가들과 협력 협정을 체결하였고, 이를 통해 교사·기술자·군사 고문을 파견하는 등 문화적·기술적·군사적 지원을 제공하였다. 또한 차드(Chad), 지부티(Djibouti), 가봉(Gabon), 코트디부아르(Côte d'Ivoire), 세네갈(Senegal) 등에 프랑스군을 주둔시키고 군사 개입의 제도적 틀을 마련하였다. 특히 니제르와의 협정은 우라늄 자원의 안정적 확보를 통해 프랑스의 핵 프로그램을 지원하기 위한 전략적 조치로 기능하였다(한미애 2025). 이러한 일련의 협력 구조는 훗날 OIF로 제도화되면서, 프랑스 중심의 국제문화 기구가 형성될 수 있는 토대를 제공하였다. 실제 프랑스는 1980년대까지 아프리카 최대의 개발 원조국이었으며, 원조와 투자·무역을 통해 지속적으로 유리한 대외 경제 관계를 유지해 왔다. OIF의 초기 성격은 이러한 지정학적 이해관계와 불가분의 관계에 있다(Mbaye 2019, 91).

OIF의 기능은 언어·문화 보존, 프랑스어 보급, 교육 지원뿐 아니라 민주주의 촉진, 선거 감시, 언론 자유 보장, 시민사회 강화 등으로 확장되어 왔다. 특히 2000년 채택된 '바마코 선언(Bamako Declaration)'[5]과 2009년 '코토누 선언(Cotonou Declaration)'[6]은 OIF의 민주주의 및 인권 증진 의지를 공식화한 계기로 평가된다(OIF 2022b, 34). 이는 프랑스 중심의 문화외교에서 벗어나 다자주의적 가치공동체로 전환을 모색한 상징적 사건이었다. 또한 2006년의 '생 봉니파스 선언(Déclaration de Saint-Boniface)'[7]은 분쟁지역에서의 조기 경보 및 예방 외교의 정착을 명시하며, 평화 구축 메커니즘으로서의 프랑코포니 활동을 제도화하는 데 일조했다(〈표 3〉)(OIF 2006; OIF 2022, 34). OIF의 다층적 거버넌스는 회원국 간 정치 체제, 경제력, 시민사회의 성숙도 등 차이를 포용하면서도, 공동의 문화적 자산인 프랑스어를 매개로 연대의식을 강화하는 데 기여하고 있다. 특히 지방정부, 청년 네트워크, 언론, 교육기관 등 다양한 비국가 행위자들이 제도권 내에서 역할을 부여받음으로써, 다중 행위자 기반의 평화 정책이 가능해진다. OIF의 이러한 포용성과 개방성은 곧이어 살펴볼 평화 전략의 토대가 된다. 즉, 다양한 문화적 배경의 국가들이 동등하게 참여하는 다문화주의적 국제 협력체로서 OIF는, 관계 중심의 평화 구축을 실험하는 장으로 기능하고 있다.

---

5 2000년 11월 3일 말리 바마코에서 개최된 '프랑코포니 민주주의 장관회의((Conférence ministérielle de la Francophonie sur la démocratie, les droits et les libertés)'에서 채택된 선언문으로 OIF가 민주주의, 인권, 법치주의에 대한 명시적 약속을 제도화한 핵심 문서이다.

6 2009년 12월 3일 베냉 코토누에서 열린 회의에서 채택된 문서로, 2000년 바마코 선언의 연장선상에서 OIF 회원국의 민주주의 실천 성과와 한계를 진단하고 실질적 이행과 제도화의 중요성을 강조하며 '민주주의 공고화(consolidation)'라는 개념을 도입하였다.

7 생 봉니파스 선언(Déclaration de Saint-Boniface)은 2006년 캐나다 매니토바주 생봉니파스에서 개최한 장관회의에서 채택된 문서로, 민주주의, 인권 보호, 갈등 예방, 조기 경보 체계 강화를 중심으로 한 프랑코포니국제기구의 평화 구축 전략의 제도화를 명시하였다. 이는 문화적 연대와 비군사적 개입을 통해 분쟁 예방에 기여하고자 한 대표적 정책 선언으로 평가된다. https://www.francophonie.org/Declaration-Saint-Boniface(검색일: 2025/07/07)

〈표 3〉 OIF 제도의 3대 핵심 선언

구분	바마코 선언 (Déclaration de Bamako, 2000)[8]	생봉니파스 선언 (Déclaration de Saint-Boniface, 2006)[9]	코토누 선언 (Déclaration de Cotonou, 2009)[10]
채택 연도 및 장소	2000년, 말리 바마코	2006년, 캐나다 생봉니파스	2009년, 베냉 코토누
핵심 목적	프랑코포니의 민주주의, 인권, 자유의 공동 규범 확립	평화 구축과 분쟁 예방에 있어 프랑코포니의 역할 명확화	민주주의 제도화 및 이행의 질적 심화
주요 내용	- 민주주의 원칙(선거, 다원주의, 인권) 선언 - 법치주의, 시민사회 역할 강조 - 민주주의 침해 시 제재 가능성 도입	- 갈등 예방, 조기 경보, 조정, 중재 체계 제안 - 언어, 문화, 교육 통한 평화 구축- 청년 · 여성 참여 보장	- 민주주의의 공고화(제도, 절차, 참여) 강조 - 바마코 선언 이행 평가 - 비민주적 행위에 대한 감시 강화
특징적 기여	프랑코포니의 정치적 정체성 정립	프랑코포니의 평화 구축 주체로서의 제도화	프랑코포니의 민주주의 감시·개입 기준 구체화
영향	선거 감시단 파견, 쿠데타 발생 시 회원국 제재 근거로 작용	평화교육, 분쟁 개입 프로젝트 기반 마련	위기 대응 메커니즘과 질적 민주주의 지표 개발 촉진

2) OIF의 평화 전략과 제도적 실행

OIF는 군사적 개입 능력을 갖추지 않은 국제기구임에도 불구하고, 언어와 문화, 교육, 시민사회 참여를 통해 간접적인 평화 구축 전략을 실천해왔다. 이 전략은 상호문화적 이해, 정체성 회복, 공동의 언어를 통한 신뢰 형성에 중점을 둔다는 점에서 공생적 현실주의의 접근과 밀접한 관련이 있다(Al-Rodhan 2009, 42-45). 대표적 사례는 아이티에서 확인할 수 있다. OIF는 아이티 언론의 역량 강화를 위해 언론인 훈련과 미디어 다원화 지원 사업을 전개하였다. 2004년부터 프랑스 국영방송 TV5 Monde 등

8 Organisation internationale de la Francophonie. (2000). Déclaration de Bamako. Bamako, Mali.

9 Organisation internationale de la Francophonie. (2006). Déclaration de Saint-Boniface sur la prévention des conflits et la sécurité humaine. Saint-Boniface, Canada.

10 Organisation internationale de la Francophonie. (2009). Déclaration de Cotonou. Cotonou, Bénin.

과 협력하여 아이티 언론인, 방송 진행자 및 프로듀서를 대상으로 전문 교육을 실시하고, 독립적인 미디어 규제기구 설립과 언론 윤리강령 제정을 지원하였다(OIF 2010a). 또한 농촌 지역에 지역 라디오 방송국 설립을 후원하여 시민들의 정보 접근성을 높였다. 이러한 노력은 자유롭고 책임 있는 언론 환경 조성을 통해 민주주의와 평화 문화를 촉진하는 기반이 되었다. 2021년 11월에는 아이티의 젊은 기자 50명을 대상으로 선거 보도 및 사실확인 워크숍을 개최하여, 소셜 미디어 시대에 전문적인 취재 기술과 윤리 의식을 제고하였다.[11] OIF의 언론 지원 사업은 허위 정보에 대응하고 언론 보도의 품질을 향상시킴으로써 아이티의 평화적 민주주의 과정에 기여하였다. 또한 아이티 시민사회의 참여와 역량 강화를 위한 다양한 활동도 펼쳤다. 2004년부터 프랑코포니 인권 위원회(Association francophone des Commissions nationales de promotion et de protection des Droits de l'Homme, AFCNDH)는 아이티에서 표현의 자유와 기본권 증진을 지원해 왔으며, 특히 아이티 국가인권위원회에 자료 아카이브 구축과 전문성 향상을 위한 교육을 제공하여 그 역량 강화를 도왔다. 최근에도 지속가능발전 목표(SDG) 달성을 위한 시민사회 지원 공모를 통해 아이티의 지역 단체들을 재정적으로 뒷받침하였다(OIF 2022a). 'Cap-Haïtien대학 여성 동문회(Association des anciennes étudiantes de l'Université de Cap-Haïtien)'[12]나 '아이티의 친구들(Les Amis d'Haïti)협회'[13] 등 아이티 단체들이 OIF로부터 보조금을 받아 취약 지

---

11 https://jeunesse.francophonie.org/actualites/item/appel-a-candidatures-a-l-atelier-de-formation-et-de-sensibilisation-sur-les-techniques-professionnelles-et-couverture-electorale-dans-un-environnement-politique-specifique-a-l-ere-des-reseaux-sociaux#:~:text=jeunes%20journalistes%20ha%C3%AFtiensqui%20pourront%20prendre,%C3%A0%20l%E2%80%99%C3%A8re%20des%20r%C3%A9seaux%20sociaux%C2%A0%C2%BB(검색일 : 2025/07/07)

12 아이티 북부의 국립대학인 Université de Cap-Haïtien 출신 여성 동문들이 조직한 단체로, 여성 교육, 지역 개발, 환경 개선 프로젝트 등을 수행함. OIF 및 AUF지원을 받아 도시 빈곤 지역의 조명 개선 및 안전 확보, 청년 고용 연계 프로그램 등을 시행하였다.

13 아이티 내 다양한 지역에서 활동하며, 환경 보호, 청소년 교육, 문화 보존, 지속 가능한 농업 등을 주제로 프로젝트를 수행하였다.

역의 조명 개선이나 환경 보호와 같은 지역 개발 프로젝트를 수행하게 되었다. 2021~2022년에는 퀘벡 정부가 OIF 분담금의 일부(4만 2천 캐나다달러)를 아이티 여성의 정치 참여 역량 강화에 투입하였고, 이를 통해 젠더 포용적 거버넌스를 지원하는 프로그램이 실행되었다(Gouvernement du Québec 2023). 이러한 시민사회 지원 노력은 풀뿌리 수준에서 사회 통합과 포용적 거버넌스를 강화하여 평화 구축에 이바지하고 있다. 교육과 문화 분야에서도 OIF의 평화 구축 활동이 두드러진다. 2010년 아이티 대지진 직후 프랑코포니 대학기구(AUF)는 긴급 기금을 조성하여 피해를 입은 아이티 대학들의 교수 급여를 지원함으로써 휴강된 강의의 속개를 도왔다. OIF와 AUF는 초등 교원의 역량 강화를 위한 원격교육 이니셔티브인 IFADEM(L'Initiative francophone pour la formation à distance des maîtres)을 도입하여 아이티를 시범 국가로 선정, 교사들의 프랑스어 교수법 및 전문성을 향상시켰다. 2000년부터 전국에 10개의 독서 및 문화센터(Centres de lecture et d'animation culturelle, CLAC)를 설립하여 주민 문해율 제고에 기여하였고, 이를 토대로 아이티 정부와 협력하여 공공 독서 정책 수립과 전국 독서망 구축을 지원하였다. 이러한 교육·문화 프로그램들은 시민 역량을 강화하고 사회 통합을 촉진함으로써 간접적으로 평화 구축의 토대를 마련하였다.

OIF는 선거 감시를 통해 아이티의 민주적 통치 회복과 공고화에도 기여해 왔다. 특히 2010년 11월 아이티 대선 1차 투표와 다음 해 3월 2차 투표 때 OIF 사무총장은 아이티에 정보 및 접촉 임무단(Mission d'information et de contacts)을 파견하여 선거 준비 및 진행 과정을 면밀히 관찰하였다. OIF 참관단은 2011년 3월 결선 투표가 1차 투표에 비해 한층 안정된 환경에서 치러졌음을 확인하였는데, 이는 아이티 당국이 1차 투표 후 국내외 참관인들이 제언한 기술적 권고 사항(치안 강화, 투표 요원 교육, 유권자 안내 개선 등)을 대부분 이행한 결과였다. 선거관리위원회의 상설화 등 선거 제도 강화를 위한 장기적 권고사항을 담은 보고서를 발표하였으며, 이러한 제언은 아이티 선거 관리 체계의 독립성과 지속성을 높이는 데 기여한 것으로 평가된다. 이처럼 OIF의 선거 감시 활동은 아이티에서 투명하고 공정한 선거 문화를 정착시키고 민주적 평화 구축을 지원하는 중요한 계기가 되었다.

코트디부아르의 경우 2010년 대선과 그 이후 정정 불안 속에서 OIF는 코트디부아르 정부의 요청에 따라 전 하이티 총리 제라르 라토르튀(Gérard Latortue)가 이끄는 '정보 및 접촉 임무(mission d'information et de contacts)'를 파견하였다. 이 임무는 독립선거위원회, 주요 정당, 시민사회 단체, 국제 파트너들과의 면담과 일부 지역의 투·개표 참관을 통해 선거 과정의 신뢰성과 평화적 진행을 점검하는 데 초점을 두었으며, 아프리카연합(AU), 서아프리카경제공동체(ECOWAS), UN 사무총장 특별대표(UNOCI) 등이 수행한 보다 직접적인 중재 및 평화유지 노력과 병행하여 이루어졌다(OIF 2010b; Carter Center 2011; EU EOM 2011). 말리는 2013~2015년 극단주의 종교 세력과의 무력 충돌 이후 극단화 예방 및 청년 재교육이 시급했던 국가였다. OIF는 지역 대학 및 NGO와 협력하여 평화 교육 커리큘럼 개발, 문화 공간 조성, 프랑스어 교육 확대를 추진하였고, 이 과정은 공생적 현실주의가 제시하는 '존엄 기반 안보 개념(dignity security)'의 실천 사례로 볼 수 있다(Al-Rodhan 2009, 46-48).

OIF의 평화 전략은 세 가지 특성으로 정리할 수 있다. 첫째, 예방 중심의 문화 협력 전략이다. 이는 갈등 발생 후 사후 대응이 아니라, 교육·문화 교류를 통한 구조적 갈등 해소를 지향한다. 문화적 상호이해와 신뢰 구축을 통해 애초에 분쟁의 싹을 줄이는 것이다. 이러한 접근은 요한 갈퉁(Johan Galtung)이 제시한 '부정적 평화(Negative Peace)'에서 '긍정적 평화

(Positive Peace)'로의 전환, 즉 '소극적 평화(전쟁 부재)'에서 '적극적 평화(협력 관계)'로의 이행과 일맥상통한다(Galtung 1969). 둘째, 비국가 행위자와의 다층적 연계이다. OIF는 시민사회, 청년 네트워크, 언론 기관 등과의 협력을 통해 제도권 외부의 역량을 적극 활용한다. 이는 국가 간 협정에만 의존하는 기존 모델과 달리, 하향식과 상향식 접근을 결합한 복합적 평화 전략의 예로 해석될 수 있다(Mac Ginty 2008; Richmond 2011; Massie and Morin 2013). OIF는 정상회의 결의를 통해 회원국 정부들을 움직이면서도, 다른 한편으로 현지 시민 단체와 문화인들을 지원하여 풀뿌리 차원의 화해를 도모한다. 셋째, 상징 자산의 외교적 활용이다. 프랑스어는 단순한 언어를 넘어 역사적 기억과 정체성의 공유를 매개하는 수단으로 작동하며, 이는 공동체 기반 평화 형성의 촉진제가 된다(Gadet 2015, 27). 언어·문화 유산을 연대의 상징 자본으로 승화시켜 외교에 활용함으로써 참여자들 사이에 심리적 유대와 소속감을 높인다. OIF는 비군사적 평화 구축 전략이 어떻게 제도화될 수 있으며, 정체성의 정치가 갈등이 아닌 협력의 자원으로 재구성될 수 있음을 보여주는 실천적 사례이다. 특히 공생적 현실주의의 이론이 갖는 추상성과 이념적 성격을 OIF의 사례를 통해 구체화하고, 그 정책 적용 가능성을 확인하였다는 점에서 이 연구는 다음 장으로 이어지는 중요한 전환점을 제공한다.

4. OIF 사례의 공생적 현실주의적 분석

1) 정체성 기반 평화 메커니즘과 다층적 상호의존

공생적 현실주의는 기존 현실주의가 강조하는 군사력과 자율적 국익 추구의 한계를 비판하며, 문화적 연계성과 정체성 기반 상호작용을 중심으로 한 새로운 국제관계 이해를 제안한다(Al-Rodhan 2009, 33-38). 이러한 시각에서 볼 때 OIF는 권력의 물리적 균형이 아닌 문화적 자산과 언어적 공동체성에 기초한 관계의 균형을 통해 평화 질서를 구축하고자 하는 실천적 모델로 이해된다. OIF는 문화외교와 교육, 시민사회 연계 등 비군사적 수단을 통해 평화 구축의 사회적 인프라를 조성해왔다. 말리와 부르키나파소, 아이티 등에서 선거 감시단 파견, 언론 자유 옹호, 청년 역량 강화 사업 등을 수행하며 군사력 개입 없이도 민주주의 이행과 갈등 완화를 지원해 왔다(OIF 2005; OIF 2010a; OIF 2021; OIF 2022a; OIF 2023; Massie and Morin 2013). OIF의 이러한 활동은 평화를 인간의 존엄성과 공동체 관계 회복의 문제로 접근함으로써, 전쟁을 그칠 뿐인 소극적 평화에서 나아가 사람들 사이의 신뢰와 화해를 구축하는 적극적 평화를 지향한다. 이러한 접근은 마씨와 모랭이 지적하 듯, 프랑코포니가 평화작전에서 단순한 언어 네트워크를 넘어 '지문화적(geocultural) 소유권'을 행사하는 행위자로 기능하고 있음을 보여준다(Massie & Morin 2013). 즉, 문화와 언어를 외교 자산으로 전환하여 비군사적 평화 개입의 정당성을 강화하고 있는 것이다. OIF는 다층적 정체성을 인정하고 포용하는 플랫폼을 통해 구성원 간 위계가 아닌 상호 존중의 질서를 지향한다. 프랑스, 세네갈, 루마니아, 벨기에, 캐나다, 베트남 등 서로 다른 역사와 문화적 배경을 가진 국가들이 동일한 회원 자격으로 참여한다는 점에서 OIF는 언어·문화적 다양성을 전제로 한 다자 협력체로 설계되어 있다(OIF 2005; OIF 2022b; Nubukpo and Roussy 2018; Orban 2025). 이는 전통적 국제체세에서 흔한 위계질서를 완화하고, 공생적 현실주의가 지향하는 다중 정체성 공존을 현실에 구현하는 사례라 볼 수 있다. 실제 OIF에서는 모든 회원국이 동등한 발언권을 갖고, 중요한 결정은 합의제로 이뤄진다. 캐나다나 모로코처럼 규모나 체제가 다른 국가들이 '프랑코폰(Francophone)' 정체성 아래 연대하는 모습은, 상호의존성과 취약성에 기반한 복잡한 상호작용이라는 공생적 현실주의의 두 번째 원리와 연결된다. OIF와 공생적 현실주의 간의 친화성은 안보 개념의 변화에서도 드러난다. 공생적 현실주의는 안보를 더 이상 군사적 개념으로만 보지 않고 인간 중심적, 공동체 관계적인 개념으로 확장한다. 마찬가지로 OIF는 평화를 구축함에 있어 병력이나 무기에 의존하는 대신 언어, 문화, 교육, 정보와 같은 연성 권력(soft power)에 의존한다. 회원국 내 위기 시 OIF는 공식 담론에서 군사력 투입보다는 프랑스어라는 공통분모를 활용한 대화, 중재, 선거 감시 및 문화·교육 협력을 통해 갈등을 관리해야 한다고 강조해 왔다. 이러한 담론은 과거 식민 통치의 도구였던 프랑스어를 오늘날 상호문화적 커뮤니케이션과 연대를 촉진하는 자원으로 재정의하려는 시도로 읽을 수 있다. 이러한 언어적 공통성은 공생적 현실주의가 주장하는 정체성 간 상호이해의 촉진 수단이 된다. 달리 말해, OIF는 하나의 문화권으로 묶인 국가들이 서로를 적이 아니라 동료로 인식하도록 환경을 조성하며, 이는 국제 정치에서 문화와 정체성을 평화의 자산으로 전환하는 실험이라 할 수 있다. 더 나아가 OIF는 비국가 행위자들을 평화의 주체로 승격시킨 점에서 공생적 현실주의의 다층적 행위자 관점과 상응한다. 공생적 현실주의 이론에서 국제정치는 더 이상 국가만의 무대가 아니며, 개인, 도시, NGO, 국제기구 등 다수의 행위자가 안보와 평화에 영향을 미친다. OIF는 이러한 현실에 부합해 국제 정치의 장에서 시민사회·교육기관·지방정부가 주체로 기능하는 다층 거버넌스형 협력 구조를 구축해 왔다. OIF의 많은 프로그램은 정부 간 합의만으로 실행되지 않고, 현장에서 시민사회 단체, 현지 교육자와 공동으로 추진된다. 말리의 평화교육 사업을 실행할 때 지역 NGO와 대학이 주도적 역할을 하거나, 아이티 언론 지원 사업에 국제 NGO와 현지 언론인들이 파트너로 참여한 사례를 통해 알 수 있다. 이는 공생적 현실주의가 요구하는 인간 중심의 국제 질서로 이해할 수 있다. 즉, 국가의 생존 논리를 넘어서는 인간 존엄성과 정체성 보호가 실제 정책화되는 경로로 작동하고 있는 것이다(Al-Rodhan 2009, 50).

OIF는 공생적 현실주의의 핵심 요소들을 다양한 층위에서 통합하고 있다. 정체성의 공유(언어 연대), 문화적 연결망(교육·문화 교류), 시민 참여를 기반으로 한 평화 전략을 실현함으로써, 비군사적 접근이 현실 정치에서 실효성을 가질 수 있음을 입증한다. 특히 OIF는 단순히 담론적으로만 논의되던 '정체성 기반 평화' 개념을 제도적 현실로 구현했다는 점에서 학문적·실천적 의의가 크다. 이러한 특징들은 OIF를 정체성 중심 평화 구축 메커니즘의 제도적 구현체로 해석할 수 있게 한다. 이는 향후 분단이나 종교·민족 갈등 지역에서 대안적 평화 전략을 구상하는 데 있어 이론적·실천적 준거점이 될 수 있다.

2) 제도적 다자주의와 연성 권력의 정당성

OIF는 그 구조와 활동을 통해 비군사적 평화 메커니즘을 다층적으로 실천하고 있다. 그 첫 번째 특징은 언어·정체성 기반의 신뢰 자산 구축이다. 앞서 언급했듯 프랑스어라는 언어는 과거 식민지 지배의 상징이기도 했지만, 동시에 공동체 구성원 간의 심리적 유대를 가능하게 하는 소통 플랫폼으로 작동한다(Gadet 2015, 27). 이러한 언어적 공통성은 공생적 현실주의가 강조하는 정체성 간 상호이해의 촉진 수단이 된다. 둘째, 시민사회 및 청년 네트워크와의 연결성이다. OIF는 청년 포럼, 여성 네트워크, 지역 문화기구 등을 통해 제도 외부의 사회 역량을 통합하고, 제도적 평화 구축과 비제도적 평화 문화를 결합시키고 있다(OIF 2022; OIF 2023; OIF 2022). OIF의 평화 전략은 국가 간 공식 협약에 의존하는 전통적 모델과 달리, 상향식 참여와 하향식 정책 조율이 결합된 복합적 접근 방식을 채택하고 있다는 점에서 주목할 만하다. 이러한 구조는 단일한 위계가 아닌 다층적 상호작용을 기반으로 하며, 새로운 형태의 평화 실현 모델로 평가될 수 있다. 셋째, 비국가 행위자의 적극적 참여를 통한 평화 주체화가 중요한 특징으로 부각된다. OIF는 시민사회, 교육기관, 지방정부 등 다양한 비정부 행위자들을 국제 협력의 핵심 주체로 포섭해 왔으며, 이는 인간 중심의 국제 질서를 지향하는 공생적 현실주의의 핵심 원리와 일맥상통한다. 국가 안보를 최우선시하는 전통적 현실주의와 달리, OIF는 인간의 존엄성과 문화적 정체성의 보장을 평화 구축의 중심 가치로 삼고 있다.

그러나 이러한 긍정적 평가에도 불구하고, OIF는 여전히 프랑스 중심의 영향력과 제도적 비대칭성을 내포하고 있다. 이는 문화 협력을 명분으로 한 프랑스의 전략적 이해가 제도 운영에 반영되고 있다는 점에서 구조적 한계로 작용할 가능성을 배제할 수 없다. 프랑스의 예산 기여와 정책 영향력이 여전히 압도적인 상황에서는 OIF가 표방하는 다자주의 원칙이 제도적으로 온전히 구현되기 어렵다는 비판이 제기되어 왔다. 이러한 구조적 비대칭성은 공생적 현실주의가 지향하는 비패권적·상호의존적 평화 구상과도 긴장을 빚는 지점이다(Al-Rodhan 2009, 2021). 실제로 공생적 현실주의는 어떠한 국가도 다른 국가의 손실에 무관심해서는 안 되며, 힘의 독점이나 위계적 질서는 궁극적으로 불안정 요인이 된다고 보지만(Al-Rodhan 2022), OIF 내부에서는 아직까지 프랑스의 지배적 지위가 완전히 해체되지 않았다. 2023년 기준으로 OIF 예산의 약 40%를 프랑스가 부담하고 캐나다(퀘벡 포함)도 20% 이상을 내는 반면, 상당수 아프리카 회원국의 재정적 기여도는 미미하다(Djounguep 2024). 이러한 재정 구조는 의사결정의 영향력 불균형으로 이어질 수 있다. 주요 사무국 인사나 정책 방향 설정에서 프랑스어권 북반구 국가들의 입김이 더 크게 작용한다는 비판이 있다. 이 점에서 OIF의 다자주의는 이상과 현실 사이에 간극이 존재한다.

그럼에도 불구하고, OIF는 정체성의 공유, 문화적 연결망, 시민 참여를 기반으로 한 평화 전략을 구현함으로써 비군사적 접근이 현실 정치에서 실효성을 가질 수 있음을 보여주는 사례이다. 특히 공생적 현실주의의 핵심 요소들을 다층적으로 통합하고 있다는 점에서 OIF는 정체성 중심 평화 구축 메커니즘의 제도화 가능성을 입증한다. 이는 향후 분쟁이나 분단 지역에 대안적 평화 전략을 모색하는 데 중요한 참고가 될 수 있다. OIF가 취한 제도화된 다자주의는 비강제적이면서도 효과적인 평화 개입을 정당화하는 수단이 된다. 전통적 국제법상의 개입 논리가 주권 대 외부 개입 금지라는 이분법에 갇혀 있었다면, OIF는 문화적 공동체의 연대성과 역사적 책임을 근거로 한 정당성을 창출한다(Boniface 2002, 66; Chafer 2003, 1120). 프랑스와 그 옛 식민지 간의 특별한 역사적 유대는 OIF의 평화 활동에 도덕적 설득력을 부여한다. 가령 아프리카 프랑코폰 국가에서 선거 후 폭력이 발생했을 때, OIF의 중재단 파견은 과거 식민 종주국과 피식민의 대립 구도가 아니라 '프랑스어를 공유하는 형제들의 도움'이라는 내러티브(narrative)로 받아들여지는 경향이 있다. 이러한 접근은 공생적 현실주의에서 강조하는 '관계적 주권(relational sovereignty)'의 관점과 상응한다. 주권은 고립된 자율성이 아닌 상호작용의 결과물이며, 공동체 구성원 간 신뢰와 문화적 연대에 기반할 때 더욱 안정적으로 유지될 수 있다는 인식이다(Richmond 2011, 87–89). OIF 회원국 간 갈등 조정, 선거 개입, 언론 감시 등은 이러한 연성 권력(soft power) 기반 평화 개입의 전형이다(Nye 2004, 55). OIF의 활동은 군사력이나 경제 제재가 아닌 언어, 교육, 문화, 시민 네트워크를 매개로 갈등을 예방하고 해결하는 방식이며, 이는 기존 평화 이론의 한계를 보완하는 현실적 대안이 된다. OIF 산하 기구들은 지역 주민의 참여를 확대하고 로컬 거버넌스와의 연계를 강화하며, 평화 문화의 확산을 추구한다(AUF 2021; Gadet 2015, 61). 이를 통해 외부에서 강제하는 평화가 아니라 내부에서 우러나오는 평화를 구축하는 것을 목표로 한다. OIF

의 활동은 군사적 개입이나 무력 충돌 없이도 평화 구축이 가능함을 보여주는 사례로, 전통적 국제분쟁 해결 방식에 대한 대안적 모델을 제시하고 있다. OIF의 이러한 접근과 성과는 공생적 현실주의 이론이 제시하는 비군사적 평화 전략의 유효성을 경험적으로 뒷받침하는 사례로 해석될 수 있다. 프랑스어는 더 이상 식민 유산으로만 규정되지 않고, 상호문화적 대화와 협력의 기반으로 재해석되고 있다. 프랑스와 그 옛 식민지들이 언어를 매개로 새로운 상징적 공동체를 형성한 사례인 OIF는 정체성의 차이를 갈등 요인이 아닌 협력의 자원으로 바꾸려는 시도를 현실에서 구현하고 있다. OIF의 평화 구축 경험은 문화와 정체성에 기반한 다자 협력이 국제 안보에 실질적인 기여를 할 수 있음을 보여준다.

5. 결론

본 연구는 프랑코포니국제기구(OIF)의 제도적 구조와 평화 전략을 공생적 현실주의(symbiotic realism)의 이론적 틀로 분석함으로써, 문화·언어 공동체에 기반한 비군사적 평화 구축 모델의 가능성을 탐색하였다. 기존의 군사 억제 중심 현실주의나 제도 중심 자유주의가 설명하지 못하는 정체성 기반 평화 전략의 제도적 실천을 OIF 사례를 통해 확인할 수 있었다. OIF는 언어 공동체의 연대를 출발점으로 삼았으나, 단순한 문화 교류를 넘어 민주주의·인권·평화 증진을 제도화하여 다양한 지역에서 선거 감시, 갈등 조정, 언론 자유 보장, 시민사회 지원을 수행해 왔다. 말리와 아이티 등에서의 활동은 군사적 개입 없이도 분쟁 완화와 사회 통합이 가능함을 보여주었으며, 이는 공생적 현실주의가 강조하는 상호의존성, 다층적 정체성, 존엄 기반 안보 개념과 밀접히 연결된다.

OIF는 권력의 균형이 아니라 관계의 균형을 추구하며, 정체성의 차이를 갈등의 기원이 아닌 공존의 자원으로 전환해 왔다(Al-Rodhan 2009; Richmond 2011). 이러한 경험은 정체성과 존엄, 상호의존과 같은 개념을 선언적 담론에 그치지 않고 제도화한 실천적 사례로 평가할 수 있다. 더 나아가 중앙정부뿐 아니라 지방정부, 청년 네트워크, 언론, 교육기관 등 다양한 비국가 행위자를 포괄함으로써 평화 구축의 주체를 확장시킨 점은 국제정치 분석에서 간과된 상향식·하향식 메커니즘의 상호작용을 조명한다(Mac Ginty 2008; Nye 2004). 또한 프랑스어라는 식민 지배의 흔적을 문화적 연대와 상호이해의 자원으로 전환시킨 것은 언어와 문화가 갈등 완화의 전략적 기반이 될 수 있음을 보여준다.

OIF에 대한 비판도 존재한다. 프랑스의 정치·경제적 영향력이 여전히 강하게 작동하며 프랑스가 옛 식민지 아프리카 국가들과 유지해온 특수한 영향력 관계인 '프랑사프리크(Françafrique)' 구조가 완전히 해체되지 않았다는 의구심이 제기된다(Lokongo 2012). 그러나 다른 문화·언어 공동체 기구와 달리 OIF는 민주주의·인권·평화를 핵심 가치로 공식 천명하고 이를 제도화했다는 점에서 독자적이다. 또한 캐나다, 세네갈, 루마니아 등 다양한 회원국이 주도적으로 참여하며 프랑스 일국 중심성을 완화하는 다자주의적 균형을 형성해 왔다. 따라서 OIF의 교훈은 프랑스 중심성을 모방하는 것이 아니라, 언어와 문화라는 공동 자산을 민주주의와 평화의 제도적 기반으로 전환할 수 있다는 가능성을 보여주는 것이다.

이러한 점에서 OIF는 영국연방(Commonwealth of Nations), 이베로아메리카 국가기구(OEI), 아랍연맹 교육·문화·과학기구(ALECSO) 등 다른 문화 공동체 기구와 구별된다. 후자들이 교육·문화 교류나 경제 협력에 주로 국한된 반면, OIF는 갈등 관리, 시민사회 지원, 언론 자유 확대를 포함한 정치·사회적 영역까지 포괄한다. 이 차별성은 한반도 맥락에서 특히 중요하다. 남북이 공유하는 언어와 문화적 자산을 단순한 상징이 아니라 제도적 협력과 신뢰 구축의 자원으로 전환할 수 있다는 점에서 OIF의 경험은 구체적 모델을 제공한다.

OIF는 언어·문화·정체성·시민 역량과 같은 비군사적 자산을 기반으로 평화를 제도화한 대표적 사례로, 공생적 현실주의가 제시하는 다원적 행위자 중심성과 관계 기반 국제질서, 존엄 우선의 가치를 실제 국제무대에서 구현한 경험을 보여준다. 이는 군사적 긴장과 역사적 기억이 중첩된 한반도에서 새로운 평화 전략을 모색하는 데 실질적 시사점을 제공한다. 남북한이 하나의 '언어·문화 공동체'라는 인식을 공유하고 공동의 역사·문화 교육 프로그램과 교류 사업을 제도화한다면, OIF와 마찬가지로 신뢰 구축을 위한 플랫폼을 마련할 수 있을 것이다. 이러한 점에서 OIF는 단순히 언어 공동체에 머무르지 않고 정체성과 상호 존중의 가치를 제도화한 대안적 평화 모델이라고 할 수 있으며, 한반도 평화 구축에도 적용될 수 있는 특별한 의의를 지닌다.

참고문헌

| 국문 |

한미애. 2024. "니제르의 쿠데타와 탈 프랑사프리크(Françafrique)를 위한 인정 투쟁."『문화와 정치』 11(4): 113-134.

_____. 2025. "프랑코포니국제기구(OIF)의 평화적 시민교육과 한국의 적용 가능성."『세계지역연구』 43(4): 97-133.

| 영문 |

Al-Rodhan, N. R. F. 2009. Sustainable History and the Dignity of Man: A Philosophy of History and Civilisational Triumph. Berlin: LIT Verlag._______. 2021. Emotional Amoral Egoism: A Neurophilosophy of Human Nature and Motivations. Cambridge: Lutterworth Press.________. 2021. Symbiotic realism and human dignity: Ethics, complexity, and international relations. Global Policy Institute._______. 2022. 21st-Century Statecraft: Reconciling Power, Justice and Meta-Geopolitical Interests. Cambridge: Lutterworth Press. . 2025. "Symbiotic Realism: a transdisciplinary approach to understanding international relations." Frontiers in Political Science 7: Article 1429868.

Anderson, B. 1983. Imagined Communities: Reflections on the Origin and Spread of Nationalism. London: Verso.

AUF(Agence universitaire de la Francophonie). 2021. Rapport annuel 2020. Paris: AUF.

Boniface, P. 2002. La Francophonie: Entre idéal et réalité. Paris: Armand Colin.

Bourmaud, D. 1994. "La Francophonie." Revue internationale de politique comparée 1(2): 265–273.

Chafer, T. 2003. "The end of empire in French West Africa: France's successful decolonization?" The Historical Journal 46(4): 1109–1131.

Djounguep, H. E. 2024. "The Francophonie's power strategy." TRENDS Research & Advisory Insight, July 22.

Doyle, M. W. 1986. "Liberalism and world politics." American Political Science Review 80(4): 1151–1169.

Elman, C., and Jensen, M. 2014. The Realism Reader. London: Routledge.

European Union Election Observation Mission (EU EOM). 2011. Final Report: Presidential Election, Côte d'Ivoire 2010.

Gadet, M. 2015. Francophonie et pouvoir d'influence: un outil de la diplomatie culturelle française. Paris: L'Harmattan.

Galtung, J. 1969. "Violence, peace, and peace research." Journal of Peace Research 6(3): 167–191.

Gouvernement du Québec. 2023. Mémoire concernant le Plan de soutien pour Haïti 2023–2026: Mobilisation et action accrue envers la population haïtienne. Québec: Ministère des Relations internationales et de la Francophonie.

HaitiLibre. 2011. "Haiti - Elections: Report of the Observation Mission of the Francophonie." HaitiLibre.com, March 23.

Huntington, S. P. 1993. "The clash of civilizations?" Foreign Affairs 72(3): 22–49.

Lemoine, M. 2016. "La Francophonie et la diversité culturelle: vers un multilatéralisme francophone." Revue Tiers Monde 225(1): 209–226.

Lokongo, A. R. 2012. "La Francophonie, a neo-colonial political machine." Pambazuka News, October 25.

Mac Ginty, R. 2008. "Indigenous peace-making versus the liberal peace." Cooperation and Conflict 43(2): 139-163.

Massie, J., and Morin, D. 2013. "Francophonie and peace operations: towards geocultural ownership." International Journal 68(3): 479-500.

Morgenthau, H. J. 1948. Politics Among Nations: The Struggle for Power and Peace. New York: Knopf.

Nye, J. S. 2004. Soft Power: The Means to Success in World Politics. New York: PublicAffairs.

Nubukpo, Kako and Caroline Roussy. 2018. Pour une francophonie de l'action. Paris: Fondation Jean-Jaurès.

OIF (Organisation Internationale de la Francophonie). 2000. Déclaration de Bamako. Bamako: OIF; OIF (Organisation Internationale de la Francophonie). 2006; OIF (Organisation Internationale de la Francophonie). 2009. Déclaration de Cotonou. Cotonou: OIF. Déclaration de Saint-Boniface sur la prévention des conflits et la sécurité humaine. Saint-Boniface: OIF; OIF (Organisation Internationale de la Francophonie). 2010a. Propositions d'actions de la Francophonie pour la reconstruction d'Haïti (rapport interne). Paris: OIF; OIF (Organisation Internationale de la Francophonie). 2010b. Élection présidentielle des 31 octobre et 28 novembre 2010 en Côte d'Ivoire: Rapport de la Mission d'information et de contacts de la Francophonie. Paris: OIF; OIF (Organisation Internationale de la Francophonie). 2022a. Soutien à la société civile engagée dans les ODD: résultats du 4e appel à projets. Paris: OIF; OIF (Organisation Internationale de la Francophonie). 2022b. La Francophonie en chiffres 2022. Paris: OIF.

Orban, F. 2025. "Peut-on encore parler de 'géopolitique de la Francophonie' ?" ELLA - Education, Literature, Language 3(4): 1-33.

Phan, T., and Guillou, M. 2011. Francophonie et mondialisation. Tome 1: Histoire et institutions des origines à nos jours. Paris: Belin.

Richmond, O. P. 2011. A Post-Liberal Peace. London: Routledge.

Waltz, K. N. 1979. Theory of International Politics. Reading, MA: Addison-Wesley.

모춘흥 | **한양대학교 평화연구소 연구교수**

한양대학교 정치외교학과에서 박사학위를 취득했으며, 현재 한양대학교 평화연구소 연구교수로 재직 중이다. 주요 연구분야는 통일, 북한, 평화, 북한이탈주민이다. 주요 논저로는 「북한의 '적대적 두 국가론'과 언론의 선전·선동(2025)」, 「북한 대남·통일전략 방향 전환의 배경과 함의(2024)」, 「탈북민 정착지원 체계의 개선: 현황과 과제(2024)」 등이 있다.

홍용표 | **한양대학교 정치외교학과 교수**

한양대학교 정치외교학과 교수로 재직중이며, 영국 옥스포드대학교에서 국제관계학 박사학위를 받았다. 통일부 장관을 역임했으며, 현재 한양대학교 평화연구소 소장 및 한양대학교 통일교육선도대학 단장을 맡고 있다. 주요 연구분야는 통일, 북한, 평화 및 안보연구, 한국외교다. 주요 논저로는 「한반도의 지속가능한 평화와 평화연결(2023)」, 「남북관계: 50년의 경험과 교훈(2022)」, 「한반도, 평화를 말하다(2021)」 등이 있다.

강혁민 | **경희대학교 국제학부 아시아학과 조교수**

뉴질랜드 오타고 대학교에서 한국의 국가폭력과 피해자 중심 화해의 문제로 박사학위를 받았다. 현재 경희대학교 국제학부 아시아학과 조교수로 재직 중이며, EDCF 석사학위 및 KHU-HSE 복수학위 주임교수를 맡고 있다. 주요 연구분야로는 분쟁 사회의 이행기 정의, 평화구축, 경합적 다원주의다. 주요 논저로는 「평화개념연구」, 「폭력개념연구」, 「전쟁에게 평화를 묻다」 등이 있다.

이상원 | **인천대학교 윤리교육과 조교수**

인천대학교 윤리교육과 조교수로서 미국 클레어몬트 대학원에서 정치학 박사(정치철학 전공)를 받았다. 정치적 존재에 대한 질문을 바탕으로 현대사상에서 나타나는 고전정치철학(classical political philosophy)의 진리와 실존의 문제에 초점을 두고 연구하고 있다. 최근 몇 년간 주요 저술로는 「The Troubled Relationship of Friendship, Fraternity and Democracy: Derrida's Thoughts on the Platonic Question of Political Existence in the Politics of Friendship(2024)」, 「5·18광주항쟁, 폭력 그리고 시민적 미덕(2024)」, 「정치적 존재의 빛과 어둠: 하이데거의 『블랙 노트북』에 나타난 국가사회주의 문제, 대학교육 그리고 철학함(2023)」, 「타자의 의미화와 폭력성: 데리다의 "폭력과 형이상학"에 담긴 언어와 존재의 고전적 문제들(2023)」 등이 있다.

차승주 | **강원대학교 통일강원연구원 객원연구원**

서울대학교 국민윤리교육과에서 북한 조선소년단에 관한 연구로 박사학위를 받았다. 현재 강원대학교 통일강원연구원 객원연구원으로 공주교대, 서울교대 등에서 강의하고 있다. 『분쟁의 평화적 전환과 한반도: 비교평화연구의 이론과 실제』(공저), 『평화는 왜 오지 않는가: 평화를 위한 종교적 투쟁』(공저), 『전쟁에게 평화를 묻다 : 이스라엘-하마스 전쟁 연구』(공저) 등의 단행본과 20여 편의 논문을 출판했다.

김새미 | 한국예술종합학교 학술연구교수

이화여대 지역학에서 유럽문화로 박사를 받고, 현재는 한국예술종합학교 학술연구교수로 있다. 문화가 정치와 사회에서 매개 자원으로 사회현안의 문화적 요인을 분석하는 데 관심이 있으며, 최근 연구로는 「디지털 박물관 외교-평화의 유럽통합(2024)」, 「EU 대외관계에서 전략적 자원으로서 문화유산외교 연구(2024)」, 「유럽에서의 난민 위기와 회복과 소통의 매개체로서의 문화예술(2024)」, 「평화 문제와 문화영역에서의 실천연구: 유럽연합의 '문화 간 대화' 정책을 중심으로(2021)」 등이 있다.

천자현 | 연세대학교 국제관계학 교수

연세대학교 정치외교학과에서 화해의 국제정치-국가 간 화해의 유형과 가해국 정책 결정 요인 연구를 주제로 박사학위를 받았다. 현재 연세대학교 국제관계학과 교수로 재직 중이며, 학술지 『지역발전연구』의 편집위원장을 맡고 있다. 주요 연구관심사는 동아시아 외교정책, 기억의 정치, 한일관계이며, 화해와 평화를 주제로 남북관계 및 한반도 문제에도 관심을 갖고 있다. 주요 논문으로 "Why Don't Historical Memories Fade Over Time? Unveiling the Paradox and Incomplete Triangle of International Reconciliation", "Understanding Mistrust and Instability in East Asia", "Varieties of International Reconciliation", "Who decides foreign policy? The Role of National Trauma in shaping the influence of public opinion in South Korea" 등이 있다.

박재인 | 건국대학교 통일인문학연구단 HK연구교수

우리의 갖가지 욕망을 그려내면서 위안과 깨달음을 주는 이야기의 치료적 힘을 연구하고 있다. 그중 탈북민 문학치료, 탈북민의 살아온 이야기 등에 마음을 두고 책상과 현장을 뛰어다니고 있다. 부족하지만 그동안의 노력은 『탈북민을 위한 문학치료(2018)』, 「탈북여성의 기억으로 본 남북의 젠더의식 비교(2021)」, 「가족관계 단절 문제에 대한 부모되찾기 설화의 문학치료적 역할(2024)」, 「탈북에서 가정해체까지, 탈북민 위기가구 문제와 탈북 트라우마(2024)」 등 학술적 담론의 통로를 통하여 발표해 왔다.

김현준 | 강원대학교 통일강원연구원 선임연구원

연세대학교 정치학과와 영국 셰필드 대학교 동아시아학과에서 포퓰리즘과 민족주의의 관계를 한국정치사로 분석하는 논문으로 박사학위를 받았다. 현재 강원대학교 통일강원연구원 선임연구원으로 재직 중이다. 주요 논저로 「Between Nation and the State: The Formation of the Populistic Vertical Antagonism in South Korea by Colonial Legacies and Anti-Communism(2024)」(공저, 제1저자), 「모두를 위한 미래?: 2018 평창동계올림픽과 국가의 문화적 발현(2018)」(공저, 제1저자), 「포퓰리즘 정치 개념 고찰 : 문화적 접근의 관점에서(2017)」, 「앱노멀 저팬: 일본 내 극우-극좌 정치담론에 나타난 민족(네이션)의 미학적 기제(2016)」, 「문화적 국가론과 개인의 정치적 주체화: 한 청년 정치운동가의 생애사 연구 (2015)」 등이 있다.

임희수 | **연세대학교 정치학과 BK21 박사후연구원**

연세대학교 정치학과에서 외교정책의 실효성과 정치적 판단에 대한 연구로 박사학위를 받았다. 현재 연세대학교 정치학과 BK21 박사후연구원으로 재직 중이다. 주요 연구로는 「한국의 UN 총회 인권 결의안 표결 분석: 타깃 국가와의 경제적 상호의존을 중심으로」, 「한국의 대외정책결정과 절충적인 정치적 타협: 이라크전 2차 파병 결정을 중심으로」 등이 있다.

허지영 | **강원대학교 통일강원연구원 연구교수**

허지영은 독일 베를린 자유대학교에서 정치학으로 박사학위를 받았으며 현재 강원대학교 통일강원연구원에서 연구교수로 근무하고 있다. 최근 저작으로 "Envisioning Agonistic Inter-Korean Relations: Lessons Learned from Germany and Ireland (Peace Review, 2025)", "The Iran Nuclear Deal(JCPOA) and Implications for the North Korean Nuclear Crisis (Journal of Asian and African Studies, 2023)" 등이 있다.

한미애 | **계명대학교 이민다문화센터 연구교수**

이화여자대학교에서 '유럽통합과 국내정치'에 대한 논문으로 지역학 박사학위를 받았다. 현재 계명대학교 이민다문화센터 연구교수로 재직 중이다. 주요 논저로 『알기쉬운 국제지역학』, 『국제지역의 이해: 다른 나라 다른 삶』, 『세계지역의 이슈』, 「트럼피즘의 유럽화와 영국 정치의 극단화: 르완다 망명자 송환 정책 사례를 중심으로」, 「니제르의 쿠데타와 탈 프랑사프리크(Françafrique)를 위한 인정 투쟁」, 「분리와 통합의 기제로서 '혐오' 프레임에 관한 연구: 프랑스 극우 정당의 사례를 중심으로」, 「분단 트라우마의 치유와 상호주의를 통한 한반도 평화 전략 재고」 등이 있다.